德法兼修
锤炼实务

培养德才兼备的
法律解决方案供给者

◇

程雪阳　方新军◎主　编
冯　嘉　王振华◎副主编

◇

TRAIN LAW STUDENTS' ABILITY
TO USE LAW TO SOLVE LEGAL PRACTICE PROBLEMS

SOOCHOW UNIVERSITY FOCUSES
ON
TRAINING LEGAL SOLUTION PROVIDERS

法律出版社
LAW PRESS · CHINA
北京

图书在版编目(CIP)数据

德法兼修、锤炼实务：培养德才兼备的法律解决方案供给者/程雪阳，方新军主编. -- 北京：法律出版社，2022
ISBN 978-7-5197-5291-0

Ⅰ. ①德… Ⅱ. ①程… ②方… Ⅲ. ①法律-人才培养-培养模式-研究-中国 Ⅳ. ①D926.174

中国版本图书馆 CIP 数据核字(2020)第 262637 号

德法兼修、锤炼实务
——培养德才兼备的法律解决方案供给者
DEFA JIANXIU、CHUILIAN SHIWU
—PEIYANG DECAI JIANBEI DE FALǓ JIEJUE FANG'AN GONGJIZHE

程雪阳　方新军　主　编
冯　嘉　王振华　副主编

策划编辑 沈小英
责任编辑 程王刚
装帧设计 汪奇峰

出版发行 法律出版社
编辑统筹 法治与经济出版分社
责任校对 杨锦华　王沁陶
责任印制 吕亚莉
经　　销 新华书店

开本 710 毫米×1000 毫米　1/16
印张 19.5　**字数** 377 千
版本 2022 年 1 月第 1 版
印次 2022 年 1 月第 1 次印刷
印刷 北京虎彩文化传播有限公司

地址:北京市丰台区莲花池西里 7 号(100073)
网址:www.lawpress.com.cn
投稿邮箱:info@lawpress.com.cn
举报盗版邮箱:jbwq@lawpress.com.cn
销售电话:010-83938349
客服电话:010-83938350
咨询电话:010-63939796

书号:ISBN 978-7-5197-5291-0
定价:116.00 元
凡购买本社图书,如有印装错误,我社负责退换。电话:010-83938349

苏州大学王健法学院继承东吴法学传统，为国家培养了大批法治人才。希望法学院始终牢记教育宗旨，充分发挥特色学科优势，不断改进教学理念、创新教学方法，为国家培养更多、更优秀的法治人才。最高人民法院将始终关注并支持王健法学院的发展。

周强

最高人民法院党组书记、院长

法学等学科是苏州大学的传统优势学科，近年学科建设、人才培养不断取得新成绩，希望学校坚持以马克思主义法学思想和中国特色社会主义法治理论为指导，善于从当代中国的司法实践中总结提升，形成法学教育理论创新的突破，推动学科建设走在前列。

娄勤俭

原江苏省委书记

天地正气一准乎法
古今完人全在于学

徐显明

教育部高等学校法学类专业教学指导委员会主任

编 委 会

目　录

第二编 培养德才兼备的法律解决方案供给者的理论探讨

第三编 苏州大学王健法学院教学实践的司法和社会影响

附 录

导　言*

改革开放以来，我国的法治建设和法学教育得到了快速的重建和发展。对于从事高等法学教育的全国各法学院校来说，如何确保规模如此之大的法科学生得到科学有效的培养，一直是一个难点问题。有专家认为，法学教育和法学专业人才的培养，应当致力于实现知识传授、能力培养和价值塑造3个方面。① 这样的总结是非常准确的，但在具体的法学教育实践中，如何同时实现这3个目标，值得反思和探讨。

在2011年的"卓越法律人才教育培养计划"中，教育部和中央政法委认为，虽然我国高等法学教育快速发展，体系不断完善，培养了一大批优秀法律人才，为我国经济社会发展特别是社会主义民主法治建设作出了不可替代的重要贡献，但是我国高等法学教育还不能完全适应社会主义法治国家建设的需要，具体表现为"社会主义法治理念教育还不够深入，培养模式相对单一，学生实践能力不强，应用型、复合型法律职业人才培养不足"等。②

2018年，教育部在卓越法律人才教育培养计划的基础上，一方面，提出了《普通高校法学本科专业教学质量国家标准》；另一方面，又与中央政法委一道提出了"卓越法治人才教育培养计划2.0"战略构想，要求各法学教育和法治人才培养单位"坚持以马克思主义法学思想和中国特色社会主义法治理论为指导，围绕建设社会主义法治国家需要，坚持立德树人、德法兼修，践行明法笃行、知行合一，主动适应法治国家、法治政府、法治社会建设新任务新要求，找准人才培养和行业需求的结合点，深化高等法学教育教学改革，强化法学实践教育，完善协同育人机制，构建法治人才培养共同体，做强一流法学专业，培育一流法治人才，为全面推进新时代法治中国建设提供有力的人才智力保障。"就法学教育人才培养模式改革的具体实施机制而言，该战略构想提出了"厚德育、强专业、重实践"三大目标，并鼓励各法学院校破除培养机

---

* 本文由程雪阳、冯嘉、吴俊合作撰写完成。

① 徐显明等：《改革开放四十年的中国法学教育》，载《中国法律评论》2018年第3期。

② 教育部、中央政法委员会：《关于实施卓越法律人才教育培养计划的若干意见》（教高〔2011〕10号，2011年12月23日）。

制壁垒,强化与政府部门、法院、检察院、律师事务所、企业协同机制。①

这些改革目标和要求切实明确,指明了我国当前法学教育和卓越法治人才培养的改革和发展的方向。但具体如何落实,需要各法学人才培养单位结合实际进行探索,并在此基础上形成切实可行的方案。笔者旨在结合苏州大学王健法学院近些年进行的鼓励学生在校期间提起"公益性诉讼"法学教育实践,讨论如何通过完善法律实践课程来落实"卓越法治人才教育培养计划 2.0"提出的"厚德育、强专业、重实践"三大目标。

一、从卓越法律人才到卓越法治人才培养模式的探索和改革

(一)卓越法律人才 1.0 的探索方案

2012 年,苏州大学王健法学院入选教育部首批卓越法律人才教育培养基地之后,一直积极探索卓越法律人才的培养模式改革。在最初运行的数年间(2012 ~ 2015),该院卓越法律人才教育培养机制主要是从每一届本科生中遴选 20 名左右的优秀本科生,为每个选入学生配备理论导师,并在正常的教学培养计划之外为卓越班学生开设实务性特色课程(如"民法实例研习""刑法实例研习""劳动法实例研习"等),以此来增强学生利用所学法律知识解决现实法律问题的能力。

这种培养机制确实取得了许多良好的效果,但也出现了以下 3 个方面的问题。其一,身份固化。入选该班的学生可能会因为具备了这一身份而放松对自己的要求,没有入围的学生则会因为没有机会参与这一项目而产生负面情绪。其二,教学资源浪费。上述人才培养模式的核心是,在正常的人才培养计划之外为入选学生提供更多的专业课程,这些课程对锻炼学生的专业能力助益很大,但根据正常的人才培养方案,学生在 4 年内需要完成 160 个左右学分的课程,这意味着平均每个学期要修完 6 ~ 7 门课程才能顺利毕业。在这种情况下,入选"卓越班"的学生常常会因为与其他教学或课外活动时间冲突或精力不足,而消极参与卓越人才培养项目提供的课程或活动,由此导致学院和学校所提供的教学资源(包括教师、课程和设施等)就无法发挥预期的作用。其三,虽然授课的校内外导师已经有意识地将"社会主义核心价值观"融入课程讲解和讨论之中,但这种"说教式的道德教育"究竟效果如何,能否实现"立德树人、德法兼修"的目标,很难进行评判。

(二)卓越法治人才培养方案 2.0 的改革与优化

自 2016 年起,苏州大学王健法学院按照"坚持立德树人、德法兼修,践行明法笃

① 教育部、中央政法委员会:《关于坚持德法兼修实施卓越法治人才教育培养计划 2.0 的意见》(教高〔2018〕6 号,2018 年 9 月 17 日)。

行、知行合一”的教学目标，开始探索依托院内卓越法律人才培养中心进行卓越法治人才培养2.0实施方案。① 这一方案的核心是将法学本科人才培养目标从“培养法学理论家”调整为“培养德才兼备的法律解决方案供给者”。根据这一人才培养目标和近些年教育实践的经验和教训，对本科生的人才培养方案进行了大幅度的调整。具体而言，首先，压缩必修课程，将部分偏重抽象理论思辨的课程作为高阶选修课供学生选修，同时与学校教务管理部门以及兄弟院校沟通，开设更多的通识选修课，强化法科学生的人文社会科学基础和国际视野；其次，鼓励任课老师将一些基础性的知识，制作成在线开放课程（MOOC）供学生课前学习，从而将课堂时间从教师知识讲授中解放出来，用于更多的教学互动与讨论以及法律案例分析，增强学生“明法笃行”的意识和能力；最后，与上海小城（苏州）律师事务所、吴中区律师协会、苏州广播电视总台等单位协商，面向二年级以上的全体本科生，每年举行“小城公益之星”创意诉讼大赛，并努力通过这一活动实现“德法兼修、知行合一”之教育目标，增强学生公益心和社会责任感。

（三）卓越法治人才培养方案2.0的运行机制

每年1~2月，学生通过实践调研，确定立项题目，收集材料填写项目申报书，组队参赛。每个参赛队参与学生以3~5名为宜，比较复杂或需要进行大规模社会调研作为诉讼基础的案件最多可以吸收8名学生。

每年3月中旬，学生确定选题，进行项目申报。学院根据申报情况遴选10~15个诉讼案件进行立项。遴选的标准是：(1)学生提起的必须是真实的诉讼案件，而不能是虚拟的案件。同时，案件应当具有可诉性和成熟性，对于尚在进行中的法律案件或者可以通过投诉、举报解决的案件，不纳入本项活动之中。(2)学生须以自己的名义作为原告向人民法院提起诉讼，诉讼案件的类型可以是民事诉讼，也可以是行政诉讼；鼓励学生集中在消费者权益保护和环境保护等领域开展诉讼。(3)诉讼的主要目的应当是维护社会公共利益，即应当具有一定的社会公益性，而不能仅以维护原告自身的人身、财产权益为目的。

年度公益性诉讼选题立项并公布后，学院和校外主办单位分别为每组学生团队指定2名指导老师(1名为院内教师，1名为律师)，对案件诉讼过程中可能涉及的法律问题和实务操作问题进行指导。学生在立项后，应当尽快开展相关的诉讼前期准备工作和诉讼工作；相关诉讼费用由主办单位支付。自2019年人才培养方案修订之后，参赛学生可在学校的选课系统中选修学院在秋季学期开设的《法律文书与实务训练》课程。该门课程的任课老师会进行为期4周的理论课程讲授，并集中检查

① 《苏州大学生提起诉讼维护社会公益 创新法学教育培养模式》，载中国网，http://news.china.com.cn/txt/2016-12/21/content_39958308.htm。

和分析学生前期公益性诉讼的准备和实践情况，并有针对性地为年度参与“小城公益之星”创意诉讼大赛的案件提供指导意见。

每年12月，学院和校外主办单位联合召开年度“小城公益之星创意诉讼大赛答辩暨总结大会”，评定“年度公益之星”奖，并根据该答辩结果来确定该门课程的课程成绩。

二、以公益性诉讼为抓手进行卓越法治人才培养的优势

（一）符合卓越法治人才培养目标

从王健法学院过去的探索和实践来看，以公益性诉讼为抓手进行卓越法治人才培养，可以同时实现“厚德育、强专业、重实践”这一人才培养目标，具体而言：

1. 立德树人，通过参与公益维权实践培养学生的公益心和社会责任感

习近平同志指出，“要在加强品德修养上下功夫，教育引导学生培育和践行社会主义核心价值观，踏踏实实修好品德，成为有大爱大德大情怀的人”①。多数大学生潜意识中都有帮扶弱者和维护社会公益的意愿，到法学院来学习的学生尤其如此。但学生的公益心和社会责任感需要通过一定的实践来激励和引导，而激发学生维护社会公平正义意识的重要方法，就是让其体会帮扶弱者、维护公益的成就感与快乐。因此，通过引导学生参与具有公益性案件的维权实践，可以让其真切地体会法律人的社会责任感，践行社会主义核心价值观。

2. 知行合一，通过参与法律实践提高学生运用法律解决社会问题的能力

法学课堂教学通常只能根据具体的法律分门别类地传授，而社会生活是复杂的，解决具体的社会问题，往往需要综合运用多个部门法或法学以外的知识，才能形成合理的法律解决方案。也正因如此，习近平总书记2017年5月3日在中国政法大学考察时专门强调，“要让法学专业学生多走进社会，在实践中提升法律素养”②。通过支持学生提起公益诉讼，既可以让学生更多地走进社会、了解社会，也可以让他们通过实际的诉讼案件提高运用法律解决社会问题的能力，从而实现“知行合一”的教育目标。

3. 明法笃行，通过学生提起公益性案件促进社会法治进步

改革开放四十余年来，我国的法治建设取得了举世瞩目的成就。不过，受人治

① 《习近平出席全国教育大会并发表重要讲话》，载中国政府网，http://www.gov.cn/xinwen/2018-09/10/content_5320835.htm。

② 《习近平在中国政法大学考察》，载新华网，http://www.xinhuanet.com/politics/2017-05/03/c_1120913310.htm。

思维的影响,我国的法治建设工作依然任重而道远。王健法学院之所以支持学生提起具有公益性的法律案件,一方面,是让法科学生通过诉讼检验自己所学的知识;另一方面,也希望通过个案裁判建设性地推动社会法治进步,并给社会大众树立"知法、学法、用法"的榜样,让广大人民群众遇到法律纠纷时,愿意运用法律来解决他们所遇到的实际问题。

(二)能够解决法学教育的痛点问题

近些年,虽然全国各大法学院校已经加大了法律实践或实训课程的开发力度,但是法律实践部门依然抱怨法学院培养的学生"只懂理论,不懂实践"或"眼高手低,实践能力不强"。[①] 我们需要在法学本科教育领域制定切实可行的解决方案。以公益性诉讼为抓手进行教学实践,可以在很大程度上实现这一目标。具体而言:

1. 提起公益性诉讼可以快速提高学生的法律实践能力

提起公益性诉讼对学生法律实践能力的培养和提升,主要体现在以下两个方面:其一,社会生活纷繁复杂,除了极少数事实清晰、法律关系简单的案件,很多法律案件都需要学生综合运用民事、行政、刑事实体法和程序法,乃至消费者权益保护法、产品质量法、环境法、劳动法等专门法律,才能得到妥善解决。这就需要学生综合运用在课堂上所学的概念、原则、规则来理解和适用法律,而不可能只考虑单个部门法的问题。因此,支持学生提起公益性诉讼可以锻炼学生综合运用部门法的能力。其二,法律是一门实践性极强的社会科学,支持学生提起公益性诉讼,不仅考验学生综合运用法律条文的能力,而且考验学生从证据收集和整理,到诉讼请求权的选择,再到司法管辖权的确定,以及最后参加庭审、进行法庭辩论的能力。凡是经历过从起诉到审判全过程的同学,都会感受到法律的严谨性和严肃性,也都会在此过程中不断总结和提炼自己在证据收集、法律论证、文字和语言表达以及沟通协调方面的能力,而这种能力的训练是讲授式的课堂教育和模拟法庭难以有效提供的。

2. 解决加强德育和社会责任意识培养的问题

传统法学教育比较注重学生法学知识体系的构建,而对学生公益心与社会责任感的培养关注不够,导致一些学生成为"精致的利己主义者",甚至少数法学院毕业生走到了法律的对立面,成为违法犯罪分子。面对纷繁复杂的社会生活和法律纠纷,作为掌握了法律适用能力的法律人来说,如果不重视对公平正义、自由平等、民主法治等社会主义核心价值观的学习,只看重法律职业的经济收益或其他利益,很容易违反法律人的基本职业操守,最终变成唯利是图乃至助纣为虐的工具。而社会责任感和公益心,不可能完全通过课堂讲解(如讲授式的)培养。

---

① 参见徐清宇:《法学教育供给与司法职业需求的不对称及其校正——中国大学法学本科教育改革的基本出发点》,载《政法论坛》2008 年第 3 期。

为了培养学生维护社会公益的社会责任意识，王健法学院除了开设《法律职业伦理》课程外，还将该课程与《法律文书写作与训练》课程相结合，要求学生从维护社会弱势群体的合法权利，维护社会的公平正义角度申报选题，提起公益案件诉讼。对于一些仅仅对个人有利但不具有公益性的案件，学院并不禁止，也不反对，只是不会将这种诉讼纳入“公益性诉讼大赛”和课程考核体系之中。

3. 有效解决了学生被动学习、学习热情不足的问题

首先，随着信息技术的发达，从小学到大学，学生越来越被各类娱乐新闻、综艺节目、游戏、电影和电视剧吸引，甚至在课堂上，学生都不能集中精力学习。很多教育者为学生学习热情不高或者注意力不集中感到担忧，我们认为，这种担忧是必要的，但解决这一问题的方式不能是一味地批评和指责被教育者，而应当让学生明白相关教学内容的现实意义。唯有如此，才能激发学生的求知欲，解决其学习热情不足等问题。自从启动“小城公益诉讼”项目以来，王健法学院的本科生从大一入学就了解到，他们在一年或两年之后就可以在学院和律所的帮助下来实践和检验自己所学的知识，维护自己和社会上的弱势群体的合法权益，所以学习热情异常高涨。而且，这种学习热情会在诉讼结束之后持续下去，因为无论诉讼成功与否，学生都已经体会到学习法律对于自身职业发展的重要性。

其次，日常经验告诉我们，学习者在解决自身必须解决的问题时对相关知识的学习热情、投入度和精力集中度是非常高的，而且人类往往比较容易记忆和掌握与自己切身相关或自己曾参与其中的知识或事情。因此，这一旨在“让学生作为案件的原告或诉讼代理人参与案件解决”的教育方法，也大大增强和加深学生对课堂讲授的法律条文和法学理论的理解和记忆，实现了对课堂教育的“反哺”和强化。

最后，期待通过法学教师将所有的部门法都在课堂上进行教授既没有必要，也不现实。课堂教育只能教授基本的、主干性的部门法，更多的法律知识需要学生通过自主学习、主动学习的方式进行掌握。学生提起公益诉讼的过程中，必然要复习自己在课堂上所学的法律知识，同时为了解决自身所面临的问题，还必须查阅相关资料和法律规定来学习更多新的知识，因此这个过程可以有效提高学生的自主学习、主动学习能力。

三、以公益性诉讼为抓手进行卓越法治人才培养的成效

“法庭就是法律人的战场”。在这个“战场”上，任何一个微小的、细节上的疏漏都可能导致诉讼的被动乃至失败。在王健法学院学生最初开展的“小城公益诉讼”中，同学们也出现过很多失误。比如，有的诉讼虽然具有一定的公益性价值，但因为诉讼前期没有进行证据固定，最终的诉讼结果无法实现预期的目标；有的诉讼因为

诉讼请求权或管辖法院选择不合理，最后得不到法院的支持或被驳回起诉；还有的诉讼因为没有认真研究诉讼期限而导致案件难以进入法院，最终不得不放弃。不过，经过2年多的教师训练和学生之间的“传帮带”之后，立案率和胜诉率都得到了较大提升，学生们办理了多起引起全国性关注的案件，取得了良好的社会效果。[①]

四、以公益性诉讼为抓手进行卓越法治人才培养的启示

首先，近些年来，几乎所有的法学院校都强调法学教育的实践性，但囿于师资队伍、教学时限等方面的问题，实践环节主要通过举办各类模拟法庭、到公检法机关实习、见习或旁听庭审等方式来完成。然而，模拟法庭毕竟不是真实的诉讼，很难训练学生的证据收集、掌握和固定能力以及与法官、当事人的沟通和协调能力，而实习、见习或旁听庭审时间较短，并不能全面锻炼学生的案件分析和法律应用能力。从这个角度来看，王健法学院近几年通过让学生以原告的身份真实体会“证据收集与固定+判决先例检索与社会调研+管辖法院选择+撰写起诉书+起诉+法庭辩论+上诉（可选）”诉讼全流程的教学改革和探索，大大提升了学生的参与度和对案件流程的熟悉度，对于提高学生运用所学法律知识解决实际问题的能力，起到了事半功倍的功效。

其次，习近平同志指出，“法学学科是实践性很强的学科，法学教育要处理好知识教学和实践教学的关系。要打破高校和社会之间的体制壁垒，将实际工作部门的优质实践教学资源引进高校，加强法学教育、法学研究工作者和法治实际工作者之间的交流。”[②]这一改革思路是非常重要的，但具体如何落实需要我们实践探索。因为法律实践部门专家的本职工作也是异常忙碌的，只有找到高校和社会实践部门的契合点，实现优势互补，法律实践教学才能有序平稳、保质保量地推进。通过支持学生提起公益性诉讼，法学院校的教师可以为学生提供基本法学理论与法律理解和适用方面的指导，法律实践部门的律师可以为学生提供诉讼技巧方面的指导，法官可以通过审判过程中的沟通和判决来引导学生进行理性诉讼，因此可以“打破高校和社会之间的体制壁垒，将实际工作部门的优质实践教学资源引进高校”。

再次，从王健法学院近4年来的“小城公益之星”创意诉讼大赛的实践来看，当前法学本科教育和人才培养方案，应当以培养和训练本科生的法律运用和论证能力为核心目标。除了基本的概念之外，课程考核不宜过多地考查记忆性知识或者单纯

① 参见本书第一编和第三编。

② 《习近平在中国政法大学考察》，载新华网，http://www.xinhuanet.com/politics/2017-05/03/c_1120913310.htm。

地考察理论性知识，也不应当将简答题和论述题设置过高的比例，而应当通过具体案例的分析，让学生置身于具体法律案件的“事实裁剪+法律适用+法律论证”场景中，从而得出法律上的解决方案。① 唯有如此，学生在校期间提起公益性诉讼乃至毕业后从事司法实务，才能具有扎实的基础。

最后，以公益性诉讼为抓手进行卓越法治人才培养没有地域限制，也没有非常高的准入门槛；只要学院和教师进行有效组织、引导和指导，学生愿意进行法律实践，就可以取得很好的教学效果和社会效果。比如，近几年来华东政法大学也在推动该项活动。2019 年该校本科生王洁莹同学认为，上海迪士尼乐园规定禁止携带食品入园的格式条款侵犯了消费者的合法权益，遂诉至上海市浦东新区人民法院。经过法庭的公开审理和调解之后，被告上海迪士尼乐园将入园规则中相关条款内容修改为，“除少数特殊食品仍禁止携带外，游客可携带供本人食用的食品及饮料进入该游乐场”。王洁莹同学也因为这一公益性诉讼，获得了中国消费者协会和人民网颁发的“啄木鸟奖”，以表彰其在维护消费者权益领域所作出的贡献。②

当然，需要注意的是，大学生的生活依然是以学习为主，而且其对法律的理解和掌握能力还需要多加训练，因此法学院校在开展此项活动时，应当侧重于支持学生就身边具有公益价值的小型诉讼开展相关法律实践，不宜直接让学生参与具有高度对抗性、复杂性和利益纷争的法律案件。另外，虽然我国近几年正在推行“立案登记制”改革，但司法资源也是异常宝贵的，因此法学院校在支持学生进行公益诉讼时，应当对案件的可诉性、成熟度和公益性等方面进行把关，确保真正有价值的案件进入该活动当中，避免出现滥诉、乱诉以及其他浪费司法资源的案件出现。

五、结语

卓越法治人才的培养是一个系统工程，要求各大法学院校结合自身的情况，系统地调整和完善教学理念、人才培养方案、具体的教学实践。王健法学院作为国内法学研究和人才培养的重镇之一，一直在积极进行相关教学改革研究和探索。经过 4 年多的实践，我们发现，以“支持学生进行公益性诉讼”为中心的卓越法治人才培养模式和法律实践课程创新模式，有效提升了法学专业的教学效果，训练了学生运用法律解决社会问题的能力，培养了学生的公益心和社会责任感，促进了社会公共

① 程雪阳：《社会功能分化视角下的法学本科教育改革与人才标准完善》，载《甘肃行政学院学报》2018 年第 5 期。

② 参见《迪士尼旅游被翻包，直接起诉不忍让，华东政法大学女生今获奖！》，载新浪网 2020 年 3 月 15 日，http://k.sina.com.cn/article_7054193462_1a476733600100pj5m.html。

利益的维护，获得了社会舆论的广泛好评，符合中央政法委和教育部在"卓越法治人才教育培养计划 2.0"中所提出"坚持立德树人、德法兼修，践行明法笃行、知行合一"的人才培养目标，可为国内法学院校提供借鉴和参考。

为了更加系统地介绍和分析王健法学院的这项教学成果探索，我们编写了本书。本书共四个部分。

第一部分是本项目实施的具体实践成果。在 2016 ~ 2018 年，本项目共设立了 45 个子项目，本科生参与人数累计 400 余人，占当年大二和大三本科生总人数 20% 左右。对于所有的参赛项目，学院都要求参赛学生在案件结束之后，按照"选题理由——法律分析——项目过程介绍——法律争议辩论要点——案件处理结果——媒体的报道和评论——法律文书写作和起诉实践总结与反思"这一思路撰写相关案件材料。鉴于本书篇幅，本书编委会在征询各参赛队同学意见的基础上，遴选了若干具有典型意义的案件进行了总结和分析。2019 年及以后年份的相关典型案例，待日后再另行出版。

第二部分是参与本项教学改革项目的校内校外相关指导老师，针对本项目的实践情况撰写的相关教学研究或反思性论文。

第三部分是本项教学改革项目对江苏省乃至全国司法判决的影响，以及国内权威媒体对本项活动的相关报道。

第四部分（附录）是王健法学院 2019 年修正的"小城公益之星"创意诉讼大赛实施办法，该实施办法是王健法学院卓越法治人才 2.0 培养模式改革的制度保障。

第一编　培养德才兼备的法律解决方案供给者的实践探索

王心瑜诉苏州工业园区财政局不依法履行社会抚养费信息公开案(2016)

王心瑜　林青青　陈艳丽*

一、选题理由

社会抚养费,由20世纪80年代的"超生罚款"演变而来,是指为了调节自然资源利用和保护环境,适当补偿政府的公共社会事业投入的经费,而对不符合法定条件生育子女的公民征收的费用。其属于行政性收费,具有补偿性和强制性的特点。我们认为,应当推动"社会抚养费"公开化工作。只有做到收支透明化公开化,才能更好地保障公民的知情权,监督政府合法行政。因此,我们确定了"社会抚养费公开"的主题,向政府财政局申请社会抚养费信息公开。

社会抚养费与计划生育政策相伴而生。根据《社会抚养费征收管理办法》的相关规定,社会抚养费应当全部上缴国库。然而,在实践中,该项行政收费在省政府年度部门收入中却没有具体写明,更没有向社会公开。此外,社会抚养费由县级人民政府计划生育行政部门作出书面缴纳决定,也可由县级人民政府计划生育行政部门委托乡(镇)人民政府或者街道办事处作出书面缴纳决定。在现实生活中,大部分的社会抚养费的缴纳都是由基层部门决定的,存在很多诸如费用标准不明确、执行标准不统一以及费用去向不明晰的问题,损害了社会的发展和人民的利益。

2013年7月11日,浙江碧剑律师事务所的吴有水律师向全国31个省级计生委、财政厅(局)申请政府信息公开,要求公开2012年度社会抚养费收支及审计情况。经过诉讼后,广东省卫生计生委于2013年12月4日通报,2012年度广东省社会抚养费征收金额为14.56亿元。之后,24个省份公开了2012年度社会抚养费征

* 本文作者均系苏州大学王健法学院2014级本科生。

收额，总计近200亿元，然而无一省计生或财政部门公开社会抚养费的支出情况。[①]

我们在江苏省卫计委和财政厅的网站上搜索查询后也发现，省卫计委和财政厅依旧没有对每年度社会抚养费的收取总额、预算和支出情况向社会公开。社会抚养费的收取及使用情况对于公众来说仍然是一项难以知晓的政府信息。所以我们决定向政府申请社会抚养费信息公开，以监督政府信息透明化公开化。

二、法律分析

原《政府信息公开条例》第9条规定："行政机关对符合下列基本要求之一的政府信息应当主动公开：（一）涉及公民、法人或者其他组织切身利益的；（二）需要社会公众广泛知晓或者参与的；（三）反映本行政机关机构设置、职能、办事程序等情况的；（四）其他依照法律、法规和国家有关规定应当主动公开的。"

原《政府信息公开条例》第10条规定："县级以上各级人民政府及其部门应当依照本条例第九条的规定，在各自职责范围内确定主动公开的政府信息的具体内容，并重点公开下列政府信息：（一）行政法规、规章和规范性文件；（二）国民经济和社会发展规划、专项规划、区域规划及相关政策；（三）国民经济和社会发展统计信息；（四）财政预算、决算报告；（五）行政事业性收费的项目、依据、标准；（六）政府集中采购项目的目录、标准及实施情况；（七）行政许可的事项、依据、条件、数量、程序、期限以及申请行政许可需要提交的全部材料目录及办理情况；（八）重大建设项目的批准和实施情况；（九）扶贫、教育、医疗、社会保障、促进就业等方面的政策、措施及其实施情况；（十）突发公共事件的应急预案、预警信息及应对情况；（十一）环境保护、公共卫生、安全生产、食品药品、产品质量的监督检查情况。"

原《政府信息公开条例》第15条规定："行政机关应当将主动公开的政府信息，通过政府公报、政府网站、新闻发布会以及报刊、广播、电视等便于公众知晓的方式公开。"

社会抚养费既是适当补偿政府的公共社会事业投入的经费，也是一项行政事业性收费，属于原《政府信息公开条例》第9条第1款第2项规定的"需要社会公众广泛知晓或者参与的"政府信息，也属于第10条第1款第5项所指的"行政事业性收费"。因此，根据原《政府信息公开条例》第15条，行政机关应当以便于公众知晓的方式向公众公开社会抚养费的预算和收支情况。根据《行政诉讼法》（2014年修正）和原《政府信息公开条例》的相关规定，我们作为公民有权通过申请政府信息公开的方式，获取社会抚养费的信息。

---

① 魏铭言：《卫计委启动修订社会抚养费办法》，载人民网，http://politics.people.com.cn/n/2014/0108/c1001-24052491.html。

如果有关部门不公开相关信息,那么我们可以依照原《政府信息公开条例》第33条关于“公民、法人或者其他组织认为行政机关不依法履行政府信息公开义务的,可以向上级行政机关、监察机关或者政府信息公开工作主管部门举报。收到举报的机关应当予以调查处理。公民、法人或者其他组织认为行政机关在政府信息公开工作中的具体行政行为侵犯其合法权益的,可以依法申请行政复议或者提起行政诉讼”的规定,申请行政复议或者提起行政诉讼,从而实现该项信息公开的目的。

三、项目进度

时间	进度
2016年8月25日	向江苏省卫生与计划生育委员会申请2015年度社会抚养费信息公开
2016年9月9日	收到江苏省卫计委的回复
2016年9月11日	向江苏省财政厅申请2015年度社会抚养费信息公开
2016年10月13日	收到江苏省财政厅的回复
2016年10月23日	在政府网站上向苏州市各区县财政局及苏州市财政局申请2015年度社会抚养费信息公开
2016年10月26日	向无法在网络上提交申请的个别财政局寄出书面申请书
2016年11月16日	以苏州工业园区财政局为被告向苏州市姑苏区人民法院提起诉讼
2016年11月22日	收到姑苏区人民法院开庭传票
2016年12月6日	收到被告答辩状和证据材料
2016年12月26日	开庭
2017年2月8日	姑苏区人民法院作出一审判决

四、前期准备

我们检索相关案例的时候,了解到吴有水律师曾向全国31个省级计生委、财政厅申请政府信息公开,要求公开2012年度社会抚养费收支及审计情况。围绕社会抚养费的存在引发的争议引起外界高度关注。

但是我们在苏州市相关财政局计生委网站上查询发现,其并没有主动公开,各级政府财政报告中无法搜索出社会抚养费这一名录,当年轰动一时的新闻并未有任何效果。

（一）向江苏省卫计委申请公开社会抚养费财务信息

信息公开案件必须先提出信息公开的申请，由于行政诉讼的特殊性，如果要进入诉讼程序，必须依据具体的行政行为提起诉讼。于是我们先向江苏省卫计委申请公开2015年度社会抚养费财务信息，该信息包括2015年度社会抚养费的总额、预决算和支出等。省卫计委回复表示其并没有相关财务数据，只公开了社会抚养费的征收标准与依据，同时，该部门指明了我们下一步的方向——向省财政厅申请公开社会抚养费的信息。

于是我们在2015年9月11日向江苏省财政厅申请公开2015年度社会抚养费财务信息，该信息包括2015年度江苏省社会抚养费的总额、预决算和支出等信息。在2015年10月13日，我们终于收到了省财政厅的回复。省财政厅回复了2015年度江苏省社会抚养费的征收总额为10亿5728万元。这虽意味着我们课题取得了一定进步，但是由于社会抚养费的特殊性——社会抚养费的征收是由县级人民政府计生委部门作出书面决定，社会抚养费应当全部上缴国库，按照国务院财政部门的规定纳入地方财政预算管理。按照一级政府一级财政的原则，社会抚养费征收收入属于县级财政收入，我们还是没有得到关于预算与支出的信息。

思考之后，我们也有了下一步更明确的方向。我们希望更进一步了解关于社会抚养费的去向。所以我们决定向我们所在的苏州市各区县级财政局与苏州市财政局申请公开2015年度社会抚养费的相关信息。

（二）向苏州市各区县级财政局申请公开社会抚养费财务信息

2015年10月23日，我们在苏州市各区县级政府的网站上提交了申请，分别向各个区、市财政局申请公开该区或市2015年度社会抚养费征收总额、预算和支出信息。在这个过程中我们发现，虽然现在政府网站的功能日渐完善，但是由于某些政府网站的网上申请公开系统存在缺陷，我们无法向所有的单位提交申请。因此我们只能以书面方式向几个区、市财政局申请信息公开。2015年10月26日，我们向苏州市的几个区、市寄出了书面申请书。在等待的过程中，我们做了一份简单的调查问卷，调查了苏州市市民对社会抚养费的了解情况。

我们收集到的数据显示，市民们对社会抚养费并不是很了解，且很少有人关注社会抚养费的公开问题。这说明有关部门对于社会抚养费这一应当主动公开的信息的公开做得并不到位，且绝大多数人表示支持社会抚养费的公开，以便行使公民的监督权。

2015年11月，我们陆续收到了来自各区、市财政局的回复，一共收到了苏州市吴江区、姑苏区、工业园区以及张家港市、太仓市、常熟市三区三市财政局的回复以及苏州市财政局的回复。

（三）数据分析

根据陆续收到的政府回复，我们整理出了如下信息：苏州市2015年度征收社会抚养费总额为2113万元。其中,姑苏区总额为55万元,工业园区总额为54.81万元,吴江区总额为579.86万元,张家港市总额为128.4万元,常熟市总额160.1万元,太仓市总额为146.6万元。(如图1所示)其中只有太仓市公开了58例社会抚养费的数据。我们本拟根据各区县回复的数据,将其相加后与苏州市整个市区的总额进行对比,以检验数据的真实性。但仍有三区一市未向我们作出答复,所以我们暂时无法得出数据是否真实的结论。另外,相城区、吴中区、高新区、昆山市这三区一市明显超出了15天的回复期限。

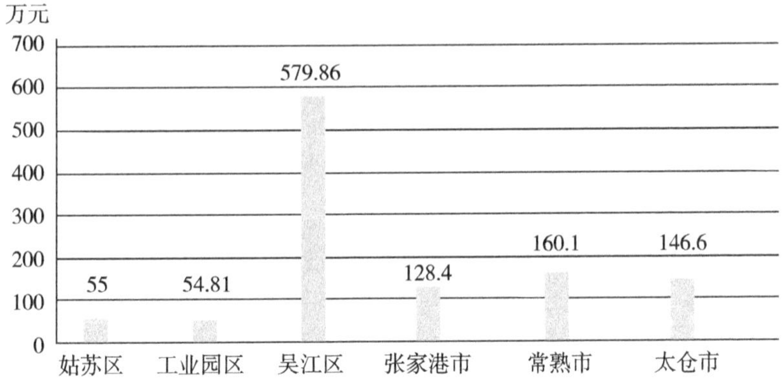

图1 苏州市部分区市政府2015年度所征收的社会抚养费总额

关于预算和支出,各区县的回复并不是统一的。

张家港市和常熟市都公开了社会抚养费的预算数据,这是飞跃式的突破。当时吴有水律师只是向各省级政府申请了总额等信息,并未掌握详细的预算数据。而根据社会抚养费的特殊性,省级政府并不存在该信息,关于预算的具体信息必须向县级政府申请。所以我们相比吴有水律师更进了一步。

而姑苏区和太仓市却没有将社会抚养费的数据单列出来,其支出与决算均统筹安排在"其他计划生育事务"中,明确了社会抚养费的去向。至此,社会抚养费从收到支的过程就清晰起来了。

其中,我们认为工业园区财政局的回复存在明显的问题。其回复为工业园区财政局不存在该政府信息。根据原《政府信息公开条例》的相关规定,政府有义务公开社会抚养费的相关信息。相比其他区县财政局的回复,其回复明显不符合情理,我们认为,其不应该不存在社会抚养费的相关预算与支出的信息。而且工业园区财政局的答复告知书的格式也存在很大的问题。根据《党政机关公文处理工作条例》的相关规定,公文一般应有发文机关标志、发文字号。然而工业园区财政局的告知书并没有采用这样规范的格式,与其他财政局回复格式产生鲜明对比。所以我们决定以苏州工业园区财政局为被告,以对其回复不服为由提起诉讼。

五、起诉

2016年11月16日下午，我们前往苏州市姑苏区人民法院提交起诉材料，并缴纳了诉讼费。

（一）起诉状

起　诉　状

原告：王心瑜（个人信息略）

被告：苏州工业园区财政局（单位信息略）

被告法定代理人：郭纲

诉讼请求：

1. 依法判令被告于2016年11月10日作出的《政府信息公开申请答复书》违法，并责令被告依照原告信息公开申请书的要求重新公开相关信息。

2. 依法判令被告每年主动通过政府网站、政府公报、新闻发布会以及报刊、广播、电视等便于公众知晓的方式，公开社会抚养费的总额、预算金额和实际开支。

3. 判令被告承担诉讼费用。

事实与理由：

原告于2016年10月27日向被告提出信息公开申请（具体内容见信息公开申请书），被告收到原告信息公开申请后，于2016年11月10日作出的《政府信息公开申请答复告知书》。

根据《中华人民共和国政府信息公开条例》第9条规定，社会抚养费属于"需要社会公众广泛知晓或者参与的"政府信息范畴，同时也属于《中华人民共和国政府信息公开条例》第10条"行政事业性收费的项目、依据、标准"的政府信息范畴。

原告作为公民，有权知晓社会抚养费的总额、预算和实际开支，但被告对于原告公开信息申请的第二点、第三点作出了"不存在该信息"的回复，并未按照原告的申请予以信息公开，违法剥夺了原告的合法知情权。

基于上述事实与理由，特此向贵院提起诉讼，请求依法支持原告的诉讼请求，彰显法之公允。

此致

苏州市姑苏区人民法院

具状人：王心瑜

2016年11月14日

(二)原告证据清单

由于行政诉讼的特殊性,举证责任倒置,由被告承担举证责任,所以我们只提供了寄出的申请信息公开书与收到的回复。

(三)收到传票

2016年11月22日,我们收到了苏州市姑苏区人民法院寄来的传票与合议庭组成人员告知书。

(四)收到答辩状和证据材料

答 辩 状

答辩人(被告):苏州工业园区财政局

被答辩人(原告):王心瑜

被答辩人诉答辩人政府信息公开案[(2016)苏0508行初449号]已为贵院受理,现答辩如下:

一、事实与经过

答辩人于2016年10月27日收到原告的政府信息公开申请材料,其申请公开内容为:"1.苏州工业园区2015年度社会抚养费征收总额;2.苏州工业园区2015年度社会抚养费的预算金额;3.苏州工业园区2015年度社会抚养费的实际开支;4.每年主动通过政府网站、政府公报、新闻发布会以及报刊、广播、电视等便于公众知晓的方式,公开每年你区的社会抚养费征收总额、预算金额和实际开支。"

答辩人于2016年11月10日向原告作出了政府信息公开答复,答复内容为:"1.苏州工业园区2015年度社会抚养费征收总额为54.51万元。2.您所申请公开的苏州工业园区2015年度社会抚养费预算金额,经查相关职能部门预算文件,本机关不存在该政府信息。3.您所申请公开的苏州工业园区2015年度社会抚养费实际开支,按照收支两条线管理办法和财政部收支分类科目,本机关不存在该政府信息。4.您所申请的第四条内容不明确,无法回复,请您对申请内容更改、补充。苏州工业园区已将2015年度相关预算及决算应公开的事项在苏州工业园区智慧社区综合服务门户网站上公开,信息公开途径:苏州工业园区智慧社区综合服务门户网站—园区公告。"

现原告对答辩人上述答复不满,向贵院起诉。

二、观点和理由

答辩人认为,答辩人作出的政府信息公开答复符合法律规定。理由如下:

对原告第1点政府信息公开申请内容,答辩人告知了相关信息;对原告第4点政府信息公开申请,因其内容不明确,答辩人要求原告补充、更改。这两个答复均符合法律规定,原告对此亦无异议。

对原告第3点政府信息公开申请，答辩人查阅了苏州工业园区社会事业局编制的《苏州工业园区2015年部门预算表》，其中收入、支出项目中均不包括“社会抚养费”，“非税资金”项目的收入为0，因此答辩人答复该信息不存在符合法律规定。

对原告第4点政府信息公开申请，由于社会抚养费征收实行收支两条线的财务管理规定，社会抚养费征收后全额上缴国库，《社会抚养费征收管理办法》第10条也规定：“社会抚养费及滞纳金应当全部上缴国库，按照国务院财政部门的规定纳入地方财政预算管理”，因此，不存在社会抚养费的专项支出；且政府收支分类科目中也不存在“社会抚养费”的支出科目，因此答辩人答复该信息不存在符合法律规定。

综上所述，答辩人作出的政府信息公开答复符合法律规定。恳请贵院驳回原告的诉讼请求。

此致

苏州市姑苏区人民法院

苏州工业园区财政局

2016年11月28日

被告提供的证据清单(略)

(五)原告委托代理

我们小组以王心瑜作为原告提起诉讼，但是考虑让整个小组成员都参与这个诉讼中去，小组决定委托另外两名成员——林青青和陈艳丽同学为公民代理，3人共同出庭。

六、法院判决

苏州市姑苏区人民法院行政判决书

(2016)苏0508行初449号

原告：王心瑜(个人信息略)

委托代理人：林青青，与原告系同学关系(个人信息略)

委托代理人：陈艳丽，与原告系同学关系(个人信息略)

被告：苏州工业园区财政局(单位信息略)

法定代表人：郭纲，苏州工业园区财政局局长

委托代理人：朱中一，江苏新天伦律师事务所律师

原告王心瑜不服被告苏州工业园区财政局(以下简称园区财政局)作出的政府

信息公开申请答复告知书,向本院提起行政诉讼。本院于2016年11月16日受理后,同年11月21日向被告寄送起诉状副本及应诉通知书。本院依法组成合议庭,于2016年12月26日公开开庭审理了本案,原告王心瑜及委托代理人林青青、陈艳丽,被告园区财政局出庭负责人姚青及委托代理人朱中一到庭参加诉讼。本案现已审理终结。

被告园区财政局于2016年11月10日作出政府信息公开申请答复告知书(以下简称答复告知书),答复原告如下:1. 苏州工业园区2015年度社会抚养费征收总额为54.51万元;2. 您所申请公开的苏州工业园区2015年度社会抚养费预算金额,经审查,本机关不存在该政府信息;3. 您所申请公开的苏州工业园区2015年度社会抚养费实际开支,按照收支两条线管理办法和财政部收支分类科目,本机关不存在该政府信息;4. 您所申请的第4条内容不明确,无法回复。苏州工业园区计划生育工作由社会事业局负责,社会事业局已将2015年度相关预算及决算应公开的事项在苏州工业园区智慧社区综合服务门户网站上公开,信息公开途径:苏州工业园区智慧社区综合服务门户网站—园区公告。

原告王心瑜诉称:根据《政府信息公开条例》第9条,社会抚养费属于"需要社会公众广泛知晓或者参与"的政府信息范畴,同时也属于《政府信息公开条例》第10条"行政事业性收费的项目、依据、标准"的政府信息范畴。被告对于原告申请公开的第2、3点做出了"不存在该信息"的回复,侵犯了原告的知情权。原告请求法院判决确认被告作出的答复告知书违法;责令被告重新答复;判令被告每年主动通过政府网站、政府公报、新闻发布会以及报刊、广播、电视等便于公众知晓的方式公开社会抚养费的总额、预算金额和实际开支;诉讼费用由被告承担。

原告向本院提供以下证据(均系复印件):1. 原告的政府信息公开申请书,证明原告主体资格;2. 答复告知书,证明被诉行政行为;3. 张家港市财政局答复告知书,证明财政机关应当有社会抚养费的预算;4. 苏州市姑苏区财政局答复告知书,证明财政机关应当对社会抚养费的去向进行告知。

被告园区财政局辩称:被告作出的答复告知书符合法律规定,对于原告的第1点申请内容,被告告知了相应信息;对于原告的第4点申请内容,因申请内容不明确,要求原告补充、更正;对于原告的第2点申请内容,被告查阅了苏州工业园区社会事业局(以下简称园区社会事业局)编制的《苏州工业园区2015年部门预算表》,其中收入、支出项目中均不包括"社会抚养费",因此被告答复该信息不存在;对于原告的第3点申请内容,由于社会抚养费征收实行收支两条线的财政管理规定,征收后全额上缴国库,不存在专项支出,且政府收支分类科目中也不存在"社会抚养费"的支出科目,因此被告答复该信息不存在。被告请求法院判决驳回原告的诉讼请求。

被告于2016年12月5日向本院提供了以下证据(均系复印件):1.原告的政府信息公开申请书,证明原告申请政府信息公开的内容和时间;2.答复告知书,证明政府信息公开答复的内容和时间;3.收入统计表,证明2015年苏州工业园区社会抚养费收入金额;4.苏州工业园区预算单位收支预算总表(园区社会事业局编制),证明不存在社会抚养费预算金额的信息;5.《关于深化收支两条线改革进一步加强财政管理的规定》,证明自2002年之后社会抚养费实行收支两条线管理;6.《2015年政府收支分类科目》,证明不存在"社会抚养费"的支出科目。被告提供的法律法规依据有:《政府信息公开条例》《社会抚养费征收管理办法》。

经庭审质证,原告对被告所举证据4提出异议,认为系总表,没有明细,在被告当庭提交园区社会事业局编制的预算明细供原告阅读后,原告对被告所举证据无异议。被告对原告所举证据1、2无异议;认为证据3、4与本案无关,并不存在张家港市财政局答复中所称的"社会抚养费预算金额",社会抚养费只有收入项,没有支出项,姑苏区财政局告知的是其他计划生育事务预算支出,并非社会抚养费的开支。

本院对以上证据作如下认定:原、被告所举证据1、2反映本案政府信息公开申请内容及答复内容,予以认定。被告所举证据3~6对于查明是否存在涉案社会抚养费支出科目有关,予以认定。原告所举证据3、4并不能证明存在原告要求被告公开的社会抚养费预算金额及支出项,对原告的证明目的不予认可。

经审理查明,2016年10月27日,原告向被告提交政府信息公开申请,申请公开:1.苏州工业园区2015年度社会抚养费征收总额;2.苏州工业园区2015年度社会抚养费的预算金额;3.苏州工业园区2015年度社会抚养费的实际开支;4.每年主动通过政府网站、政府公报、新闻发布会以及报刊、广播、电视等便于公众知晓的方式公开每年你区的社会抚养费总额、预算金额和实际开支。同年11月10日,被告作出答复告知书并送达原告。原告不服,诉至本院,提出前述诉讼请求。审理中,原告明确其第3项诉讼请求中"每年"是指2015年度之后,经法庭释明,原告放弃该项诉讼请求。

本院认为,根据《政府信息公开条例》第4条的规定,被告园区财政局答复原告的政府信息公开申请,系政府信息公开的主体,是本案适格被告。

本案的争议焦点在于是否存在原告要求公开的苏州工业园区2015年度社会抚养费预算金额及实际开支。《社会抚养费征收管理办法》第3条规定,对不符合人口与计划生育规定生育子女的公民,征收社会抚养费;第10条规定,社会抚养费全部上缴国库,按照财政规定纳入地方财政预算管理。财政部制定的《政府收支分类科目》中"人口和计划生育行政事业性收费收入"列有社会抚养费作为地方收入科目反映人口和计划生育部门收取的社会抚养费收入,而对应接近的"医疗卫生与计划生育支出"中没有社会抚养费支出项。事实上并不存在社会抚养费预算支出及实际开支的财政科目。又根据园区社会事业局编制的2015年度收支预算,该局也未对2015年度苏州工业园区社会抚养费收入进行预算。《政府信息公开条例》第21条规定,政府信息不存在的,应当告知申请人。故被告对原告第2、3点申请公开内容答复政府信息不存在,本院予以支持。

另外,原告的第1点申请公开内容,被告已在答复中予以公开;原告的第4点申请公开内容,其实质是要求被告履行主动公开的职责,不构成政府信息公开申请,不属于本案审查范围。

综上,被告已依法履行了政府信息公开法定职责。原告的诉讼请求,缺乏法律与事实依据,本院不予支持。依照《最高人民法院关于审理政府信息公开行政案件若干问题的规定》第12条第1项之规定,判决如下:

驳回原告王心瑜的诉讼请求。

案件受理费人民币50元,由原告王心瑜负担。

如不服本判决,可在判决书送达之日起十五日内,向本院递交上诉状,并按对方当事人的人数提出副本,上诉于江苏省苏州市中级人民法院。同时按照国务院《诉讼费用交纳办法》规定向江苏省苏州市中级人民法院预交上诉案件受理费50元。苏州市中级人民法院开户行:中国农业银行苏福路支行,账号:……

审 判 长　陈　勇
代理审判员　高文祥
人民陪审员　李　芸
二〇一七年二月八日
书 记 员　马　林

七、结语和感想

"小城公益之星"创意诉讼大赛给我们提供了一个很好的实践机会,教会我们如何学以致用。

万事开头难,我们所学的理论真正要实践起来特别复杂。我们不停地去查找实践的方法和借鉴他人的经验一步步地实践。

身为法科生,纸上谈兵不能实现实体正义,我们应当清楚地认识并承担起肩上的责任,我们选择了法学,就应该为社会选择更加公平正义的路。也正是本着法律人的这种信念,我们确定了社会抚养费的诉讼课题,维护公民的知情权,揭开社会抚养费的面纱,督促这项政策更加公正合法,实现社会公益的目标。

我们团队最大的收获是社会责任感的觉醒。起初定题时,脑袋里翻来覆去都只有公益两个字,根本无法与社会上的现象或者自己的亲身经历相联系。而现在,我们不仅真正地践行了公益，还开始对社会各种不公平的现象有所关注，开始思考如何学以致用。

我们最终的目标就是希望实现社会的公平正义。现在，我们终于通过向政府申请信息公开、对不履行职责的政府部门提起诉讼，维护我们自身的权利，维护广大人民群众的权利，也维护这个社会所一直追求的正义。当然，本次诉讼之所以失败，主要是因为我们没有搞清楚“社会抚养费的支出”与“社会抚养费预算金额”之间的关系。经过诉讼，我们才发现，工业园区管委会虽然收取了社会抚养费，但是该项收费所得收入并没有专项支出，所以也没有专项预算，因此法院作出的“被告已依法履行了政府信息公开法定职责。原告的诉讼请求，缺乏法律与事实依据，本院不予支持”的判决，我们经过认真研究之后，发现是合法、合理的，因此没有再进行上诉。

在这几个月中，我们通过这次比赛学习到了很多知识，学会将理论知识应用于实践经验。相信有了这次的经历，我们能真正学会“开眼看世界”，将法学思维深入社会生活中，做一个真正合格的法律人。

马震宇诉中国电信股份有限公司苏州分公司校园宽带捆绑销售与终端限制纠纷案(2016)

詹　越　陈子媛　吕思远　吴奕炜　马震宇*

一、选题理由

当今社会,大学生的日常生活日益体现与网络紧密相关的趋势。仅就苏州大学而言,苏州大学提供的宿舍区无线网络 SUDA-WLAN 存在网速慢、易断网等问题,难以满足同学们的日常需要。因此,网速更快的电信校园宽带成为较多同学的首选。但这种宽带服务存在诸多不合理之处,许多办理这项业务的同学表示其价格以及用这种价格换取的商品和服务超出自己能接受的范围。本小组中的马震宇同学是办理此项业务的亲历者,因此,我们选择此案作为诉讼案源。

2014 年 9 月,中国电信在苏州大学各个校区进行其校园宽带的宣传。2014 年 12 月 8 日,马震宇于东校区教育超市门口的校园电信营业处办理了当时收费标准为 89 元/月、合约期两年的校园宽带套餐,缴纳了 350 元并且订立了一份校园宽带合同(名为"校园套餐用户登记单")。电信营业人员告知,该宽带与所绑定的手机号的手机套餐捆绑、只能供电脑使用,且合约期内不可停机,即寒暑假不能停止套餐的使用。由于校园宽带提供方中国电信仅提供(且只在校内提供)一种限制终端的校园宽带,所以马震宇只能选择该项服务进行办理。到了 2016 年 6 月,马震宇再去电信营业厅了解校园宽带的情况,发现相应套餐资费有所降低,但是套餐本质并未有所改变。89 元套餐已将 20M 带宽提高到 100M,且在两年合约期内每月可享受赠费,计算可知新电信办理客户只需每月缴纳 63 元(自备电信手机的前提下),但是依然限制终端数量(此时电信校园宽带仅允许 1 部手机、1 台平板、1 台电脑 3 个设备同时使用),合约期内不允许停机、解除合同,否则,将承担严重的违约责任。

---

* 本文作者均系苏州大学王健法学院 2014 级本科生。

二、法律分析

中国电信在苏州大学提供的校园宽带存在终端限制行为,我们小组结合原《合同法》和《电信条例》相关规定,认为本项目具有可行性。

电信方提供的校园宽带存在终端限制事实,考虑其近两年的变化较大,下面分开论述:对于当事人办理之时的终端限制(2014 年 12 月),由于当时的电信校园宽带只能以有线方式接入电信用户的终端设备,所以只能在 1 台设备上使用。电信部门在合同中要求宽带用户只能选择“1 个宽带账户只能有 1 台电脑使用”宽带业务,这是限定消费者只能使用其指定的业务。如此情况违反了《电信条例》第 40 条的如下规定:“电信业务经营者在电信服务中,不得有下列行为:(一)以任何方式限定电信用户使用其指定的业务;(二)限定电信用户购买其指定的电信终端设备或者拒绝电信用户使用自备的已经取得入网许可的电信终端设备;(三)无正当理由拒绝、拖延或者中止对电信用户的电信服务;(四)对电信用户不履行公开作出的承诺或者作容易引起误解的虚假宣传;(五)以不正当手段刁难电信用户或者对投诉的电信用户打击报复。”

对于终端限制政策(2016 年 11 月),本案当事人马震宇由于受到两年合约期限的限制,并不能更换并使用后来的校园宽带,所以该政策并没有产生实质的侵害。但是,如果当事人出于一种降低损失的考虑,更换了电信校园宽带,则更换后的校园宽带仍然对当事人的权利构成侵犯并且实质违法。具体体现为:宽带提供方将有线变成无线连接的路由器,但是该路由器仅能供 3 台设备连接,分别为电信用户的电脑、手机和平板,但用户存在拥有此 3 台设备以外的其他电信终端设备的情况。就本案的当事人马震宇而言,他拥有 1 台电脑和 2 部手机,但是这 2 部手机只能有 1 台连接到电信宽带上。在这种情况下,宽带用户使用合格的、已取得入网许可的路由器等相关设备时,电信经营者没有理由变相限制消费者使用,否则违反了《电信条例》第 40 条第 2 款的规定。由此可见,终端限制事实明显违反了原《电信条例》的规定。

马震宇和中国电信签订的宽带服务合同属于格式合同。原《合同法》第 52 条规定,“有下列情形之一的,合同无效:(一)一方以欺诈、胁迫的手段订立合同,损害国家利益;(二)恶意串通,损害国家、集体或者第三人利益;(三)以合法形式掩盖非法目的;(四)损害社会公共利益;(五)违反法律、行政法规的强制性规定。”

根据原《合同法》第 52 条第 5 款的规定,马震宇和中国电信签订的宽带服务合同违反了原《合同法》的强制性规定,因此可认定宽带服务合同无效。

三、项目进度

时间	进度
2016 年 8 月 12 日	立项成功
2016 年 9 月 21 日	中期汇报
2016 年 10 月 26 日	与指导律师唐律师见面
2016 年 11 月 24 日	完成所有诉讼材料准备
2016 年 11 月 25 日	前往法院提交材料
2016 年 12 月 2 日	立案成功
2017 年 2 月 14 日	开庭审理
2017 年 3 月 17 日	作出判决

四、前期准备

(一)调研

通过前期调查,我们发现,很多大学生都办理了校园宽带服务,这说明大量同学都有宽带服务的需求。而在他们与中国电信股份有限公司苏州分公司签订的合同中,“天翼移动”手机套餐消费与“校园上网业务”必须同时开通,这就意味着在使用校园宽带的同时,用户必须选择手机套餐消费,这样的捆绑销售行为,显然是电信公司利用垄断地位而违法的营利行为,并严重侵害了消费者的合法权利。而且,这种现象并不是只发生在苏州市,根据我们的调研,全省仅有少部分学校的宽带服务商允许学生可随意选择宽带服务的内容。

我们团队进一步调查发现,在电信公司与用户签订的格式合同中有如下字样:“享受优惠购买天翼手机终端的客户必须承诺至少连续使用所选校园套餐服务及保底消费 24 个月,期间不得中途降低套餐及保底消费或机卡分离,也不得单方面停止套餐及保底消费服务,否则视为客户违约。”“客户应当妥善保管有关账号和密码,因使用不当或者被他人盗号所导致的损失,由客户自行承担。上网账号实行实名登记,不可一个账号多人或多终端上网,宽带账号连续在网最多 48 个小时。”这些合同条款都表明,电信校园宽带限制终端情况如实存在。

(二)取证

中国电信作为中国仅有的 3 家电信服务运营商之一,其行业地位不言而喻。团队想接触中国电信股份有限公司苏州分公司的管理人员,但苦于没有途径,仅能向中国电信最基础的销售服务人员咨询,想获得更具有说服力的证据较为困难。不过,本案的取证广度较高,这一点与本课题的公益性息息相关。因此,除了向当事人咨询,我们还向其他几位同学了解相关的消息,向校内、校外中国电信营业厅的销售人员咨询。为避免销售人员的非专业性,团队还拨打了中国电信客户服务电话,人工咨询相应的问题,也向学校相关专业的学长了解情况。

五、起诉

(一)起诉状草拟

我们的诉状经过数次易稿,最终定型。起初,我们的诉讼请求缺乏请求权的支撑,经过积极的查资料,我们最终更换了方向,明确了诉讼请求权。

(二)材料准备与提交

2016 年 11 月 25 日,我们一行人前往姑苏区人民法院提交材料。

2016 年 12 月 2 日,我们再次前往姑苏区人民法院缴费,并完成所有立案手续。

民事起诉状

原告:马震宇(个人信息略)

被告:中国电信股份有限公司苏州分公司(公司信息略)

诉讼请求:

1. 请求判决被告返还原告因电信合同取得的财产 2136 元。
2. 请求判定被告承担诉讼费用。

事实和理由:

2014 年 9 月,中国电信在苏州大学各个校区进行其校园宽带的宣传。

2014 年 12 月 8 日,原告于东校区教育超市门口的校园电信营业处办理了当时收费标准为 89 元/月、合约期两年的校园宽带套餐,缴纳了 350 元并且订立了一份校园宽带合同(名为“校园套餐用户登记单”)。电信营业人员告知其该宽带与所绑定的手机号的手机套餐捆绑、只能供电脑使用,且合约期内不可停机,即寒暑假不能停止套餐的使用。由于校园宽带提供方中国电信仅提供(且只在校内提供)一种限制终端的校园宽带,所以原告只能选择该项服务进行办理。到了 2016 年 6 月,原告再去电信营业厅了解校园宽带的情况,发现相应套餐资费有所降低,但是套餐本质并未有所改变。89 元套餐已将 20M 带宽提高到 100M,且在两年合约期内每月可享受赠费,计算可知新电信办理客户只需每月缴纳 63 元(自备电信手机的前提下),但是依然限制终端数量(此时电信校园宽带仅允许 1 部手机、1 台平板、1 台电脑 3 个设备同时使用),合约期内不允许停机、解除合同,否则将承担严重的违约责任。

原告认为,被告与原告订立的校园宽带电信合同违反了《合同法》以及《电信条例》等相关法律的法规,应当无效。现原告依据《中华人民共和国民事诉讼法》的相关规定,向贵院提起诉讼,请求依法支持原告的诉讼请求。

此致

苏州市姑苏区人民法院

具状人:马震宇

2016年11月24日

附:

证据清单

序号	证据名称	证据形式	证明事实
1	原告自述办理校园宽带事实和细节	录音(光盘)	证明校园宽带的价格内容等事实
2	原告与被告签订的合同	书面文件	证明原告与被告订立购买校园宽带合同的法律事实
3	与被告苏州大学营业厅内工作人员的咨询内容	录音(光盘)	确定其校园宽带办理的方式和套餐价格,确实存在终端限制事实
4	中国电信股份有限公司苏州分公司关于办理校园宽带的宣传单	书面文件	进一步固定购买校园宽带合同中所要求的强制捆绑购买和套餐价格
5	与中国电信客服电话10000的咨询内容	录音(光盘)	确认在校园内办理宽带的相应价格与套餐购买方式与校外比较是否一致

六、法院判决

苏州市姑苏区人民法院民事判决书

(2017)苏0508民初61号

原告:马震宇(个人信息略)

委托诉讼代理人:陈子媛(个人信息略)

委托诉讼代理人:吴奕炜(个人信息略)

被告:中国电信股份有限公司苏州分公司(公司信息略)

负责人:金羿,总经理

委托诉讼代理人:屠敏琮,该公司法务

委托诉讼代理人:刘秋梅,江苏苏合律师事务所律师

原告马震宇与被告中国电信股份有限公司苏州分公司(以下简称中国电信苏州分公司)电信服务合同纠纷一案,本院于2017年1月3日立案受理后,依法适用简易程序,于2017年2月14日公开开庭进行了审理。原告马震宇的委托代理人陈子媛、吴奕炜,被告中国电信苏州分公司的委托代理人屠敏琮、刘秋梅到庭参加诉讼。本案现已审理终结。

原告马震宇向本院提出诉讼请求:1.请求判令被告返还原告因电信合同取得的财产2136元;2.诉讼费由被告承担。审理中,原告增加诉讼请求:要求确认原告、被告于2014年12月8日签订的校园宽带服务合同无效。事实与理由:2014年9月,中国电信在苏州大学各校区进行校园宽带的宣传。2014年12月8日,原告于东校区教育超市门口的校园电信营业处办理了当时收费标准为89元/月、合约期两年的校园宽带套餐,缴纳了350元并且订立了一份校园宽带合同(名为"校园套餐用户登记单")。电信营业人员告知其宽带与所绑定的手机套餐捆绑、只能供电脑使用,且合约期内不可停机。由于中国电信仅提供(且只在校内提供)一种限制终端的校园宽带,所以原告只能选择该项服务进行办理。2016年6月,原告再去电信营业厅了解校园宽带的情况,发现相应套餐资费有所降低,但是套餐本质并未有所改变。89元套餐已将20M带宽提高到100M,且在两年合约期内每月可享受赠费,即新电信办理客户只需每月缴纳63元(自备电信手机的前提下),但是依然限制终端数量(此时电信校园宽带仅允许1部手机、1台平板、1台电脑3个设备同时使用),合约期内不允许停机、解除合同,否则将承担严重的违约责任。原告认为,被告与原告订立的校园宽带电信合同违反了《合同法》以及《电信条例》等法律法规,应当无效。故原告诉至法院。

被告中国电信苏州分公司辩称,原、被告双方签订的合同不违反法律、行政法规的强制性规定,是合法有效的;原告提出的问题系不恰当理解,不影响合同效力;所谓宽带与手机套餐捆绑,实际是针对学生的优惠措施,也可以理解为购买宽带服务赠送手机话费;电信服务是连续不间断的,无法如原告所希望的在寒暑假停止收费;由于当时技术条件限制,只能做到一个账号一台电脑,后经过技术升级,现在已能实现一个账号同时满足平板电脑、手机同时上网;原告所述的2016年6月带宽提高、资费降低是电信响应国务院和工信部的要求,不影响电信与用户之间已签订的服务合同,不可能导致与原告签订的电信服务合同无效;合同已经履行完毕,原告享受了相应服务,其请求返还服务费用的诉请没有任何依据,请求法院驳回原告诉请。

经审理查明:2014年12月8日,马震宇在中国电信设在苏州大学内的现场受理

点办理校园宽带套餐业务,中国电信苏州分公司在其出具的校园套餐用户登记单特惠2中约定:“加入校园套餐的新装天翼可选择下列入网的优惠方案(只可任选一项):(1)新装天翼并加入校园套餐,承诺使用　　个月协议期,可以　　元优惠价得指定手机一部;(2)天翼用户自行购买手机,并承诺天翼月保底消费,可享受对应的手机话费赠送”;客户须知第2条规定:“上网账号实名登记,不可一人账号多人或者多终端上网”。马震宇选择了特惠2中的第(1)项,以350元的优惠价格购得手机1部,手机每月保底消费为89元,电信赠送每月20M不限时校园宽带上网,使用协议期为24个月。马震宇使用该套餐服务期间,并未向电信投诉资费过高或者上网终端受限的情况。2016年12月8日,马震宇终止使用了该校园宽带套餐。

另查明:《中华人民共和国电信条例》第40条规定:“电信业务经营者在电信服务中,不得有下列行为:……(二)限定电信用户购买其指定的电信终端设备或者拒绝电信用户使用自备的已经取得入网许可的电信终端设备。”

本院认为:原、被告之间就原校园套餐的使用存在电信服务合同关系。原告认为被告不允许多人或者多终端上网的规定违反了《中华人民共和国电信条例》第40条第2款,该电信服务合同应属无效,对此本院认为原告对该条款的解读有误。行政部门制定该项条款的本意在于国家对电信设备进网实行许可证制度,凡符合国家制定的标准,获得进网许可证的电信终端设备,均可进网使用,电信用户有权选购以上设备,经营者不得限定用户以上述设备入网使用,而并非如原告理解的一般,用户可以随意不受限制以一个账号多人多终端同时上网。事实上,一个账号如果允许多人多终端随意同时上网既影响网络运营速度,更会危及用户的信息安全。故本院认为,原、被告之间签订的电信服务合同并未违反法律、行政法规的强制性规定,应属有效。现该合同已经履行完毕,双方的权利义务业已终止,原告在合同履行期间并未向被告主张过任何权利,但在合同结束后认为双方之间的合同无效,要求被告返还服务费2136元的诉请,缺乏法律依据,本院对此不予支持。

依照《中华人民共和国合同法》第6条、第8条、第60条,《中华人民共和国电信条例》第40条第2款,《最高人民法院关于民事诉讼证据的若干规定》第2条的规定,判决如下:

驳回原告马震宇的全部诉讼请求。

案件受理费50元,适用简易程序减半收取25元,由原告马震宇负担。

如不服本判决,可在判决书送达之日起十五日内,向本院递交上诉状,并按对方当事人人数提出副本,上诉于江苏省苏州市中级人民法院,同时向该院(开户行:中国农业银行苏州苏福路支行;账号:10××76)预交上诉案件受理费。

审判员　陈　瑾

二〇一七年三月十七日

书记员　张　筱

七、结语和感想

詹　越：

在我看来，这个项目，就结果而言是失败的，因为法院并没有通过认定合同无效的方式达到我们想要的“公益性”目的。但就社会角度而言，又似乎引发了一些改变——在结案后不久，学校内的电信宽带取消了终端限制的条款。

其实从现在看来，这个案件实际操作时选择的诉讼思路是错误的。当初在项目书中构想了两个方向：一是从原《合同法》角度，通过认定案涉合同违反了法律的强制性规定，继而认定案涉合同无效，从而达到解除合同的目的；二是从《消费者权益保护法》角度，认定提供服务的方式违背了消费者的自主选择权，以此认定侵权。经过团队讨论，最终选择了第一个角度。今天回头反思，不得不承认，这一次诉讼请求权基础的选择是不完整的，甚至可以说是错误的。

首先，我对于《电信条例》关于终端限制的条款内容理解出现偏差，虽然对方没有对此提出抗辩，但法院在判决书中明确指出了这一点。其次，对《电信条例》关于终端限制条款的性质认定有误，当时认为《电信条例》关于终端限制的条款属于效力性强制规定，实际上该条款应当属于管理性强制规定，因此不属于合同无效的情形。最后，返还合同价款的请求权基础是缺失的，案涉合同在审理过程中已经履行完毕，原告也已经完整享受了相关服务，只是服务的形式受到了限制。因此，这个案件最终以败诉结尾，并没有达到想要的诉讼目的。

再“马后炮”一些，是不是选择第二个《消费者权益保护法》角度会更加可行一些呢？电信公司只提供办理手机套餐赠送电信宽带的服务，不允许消费者自主选择纯宽带服务项目，能不能被认定为侵犯消费者的自主选择权呢？答案也未可知。

“小城公益之星”创意诉讼大赛是我法律实务的第一次实战演练，经历比结果更值得我铭记。感恩这个活动，感谢我的队友，给予我一段这么特别的经历，为以后从事实务工作的我提供了宝贵的经验。

吕思远：

从当初报名参加“小城公益之星”创意诉讼大赛至今，不知不觉时间已过了半年。在这个过程中，我真切地体会到“纸上得来终觉浅，绝知此事要躬行”的道理。走到今天这一步，我是真真切切地想对自己说：“我坚持下来了。”坚持背后支持我们的是热爱，更是自己作为法律人对社会的承诺。

因为自己是苏州大学法律援助的一员，所以对这种公益性的事情比较感兴趣。但是，高校法律援助也好，公益诉讼也罢。我觉得无论外表是如何不同，它们的本质是一样的，都是在用法律去改善我们的社会环境。

在本次诉讼中，我感触最深的还是立案。从课本上学到的“受理后 7 天之内”规定,到了现实中,很有可能变成20天。与其说全部是努力带来的"成功立案",不如承认还有运气的成分。法官当时说我们诉讼带有公益性,所以要慎重考虑。虽然是一重阻挠,但也振奋人心,这可能也是一种变相的认可。

陈子媛:

起初,对于是否要参赛我是十分犹豫的,因为作为一个大二的法学本科学生,不要说公益诉讼,就连普通的私益诉讼都没试过,而且平时学习的主要是理论知识,在实践上还是十分缺乏经验的。但后来经过自己的思考以及小伙伴的说服,也将最初的担心放下,决定参赛来挑战自我。参赛初期是一个比较艰难的时段,因为项目的选择直接决定了本次比赛的成败,而且更为困难的是公益诉讼作为一个以维护社会公共利益为出发点的诉讼,选择出一个合适的公共利益进行诉讼也是十分不易的。经过漫长的讨论与调查后,我们将公共的范围缩小到大学生群体,并以马震宇同学亲身经历的电信宽带捆绑销售与终端限制问题为切入点,希望通过本次公益诉讼,督促网络供应商根据大学生的实际需求和经济能力,提供更为合理与优质的网络服务,使广大大学生能够受益。

确立了项目之后,我们开始收集材料准备书写起诉状。在充分了解校园宽带的详细情况之后,我们发现除了终端限制这一主要问题,校园宽带还存在合同存续期限过长、宽带套餐捆绑等多个问题,这也丰富了我们诉讼的范围。但进入起诉状的书写阶段后,我感觉到了实实在在的困难。一是用简短的语言将所有的事实浓缩并清晰表达的困难,二是寻找法律依据的困难。在参考了许多起诉状范例以及查阅了相当多的法律规范和相关网络条例后,我们逐渐形成了一篇较为规范的起诉状,第一阶段也基本告一段落。我们的努力没有白费,成功晋级到了决赛之中,小城律师事务所随后也为我们配备了律师,这让我们对本次公益诉讼充满了信心。随后我们整理的材料向法院起诉,令人开心的是不久法院成功立案,但"革命"尚未成功,我们继续坚持下去,抓住这次来之不易的机会。

纵观这半年来,首先,我们一群人在这个诉讼中投入的许多心血,不管是初期的四处奔波收集材料、证据,还是后面一丝不苟地书写起诉状,都是倾力而为。就我个人而言,我感觉这次公益诉讼大赛首先破除了我对于困难的恐惧,敢于去面对困难就是一种成功。其次,通过一系列的程序,让我深刻体会到进行一起诉讼的不易,也提醒自己要时刻保持谨慎,关注案件中的一些细枝末节,尽量做到完美。最后,这也是我个人将理论与实践相结合的初步尝试。我逐渐学会了如何运用自己的理论知识,这对于我未来的法律道路具有重要的意义。

吴奕炜:

其实在一开始参加公益诉讼时的心情有些忐忑,因为对于我们学院的学生来说,公益诉讼是一个非常新鲜的事物,即使是学长学姐也没有参与的经验。所以这对于我们每一个人来说都是一次尝试,现在回头来看,觉得这样的一次尝试弥足珍贵。

首先,在面对一个自己并不熟悉的项目任务时,团队的分工就显得非常重要。在詹越组长的统筹下,我们每个人都有自己具体的任务,每个人都运用自己的特长,将自己擅长的部分做到最好。在整个公益诉讼的过程当中,我负责撰写立项申报材料、整理证据清单等,与队友进行了密切的配合,最终提高了团队效率,基本完成了此次公益诉讼的初始目标。

其次,通过这次诉讼,体会了法律实务的操作流程,真正从“演戏”变为了“实战”。通过实际参与诉讼,我们真正尝试了向法院递交起诉状、搜集证据、申请立案等流程,这样一些实地尝试的机会都是我们平时在课堂上难以获得的。我们知道法学理论和法律实践之间的脱节,但是这一次实践活动更是让我们具体地了解到理论与实践是如何脱节的、究竟有多大的距离。这无疑会增强我们的实务操作能力,为我们今后走上实务岗位明确方向。

最后,公益诉讼本身的社会价值也让我感悟良多。法学是“为天地立心,为生民立命”的学问,法律人应当承担起为社会谋福祉、为不公求改变的使命,敢于运用自己的专业知识救济他人。虽然我们的切入点很小,我们所要反映的问题也微不足道,但这依然能在一定程度上让大学生了解自己的权利,学会去保护自己的权利,从而让每个人的法律意识都得到提高。我想,这就是公益诉讼的最终价值和内涵。今后的我将更加努力,争取能有更多参与公益诉讼的机会。

马震宇:

我们这个项目的灵感源于生活中发生在身边的小事情,我们和身边的很多人都长久困惑于电信宽带此类的问题中,于是我们决定以此类问题为契机,围绕电信宽带限制终端以及强制绑定这一核心,进行了一系列的构思,由此形成了现在的项目。

从项目完善,到诉状编写、证据搜集,再到法院立案,这一系列的工作都是一次新奇的体验,同时也使我开阔眼界,尤其是当自己想到未来的某一天我将和队员一起站在法庭一侧将我们的诉讼项目付诸实践,我的内心就充满了激动和感慨。我想,这便是我当初选择参加小城公益诉讼的意义所在。

王正浩诉苏州市民卡有限公司电子钱包挂失转值不当得利案(2016)

陈怡君　章　金　王正浩　顾　斌*

一、选题理由

苏州市社会保障·市民卡(以下简称苏州市民卡),是苏州市政府面向本市户籍以及参加本市社会保险的非本市户籍人员发行的,具有政府服务、公共事业和金融支付三大功能的智能IC卡。此次诉讼拟就苏州市民卡的"公共事业"服务功能中的电子钱包功能展开。"电子钱包",是将小额消费场所的快速结算功能直接应用于轻轨、公交车、出租车、便利店等领域,实现小额支付功能的工具。电子钱包由苏州市民卡有限公司发行、管理。

原本苏州市民要持有很多卡——银行卡、社保卡、公交卡、地铁卡,而苏州市为便利市民生活,将这些卡的功能整合到市民卡一张卡上。这张卡卡面上记有公民的姓名、身份证号,在性质上应认定为记名卡。按照中国人民银行令(2012)第12号的规定,原本的不记名预付卡是可不挂失的,但如今的市民卡是记名卡,应当按照记名卡的要求办理挂失。另外,虽然新市民卡已经发行4年之久,但是许多市民在遗失卡之后,才得知其中的电子钱包功能不能挂失,余额无法通过补办而转值到新卡。

我们身边有不少同学在遗失了苏州市民卡后,才发现电子钱包余额不能转值至新卡上。在我们提供法律援助咨询活动以及走访社区时,也有不少居民反映了这种情况,可见市民卡电子钱包余额转值已经成为一个影响群众生活的问题。苏州市民卡有限公司数据显示,至2016年,已经有超过1524万的市民持有苏州市民卡,且电子钱包的应用领域呈现不断扩张之势,也就是说,其中涉及的金额只会与日俱增,但苏州市民卡有限公司不能保障我们最起码的交易资金的安全。

我们曾与市民卡服务点的工作人员、苏州市民卡有限公司的管理人员交涉,他

---

* 本文作者均系苏州大学王健法学院2015级本科生。

们答复称，苏州市民卡电子钱包采取脱机消费的形式，后台没有建立起统一的数据库管理系统，技术上存在难度。不过，我们小组查阅到的资料显示，南京、连云港市早在多年前就已经实现市民卡电子钱包余额转值的问题，而作为省会城市的南京，市民卡消费终端更为分散和庞大，可见实现电子钱包的余额转值的技术难度可以且应当克服，而且苏州市民卡有限公司早在4年之前就承诺进行技术上的改进，至今却仍然以同样的理由敷衍我们。

此项公益诉讼所牵涉的公共利益涉及面广。为保障市民利益，维护社会公平，促进市民卡管理系统的进一步发展，通过诉讼手段推动市民卡的便民进程，我们准备诉诸法律。

二、法律分析

就请求权的基础而言，我们研究后发现，就"市民卡电子钱包余额不能转值到新卡"这一行为，苏州市民卡有限公司构成不当得利，并且《市民卡电子钱包章程》中的第2条，系免除市民卡公司责任、加重广大公民义务的格式条款，应认定为无效条款。

具体理由如下：

第一，根据中国人民银行令〔2012〕第12号《支付机构预付卡业务管理办法》第2条第3款规定："本办法所称预付卡，是指发卡机构以特定载体和形式发行的、可在发卡机构之外购买商品或服务的预付价值。"根据苏州市民卡有限公司经营范围，苏州市民卡电子钱包功能主要用于城市轻轨、城市公交等一系列公共服务消费。苏州市民卡有限公司作为预付卡发卡机构、服务提供方，有管理、维护和运营该预付卡的权利和义务。

我组的王正浩同学在社保市民卡电子钱包内充值的121.75元，可视为对苏州市民卡有限公司的预先给付，用以交换将来享受等价值公共服务的权利。苏州市社保市民卡由原告所在单位苏州大学统一代为办理，原告并无与市民卡办理者直接接触，在成为持卡人之后，极难直接知晓市民卡电子钱包挂失细则。王正浩遗失卡片后立即前往该公司服务点办理挂失业务，属于积极行使持卡人权利，保障自身合法权益。

王正浩在办理挂失业务过程中，未得到关于电子钱包挂失余额转值事项的任何有效提示和说明，苏州市民卡有限公司是以不作为方式侵犯持卡人对电子钱包中剩余款项享有的合法权益。王正浩在遗失原卡、补办新卡后，卡内余额无法转值至新卡，苏州市民卡有限公司构成不当得利。

第二，依据中国人民银行令〔2012〕第12号《支付机构预付卡业务管理办法》第6条规定："预付卡分为记名预付卡和不记名预付卡。记名预付卡是指预付卡业务处理系统中记载持卡人身份信息的预付卡。不记名预付卡是指预付卡业务处理系统中不记载持卡人身份信息的预付卡。”

苏州市民卡的电子钱包功能原本是由苏州通卡,即目前俗称的“市民 B 卡”来承载的,苏州市社保市民卡是在整合了原苏州通卡、社会保障卡和苏州银行储蓄卡的基础上形成的。

苏州通卡的业务管理系统不采取记名管理,按照央行规定属于不记名预付卡范畴,其不挂失、不退现的规定无可非议。但是,自 2012 年以来,苏州市政府面向本市户籍以及参加本市社会保险的非本市户籍人员发行的多功能、复合式的市民卡,用于办理相关个人社会事务和享受公共服务,包括了政府服务、公共事业和金融支付三大功能,电子钱包至此整合至具有持卡人证件照、社保号码、身份证号码等一系列个人信息的社保市民卡中。而苏州市民卡有限公司仍然以不记名预付卡的要求规范其中的电子钱包功能,有违央行相关规章,且不符合持卡人普遍认识,有损持卡人利益。

第三,根据中国人民银行令〔2012〕第 12 号《支付机构预付卡业务管理办法》第 9 条规定:“预付卡卡面应当记载预付卡名称、发卡机构名称、是否记名、卡号、有效期限或有效期截止日、持卡人注意事项、客户服务电话等要素。”而苏州市民卡上没有以明确字样表明电子钱包功能是否属于记名功能。根据原《合同法》第 41 条关于“对格式条款有两种以上的解释的,应当作出不利于提供格式条款一方的解释”的规定,应将社保市民卡解释为记名预付卡。同时,中国人民银行令〔2012〕第 12 号《支付机构预付卡业务管理办法》第 6 条中规定的“预付卡业务处理系统”一词没有统一且明确的法律解释,且对于整合多套业务处理系统的“一卡通”没有相应规定。苏州市民卡兼具政府服务、公共事业和金融支付三大功能,同时具有政府、企业、金融机构三套业务处理系统,既然对于社保和金融部分已经能够实现记名处理,对于社会大众来说,电子钱包在整合后,卡面上记载了持卡人信息,故理应以记名卡的要求来规范电子钱包功能。

综上所述,我们有理由认为,苏州市民卡有限公司相关不挂失条款违反中国人民银行令〔2012〕第 12 号《支付机构预付卡业务管理办法》的规定,属于违反法律法规强制性规定,应当认定为无效。

三、项目进度

时间	进度
2016 年 7 月	课题选择、前期调研
2016 年 9 月	法规章程、新闻素材的调取、研读、整理;与指导老师探讨沟通
2016 年 10 月	星海广场服务点、苏州市民卡有限公司现场调研及取证

续表

时间	进度
2016年10月20日	向苏州市民卡有限公司去信沟通协商
2016年11月24日	向姑苏区人民法院递交诉讼材料
2016年11月28日	收到苏州市民卡有限公司复函
2016年12月1日	向姑苏区人民法院第二次递交诉讼材料并缴纳诉讼费等待法院正式立案
2017年1月18日	立案
2017年3月1日	提出撤诉申请

四、前期准备

(一)调研

1. 苏州市民卡有限公司以下述规定为由,对外宣称市民卡电子钱包为不记名预付卡,不支持挂失。

(1)《市民卡电子钱包章程》第2条规定:"苏州市社会保障卡·市民卡电子钱包只能用于消费,不得提现,不计息、不挂失。"

(2)《支付机构预付卡业务管理办法》(中国人民银行令〔2012〕12号)第6条规定"预付卡分为记名预付卡和不记名预付卡。记名预付卡是指预付卡业务处理系统中记载持卡人身份信息的预付卡。不记名预付卡是指预付卡业务处理系统中不记载持卡人身份信息的预付卡。"

(3)《支付机构预付卡业务管理办法》(中国人民银行令〔2012〕12号)第8条规定:"记名预付卡应当可挂失,可赎回,不得设置有效期。不记名预付卡不挂失,不赎回,本办法另有规定的除外。"

2. 多数群众对苏州市民卡电子钱包不能挂失的规定不了解。

我们随机抽取了周围同学和群众,调查他们对苏州市民卡中电子钱包功能无法挂失的规定的了解程度。事实证明,大多数同学和群众不了解此项规定,不知道补办新卡后卡内电子钱包余额会消失,少数曾经丢失过市民卡的同学有原卡内余额不复存在的印象。但是,一方面由于丢失钱款数额不是很大;另一方面不知如何寻找救济途径,因此不了了之,放弃追寻。但是日积月累,积少成多,市民卡公司的不当得利数额巨大,严重侵犯了公民的财产权益。

3. 苏州市民卡有限公司及其各网点未尽到提醒义务。

根据中国人民银行令〔2012〕第12号《支付机构预付卡业务管理办法》第9条规定:“预付卡卡面应当记载预付卡名称、发卡机构名称、是否记名、卡号、有效期限或有效期截止日、持卡人注意事项、客户服务电话等要素。”而市民卡上没有以明确字样表明电子钱包功能是否属于记名功能。

另外,在丢卡市民前往挂失网点进行挂失时,工作人员并未对社保市民卡中的电子钱包余额是否能够挂失及退回作出任何告知和说明。因此,市民卡公司及其各挂失网点未尽到提醒义务。

(二)取证

小组成员王正浩于2016年11月8日15时44分在苏州工业园区全家(星海广场站店)为本人社保市民卡电子钱包部分充值50元,充值回执显示卡上余额为121.75元。充值过后,王正浩在回家途中不慎将社保市民卡遗失。为卡内金额和个人信息安全起见,他立即至苏州工业园区星海广场北区B221苏州市民卡服务中心办理社保市民卡挂失业务。在办理挂失流程中,柜台工作人员在确认持卡者身份,收取20元工本费后,并办理相关其他手续后,仅告知王正浩一周后前去领取重做的新卡,未对社保市民卡中的电子钱包余额是否能够挂失、锁定以及退回作出任何告知和说明。王正浩在领取新卡充值50元后发现,市民卡电子钱包部分的金额余额显示为50元,即原卡内剩余的121.75元全部未能退还。

证据清单:

证据一:《市民卡电子钱包章程》。

第一条　苏州市社会保障·市民卡电子钱包由苏州市民卡有限公司发行、管理。

第二条　苏州市社会保障·市民卡电子钱包只能用于消费,不得提现,不计息、不挂失。

第三条　苏州社会保障·市民卡电子钱包兼容了苏州通卡的所有应用功能,可在其社会保障·市民卡所有特约商户及原苏州通特约商户刷卡消费。

第四条　苏州市社会保障·市民卡持卡人在遵守本章程的同时,也应遵守相关加载功能所属行业的使用规则。

第五条　充值:社会保障·市民卡电子钱包可反复充值,每次现金充值额为50元的整数倍,小额电子钱包限额1000元。

第六条　保管:苏州市社会保障·市民卡电子钱包为非接触式射频卡,持卡人应保持卡片的平整,避免划伤、弯折、撞击、高温等。

第七条　换卡:在苏州市社会保障·市民卡有效期内,电子钱包无法正常使用时,持卡人可办理换卡,若卡片为非人为损坏,免费更换新卡。卡片若为人为原因损坏(如弯折、划伤、浸泡、烘烤等现象),持卡人须承担由物价管理部门核定的换卡工本费。原卡电子钱包余额8天后办理转值手续。

第八条 销户:当卡内电子钱包余额低于50元时可办理销户,卡余额全额退还。

第九条 本章程由苏州市民卡有限公司制定和解释。

第十条 本章程自二〇一二年七月一日起施行。

证据二:市民卡签购单(余额)(略)。

证据三:苏州银行业务回单(略)。

证据四:市民卡签购单(略)。

(三)协商

本着诉讼是解决问题的最后手段原则,我们先与苏州市民卡有限公司取得联系,希望其能够主动处理迟迟未解决的问题。首先,我们赞赏其为行业之先锋;其次,我们询问了其4年前许诺的关于解决挂失问题的进展。然而,去信石沉大海,并没有收到苏州市民卡有限公司的回信。因此,这一问题只得通过诉讼途径解决了。但就在我们向法院提交材料不久之后,市民卡公司便来信回复。但回信之中仍然是在行缓兵之计,我们感到非常失望。

建 议 信

尊敬的苏州市民卡有限公司:

您好!我们是苏州大学法学院的学生,近期上海小城律师事务所在我校举办活动,旨在推动苏州生活更为顺畅便捷,公平合理。

市民卡已经陪伴苏州市民走过4个年头,在这段时间中,市民卡所带来的便捷以及其自身的不断进步是有目共睹的,可是有关市民卡的电子钱包挂失问题却困扰了许多持卡者。例如,我们身边的王同学新领到了市民卡,充值50元后不久不慎丢失,在赴市民卡中心挂失时才被告知电子钱包部分金额无法挂失、退还;同样的情况还发生在我们身边的黄同学身上,在回家路上,钱包不慎被盗,市民卡随之丢失,电子钱包余额同样无法挂失、退还。诚然,市民卡遗失或者被盗,持卡者自身也有一定的疏忽,但在我们的生活中总存在难以避免的无心之失,由此造成电子钱包内余额完全无法挂失、退还显然不符合人们的内心期待,也不利于贵公司的管理形象。虽然长久以来,广大市民似乎已接受了电子钱包无法挂失退款这一种既定规则,似乎已经对于这一种内心失落日益麻木,但实际上,我们期待着贵公司通过管理方法的改革、电子技术的跟进,来解决这个看似不起眼却关乎广大市民卡持卡人切身利益的问题。

从我们所查的一些法律条文来说,贵公司的行为都是规范和适当的,也积极履行自身的通知义务,告诫消费者电子钱包不可挂失。但法律规范总是底线,不是吗?从我们所看到的材料来看,贵公司作为苏州地区的优秀企业,亦公亦私,追求公众利益的最大化,有着领先同行,服务大众的理念和决心,势必不会只满足于“不违法”这样的底线要求。

在市民卡诞生之初,苏州电视台前沿930即已就相关问题进行了报道,贵公司的发言人也表示希望大众给予耐心和时间,在今后会采取合适的方法改进相关问题,贵公司志于满足消费者要求、乐于保障公共利益的态度让人欣慰。但是4年过去了,我们没有听到、看到进一步的信息公示,所以我们想请问贵公司在相关问题上的具体进展如何,同省的南京和连云港实行市民卡的可挂失服务已4年之久,非常迫切想知道苏州市民何时也可以享受这样的服务?

希望贵公司对于我们的疑惑能在百忙之中给予解答,期待与贵公司的进一步接触和洽谈。

陈怡君　王正浩　章　金　顾　斌

2016年11月10日

答　复

陈怡君、王正浩、章金、顾斌:

你们好!

你们的来信,我们认真地看过了,首先非常感谢你们对苏州市民卡工作的关心和支持。现就来信反映的问题答复如下:

市民卡包含了多种功能:电子钱包功能是其一。现有市民卡加载的其他功能有:月票功能、高龄卡功能、园林年卡功能、休闲年卡功能、医保功能及银行账户功能等。电子钱包功能挂失是一个难题,市民卡加载的其他功能都是可以挂失的。

电子钱包采用脱机交易,目前的系统很难做到即时冻结

市民卡采用的是安全度极高、在世界范围上来说也无法被复制的CPU芯片卡,卡片中存储的ID、信息资料、电子钱包中金额等都是直接加密存储在卡片中,与后台系统是通过脱机消费交易文件进行对应的,而不是联机方式。脱机交易无法即时实现冻结余额、转存等功能。由于数据的延迟性和不确定性,脱机交易是无法做到实时挂失的。简单来说,当持卡人使用电子钱包,商户(如商场、超市、公交车等)在一天(或几天)消费结束后,上传数据并经清算,市民卡公司后台资金才会变动,这期间的消费无法控制,所以电子钱包丢失后,捡到的人可以继续使用,也就不支持挂失。

消费终端分散且庞大,实时管理困难

电子钱包是一种具有小额快捷支付功能的储值卡。消费不需输入密码,就像生活中随身携带的钱包和现金一样,可以用于乘坐公交车、出租车、地铁等公共交通,还可在一些便利店等市民卡特约商户消费,这种支付方式决定了市民卡电子钱包支付速度快,但消费场所终端分散且数量庞大。由于市民卡的刷卡终端,如公交车载终端、轨道交通闸机等设备是脱机运行的,无法做到挂失信息的及时下载,而市民卡脱机、免密的特性,又使任何人都可以持卡在市民卡交易终端上消费。因此,按照国内外通行的做法,市民卡电子钱包采用不记名、不挂失的业务规则。

市民卡功能将更加完善

积极履行通知义务。我司在《市民卡电子钱包章程》中明确规定"苏州市社会保障·市民卡电子钱包……不挂失。"公示于我司官方网站、苏州市民卡 App、苏州市民卡服务微信公众号及客服网点等。办理业务过程中提示办卡人和持卡人小额电子钱包充值限额1000元,小额电子钱包账户不挂失,建议适量存入、小额充值,并妥善保管。

探索挂失功能。针对一些企业内部推行的企服卡,我司留存有该公司员工信息,相当于记名卡。对于该企业后台款项,可挂失,但对于已存于卡片中款项,挂失仍不可实现。并且,目前已有部分合作商户可以实现"黑名单"功能。但所涉终端领域全部实现技术难度高、实施非常复杂,我司将学习并综合其他已经实现挂失功能的城市经验,根据苏州市民卡公司的实际情况,逐步对后台系统、消费终端、充值终端、公共交通领域在内等所有终端进行改造。依次实现记名、有效期设置、"黑名单"下载、挂失支付等功能,最终实现挂失功能。

目前,小额电子钱包在公交、地铁、有轨电车等公共交通,以及出租车上广泛使用。市民卡特约商户可刷卡消费,正进一步完善和拓展其他功能。目前已实现可缴纳水、电等公共事业费用,也可加载园林年卡、惠民休闲卡、公共自行车、图书借阅、教育E卡通等功能。我司也拓展市民卡客服网点、可的便利店、全家便利店、指定移动营业厅、指定电信营业厅、各大银行自助终端、广电高清机顶盒、在线充付平台等充值渠道,市民可以放心使用。

在今后技术进步的大背景下,苏州市民卡也会不断进行技术更新和创新。逐步推出联机账户,相信在不久的将来,你们提到的这些问题和建设将会逐步落实。

再次感谢你们对苏州市民卡工作的关注,欢迎今后继续来信反映问题,提出建议。顺祝学习进步。

苏州市民卡有限公司

2016年11月28日

五、起诉

(一)起诉状

民事起诉状

原告:王正浩(个人信息略)

被告:苏州市民卡有限公司(公司信息略)

诉讼请求:

1. 请求判令被告退还原告市民卡电子钱包内剩余金额121.75元。

2. 本案诉讼费由被告承担。

事实与理由:

原告于2016年11月8日15时44分在苏州市工业园区全家(星海广场站店)为本人社保市民卡电子钱包部分充值50元,充值回执显示卡上余额为121.75元。充值过后,原告在回家途中不慎将社保市民卡遗失。为卡内金额和个人信息安全起见,原告遂立即至苏州市工业园区星海广场北区B221苏州市民卡服务中心办理社保市民卡挂失业务。在办理挂失流程中,柜台工作人员在确认持卡者身份,收取20元工本费,并办理相关其他手续后,仅告知原告一周后前去领取重做的新卡,未对原告社保市民卡中的电子钱包余额是否能够挂失、锁定以及退回作出任何告知和说明。原告在领取新卡后发现,市民卡电子钱包部分的金额余额显示为0元,即原告卡内剩余的121.75元全部未能退还。

原告认为:

第一,根据中国人民银行令〔2012〕第12号《支付机构预付卡业务管理办法》第2条第3款规定:"本办法所称预付卡,是指发卡机构以特定载体和形式发行的、可在发卡机构之外购买商品或服务的预付价值。"根据市民卡公司经营范围,苏州市民卡电子钱包功能主要用于城市轻轨、城市公交等一系列公共服务消费。市民卡公司作为预付卡发卡机构、服务提供方,有管理、维护和运营该预付卡的权利和义务。

原告在社保市民卡电子钱包内充值的121.75元,可视为对于被告市民卡公司的预先给付,用以交换将来享受等价值公共服务的权利。苏州市社保市民卡由原告所在单位苏州大学统一代为办理,原告并无与市民卡办理者直接接触,在成为持卡人之后,极难直接知晓市民卡电子钱包挂失细则。原告遗失卡片后立即前往该公司服务点办理挂失业务,属于积极行使持卡人权利,保障自身合法权益。

原告在办理挂失业务过程中未得到关于电子钱包挂失余额转值事项的任何有效提示和说明,市民卡公司属以不作为方式侵犯持卡人对剩余价值的公共服务的享受的权利。原告在遗失原卡,补办新卡后,卡内余额无法转值至新卡,市民卡公司构成不当得利。

第二，依据中国人民银行令〔2012〕第12号《支付机构预付卡业务管理办法》第6条规定："预付卡分为记名预付卡和不记名预付卡。记名预付卡是指预付卡业务处理系统中记载持卡人身份信息的预付卡。不记名预付卡是指预付卡业务处理系统中不记载持卡人身份信息的预付卡。"

市民卡的电子钱包功能原本是由苏州通卡，即目前俗称的"市民B卡"来承载的，苏州市社保市民卡是在整合了原苏州通卡、社会保障卡和苏州银行储蓄卡的基础上形成的。

苏州通卡的业务管理系统不采取记名管理，按照央行规定属于不记名预付卡范畴，其不挂失、不退现的规定无可非议。但是，自2012年以来，苏州市政府面向本市户籍以及参加本市社会保险的非本市户籍人员发行的多功能、复合式的市民卡，用于办理相关个人社会事务和享受公共服务，包括了政府服务、公共事业和金融支付三大功能，电子钱包至此整合入卡面上具有持卡人证件照、社保号码、身份证号码等一系列个人信息的社保市民卡中。但是，苏州市民卡有限公司仍然以不记名预付卡的要求规范其中的电子钱包功能，有违央行相关规章，且不符合持卡人普遍认识，有损持卡人利益。

综上所述，根据中国人民银行令〔2012〕第12号《支付机构预付卡业务管理办法》第9条规定："预付卡卡面应当记载预付卡名称、发卡机构名称、是否记名、卡号、有效期限或有效期截止日、持卡人注意事项、客户服务电话等要素。"而市民卡上没有以明确字样表明电子钱包功能是否属于记名功能。根据《合同法》第41条规定，"对格式条款有两种以上的解释的，应当作出不利于提供格式条款一方的解释"，应将社保市民卡解释为记名预付卡。同时，中国人民银行令〔2012〕第12号《支付机构预付卡业务管理办法》第6条中的"预付卡业务处理系统"一词没有统一且明确的法律解释，且对于整合多套业务处理系统的"一卡通"没有相应规定。苏州市社保市民卡兼具政府服务、公共事业和金融支付三大功能，同时具有政府、企业、金融机构三套业务处理系统，既然对于社保和金融部分已经能够实现记名处理，对于社会大众来说，电子钱包在整合后，卡面上记载了持卡人信息，故理应以记名卡的要求来规范电子钱包功能。

原告认为，市民卡公司相关不挂失条款违反中国人民银行令〔2012〕第12号《支付机构预付卡业务管理办法》的规定，属于违反法律法规强制性规定，应当认定为无效，被告应当退还原告市民卡电子钱包内剩余金额。

为维护原告的合法权益，现起诉至人民法院，请求法院依法支持原告的诉讼请求。

此致

苏州市姑苏区人民法院

具状人：王正浩

2016年12月1日

(二)立案过程

在确定原被告主体资格,收集完备证据材料之后,小组成员前往姑苏区人民法院。向工作人员叙述了来意,提交材料之后,工作人员表示案件材料需要7天的审查期限,于是我们留下了民事起诉状,返回学校等待答复。

经过了7天的工作日的等待,我们小组成员再次前往法院,坚持提起诉讼。在法院工作人员的配合下,我们填写了送达申请、调解确认,裁判文书上网确认等材料,并缴纳了诉讼费。

六、最终结果

最后,由于证据不足最终选择了撤诉。原因如下:原告王正浩是苏州吴江人,除学校所办市民卡外,还有户籍地的一张市民卡,在起诉前一直使用的是其在学校所办市民卡,充值后丢失,遂报了自己的姓名和身份信息予以挂失,但在挂失程序中默认挂失了吴江市民卡,但起诉时并未发现而使用了学校所办市民卡的信息和充值记录,造成了重大误解,故在发现后予以撤诉。

苏州市姑苏区人民法院民事裁定书

(2017)苏0508民初518号

原告:王正浩(个人信息略)

被告:苏州市民卡有限公司(公司信息略)

法定代表人:魏世震,董事长

委托诉讼代理人:封嫘音,该公司员工

委托诉讼代理人:肖频,该公司员工

原告王正浩与被告苏州市民卡有限公司不当得利纠纷一案,本院于2017年1月18日立案,依法适用简易程序,后转为适用小额诉讼程序审理。原告王正浩于2017年3月1日向本院提出撤诉申请。

本院认为,原告申请撤回起诉,系其真实意思表示,且不违反有关法律的规定,应予准许。依照《中华人民共和国民事诉讼法》第145条第1款规定,裁定如下:

准许王正浩撤诉。

案件受理费50元,减半收取计25元,由王正浩负担。

审判员　吴　倩

二〇一七年三月一日

书记员　常晴娟

七、结语和感想

陈怡君：

这次公益实践我最大的收获就是，发现了原来我们生活中许多凭借朴素的法感情就能判定这件事是不合理甚至违法的。但是，如果要通过法律来救济的话，就需要更为坚实的请求权基础。在选择这次诉讼的诉由时，我们前前后后考虑了格式条款、财产侵权等方面，最终选择了“不当得利”作为我们的请求权基础，因为它最贴合我们的案情，并且认定条款无效可能在立案时受到更大的阻力。作为法律理论学习者的我们，第一次接触法律实务，如何将理论运用到实践当中，并弥补两者之间的鸿沟，就是我们面临的首要问题。我深感自己平时运用理论能力的欠缺，同时也在跟律师的接触之中学习到了更多的技巧。

每个人电子钱包的余额可能是小数目，但是万千群众的损失汇聚到一起，则是难以想象的，许许多多市民在遇到这种事情之后选择忍气吞声，而正是成千上万的群众不发声，才纵容了这种霸王条款的存在。在倡导法治的今天，我们希望有更多的人能够勇敢站出来，运用法律武器来维护合法权益。

章　金：

进入大学以来，第一次接触诉讼，就接触到了公益诉讼。我觉得这是一个很好的活动，因为对于我们这些大二大三的学生来说，平时接触的都是书本上的知识，但当我们真正要运用到实际当中的时候，却发现有许多新问题和新挑战。

比如，当我们还没有系统学习民事诉讼法学的时候，为了公益诉讼大赛，我们不得不翻开民事诉讼法的书本认真学习。又如，当我们不清楚市民卡具体操作的时候，为了公益诉讼大赛，我们不得不亲临现场，去了解市民卡实际的操作流程。第一次诉讼没有成功，不仅法院那边没有给出任何答复，而且市民卡有限公司的复函仍然是语焉不详，我们当时非常沮丧。因为第一次写起诉状，收集了无数的材料、新闻摘要和各种法律法规，感觉准备得满满的，但是遇到这样的情况，未免有挫折感。

但是我们没有放弃。记得在与小城律师事务所的指导律师坦诚交流时，指导律师不仅和我们聊起他的大学生活，而且还不停地鼓励我们，告诉我们这个项目的优势以及可诉性，并且鼓励我们要鼓起勇气好好做下去，一定会有收获。所以我们坚持了下来，不仅更加积极地查找资料，了解市民卡的“前世今生”和影响力，并且重新准备了材料，时隔一周又一次来到法院进行起诉。终于，功夫不负有心人，法院最终受理了我们的案件。

我觉得，这个活动不仅在法律上对我有很大的帮助，而且教会了我坚持、理解、包容，更提升了我的公民意识。如果人人都能秉持一颗公心，那么，我们的世界将会更加美好。

顾　斌:

与公益诉讼相遇的那天,是2016年4月末一个平淡无奇的周三。彼时依旧稚嫩的我,正在为华东政法大学学生诉上海交通卡股份有限公司返还交通卡押金案,诉上海国际商品拍卖有限公司退还机动车车牌竞拍手续费案等公益诉讼而折服。是何等的勇气使这些没有任何实务经验的本科生敢于状告资产如此雄厚、势力如此庞大的公司呢? 彼时的我没有想到有一天自己可以与社会公益接触得如此之近。

等我自己亲身经历后才知晓公益诉讼的魅力,它着眼于社会群众最切身的利益。一件看起来微不足道的事,也许蕴含着巨大的公共利益,也许关乎最广大群众的利益。它是靠我们的双眼去发现,去观察,去体悟。在准备和进行公益诉讼的过程中,我们进一步接触这个社会,进一步接触案件诉讼过程。这个过程,与我们在书本中、在法条中接触到的,相似却不尽相同。

通过学院和小城律师事务所提供的这一平台,我们在不断的碰壁中摸索,在不断的阻挠中前行。翻阅法条、询问律师、不断讨论与修改;跋涉的长途、遭遇的困境,都是激励我们前行的动力。上半年开始着手的这个项目,如今终于进入了尾声,有即将完毕的如释重负,也夹杂着不舍的情感。但我知道,即使终期汇报结束,公益诉讼仍未结束,我们仍将继续坚持在这条道路上,继续为公益奋斗。无论道阻且长,我们仍在路上。

王正浩:

根据我国现行的法律,省一级的消费者权益保护协会可以进行公益诉讼,但是一方面,其精力有限;另一方面,其与被侵害群体存在间隔,使我国的公共权益保护落实起来存在很多困难。在这种环境之下,学院和小城律师事务所举办公益诉讼实践活动的价值是无可估量的。但它是困难的,对手也有自己的砝码。而我们,需要用团队的勇气与智慧思考,如何让所追求的公益得到现行法律的支持。

作为一个法律人,我很高兴自己司法实践的起点是如此特别的一个案子,这带给我一种很奇妙的感觉。我起诉的第一个案子,所追求的是大多数人的利益,对抗的是一家资本过亿的公司。失败是可能的,因为对手资金丰富,有专业的律师,但是,失败并不可怕,因为,我们的行动是最后胜利的历史开端。我们不一定会赢,但是,我们对公平正义的追求永不停歇。

刘炜琪诉支付宝(中国)网络技术有限公司及网约车公司侵犯用户自主选择权案(2016)

刘炜琪　陈　晨　赵　有　周　玥*

一、选题理由

支付宝(中国)网络技术有限公司(以下简称支付宝)是全球最大的电子商务公司阿里巴巴集团的关联公司,定位于电子商务支付领域,于2004年12月创建,并于近些年飞速发展。目前,支付宝的用户已突破3亿,是当前国内最大的第三方网络支付平台。支付宝目前与国内多家银行和商家都存在合作关系,近几年也在日常生活中迅速普及,如今很多门店都采用扫码支付的方式收款,支付宝真正成为人们的"手机钱包"。此外,除了最初的淘宝网,支付宝还积极与12306火车购票网、滴滴打车、优步打车、新浪微博以及爱奇艺、优酷等各大网站进行合作,用户在这些网站上购买相应的服务时,即可直接通过支付宝向有关网站支付相应费用。

支付宝最初被创建时是为了解决网络交易安全,基本模式是"第三方担保交易模式"——由买家将货款打到支付宝账户,再由支付宝通知卖家发货,买家收到商品确认后指令支付宝将货款放于卖家,至此完成一笔网络交易。但随着支付宝的日益发展,其功能也大大丰富。当用户在第三方网站上使用该网站的服务并支付相关费用时,就可以直接通过支付宝向相应网站付款。

支付宝在给人们的日常生活带来极大便利的同时,也带来了一些值得注意却很少被关注到的潜在风险,其中之一,就是网络服务自动扣费给用户财产安全带来的威胁。作为国内最具有影响力、用户最多的网络支付平台,支付宝理应努力使其用户的利益最大化,充分保护其用户的资金安全;在与其他网站或平台就代扣服务合作出现扣费情况时,应当对各网站的扣费活动进行合理的审查,事前以合理的方式充分地提醒用户有关事项,在明确征得用户同意、向用户确认之后再执行有关指令。

* 本文作者均系苏州大学王健法学院2014级本科生。

作为国内最大的网上支付平台,支付宝在为其他网站和平台提供支付服务时,未事前以合理方式征得用户同意,也未尽到应尽的提示义务,即允许他方网站直接从其用户的账号里自动扣除服务费,这显然已经侵犯了用户的财产权益及自主选择权。本小组以此为主题,对支付宝联合他方网站以自动扣费的方式侵犯用户自主权的问题进行研究,希望能引起社会公众的关注,提高公众的安全意识,也希望支付宝能对此问题予以重视和审慎处理,为用户的资金安全和使用支付宝时的自主权提供更充分的保障。

当前网约车平台在国内迅速兴起,小组研究了网约车的发展历程。2010 年 5 月,易到出现,为用户提供租车服务;2012 年嘀嘀(滴滴前身)、快的打车平台分别在北京、杭州上线;2013 年,智道(北京)科技有限公司自主研发出台了 AA 用车服务;2014 年优步进入中国市场,华南地区本土知名品牌“我有车”网约车平台出现;2015 年神州专车在全国 60 个大城市同步上线,各省市不断推出新的本土化网约车平台。根据首汽与罗兰贝格发布的《2016 中国约车及租车市场分析报告》,2015 年,中国整体出行需求为 28 亿次/天,截至 2016 年上半年,网络预约出租车用户规模为 1.59 亿人,网络预约专车类用户规模为 1.22 亿人,网络预约出租车和专车类用户在网民中的渗透率为 24.3%。由此可见,网约车平台的发展规模空前强大,同时也与我们息息相关。

在众多的网约车平台当中,优步自从进入中国市场,便以其巨大的优惠力度迅速兴起。优步以其创新科技实现用户和司机之间的即时连线,为用户提供方便快捷同时还提供了价格十分优惠的打车服务。在用户使用优步平台打车时,作为优步提供的支付工具之一(优步为用户提供 3 种支付工具,分别是支付宝、百度钱包、银行卡),支付宝则是绝大部分人都会选择的支付渠道。但是在用户使用优步叫车并且支付相应的费用时,优步平台却只能免密支付,即在行程结束之后,优步就可以从用户绑定的支付宝账户中自动扣取相应的费用而无须用户再输入密码。这种免密支付的方式是优步强制用户开通的,如果不开通,就无法使用优步的打车服务;而一旦开通,则不能再进行更改,否则,就会遭到优步的单方强制解约而无法再使用优步的打车服务。换言之,用户在使用优步时,仅能就支付工具进行选择,却不能选择支付方式(用户可以选择绑定支付宝、银行卡或百度钱包,但无论哪一种支付工具都只能免密支付)。

然而,这种支付方式实际上存在很大的安全隐患。2016 年 5 月,一个微信公众号发布了一篇名为《优步的一个大漏洞曝光,你的支付宝可能因此被盗刷》的文章,详细论述了优步免密支付给用户财产安全带来的潜在风险,说的是明明没有叫车,手机却莫名收到扣费信息,原因是账号被人盗刷。小组随后收集了一些关于优步盗刷的新闻报道,发现这类事件在全国各地都屡见不鲜。

结合自身的经历：小组成员在2016年4月注册为优步用户，随即将支付宝绑定为支付方式，但在当时并未受到任何关于开通免密支付的提示和通知，然而在第一次使用优步时却是直接被扣了款，在扣款完成之后才收到短信通知，后来小组成员看到，支付宝客户端显示已授权开通在优步的安全代扣服务。直到看到关于优步盗刷事件的新闻，小组成员才意识到优步免密支付背后所存在的巨大安全隐患，也正是基于此，小组最终选定以支付宝和优步作为具体的研究对象对课题做进一步深入的研究。

二、法律分析

小组在查找和分析了优步的《软件使用协议及隐私政策》以及支付宝的《免密扣款授权协议》后，发现二者都在各自的格式合同中使用了大量的不公平条款，排除用户的权利，免除自身责任。

优步规定："虽然我们将与可能接触到您的个人信息的我们的合作方及供应商等第三方签署保密协议并尽合理的努力督促其履行保密义务，但我们无法保证第三方一定会按照我们的要求采取保密措施，我们亦不对第三方的行为及后果承担任何责任。"

支付宝规定："支付宝不对相关款项的代扣执行情况承担任何保证责任，亦不承担因相关银行或服务机构未能及时执行相关代扣指令或执行信息反馈延迟、错误导致的所有责任。"

支付宝和优步均为网络服务提供商，系合作关系，二者通过平台之间的合作强制用户开通免密支付，显然已经侵犯了用户自主选择支付方式的权利，已构成网络服务侵权。小组认为，优步作为一个打车服务平台，其为用户提供的服务应当是一个完整的服务链条，这种服务开始于用户"点击用车"，至用户到达目的地并完成支付后结束，而支付方式显然是整个服务链当中的一个环节，优步和支付宝联合侵犯用户自主选择支付方式的权利，也就是侵犯了《消费者权益保护法》第9条中规定的自主选择服务方式的权利。此外，根据《消费者权益保护法》第26条第2款规定，"经营者不得以格式条款、通知、声明、店堂告示等方式，作出排除或者限制消费者权利、减轻或者免除经营者责任、加重消费者责任等对消费者不公平、不合理的规定，不得利用格式条款并借助技术手段强制交易"；原《侵权责任法》第2条第2款规定"本法所称民事权益，包括生命权、健康权、姓名权、名誉权、荣誉权、肖像权、隐私权、婚姻自主权、监护权、所有权、用益物权、担保物权、著作权、专利权、商标专用权、发现权、股权、继承权等人身、财产权益"；原《侵权责任法》第36条第1款规定"网络用户、网络服务提供者利用网络侵害他人民事权益的，应当承担侵权责任"。小组认为,支付宝和优步强制用户开通免密支付的行为显然已经违反了原《侵权责任法》和《消费者权益保护法》的上述有关规定。

小组认为,当用户下载优步 App 并同意相关用户服务政策注册成为其用户,即与优步平台建立起合同关系,成为优步的客户。而绑定支付方式是在注册完成、成为优步用户之后,但用户在绑定支付方式时,由于优步平台的限制,只能选择开通免密支付,否则优步平台就会出现无法使用的情况:在优步平台上注册成为其客户,但却不能使用其提供的服务。一旦注册完成成为优步用户,作为用户的一方应当有权选择采用何种支付方式,尤其在网络支付环境并非绝对的安全、存在一定风险时,用户显然有权自主选择是否使用免密支付的方式。免密支付最开始存在是基于为用户提供便利,这样可以不必每次付款时都单独输入密码,但这种便利应当是一种"权利",而非一种强制性义务,即用户完全可以自己决定是否要享受这种便利、是否行使这种权利,而不是必须使用这种便利、必须履行这种"义务"。

三、项目进度

时间	进度
2016 年 9 ~ 11 月	针对优步的注册流程反复实验、调查走访优步司机
2016 年 11 月 30 日	第一次提交立案材料
2017 年 12 月 9 日	第二次提交立案材料
2017 年 12 月 16 日	立案失败

四、前期准备

(一)针对优步的注册流程反复实验

网络科技总是处于一个迅速发展和不断变化的过程之中,在小组以优步和支付宝为研究对象进行探索的几个月中,两个软件都处于不断更新的状态之中,这给小组的研究带来了很大的困难,但也使我们更加确信小组的选题确实紧跟社会热点问题。为了更好地对课题进行研究,小组针对新旧版本的优步客户端下不同的注册流程反复实验,分别在 2016 年 9 月、10 月以及 11 月,前后共进行了 6 次实验,把每次实验的结果和自身经历进行对比分析,从中寻找问题。以下是小组对最新版本的优步客户端下的注册流程的记录(略)。

从这个注册流程中可以看出,用户是在注册优步完成后才被要求开通免密支付,如果不开通,就无法使用优步的叫车服务,而这对于已经注册完成成为优步用户的我们而言显然是不公平的,因为优步并没有给其用户任何选择的余地。

(二)调查走访优步司机

除了针对优步的注册流程反复实验,小组还对优步司机进行了调查走访,以下是小组成员和优步司机的对话记录(略)。

从这段对话可以得出的结论是,优步作为一个网络服务平台是会从中收取一定的服务费用的,且收取的服务费用的比例将近20%,虽然优步并不直接向乘客收费,但从司机那里抽取的提成实际上是来自作为乘客的用户。这使小组开始思考,免密支付之所以存在的原因究竟是什么?表面上看起来,免密支付似乎是方便用户乘车,给用户带来更好的服务体验,但实际上免密支付也更加方便了优步平台及其司机进行结算,进一步说,也方便了互为合作方的支付宝和优步平台之间进行资金结算和往来。小组相信,支付宝和优步均为网络服务运营商,支付宝为优步提供支付服务,二者之间必然存在合作关系和利益挂钩。

五、起诉

民事起诉状

原告:刘炜琪(个人信息略)

被告:支付宝(中国)网络技术有限公司(公司信息略)

被告:北京小桔科技有限公司(公司信息略)

诉讼请求:

1. 请求判令被告北京小桔科技有限公司停止侵权,在优步App上增加输入密码支付的支付方式,由用户自主选择;判令被告支付宝(中国)网络技术有限公司在进行任何代扣服务前以短信或其他合理方式提醒用户注意;

2. 请求法院判令两被告就侵犯用户自主权赔礼道歉;

3. 本案所有诉讼费用由两被告承担。

事实与理由:

被告支付宝(中国)网络技术有限公司(以下简称支付宝)是国内大型电子商务公司,为其用户提供网上支付平台服务;被告北京小桔科技有限公司是一家技术服务提供公司,是优步目前在中国地区的运营商。优步是一个网络叫车平台,以创新科技,通过为司机和乘客进行即时匹配为其用户提供打车服务。被告支付宝作为支付平台,为优步从使用其打车服务的用户的账号中代扣服务款项。但是用户在注册并使用优步时,只能使用免密支付的方式进行付款,每次行程结束后,优步就会通过用户绑定的支付宝账号自动扣取相应的款项,对于支付方式,用户不能选择也不能更改,只能被强制接受免密支付的方式。(见证据一)

原告于2013年使用手机号188××××0774注册为支付宝用户,用户名为“六六六儿”,并于2016年4月20日注册为名为“叶紫”的优步用户,注册后选择将支付方式设置为支付宝,当时原告并未收到任何关于使用优步服务将开通免密支付的提示和通知(见证据二),后原告在支付宝客户端发现自己的支付宝账号授权开通了在优步的安全代扣服务(见证据三)。2016年4月27日,原告使用优步叫车,在到达目的地之后,账户被自动扣除了4.1元,并在扣款之后才收到支付宝和优步的扣款通知(见证据四)。此时原告才得知优步是通过免密支付的方式向用户收取服务费。其后原告想对支付方式进行更改,改为输入密码支付,以保证账户安全,却发现无法更改。2016年11月18日,原告解除了在优步上的安全代扣服务并收到了支付宝的解除通知(见证据五),但支付宝仍旧绑定在优步账号上作为支付方式。随后原告想使用优步叫车,却发现已经无法再使用优步的叫车服务(见证据六)。优步在被北京小桔科技有限公司收购后,2016年11月27日,优步旧版App全面退出市场,新版优步App上线,原告下载了新版App后使用原来的账户进行了登录,但仍被要求开通免密支付,否则就无法使用优步的叫车服务。原告的支付宝账号从未开通小额免密支付服务(见证据七),而支付宝在执行优步的代扣指令时,却默认了免密支付的方式,并自动从原告的支付宝账号余额以及绑定的支付渠道中扣取相应的款项。

原告认为,优步所提供的叫车服务应当是一个完整的服务链条,而支付方式作为服务链条的一部分,两被告共同侵犯其选择支付方式自主权的行为显然已经对原告的自主选择权造成了侵犯。两被告采用强制免密支付方式侵犯了原告的自主选择权,严重影响原告的账户安全,其财产权益受到潜在的威胁。

两被告各自的相关服务协议均为格式合同(见证据八、证据九),被告优步:“我们将向关联公司、商业合作伙伴及第三方独立资料来源,收集和存储其合法获得的与您有关的信息”“我们将对您的个人信息承担保密义务,但您授权我们在下列情况下将您的信息与第三方共享:……”“任何安全系统都存在可能的及未知的风险”“虽然我们将与可能接触到您的个人信息的我们的合作方及供应商等第三方签署保密协议并尽合理的努力督促其履行保密义务,但我们无法保证第三方一定会按照我们的要求采取保密措施,我们亦不对第三方的行为及后果承担任何责任”(见证据八)。被告支付宝:“支付宝不对相关款项的代扣执行情况承担任何保证责任,亦不承担因相关银行或服务机构未能及时执行相关代扣指令或执行信息反馈延迟、错误导致的所有责任”(见证据九)。两被告利用格式条款免除自身应该承担的有关保护用户财产安全、个人信息不被泄露等法律责任,排除原告依法享有的求偿权。综上所述,一方面,两被告严重侵犯原告作为用户的自主选择权,强制原告使用免密支付，给原告的财产安全带来极大的威胁；另一方面，两被告利用格式条款免除自身责任、排除用户的合法权利，又因两被告合作协议并未公开，责任归属不明，原告的财产权益一旦受到侵害，则无法确定具体的损失求偿对象，其在账户遭受财产损失时求偿权无法行使。

综上所述，为保障原告及广大支付宝及优步用户的合法权益，特根据《合同法》第39条、第40条关于格式条款之规定，《消费者权益保护法》第4条、第8条、第9条、第44条关于消费者权益保护之规定以及《侵权责任法》第2条之规定，同时根据《民事诉讼法》第28条，“因侵权行为提起的诉讼，由侵权行为地或被告住所地人民法院管辖”，特向贵院提起诉讼，望贵院判如所请！

此致

姑苏区人民法院

附：证据材料

起诉人：刘炜琪

2016年11月30日

证据目录

证据序号	内容
一	优步注册过程视频
二	优步注册邮件截图
三	签约安全代扣截图
四	初次使用优步扣款通知及账单截图
五	解除安全代扣通知截图
六	解约后使用优步过程截图
七	支付宝截图
八	《优步使用协议及隐私政策》
九	《支付宝免密扣款授权协议》
十	《优步盗刷事件新闻截图》

证据一至八（略）

证据九：《支付宝免密扣款授权协议》

第一条 概述

《支付宝免密扣款授权协议》（以下简称“本协议”）由支付宝（中国）网络技术有限公司（以下简称“本公司”）与您就“免密扣款服务”所订立的有效约定。您通过点击确认本协议或以其他方式选择接受本协议,即表示您已与本公司达成协议并同意接受本协议的全部约定内容。

本公司提醒您认真阅读、充分理解本协议各条款,特别是其中与您的权益有或可能具有重大关系的条款,及对本公司具有或可能具有免责或限制责任的条款(尤其是粗体字部分)。如您不同意接受本协议的任意内容,或者无法准确理解相关条款含义的,请不要进行后续操作。如果您对本协议的条款有疑问的,请拨打本公司客服电话(95188)进行询问,本公司将向您解释条款内容。

第二条　定义

(一)支付宝免密扣款服务,是指支付宝根据您的授权,执行您委托的特定第三方向支付宝发起的扣款指令,从而为您提供的支付服务(以下简称"代扣")。在相关服务页面显示的"免密支付"与"免密扣款"具有相同含义。

(二)特定第三方,本协议中特指您所购买商品或服务的交易相对方或交易相对方所在平台/网站,以下简称"第三方"。

第三条　用户的权利义务

(一)您确认,您使用本服务的意思表示出自您的真实意愿;同时您对使用本服务过程中发出的指令的真实性及有效性承担全部责任,该指令视为您的真实意思表示且不可变更或撤销。您承诺,支付宝依照您的指令进行操作的一切风险均由您承担。

(二)您同意承诺不会利用本服务从事任何非法的或违反本协议目的或者侵犯其他第三方权益的行为,否则支付宝有权立即单方面终止提供本服务,并不承担任何责任;如果因您的行为给支付宝造成损失的,您应承担全部赔偿责任。

(三)您授权第三方向支付宝发送扣款指令,且授权支付宝可以根据第三方的指令执行扣款操作。

(四)您在使用本服务期间,如果第三方发送的代扣指令中明确了特定扣款渠道或顺序的,支付宝应按照第三方指令执行扣款;如果第三方发送的代扣指令中没有明确扣款渠道和扣款顺序的,支付宝可以从您实际可用的所有扣款渠道中进行扣款,包括支付宝账户余额、与支付宝账户绑定的卡通、已经开通快捷支付的银行卡,或其他支付宝实际支持的扣款渠道(包括但不限于支付宝红包、集分宝、余额宝等),支付宝会根据实际情况决定具体的扣款渠道顺序。

您同意,即使您在签订本协议时并未开通卡通、快捷支付等的功能,后续您在向支付宝发起代扣指令时已经开通卡通、快捷支付等功能的,支付宝有权将卡通、快捷支付作为您的扣款渠道。

您同意,如果您需要将余额宝作为代扣渠道,您必须先行开通"余额宝消费代扣"功能。

（五）您授权支付宝根据第三方的指令从您的支付宝账户中扣取指定款项并转账至指定的支付宝账户中。

（六）您理解并同意，支付宝是被授权指令的执行方，对第三方向支付宝发出指令的真实性和准确性不负有审查义务。除非支付宝没有依照第三方的指令进行操作，或操作指令错误，否则支付宝不对本服务产生的损失和责任负责。该等损失与责任应由您或第三方协商解决。

（七）您理解并同意，基于风险的防范与控制，支付宝会对您选择的不同扣款渠道的代扣额度作出不同的控制，日代扣额度及日代扣次数均以支付宝与您所在的网站向您具体公告的为准。若超过该限额的话，将会扣款失败，无法完成支付。

（八）您在使用本服务时，必须同时遵守支付宝网站不时公布的《支付宝服务协议》及相关附属规则，否则因此导致责任，均由您自行承担。

（九）您应遵守本服务的相关使用规则及要求，具体以支付宝不时在页面提示的使用规则及限制为准。

第四条　支付宝的权利、义务

（一）支付宝对您的注册信息负有保密义务，但在必要时支付宝有权将相关信息提供给支付宝的监管机关及合作银行等。

（二）支付宝有义务在技术上确保代扣服务的安全、有效、正常运行，保证您的正常使用。

（三）支付宝可以在法律法规许可或您授权的范围内使用您在支付宝留存的资料或交易信息等。

（四）除本协议另有规定外，支付宝在提前邮件通知您或在网站公告的情况下，可以单方面终止向您提供本服务，并不承担任何赔偿责任。支付宝在终止提供本服务后，若发现您之前存在违法或违反本协议目的的使用行为，给支付宝造成损失的，则支付宝仍可据此要求您承担相应赔偿责任并保留通过司法途径予以解决的权利。

（五）支付宝负责向您提供代扣业务咨询服务，并在支付宝网站公布功能介绍、使用规则等内容。

第五条　承诺与保证

（一）您保证使用本公司服务过程中提供的资料真实、准确、完整、有效。本公司按照您设置的相关信息为您提供相应服务，对于因您提供信息不真实或不完整所造成的损失由您自行承担。

（二）您授权本公司在您使用本服务期间或本服务终止后，有权保留您在使用本服务期间所形成的相关信息数据，同时该授权不可撤销。

第六条　其他条款

（一）因本协议产生之争议，均应依照中华人民共和国法律予以处理，并由被告住所地人民法院管辖。

(二)您同意,本公司有权随时对本协议内容进行单方面的变更,并以在 www.alipay.com 网站公告的方式予以公布,无需另行单独通知您;若您在本协议内容变更后继续使用本服务的,表示您已充分阅读、理解并接受变更修改后的协议内容,也将遵循变更修改后的协议内容使用本服务;若您不同意变更修改后的协议内容,您应立即停止使用本服务。

(三)本协议与《支付宝服务协议》的约定不一致的,以本协议为准;本协议未约定事宜,适用《支付宝服务协议》及相关附属规则。

六、问题与分析

小组在课题的研究过程中几经波折。首先,我们小组从 2016 年 7 月着手准备材料,而在 8 月,滴滴出行宣布与优步达成全球战略协议,滴滴出行将收购优步中国的品牌、业务、数据等全部资产在中国大陆的运营,这使我们 7 月整理的大部分材料都需要修改甚至作废,例如优步原运营商贵阳吾步数据有限公司法定代表人发生变更,以及 2016 年 11 月旧版优步全面退出市场,原起诉状中的被告之一,也不得不由优步原法定运营商(贵阳吾步数据有限公司)变更为现法定运营商(北京小桔科技有限公司)。

随后,我们小组在 2016 年 10 月与指导律师进行了面对面的交流,指导律师凭借丰富的理论学识和多年的实务经验向我们指出了证据材料缺少针对性、部分材料滞后、材料不完善、格式不正确等方面的缺陷。于是小组紧急召开会议,集思广益,终于找到可行的办法来完善我们的材料。我们认为,优步这一网约车平台选择与支付宝合作,其中必然与巨大的商业利益挂钩,它们的合作协议可能存在排除自身责任、限制用户权利的条款,但是由于优步和支付宝的合作协议未向社会公开,我们无从获取,于是这成为小组面临的又一大难题。

从 2016 年 11 月 27 日起,旧版优步停止在中国服务,优步中国的服务将全部切换到由滴滴中国开发的新版优步中,旧版优步 App 全面下线,强制用户更新新版优步 App。为了保证我们的证据材料具有证明能力,我们又在优步最新版本进行了实验。我们发现无论是旧版优步还是新版优步,都必须签约免密支付才能使用优步叫车服务,最终我们选择了 9 月和 11 月的两次实验结果作为结论依据。

证据材料终于完备后,在 2016 年 11 月 30 日,小组成员第一次到姑苏区人民法院递交了立案材料。然而事情并没有想象中的顺利,7 日届满后,法院没有给出任何回复。于是在 7 日届满后的第二天,即 12 月 9 日,我们以邮寄的方式第二次向法院递交了立案材料,依旧立案失败。

小组在调查实验和证据材料收集上耗时长久，目前虽然已经提起诉讼，但遗憾的是立案未能成功，但小组的脚步不会因此停滞。即使比赛已经接近尾声，但我们会一直继续往下走，将这个课题继续到底。耗时将近半年的研究，汇聚的是小组每一位成员的心血和对电子支付领域安全问题的高度关注。小组在研究的过程中不断遭遇挫折，研究方向几经变更，但也始终紧跟社会热点，不断探索和发现问题。

七、结语和感想

公益诉讼的本质在于维护社会大众的合法权益。目前，对于电子支付领域网上交易秩序与安全以及各种通过电子媒介所建立的法律关系，我国法律无论是在立法还是执法方面，对其产生的规制效果，都是很有限的。当各种网络服务自动扣费事件频发时，用户的自主选择权和财产安全得不到保障。

小组认为，支付宝作为国内最大的电子支付平台，其有责任也有义务在执行任何扣款指令时进行审查，以保障其用户的财产安全。而优步作为打车服务平台，也有义务保障用户的个人隐私及财产安全。二者均是网络服务提供商，有强大的技术和人才支持，应当不断对自身的软件进行改进和完善，以便为用户提供更好的服务和保障。作为用户的大众相对于提供服务的网络服务商而言是弱势的，因此应该得到更多的保护。

在网络科技不断发展的今天，在网络服务侵权事件不时发生的电子网络运营市场，我们愿意成为倡导电子支付安全的先行者，提醒社会公众注意网络科技革新过程中的安全隐患，尤其是促进公众对网络支付以及对新兴网约车行业中的安全隐患的重视，提高公众的安全意识和防范意识，同时也使电子支付交易向着更加规范化的方向发展，更加切实地保障广大电子支付用户的合法权益。我们期待一个更加合法、安全、方便、快捷的电子网络交易平台，期待网约车行业的健康发展，在首先保障用户财产安全的基础上，真正为用户出行提供便利。

刘炜琪：

历时近半年，其中的峰回路转，其中的艰辛与付出，只有我们自己能体会，但是我们不后悔，也拼尽全力使自己不留遗憾。这次的比赛切实地让我们每一个人都体会到公益的不易，也让我们在法律和公益的道路上更加坚定地走下去。比赛会结束，但公益之路不会有尽头。我很骄傲自己为公益这样努力和付出过，只要能让更多的人关注到电子支付领域的安全隐患，让更多的人对这个问题予以重视和防范，我们的公益之路就不虚此行。我希望自己做一个大胆尝试、敢为人先的人，在未来的新的征程，和法律，和公益，还有和小伙伴们共同进步。

陈　晨：

通过这次活动，我接触了“免密支付”这一专业术语。虽然它已经渐渐渗透到我生活的方方面面，但以前没搞懂它到底是什么。在我印象中，我网购时，确认付款需要输入支付密码，确认收货时也要输入支付密码。我点外卖时，确认点单也需要输入支付密码。为什么打个车就必须免密支付呢？在与小组成员的一次次讨论中，我实在找不到打车必须要免密支付的原因。一个 App 如果强制要求免密支付，那如果手机被盗了，别人可以随意在这个 App 里消费，不需要验证码，就像那些盗刷事件一样。我希望通过这次活动，尽绵薄之力，让那些强制免密支付的 App 有所改善。

赵　有：

组队时，我对公益的理解也只是停留在大众认知的层面，如参加志愿活动、捐款捐物等。不久却发现，当“公益”这个名词与自身所学的专业知识相结合的时候，自己所获得的是另一种感受，那是一种学有所用的成就感。这种感受将自己与社会发展进程相联系，让自己学会从另一个不同于大众认知，专属于法律人的视角去观察社会、理解公益。我想，法学理论与法律实践、社会“公益”的结合，便是“以己所学，践行公益”的含义，这就是我们小组一直在做的事情。

周　玥：

我感觉十分有幸能够参加此次“小城公益之星”创意诉讼大赛。比赛前期，我们小组成员互帮互助，力求更好完成本组任务。在此过程中，我收获了满满的团队情谊，增强了团队协作能力，更从每个组员身上学到了自身所欠缺的品质。中期会议过后，机缘巧合使朱佳律师成为我们的指导律师。朱佳律师丰富的理论学识和熟练的业务实践技能，使我明白自己距一个合格的法律人还差得很远很远。朱佳律师不仅在比赛事宜上给予我组巨大的帮助，让我们及时发现、解决小组议题进程中出现的问题，并确保我组工作向正确的方向发展。他还积极为我们解答未来从业的困惑，让我们对律师实务工作有了更加具体而深刻的了解。他让我明白了做好法律实践的重要前提是熟练掌握法律理论知识，因而目前我们在校的理论学习是很重要的，它是我们未来从业的基础。想要做好一件事，不要想得太功利，将自己能做的事做好就可以了。朱佳律师的实践能力和思想方法使我受益匪浅。参赛的整个过程，团队协作的整个过程，以及每次与朱佳律师的接触和交谈，似乎都让课堂上、课本上的法律知识活了起来，让我对它们的理解更加深刻，并不断重塑着自身的未来职业理想，不断提升自身各方面的能力。不管比赛结果如何，如今的我已经是收获满满、动力满满。面对未来学业与职业上的困难，我坚信我会处理得更加从容。

岳旻诉实名制火车票遗失不退纠纷案(2017)

梁　哲　岳　旻　肖荷秋子*

一、选题理由

2017年4月23日,我们小组成员岳旻在线实名购买了一张2017年5月15日苏州开往无锡的D2212次动车二等座车票,并取出纸质票。后因行程变更,在去往火车站退票的路上不慎丢失车票。退票处工作人员告知,如欲继续乘坐该日该次列车,可办理挂失补办手续,否则车票作废。我们小组成员认为,在车票购买实名制且进站乘车需票证人统一的情况下,因车票丢失而不允许改签退票的规定不合理,也有违原《合同法》的相关规定。因此,想就这一问题进行诉讼。

前期,我们在铁路退票窗口与工作人员进行了交涉,得到的答复是车票丢失后不能退票。后致电12306投诉,人工客服给出的解释是,车票是合同的唯一凭证,挂失补办手续下获取的新票不能用于改签和退票,因此丢失的票不得退票。在致电12306投诉的过程中我们还发现,12306客服电话大多为冗长的语音提示内容,且语音提示中完全没有提示转接人工客服的选项。我们是在网上查找后才成功接通人工客服。同时,我们还在苏州消费者网站提交了调解申请,在12306官方网站提交了投诉邮件,在上海市工商行政管理局网站提交了投诉表,但均未接到回复。

在12306官网上只提供了“挂失补办手续”的相关要求,没有明确能否退票或改签的信息。在退票和改签选项下也均未明示规定丢失车票不得退票改签。《铁路旅客运输规程》第43条规定“旅客丢失车票应另行购票。在列车上应自丢失站起(不能判明时从列车始发站起)补收票价,核收手续费。旅客补票后又找到原票时,列车长应编制客运记录交旅客,作为在到站出站前向到站要求退还后补票价的依据。退票核收退票费”。但12306网站所刊登的《铁路互联网购票须知》中却规定“换取纸质车票后丢失车票的,请不晚于票面发站停止检票时间前20分钟到车站售票窗口

* 本文作者均系苏州大学王健法学院2014级本科生。

办理挂失补办。办理时,请提供购票时所使用的乘车人有效身份证件原件以及原车票乘车日期、购票地车站名称等信息,经车站确认无误后,请按原车票车次、席位、票价重新购买一张新车票。持新车票乘车时,请向列车工作人员声明;到站前经列车长确认该席位使用正常的,将开具客运记录。请在到站后24小时内,凭客运记录、新车票和购票时所使用的乘车人有效身份证件原件,到售票窗口办理新车票退票。车站按规定核收补票的手续费。超过规定时间提出的、原车票已经退票的或者已经挂失补办的,不能办理挂失补办。新车票不能改签或变更到站,但可以退票;退票时按规定核收补票的手续费。"

二、法律分析

1. 初步完成证据收集任务。项目组成员已经在苏州火车站就相关事项现场咨询车站工作人员,并录音、录像取证。咨询12306客服,得到相同的答复。

2. 有法条依据。《消费者权益保护法》与原《合同法》均对格式条款进行了规定。12306官网对于退票条件的具体规定存在分歧。依据原《合同法》第41条,此种情况下应当作出不利于提供格式条款一方的解释。

3. 有成功立案的先例。2015年罗某雨诉上海铁路局一案中,原告罗某雨在上车后不慎丢失车票,在下车前被要求补票。此案与本案有相似之处,均涉及车票是否是合同唯一证明的问题。在已经有先例的情况下,本项目有借鉴的依据。

4. 本项目组成员均为苏州大学王健法学院2014级学生,接受过3年的法学专业教育,有基本的法学知识,并有专业的指导老师,能够完成此次诉讼活动。

三、项目进度

时间	进度
2017年4~6月	课题选择、前期调研
2017年6月	法规章程、新闻素材的调取、研读、整理
2017年9月25日	"小城公益之星"中期会议
2017年10月	与指导律师进行交流、聆听意见,证据采集、材料整理、撰写民事起诉状
2017年10月11日	向姑苏区人民法院递交诉讼材料
2017年10月13日	向上海铁路运输法院递交诉讼材料

续表

时间	进度
2017年11月7日	上海铁路运输法院受理本案
2017年11月30日	被告递交答辩状
2017年12月12日	开庭
2018年3月29日	判决驳回

四、前期准备

（一）取证

1. 退票窗口退票询问。我们在丢失车票后，带着购票时相应身份证件去车站窗口退票，在出示身份证件以及购票信息后，得到不予退票只能挂失补办的回复，并录像留证，之后刻录光盘整理出文字稿件。

2. 拨打12306客服询问。在得到售票窗口回复后，我们拨打了12306客服电话询问相关信息，得到了同样的回复，并录像留证，之后刻录光盘整理出文字稿件。

3. 登录消费者协会官网投诉。

4. 登录铁路局官网下载相关信息文件作为证据。

（二）证据清单

1. 证据一：原告购票成功短信；原告购票成功邮件；原告支付车票价款页面。证明：原告购买2017年5月15日D2212次列车总价款12.5元。

2. 证据二：被告工作人员回复不退购票款录像及文字稿；12306官方电话回复不退购票款录像及文字稿。证明：被告拒绝退还购票款。

3. 证据三：原告在12306网站购票截图。证明：被告在原告购票时未以明显方式提示丢失车票后不得办理退票、改签。

4. 证据四：12306网站关于退票、改签、挂失补的规定。证明：无丢失车票后不得退票、改签的规定。

五、起诉

（一）起诉状

民事起诉状

原告：岳旻（个人信息略）

被告:上海铁路局(单位信息略)

诉讼请求:

1. 请求判令被告返还原告购票款 12.5 元;

2. 请求判令被告承担诉讼费用。

事实和理由:

2017 年 4 月 23 日,原告通过 12306 官方网站实名购买了一张 2017 年 5 月 15 日苏州开往无锡的 D2212 次动车二等座车票,订单号 E981701702,票价 12.5 元。后于 2017 年 4 月 23 日在苏州站自助购票机取出纸质票。当日返回住处途中不慎丢失车票。被告退票处工作人员告知,如欲继续乘坐该日该次列车,可办理挂失补办手续,原告问及能否退票时,被告知纸质车票丢失不得退票。并且,原告向 12306 官方电话咨询,得到相同的答复。12306 官网上关于办理退票,只规定在开车之前携带身份证件在出发车站办理,未规定需要携带纸质车票。被告拒绝原告退票的请求没有依据。

原告认为,被告应当退还原告购票款。为维护自身合法权益,原告特诉至贵院,请求判如所请。

此致

上海铁路运输法院

具状人:岳　旻

2017 年 10 月 26 日

(二)立案过程

1. 一访姑苏区人民法院

为了方便诉讼的进行,我们以上海铁路局与上海铁路局苏州站为共同被告,于 2017 年 10 月 11 日前往姑苏区人民法院立案。但在立案窗口,立案法官审阅了我们的材料后认为,我们的案件属于互联网购票,姑苏区人民法院并没有管辖权。从法院离开后,我们小组成员重新撰写了姑苏区人民法院对本案有管辖权的书面意见,可惜还未来得及提交给立案法官就接到了法院的电话通知:我们的案件不属于姑苏区人民法院管辖,并要求我们尽快取回材料。为此,我们又撰写了一份法律意见,提交给姑苏区人民法院。

法律意见书

姑苏区人民法院:

就岳旻诉上海铁路局苏州站铁路运输合同纠纷一案,原告委托苏州大学王健法学院学生梁哲、肖荷秋子担任委托代理人。现依据事实和法律,就本案应该由贵院受理发表如下意见：

第一部分 程序方面

根据《民事诉讼法》第119条的规定，起诉必须符合下列条件：

（一）原告是与本案有直接利害关系的公民、法人和其他组织；

（二）有明确的被告；

（三）有具体的诉讼请求和事实、理由；

（四）属于人民法院受理民事诉讼的范围和受诉人民法院管辖。

首先，原告因被告一拒绝解除合同、自身权利受到影响而起诉，与本案有直接利害关系；其次，原告在起诉状中已经列明被告一上海铁路局苏州站和被告二上海铁路局，且被告一的住所地位于苏州市姑苏区；再次，原告请求法院判令被告一返还原告购票款12.5元和两被告立即停止“强制实名制购票乘客遗失车票不得退票改签”的行为，其诉讼请求具体、明确；最后，本案因原告认为自身的民事权益受到侵害而提起，属于人民法院的管辖范围。

结论：原告的起诉在程序上完全符合受理条件。

第二部分 实体方面

被告一是退票义务人

2017年4月23日，原告通过12306网站实名购买了一张2017年5月15日苏州开往无锡的D2212次动车二等座车票。应当认为，原告与被告一订立了铁路客运合同，合同的内容为承运人被告一将原告及行李安全送达目的地，原告支付运费。原告并非与12306网站订立铁路客运合同，原告在12306网站上支付的价款为运费，合同的对价是铁路客运服务，12306网站的性质为网络购票平台，不是合同的相对方。

后原告请求退票即解除合同，根据12306网站的相关规定：“已经换取纸质车票或者在开车前30分钟之内的，请携带购票时所使用的乘车人有效身份证件原件到车站售票窗口办理”。（原文见附件12306网页）退票义务人是与原告缔结铁路客运合同的被告一。被告一是合同相对方和退票义务人，满足作为适格被告的条件。根据《民事诉讼法》第27条的规定：“因铁路、公路、水上、航空运输和联合运输合同纠纷提起的诉讼，由运输始发地、目的地或者被告住所地人民法院管辖。”本案运输始发地为苏州，被告住所地在苏州市姑苏区，因而贵院对于本案具有管辖权。

中国铁路客运服务中心非独立公司，属于两被告的内部机构。“www.12306.cn”是中国铁路客运服务中心网站。中国铁路客运服务中心（下称“12306”客服中心）的性质是两被告的内部机构。其提供互联网购票平台，目的是使旅客更加方便地与承运人订立铁路运输合同，而“12306”客服中心本身是不能提供铁路运输服务的。

就本案而言，原告通过12306网站购票，其后因解除合同而与被告一发生纠纷。

原告对在12306网站上购票的过程没有异议,与"12306"客服中心没有纠纷,本案的诉讼标的是铁路运输合同法律关系,与"12306"客服中心无关。即便认定"12306"客服中心非两被告内部机构(特别强调,此处是假设),"12306"客服中心接受两被告委托,与原告订立铁路运输合同,合同直接约束的是原告与两被告。

"12306"客服中心接受两被告的委托,与原告订立铁路客运合同,根据《合同法》第402条规定,"受托人以自己的名义,在委托人的授权范围内与第三人订立的合同,第三人在订立合同时知道受托人与委托人之间的代理关系的,该合同直接约束委托人和第三人,但有确切证据证明该合同只约束受托人和第三人的除外。"本案中,该铁路客运合同直接约束的对象是被告一与原告,"12306"客服中心非合同当事方,与本案无直接利害关系,非本案适格当事人。因此,在确定本案管辖法院时,无须考虑"12306"客服中心。

综上所述,在程序上,本案符合起诉条件;在实体上,本案是原告与两被告之间的铁路客运合同纠纷,"12306"客服中心与本案无关,起诉时无须考虑。从程序和实体上,贵院对本案享有管辖权。

梁　哲

2017年10月11日

2. 一访上海铁路运输法院

为了尽快立案尽快完成诉讼,在接到姑苏区人民法院拒绝受理通知的次日,我们小组成员修改了诉状前往上海铁路运输法院。上海铁路运输法院立案庭的法官接待了我们,并告知我们还欠缺部分材料,补充后尽快邮寄至法院,他们收到材料即可立案。

将补充材料寄出后一周,我们电话联系上海铁路运输法院询问立案进度,被告知公民代理的材料依然存在问题。依照上海铁路运输法院的要求,本组梁哲、肖荷秋子想要担任原告岳旻的代理人,需要3人的学生证复印件、苏州大学事业单位组织代码复印件及加盖了苏州大学公章的推荐函。而我们原先提交的组织机构代码主体是苏州大学,推荐函上公章却是苏州大学王健法学院。但很遗憾,我们前往校长办公室,相关工作人员拒绝出具推荐函。

3. 二访上海铁路运输法院

由于没有办法出具完整的公民代理手续,无奈之下,我们只得再度前往上海。在履行了撤销代理的手续后,由岳旻一人为原告重新提起诉讼。

在重新递交材料的一周后,一直没有关于立案的新进展。我们联系法院得知,受理案件的立案庭法官出差,我们的案件被搁置。待到法官出差归来,我们再度联系法院,对方告知我们的案件已经上交副院长审查,还需要继续等待立案结果。最后在2017年11月7日,我们收到了立案成功通知。至此,我们小组诉讼程序的第一步——立案,终于尘埃落定。

(三)庭前准备

1. 原告辩论意见

立案之后,本案主审法官要求我们提交"要求退票的详细理由"。在原告已经提交起诉状和证据的情况下,法官要求继续提交辩论理由是非常罕见的。我们在辩论意见中详细论述了要求退票的理由、实名制火车票的性质等问题。

尊敬的审判员:

原告岳旻诉被告上海铁路局一案中,原告依据事实和法律发表如下意见:

第一部分 本案基本事实

一、关于合同成立的相关事实

2017年4月23日,原告在12306官网实名购买了一张2017年5月15日苏州开往无锡的D2212次动车二等座车票,订单号E981701702,车票价格12.5元。后取出纸质票。因行程变更,在去往火车站退票的路上不慎丢失车票。

相应证据证明铁路运输合同已成立:

1. 原告在线购票成功后,12306发送的购票成功短信1份。

2. 原告在线购票成功后,"12306@ rails. com. cn"发送的购票信息还有很多其他途径可证明,如购票短信和购票邮件。在提交的电话咨询12306客服的录像中,被告客服明确告知他们可以通过系统查询到旅客的购票信息。

二、原告解除合同符合约定

1. 合同约定的解除条件

12306官网上公示:

在12306网站购票后,请按以下方式办理退票:

没有换取纸质车票且不晚于开车前30分钟的,可以在12306网站办理。

已经换取纸质车票或者在开车前30分钟之内的,请携带购票时所使用的乘车人有效身份证件原件到车站售票窗口办理;居民身份证无法自动识读或者使用居民身份证以外的其他有效身份证件购票的,请提供订单号码(E+9位数字)。

使用居民身份证购票且持居民身份证办理进站检票后,未乘车即出站的,请经车站确认后按规定办理。

因伤、病或者承运人责任中途下车的,请凭列车长出具的客运记录和购票时所使用的乘车人有效身份证件原件在下车站按规定办理。

上文已经论述,12306网站上公示的内容构成铁路客运合同的内容,因此根据合同约定,原告只需要携带身份证件在开车前30分钟至出发站窗口办理退票手续,并未说明需要携带纸质车票。根据《合同法》第93条规定,“当事人协商一致,可以解除合同。当事人可以约定一方解除合同的条件。解除合同的条件成就时,解除权人可以解除合同”。原被告双方已经就合同的解除条件作出约定,并且原告在开车前30分钟携带身份证件至出发站办理退票手续符合合同的解除条件,被告拒绝原告解除合同的请求没有依据。

2. 原告解除合同并未影响被告的权利

首先,依据被告12306电话客服的回答,在实名制购票的前提下,被告的系统可以查询到原告的购票信息。原告丢失纸质车票后请求退票,被告完全有能力在自身系统中查询到原告的购票信息,并在系统中完成操作将原告购买的车票作废。并且,实名制乘车时进站有检查,乘车过程中有检查,原告退票之后被告即可将车票再次售卖,退票不会影响被告的任何权利与义务。相反,在原告满足退票条件时被告拒绝,原告需要承担全部票价的损失,这是明显不合理的。

其次,根据被告的说法,在未丢失纸质车票的情况下可以办理退票,而丢失车票的情况下就不行。上文已经论述,车票不是客运合同本身,仅仅记载了部分合同,是合同书的一部分。丢失纸质车票意味着丢失了部分合同书,而合同书的丢失不意味着客运合同不存在,也不影响合同确立的、原被告双方的权利义务关系。原告丢失纸质车票在实体上不影响被告的任何权利,被告以“丢失纸质车票”为理由拒绝解除合同没有事实和法律的依据。

三、关于被告未按法律规定提示原告注意相关格式条款

原告在购票时,12306网站购票页面“温馨提示”中没有提示在丢失车票以后不得办理退票、改签。并且12306网站上也没有以显著的方式公示相关内容,仅仅是在原告要求退票时,被告的工作人员才单方、口头告知原告丢失车票不退不改。

《合同法》第39条规定:“采用格式条款订立合同的,提供格式条款的一方应当遵循公平原则确定当事人之间的权利和义务,并采取合理的方式提请对方注意免除或者限制其责任的条款,按照对方的要求,对该条款予以说明。”

《合同法》第298条规定:“承运人应当向旅客及时告知有关不能正常运输的重要事由和安全运输应当注意的事项。”

《最高人民法院关于适用〈中华人民共和国合同法〉若干问题的解释(二)》(法释〔2009〕5号)第6条规定:“提供格式条款的一方对格式条款中免除或者限制其责任的内容,在合同订立时采用足以引起对方注意的文字、符号、字体等特别标识,并按照对方的要求对该格式条款予以说明的,人民法院应当认定符合合同法第三十九条所称‘采取合理的方式’。提供格式条款一方对已尽合理提示及说明义务承担举证责任。”

被告在原告购票时,没有以合理方式提示原告丢失车票后不得退票,从而造成

原告需要重复购票,加重了原告的负担。被告限制原告解除合同的权利违反了其自身公示的内容。并且,在现行高铁已经实名制的情况下,被告拒绝办理退票手续是将自身未能执行"票、人、证"一致方能进站、进站检票等规定可能产生的风险转嫁至原告身上,加重原告负担,减轻自己的责任。因而,被告以原告丢失车票为由拒绝原告解除合同退还购票款,没有事实及法律依据。

《消费者权益保护法》第26条规定:"经营者在经营活动中使用格式条款的,应当以显著方式提请消费者注意商品或者服务的数量和质量、价款或者费用、履行期限和方式、安全注意事项和风险警示、售后服务、民事责任等与消费者有重大利害关系的内容,并按照消费者的要求予以说明。经营者不得以格式条款、通知、声明、店堂告示等方式,作出排除或者限制消费者权利、减轻或者免除经营者责任、加重消费者责任等对消费者不公平、不合理的规定,不得利用格式条款并借助技术手段强制交易。格式条款、通知、声明、店堂告示等含有前款所列内容的,其内容无效。"

国家工商总局关于发布《网络交易平台合同格式条款规范指引》的公告(工商市字〔2014〕144号)第12条规定:"网络交易平台经营者不得在合同格式条款中排除或者限制平台内经营者或者消费者的下列权利:(一)依法变更、撤销或者解除合同的权利;(二)依法中止履行或者终止履行合同的权利……"

综上所述,被告拒绝原告解除合同无法律依据,恳请法庭查明事实,综合全案证据,依法判令被告退还原告的购票款,支持原告的全部诉讼请求。

原告:岳　旻

2017年11月20日

2. 被告答辩状

经过半个多月的等待,被告上海铁路局终于发来答辩状。与此同时,主审法官告知我们,本案由简易程序转为普通程序,开庭日期变更为2017年12月12日,审限期延长至2018年5月7日。

六、法院判决

上海铁路运输法院民事判决书

(2017)沪7101民初840号

原告:岳旻(个人信息略)

委托诉讼代理人:梁哲(个人信息略)

委托诉讼代理人:肖荷秋子(个人信息略)

被告:中国铁路上海局集团有限公司(公司信息略)

法定代表人:侯文玉(董事长)

委托诉讼代理人:闫自明

原告岳旻与被告中国铁路上海局集团有限公司(以下简称铁路上海局公司)铁路旅客运输合同纠纷一案,本院于2017年11月7日立案后,依法适用简易程序,后经审查认为案情复杂,不宜适用简易程序,裁定转为普通程序,于2017年12月12日公开开庭进行了审理。原告岳旻及其委托诉讼代理人梁哲、肖荷秋子,被告铁路上海局公司的委托诉讼代理人闫自明到庭参加诉讼。本案现已审理终结。

岳旻向本院提出诉讼请求:判令被告返还原告购票款12.50元。事实和理由:2017年4月23日,原告通过12306网站实名购买了一张同年5月15日D2212次由苏州至无锡的二等座火车票,票价12.50元。当日,原告从苏州站自助购票机取出纸质火车票一张。之后,因行程有变,至火车站退票处要求退票,因不慎遗失纸质火车票,被告知已换取纸质车票的乘客需凭纸质车票退票,故退票未成。原告认为,根据12306网站公示信息,原告只需携带身份证件即可至车站售票窗口办理退票。原告在购票时被告并没有提示纸质车票丢失后不得办理退票,仅是原告在注册成为12306网站用户时曾有类似内容,但该内容为格式条款,被告并未采取合理方式提请原告注意。12306网站公示信息系对有关纸质车票退票条件的变更,退票时仅需携带身份证件即可,被告拒绝退票没有依据,故请求法院支持原告诉请。

铁路上海局公司辩称,原、被告之间的铁路旅客运输合同内容不仅包含火车票上载明的事项,还包括原告注册成为12306网站用户时提请阅读的《中国铁路客户服务中心网站服务条款》(以下简称《服务条款》)以及包含其中的《铁路互联网售票暂行办法》(以下简称《办法》)、《铁路互联网购票须知》(以下简称《须知》)、《铁路互联网购票身份核验须知》(以下简称《核验须知》),上述规范性文件均明确规定旅客换取纸质车票后,应凭纸质车票办理退票。在纸质车票的背面,亦以显著的字体内容以"乘客须知"的方式提示"请妥善保管车票……未尽事项详见《铁路旅客运输规程》(以下简称《规程》)。"12306网站上有关纸质车票退票的公示信息,并不是对《须知》《办法》中有关凭纸质车票退票条件的变更,对该公示信息应本着善意结合《须知》《办法》做系统解读,即使存在部分简化表述,亦无法得出原告凭身份证件即可退票的观点。被告已在原告注册成为12306网站用户时对《服务条款》《须知》《办法》格式条款的内容尽了充分、合理的提示和说明义务,故上述规范性文件就纸质车票退票的规定对原、被告双方具有约束力,请求法院驳回原告的诉请。

当事人围绕诉讼请求依法提交了证据,本院组织当事人进行了证据交换和质证。对当事人无异议的证据,本院予以确认并在卷佐证,本院认定如下:2017 年 4 月 23 日,原告通过 12306 网站实名购买了一张同年 5 月 15 日 D2212 次由苏州至无锡的二等座火车票,票价 12.50 元,随后换取纸质车票一张。当日,原告在铁路苏州站售票窗口要求退票,但自称纸质火车票遗失,被告知已换取纸质车票的乘客须凭纸质车票办理退票,纸质火车票丢失不得退票。原告向 12306 客服咨询,得到上述同样答复。

又查,旅客网上购票的,需在 12306 网站进行用户注册,在其注册首页的对话框显示:“我已阅读并同意遵守《服务条款》,只有在该对话框中打勾,方能进行下一步注册流程。”《服务条款》包含“服务条款的确认”“服务条款的修改”“用户注册”等内容。其中“服务条款的确认”表述为:“您点击服务条款页面下的‘我同意’按钮,即视为您已阅读、了解并完全同意服务条款中的各项内容,包括本网站对服务条款所作的任何修改,自愿遵守《办法》《核验须知》以及相关公告的规定,办理互联网售票的各项相关业务。除另行明确声明外,本网站任何服务范围或功能的变化均受服务条款约束。”根据《办法》《须知》规定,旅客通过 12306 网站购票后,铁路售票系统中即形成一张电子客票,旅客取得纸质车票后,铁路电子客票即失效,须凭纸质车票按现行规定办理改签、变更到站、退票等事宜。在 12306 网站主页的“客运首页”栏目下的“相关规章”中亦设置了包括《须知》《办法》等管理规定的链接,购票旅客点击后即能查阅。其中《须知》“换票与挂失补办”7.4 表述:“换取纸质车票后,铁路电子客票失效,请凭纸质车票按现行规定办理改签、变更到站、退票……”《须知》“改签、变更到站、退票”一节的 8.2.2.1 条款表述:“已经换取纸质车票的,凭纸质车票办理改签、变更到站、退票。”《办法》第 15 条第 2 款就退票表述为:“旅客换取纸质车票后,不能再在 12306 网站办理改签、变更到站、退票,应凭纸质车票办理改签、变更到站、退票以及进站乘车过程中实名制验证、检票、验票。”第 28 条、第 29 条均有如上表述。

12306 网站“客运首页”有关“信息服务”一栏有“常见问题”的解答,就“在 12306 网站购买的车票,如何办理退票”问题的解答为“在 12306 网站购票后,请按以下方式办理退票:(1)没有换取纸质车票且不晚于开车前 30 分钟的,可以在 12306 网站办理。(2)已经换取纸质车票或者在开车前 30 分钟之内的,请携带购票时所使用的乘车人有效身份证件原件到车站售票窗口办理……”原、被告就此公示信息产生争议。

本院认为,原、被告之间建立了铁路旅客运输合同关系,合同内容包括纸质车票票面上所载事项、用户在 12306 网站注册时同意遵守的《服务条款》内容及 12306 网站公示的内容含“常见问题”公示信息的内容,对此,原、被告双方均无异议。然双方就上述 12306 网站公示信息是否属于对退票条件的变更、被告对相关格式条款是否

尽到了提示、说明义务存在争议,本院对此分别评述如下:

一、12306网站公示信息是否就退票条款,即换取纸质车票需持纸质车票退票的条件进行了变更?

原告主张12306网站公示信息对退票条件进行了变更、持有纸质车票非退票的必要条件,被告则认为公示信息的表述并未变更退票条件。本院认为,原告因自身原因要求退票,属铁路旅客运输合同的单方解除,故应考量有关合同解除条件的约定。原告在12306网站注册时,被告所提示阅读的《须知》《办法》均明确已换取纸质车票的需凭纸质车票办理退票,即退票人持有纸质车票系退票的条件之一。12306网站公示的信息对办理退票业务问题所做的提示解答,理应结合全文语境、相关合同约定内容以及公众一般认知做全面理解。就本案而言,有关公示信息针对的对象包括了未换取和已换取纸质车票等不同情形的旅客,明确了已换取纸质车票的旅客退票需携带相关身份证件办理,根据12306网站会员注册时约定内容及公示信息问题问答的文字语境,该种情形的退票前提为已持有纸质车票的特定旅客,无须再做特别提示强调,故并不能由此认定被告对退票条件进行了变更。

二、被告对相关格式条款是否尽到了提示、说明义务?

原告认为被告仅在注册时告知原告阅读《服务条款》,并非在订立合同时提示相关内容,且服务条款全文中没有关于退票的规定,全文字体、字号统一,没有任何内容被突出提示,故认为被告主张的注册时点击"我同意"按钮为合理提示的观点不符合法律规定,该格式条款无效。本院认为,注册为12306网站会员需经过环环相扣的一系列操作,如前查明,该操作流程、方式,使包括原告在内的注册人员有充分机会和途径知晓《服务条款》等内容,而原告在此情况下选择并确认了同意按钮,表明被告就格式条款已以"合理、显著"的方式提请作为消费者的原告注意,其已尽了必要的提示、说明义务。该行为亦表明原告同意接受相应条款之约束,其效力当然溯及原告之后的购票、退票、改签等一系列行为。

综上,涉案铁路旅客运输合同是双方当事人的真实意思表示,双方均应按照法律规定与合同约定全面履行。双方合同明确约定了凭纸质车票办理退票是合同解除的条件,在合同履行过程中该条件并未发生变更,原告的情形不符合约定的解除条件,故其要求解除合同、返还购票款的诉请于法无据,本院难以支持。依照《中华人民共和国合同法》第8条、第39条、第93条的规定,判决如下:

驳回原告岳旻的诉讼请求。

案件受理费50元,由原告岳旻负担。

如不服本判决,可在判决书送达之日起十五日内,向本院递交上诉状,并按对方当事人的人数提出副本,上诉于上海市第三中级人民法院。

审　判　长　朱卫东
审　判　员　朱筱菁
人民陪审员　张红千
二〇一八年三月二十九日
书　记　员　唐　婧

七、结语和感想

千里之行，始于足下

虽然已经接受了3年系统的法学教育，但如何开展一场诉讼，我们还是一头雾水。但合抱之木，生于毫末；九层之台，起于累土；千里之行，始于足下。第一步往往最难，但只有迈出第一步，才会有后来的每一步。

从2017年4月到12月，我们完成了从取证到立案到开庭的全过程，第一次做证据材料，第一次写法律文书，第一次到法院立案，第一次坐在原告席上伸张权利，第一次参与诉辩的博弈之中，我们开拓了未知，收获无数。

逆水行舟用力撑，一篙松劲退千寻

前行的路上当然不是一帆风顺的，我们也曾满怀愤懑，也曾士气低落。我们知道"投诉难"，但没想到明明投诉"有"门，却仍被拒之门外，如石沉大海。我们知道"立案难"，但没想到本以为"策无遗算"，却仍被指出许多漏洞，往返两地法院，到处开证明，不断收寄材料让人身心俱疲。

行使合法的权利便没有解决不了的问题，每一次的失误都是宝贵的经验。

心怀感恩，不忘初心

感谢法学院和小城律师事务所给予我们这样一次难得的机会。感谢张林华律师，我们实践路上的第一位导师，牺牲了自己的时间，不厌其烦地在百忙之中帮我们审阅文书，手把手地指导我们每一步的探索，时常给予我们鼓励与支持，鼓舞我们的士气，像灯塔一般为我们指明前路的方向，照亮我们参赛的初心。我们也曾被功利迷住，我们也曾被挫折笼罩，但我们始终不忘初心，仍记得初入法学院课本第一页"为了正义，哪怕天崩地裂"的呐喊。

大道至简，知易行难，我们的一小步，公益的一大步。

梁　哲：

大学以来这是第一次接触诉讼实务。在前3年，我也参加过一些模拟法庭比赛，但是经过这一次实战，我知道真正的诉讼和模拟法庭是不一样的，书本和现实有很大差距。

在姑苏区人民法院和上海铁路运输法院立案时，我们均被立案庭法官告知要求修改诉讼请求,告知某条诉讼请求法院不会支持。但是按照《民事诉讼法》的规定,立案庭只是针对诉状的形式进行审查,至于实质问题,只有法官审理之后才会有结果,而立案庭的法官只通过阅读诉状就要求我们修改诉讼请求,这一点是不合理的。此外,在上海铁路运输法院,我们从递交立案材料到正式立案一共等待了10个工作日,而按照《民事诉讼法》的规定,立案审查期只有7天。

通过这次比赛,我们有缘结识了小城律师事务所的张林华律师,张律师给我们提供了很大的帮助。初次接触司法实践,我们对各种文书写作、答辩技巧十分生疏。张律师不厌其烦地帮助我们修改辩论意见、反驳意见,在开庭前详细告知我们庭审的各个环节。正是有了他的指导,我们此次"小城公益之星"创意诉讼之路才更加顺利。

此次创意诉讼大赛,我不仅收获了知识,更学会了坚持、包容,提升了自己的公民意识。如果每个人都能秉持一颗公心,那么我们的世界会变得更加美好。

岳　旻:

这一次的创意诉讼大赛,让我感触最深的就是理论与实践的巨大差异。

法学院3年多的学习,让我对实践中争议解决最常见的模式——诉讼的印象,一直停留在一种非常理想化的状态。原先以为交了材料就能顺利立案,顺利开庭的模式在真正操作中遭遇一次又一次的挫折。尽管有指导律师和学院老师的帮助,第一关的立案我们就奔波了近一个月,换了两家法院,补充了数次材料,给法院打了几十通电话。而立案后,被告迟迟不交答辩状、变更程序、改换开庭时间等一桩桩出乎意料的变故,更是让我觉得,这一切真的不是想象中那么容易。

最后的开庭,公民代理终于得到了法院的认可。虽然之前准备了几个月,跟小伙伴也模拟过多次,但真正第一次坐在原告席上,说不紧张都是假的。所幸一切顺遂。现在所有的程序结束,最后的书面意见已经提交法院,一切尘埃落定,就等待最后的判决。无论在先前的沟通还是后来的庭审过程中,被告上海铁路局展现出来的强势,让我们深刻觉得,这样"较真"的坚持,真的很重要。翻看以往状告铁路局的案例,虽然没有例外全是败诉的结果,但败诉绝不等于没有意义。至少,春运不再涨价,在列车上丢失车票不用再补全票,购买火车上的餐食也能拿到发票。

非常庆幸,还未走出校园就能有这样一次机会,让我们能没有后顾之忧地去做点什么。同时,也非常感谢张律师一路以来的陪伴与支持,以及同组小伙伴从始至终的同心协力。

肖荷秋子:

去年举办的第一届"小城公益之星"创意诉讼大赛已经成功地吸引了我。关于公开社会抚养费的行政诉讼、关于映前广告时间的民事诉讼等各类不同的具有公益性质的探索都收获到了不同程度的社会反响,让我明白这一"于己、于他人、于社会"

都有意义的机会实在不应错过,因此我们3人就决定组队报名第二届的比赛。

我们都知道书本上得到的知识与实践会有很大差别,但是具体是些什么差别,只能靠投身于实践才能体会。而“小城公益之星”创意诉讼大赛这个平台,给予了我第一次投身实践的机会。

我们常说“立案难”,但究竟是怎样的难,我们并不特别清楚。在来往上海、苏州两院立案庭后,我们有了切身的体会,总结来说有三难。

一是审查难。按照《民事诉讼法》的规定,立案只对形式进行审查,而不进行实质审查,而我们在苏州姑苏区人民法院以及上海铁路运输法院立案时,法官都对我们实质内容提出了不同的质疑与要求。

二是程序难。在立案过程中关于立案审查、寄送材料等相关程序的流程都与法定时限有差别,来回奔波法院寄送材料确实让人有些摸不着头脑。

三是“被为难”。作为没有经验的学生,我们似乎理所应当地受到轻视。立案庭的法官以经验不足、学术不精来驳回我们的立案请求,确实震住了我们,让我们对自己的权利主张产生瞬间的怀疑。幸好,我们在学院老师和指导律师的鼓励下,坚持了下来。

到2020年时,中国铁路已经实现了“票证分离”,即火车票只作为报销凭证,乘客只需要持有身份证就可以进站、出站。虽然我们并不清楚这种改变是技术进步的结果,还是跟我们的诉讼存在某种关联,但这种规则的改变显然是重大进步,因为在这一规则和技术进步之下,基本就不会存在因为火车票丢失而无法乘坐火车或出站的情况了。

吴佳祺诉苏州市轨道交通公司《苏州市轨道交通票务规则》第13条格式条款案(2017)

吴佳祺　金亦丁　朱晨馨　杨宇霏*

一、选题理由

本项目源于团队成员一次乘地铁的经历,该成员在乘坐地铁时发现自己的卡刷不了,闸门上只显示“余额不足”(没有具体余额显示),然而她知道卡内余额足以支付她本次的行程,但只能排队买单程票,因此耽误了很多时间。本着怀疑的精神,她进行了深入的探究,查询余额、询问客服,最后发现了张贴于地铁口墙面上的《苏州市轨道交通票务规则》,而其中的第13条就是导致她不能进站的“源头”。

该票务规则第13条规定:“苏州通—市民卡、江苏交通一卡通本地卡余额低于轨道交通线网最高票价的折后金额(7.6元)时将不能进站。江苏交通一卡通异地卡低于轨道交通的线网最高票价时将不能进站。”

地铁是苏州居民日常出行的重要交通工具。对于个人来说,可能只是一次不愉快的经历,但对于1.5亿人次的年均客流量来说,这就是涉及千千万万公众利益的事,并且我们在苏州市轨道交通官网的便民问答一栏中,发现有乘客表达了对这一问题的疑惑,然而苏州市轨道交通公司方却没有给出令人信服的解答。我们随后设计了电子调查问卷,结果表明苏州市轨道交通公司方对该票务规则未尽到充分的提示义务,多数受访者都是在遇到不能进站的情况才得知该规定或者仍不知所以,且多数受访者认为该规定不具有合理性。后期我们对全国各城市地铁票务规则进行了调查,发现目前我国开通地铁的城市有31个,大部分城市的轨道交通公司将储蓄卡进站限额设定在单程折后最低票价(一般是2~3元),有部分城市甚至允许透支。

我们认为,这条规则背后蕴藏了巨大的公众利益。从法律角度分析,我们认为,

---

* 本文作者均系苏州大学王健法学院2015级本科生。

这是一条不合理、不公平的格式条款,即所谓的“霸王条款”,应当然无效。于是我们团队选择提起诉讼,促使这条规则得到改变,希望广大乘客能够因此享受到更便利、更人性化的服务。

二、法律分析

《苏州市轨道交通票务规则》第13条在性质上属于格式条款,其加重乘客负担,排除乘客主要权利,减轻轨道交通公司的义务,为轨道交通公司的利益设置过度保障,当属无效。

具体理由如下:

(一)格式条款无效

现行的《苏州市轨道交通票务规则》是由苏州轨道交通公司有限公司为重复使用而单方面预先拟定的规则,属于《合同法》第39条所界定的“格式条款”。

我们认为,该票务规则第13条的内容加重乘客责任、排除乘客主要权利,属于原《合同法》第40条规定的无效情形。

首先,进站额限制在7.6元给乘客带来了不必要、不合理的负担。苏州地铁起步价2元可乘6公里,6~16公里每1元可乘5公里,16~30公里每1元可乘7公里。对于大部分乘客来说,日常地铁出行很少走完全程,5元以下足够。有数据显示,2016年苏州地铁每人每次平均消费约3.5元,远低于7.6元的进站限额。

其次,苏州市轨道交通公司方并未采取足以引起乘客注意的方式来提请乘客注意,仅以小版面小字体将该票务规则张贴于地铁入口,很少有乘客了解该规则,本可以顺利乘车的乘客因为限额无法进站而措手不及,只能再找地方充钱或另买单程票(无法享受市民卡的9.5折优惠),耽误时间甚至造成损失。

再次,实际中还有一种情形,欲用市民卡乘坐地铁赶往车站的旅客,卡内余额虽低于7.6元但足以支付此次行程,但却受到了最低限额的限制,如欲用卡需再充值(50元起),不用卡要另买单程票,这都使卡内余额无法用尽,而退卡手续麻烦,旅客原本合法合理的目的落空。并且长期以来旅客因限额无法进站而留在卡内的余额将构成一大笔不当得利。

最后,我们了解到,设置最高限额主要是为了减少超程补票或者逃票的情形。然而,《苏州市轨道交通票务规则》《苏州市轨道交通乘车规则》对于超程补票、逃票已有明确处理方法,超程只需到几步远的服务台补票,十分便捷,并且为超程的旅客提供补票服务是轨道交通公司应尽的义务,利用最高限额的方式减轻义务是不公平、不合理的。

综上所述,《苏州市轨道交通票务规则》第13条给乘客增加了不合理、不必要的负担,减轻了轨道交通公司的义务,应属无效。

(二)苏州市轨道交通公司制定的《苏州市轨道交通票务规则》第13条实质为权利滥用

《苏州市轨道交通票务规则》已经规定了超程和逃票行为的具体措施,再将进站额限定在全程最高票价折后价是权利的多重保障,不具有合理性。

根据与工作人员的交谈我们得知,该票务规则第13条的规定主要是为了防止乘客余额不足带来的补费的麻烦或者因余额不足直接在出站时“逃票”的不诚信行为。该票务规则第17条规定:“出站时,单程票超程,需补交超过部分费用;储值类票卡余额不足的,需以现金形式支付本次车程费(轨道交通原因导致的除外)。”由此可见运营方对出站时储值卡余额不足以支付乘坐里程的情形已经给出合适的解决方案,并且实践中因单程票超程或储值卡余额不足而补费的操作也不复杂,并未过分增加运营方的工作负担。

(三)违反了民法上的公平原则

公平原则是民法的一项基本原则,当事人应当遵循公平原则确定各方的权利义务,维持当事人之间的利益均衡。

据我们团队调研发现,苏州地铁新开通的四号线最高折后票价是7.6元,通往同里方向,而其余的一号线、二号线、三号线最高折后票价为7.4元,当市民卡内只剩余7.6元以下金额时,便无法进站,且随着线路的延长,进站限额会越来越高,比如之前还是7.2元的,四号线开通后就提到了7.6元。

我们从市民卡公司了解到,苏州市民卡A卡、B卡不记名、不挂失,卡内余额不退还。如果持卡者只想用卡内余额乘坐地铁但由于该限额无法进站时,会造成所持卡无法使用也无法退还的情况,这对于乘客来说是不公平、不合理的。

总之,我们认为,轨道交通公司处于强势地位,单方面制定了该条款,给乘客设置了不公平的交易条件。

(四)轨道交通的公益性和公司的社会责任

《公司法》第5条明确规定公司从事经营活动应当承担社会责任。轨道交通不仅是城市公共交通体系的重要组成部分,也是一项重要的民生工程,是便民利民的交通线,关乎公共利益,具有强烈公益性,轨道交通公司应当以为乘客提供快捷方便的服务为宗旨,少做不必要的限制,提高规则的人性化程度。在超程补票、逃票处罚已经有便捷规则的情况下,《苏州市轨道交通票务规则》第13条仍以“人性恶”的假设定位社会公众,采取将进站余额限定在单程最高票价的方式将诚信风险或负担不恰当地转嫁给乘客,该做法明显将经济利益放在首位而不顾社会公益与责任。

作为城市重要的公共空间,苏州地铁是展示苏州城市形象的一张名片,苏州地铁的管理规则应当折射出苏州城的人性化理念,为苏州市民们提供服务的同时,也让外来游客感觉到舒适,于微处体现“以人为本”的善意,给予公众家的温暖,从而彰显苏州小城一贯“宜居”的特色。

综上所述,我们有理由认为,苏州轨道交通集团有限公司制定的《苏州市轨道交通票务规则》第13条违反了我国原《合同法》第40条的规定,应为无效条款。

三、项目进度

时间	进度
2017年3~4月	课题选择、前期调研、咨询法学院老师意见
2017年4~5月	调研资料整理,前往苏州地铁(东环路站)进行取证
2017年7~8月	查询全国其他城市地铁官网的票务规则以及拨打地铁人工热线询问,获取相关数据
2017年9月	和指导律师探讨案件相关内容,撰写、修改民事起诉状
2017年10月18日	一访法院
2017年10月23日	二访法院,法院进行立案登记审查,等待立案
2017年10月27日	缴纳诉讼费用,成功立案
2017年11月17日	调解未果
2017年12月20日	被告知该案由苏州市中级人民法院提审
2018年12月14日	中级人民法院开庭,达成调解

四、前期准备

(一)调研

1. 登录苏州市轨道交通官网,在“便民问答”一栏中发现有乘客对于“卡内余额低于7.6元不能进站”存在疑惑。

2. 对苏州的一些居民进行关于苏州地铁的问卷小调查(具体截图略)。

调查结果表明,苏州市轨道交通公司方对该票务规则未尽到的充分的提示义务,且多数受访者认为该规定不具有合理性。

3. 综合各地实践,全国已投入地铁运营城市31个;经过我们查询,票务规则以及拨打官方服务电话,得知如下信息:

(1)北京:储值卡内余额低于单程最低票价(3元)将无法进站,如果超程,到站补票。

(2)南宁:进站只要卡内余额还有2元以上即可进站(最低票价2元),如果超程,到站补票。

(3)天津:进站没有最低票价限制,只要卡内有钱即可进站,如果超程,到站补票。

(4)武汉:储值卡内余额只要不低于最低票价即可进站坐地铁,如果超程,到站补票。

(5)南京:储值卡内余额不低于1.9元(最低票价)即可进站,如果超程,到站补票。

(6)青岛:卡内余额不低于1.8元(最低票价)即可进站。

(7)重庆:无卡内余额限制,如果超程,到站补票。

(8)广州:储值卡卡内余额不低于2元才可进站(最低票价1.9元)。

(9)长沙:刷卡进站,卡内余额最低不能少于1.8元(1.8元为最低票价)。

(10)沈阳:储值卡余额低于折后最低票价(1.9元)即无法进站。

(11)南昌:储值卡余额低于折后最低票价(1.8元)即无法进站,高于可进站如果超程,到站补票。

(12)哈尔滨:储值卡余额低于最低票价(2元)即无法进站,高于可进站,如果超程到站补票。

(13)成都:储值卡(天府通)余额低于最低票价(2元)即无法进站,高于可进站,如果超程到站补票出闸。

(14)无锡:储值卡余额低于最低票价(2元)无法进站,高于可进站,如果超程到站补票出闸。

(15)东莞:储值卡余额低于折后最低票价(1.8元)无法进站。高于可进站,如果超程到站补票出闸。

(16)福州:储值卡余额低于最低票价时将不能刷卡进站。

(17)上海:储值卡内金额为零或者负数时不能使用。

(18)长春:目前只有一条线,全程票价2元,只售票不可刷储值类卡。

(二)取证

小组成员吴佳祺于2017年10月14日上午欲从东环路站乘坐地铁一号线,吴佳祺市民卡B卡余额为7.1元,从东环路站乘坐至相门站的乘运费为2元,然而当吴佳祺刷卡进站时机器却显示余额不足,因此不能乘坐地铁,吴佳祺只能重新去售票口购买单程票后始得乘坐。吴佳祺向苏州地铁(东环路)服务台进行了咨询,服务人员告知《苏州市轨道交通票务规则》第13条的规定:“苏州通—市民卡、江苏交通一卡通本地卡余额低于轨道交通线网最高票价的折后金额时将不能进站。江苏交通一卡通异地卡低于轨道交通的线网最高票价时将不能进站。”由于吴佳祺卡内余额不足最高票价折后价，即便市民卡的余额足以支付她从东环路站至相门站的运费，但《苏州市轨道交通票务规则》第13条的规定致使吴佳祺无法正常刷卡进站乘坐地铁。

证据清单：

证据一：《苏州市轨道交通票务规则》第13条规定：“苏州通—市民卡、江苏交通一卡通本地卡余额低于轨道交通线网最高票价的折后金额时将不能进站。江苏交通一卡通异地卡低于轨道交通的线网最高票价时将不能进站。”

证明：苏州市轨道交通有限公司的被告主体资格。

证据二：苏州地铁自动查询机上显示的吴佳祺市民卡B卡余额的照片（略）。

证明：吴佳祺市民卡B卡余额剩余7.1元。

证据三：吴佳祺持卡乘坐苏州地铁（东环路）站被拒的完整视频刻录光盘（略）。

证明：吴佳祺因卡内余额低于最高票价折后价（7.6元）无法进站。

五、起诉

（一）起诉状

民事起诉状

原告：吴佳祺（个人信息略）

被告：苏州市轨道交通集团有限公司（公司信息略）

诉讼请求：

1. 请求法院确认被告于2016年6月1日起施行的《苏州市轨道交通票务规则》第13条内容无效。

2. 请求法院判令被告尽到告知义务，轨道交通卡内余额——不能进站时显示卡内余额。

事实与理由：

吴佳祺于2017年10月14日上午从东环路站乘坐地铁一号线，吴佳祺市民卡B卡余额为7.1元，从东环路站乘坐至相门站的承运费为2元，然而当吴佳祺刷卡进站时机器却显示余额不足，因此不能乘坐地铁，吴佳祺只能重新去售票口购买票据后始得乘坐。吴佳祺向苏州地铁（东环路）服务台咨询，服务人员告知吴佳祺《苏州市轨道交通票务规则》第13条规定，“苏州通—市民卡、江苏交通一卡通本地卡余额低于轨道交通线网最高票价的折后金额时将不能进站。江苏交通一卡通异地卡低于轨道交通的线网最高票价时将不能进站。”吴佳祺卡内余额不足最高票价折后价，即便吴佳祺市民卡的余额足以支付吴佳祺从东环路站至相门站的运费,但因为被告所谓的《苏州市轨道交通票务规则》第13条的规定,致使吴佳祺无法按照正常刷卡进站乘坐地铁。

被告所制定的《苏州市轨道交通票务规则》第13条的规定,是被告排除或者吸纳之乘客权利的体现,是对乘客不公平、不合理的规定,该格式条款当属无效,违反了民法上的公平原则和侵犯了乘客的公平交易权;并且苏州市轨道交通公司作为一个具有强烈公益性、社会性的组织,应当承担一定的社会责任。

现依据《合同法》和《公司法》的相关规定向贵院提起诉讼,望贵院依法判决,支持吴佳祺起诉。

此致

苏州工业园区人民法院

具状人:吴佳祺

2017年10月18日

(二)立案过程

1. 一访法院

在确定原被告主体资格,收集完备证据材料、撰写好民事起诉状之后,小组成员前往工业园区人民法院,找到立案庭,获取排号等待了一段时间后,我们向工作人员说明来意,立案庭工作人员大致阅览了我们的起诉状和证据材料后,便以不符合起诉要求为由拒绝了我们立案。

2. 二访法院

第一次未成功立案,我们咨询了指导律师,寻找了原因,补全了材料,于2017年10月23日再次来到工业园区人民法院,立案庭人员收下了我们的起诉状和证据材料,要求原告填写好档案材料并签字,告知7天内会给答复。另日,工业园区人民法院电话告知原告去指定银行缴纳诉讼费用。原告于2017年10月27日收到了法院的传票和受理通知书。

六、最终结果

2017年11月7日,我们团队与苏州市轨道交通公司在法官的主持下进行调解,但未达成调解协议。以下是调解过程中双方观点的展示。

1. 针对我方提供的全国16个城市轨道交通票务规则的规定,苏州市轨道交通公司方认为,苏州和其他城市不具有可比性,每个城市各有特点,不能完全借鉴其他城市的规定。

我方认为：轨道交通作为一种公共交通工具，与巴士、高铁等公共交通工具的性质相通，在全国范围内具有较强的一致性。虽然每个城市各有其经济、历史、文化特点，但这种独特性在轨道交通上的体现一般在于地铁的内饰颜色、地铁站内的装饰装潢中，而《苏州市轨道交通票务规则》第 13 条作为规定进站限额的格式条款，借鉴其他城市更合理的规定并不会损害轨道交通融入每个城市的经济、文化特征中，反而是推动轨道交通管理进步的良好方式。

2. 苏州市轨道交通公司方认为，《苏州市轨道交通票务规则》第 13 条的安排是完全从乘客角度考虑的，是为了预防和减少高峰期客伤事故的出现和高峰期补票给乘客带来的不便，他们认为从客运管理角度，把客流量提至进站前要比把客流量积压到出站时的安全风险系数低，所以才会用第 13 条的规定把可能会补票的乘客事先拦在了进站口。

我方认为，首先，据我方观察，苏州地铁高峰期人流量还不至于拥挤到会造成踩踏事故等客伤。苏州市轨道交通公司方认为，因为设了最低票价乘客超程出不去在出闸处会造成拥堵，那同样，设了最高票价乘客因余额不够进不了闸在入闸处同样会造成拥堵，且不少乘客无法立马给卡充值，必须去买单程票，而售票机器仅 3 台，正常需要买票的乘客本就不少，进不去需要买票的乘客还得去排队买票，更会造成售票处的长龙和拥堵，而售票机的位置与入闸处是临近的，因此如果真有苏州市轨道交通公司方所设想的可能造成客伤的人流量的情况下，这一块区域的拥堵会非常严重。因此我方认为，设最高还是最低都不是解决拥堵和预防踩踏事故等客伤事件的有效方法，且苏州市轨道交通公司作为公共服务提供者，具有安全保障义务，应当采取加强安保、合理设计地铁站构造、加强疏导等人力、财力投入来保证秩序，而不是将安全保障寄托在入闸额的设置上，这在我方看来有投机取巧而无用功之嫌。

其次，苏州市轨道交通公司方为不造成乘客补票的不便而设了最高票价的理由也站不住脚。这样的做法是预设了乘客不知自己卡内余额，不能理性把握卡内余额和乘坐里程间的关系，没有将乘客置于理性人的地位；我方认为，应当将乘客置于理性的能够把握自己卡内余额和乘坐里程的关系的地位，知道卡内余额不够这次里程会事先充值，如果够这次里程(哪怕只有 3 元)也可以进站，如果因为疏忽不知卡内余额而超程了，那么补票带来的不便后果理应承担，如果明知卡内余额不够愿意出闸再补票的，那么补票带来的时间的花费等后果更是自愿承担的，允许进站超程补票的做法才是符合“自己责任”原则的；而现在的做法却是，让所有乘客都承担那些可能因超程而补票的人的不利后果，无疑有违公平原则和自己责任原则。并且，补票的客服台就在出闸口旁边，据我方实验，在工作日高峰期，补票所用时间与因最高票价额限制进不了站重新买单程票所用时间基本相同。因此，最高票价进站限额的设置并不能给乘客减少不便。

3. 苏州市轨道交通公司方认为,对于不会再来苏州的游客,公司有专门的旅游票,因此并不会给外地游客带来太多不便。

我方认为,是否选择旅游票是游客根据自身实际情况而定的,尤其是对于长期出差、大学生这些并非在苏州短期停留的人来说,选择市民卡等储值卡肯定更为便利。另外,苏州市轨道交通公司对于该条款并未尽到充分提示义务,许多游客并不知道可以选择旅游票来避开这个条款的限制。

4. 苏州市轨道交通公司认为,若卡内余额低于7.6元将无法乘坐地铁,市民卡无法退还卡内余额是市民卡公司的规定,和我们没有关系。

我方认为,市民卡公司和轨道交通公司的交易与利益挂钩我们作为乘客无从得知。轨道交通公司因为与市民卡公司交易中担心利益不平衡而将风险转嫁到乘客们身上的行为是极其不合理的。该做法将自己的利益建于百分百的安全之上,把所有的安全都留给自己,迫使乘客在这场本与之无关的博弈中成为损失承担的第三方,而仅仅是出于让自己无后顾之忧的角度,恐有损人利己之嫌。

轨道交通公司和普通乘客之间处于不公平的交易地位,轨道交通公司作为一个大型的承担社会公共服务职能的法人,自然处于强势地位。乘客们都是独立个体没有办法凝聚成一个团体去为自己发声。对于这点,轨道交通公司没有本着服务精神从乘客利益考量,反而单方面制定《苏州市轨道交通票务规则》第13条,保障自己的利益最大化,是不合理的。

5. 苏州市轨道交通公司称自己也希望为乘客更好地提供服务,向我方寻求改进建议,我方建议,改变《苏州市轨道交通票务规则》第13条的规定,将储值卡进站限额设置在高于全程最低折后票价(大多数城市的做法),轨道交通公司方明确拒绝了我们的提议。

后来本案在开庭前由苏州市中级人民法院提审,并在庭审过程中与被告达了调解,当庭宣读了调解书。

江苏省苏州市中级人民法院
民事调解书

(2018)苏05民初1号

原告:吴佳祺(个人信息略)

委托诉讼代理人:杨宇霏,系吴佳祺同学(个人信息略)

委托诉讼代理人:朱晨馨,系吴佳祺同学(个人信息略)

被告:苏州市轨道交通集团有限公司(公司信息略)

法定代表人:周明保,该公司董事长

委托诉讼代理人:孙炳娟,该公司工作人员

委托诉讼代理人:丁益鸣,江苏正华正律师事务所律师

第三人:苏州市民卡有限公司(公司信息略)

法定代表人:张统,该公司董事长

委托诉讼代理人:封嫌音,该公司工作人员

原告吴佳祺因与被告苏州市轨道交通集团有限公司(以下简称市轨交公司)运输合同纠纷一案,向苏州工业园区人民法院起诉。苏州工业园区人民法院报请本院审理。因本案原告所诉侵权行为涉及众多、不特定消费者的共同利益,根据《中华人民共和国民事诉讼法》第38条规定,本案由本院提级管辖。本院于2018年1月2日立案后,于2018年1月29日依市轨交公司申请依法追加苏州市民卡有限公司(以下简称市民卡公司)作为无独立请求权第三人参加诉讼,并依法适用普通程序,于2018年12月14日公开开庭进行了审理。

原告吴佳祺起诉请求:1.确认市轨交公司于2016年6月1日起施行的《苏州市轨道交通票务规则》第13条规定无效。2.判令市轨交公司尽到告知义务,在轨道交通卡卡内余额不能进站时显示卡内余额。事实和理由:吴佳祺欲从苏州地铁东环路站乘坐一号线至相门站,上述区间地铁票价为2元,吴佳祺持有市民卡余额为7.1元仍无法进站。经咨询后被告知,依据《苏州市轨道交通票务规则》第13条规定,因其市民卡内余额不足最高票价折后价7.6元,故无法进站。市轨交公司具有强烈公益性、社会性,上述排除或限制乘客权利的规则不公平、不合理,有违公平原则,侵犯乘客公平交易权,该格式条款当属无效。请求法院判如所请。

被告市轨交公司辩称:一、吴佳祺作为公益诉讼的原告主体不适格。二、《苏州市轨道交通票务规则》第13条规定有效。涉诉票务规则符合市轨交公司、市民卡公司签订的《苏州市民卡应用合作协议(轨道交通应用)》第3.2.2条规定,吴佳祺应予遵守;涉诉票务规则已上墙,市轨交公司已尽到合理提示、告知义务;市民卡由市民卡公司发行,属预付卡性质,根据央行《支付机构预付卡业务管理办法》规定需预充值不能透支,且现有技术及第三方衔接渠道无法完成市民卡站内预充值;苏州持有市民卡乘坐地铁的乘客占比65%,如因余额不足不能出站,需由工作人员带至站外充值再进站处理,高峰期间人流大风险大,易促发客伤风险。三、余额不足以进站时的显示问题。进站闸机显示屏第一个面为结果提示即“余额不足,请充值”,第二个页面为卡内余额,因显示屏大小受硬件限制,虽不能同时显示,但结果提示比余额提示更重要;地铁客运站内、外均有市民卡充值机可供查询余额;软件更新与硬件衔接需耗费大量费用。

第三人市民卡公司辩称:一、争议规则制定主体、实际承运人均系市轨交公司,并非市民卡公司。二、市民卡公司与市轨交公司在市民卡官网已就涉诉票务规则联合公示、市民卡各网点服务大厅也已张贴提示,市民卡公司就涉诉票务规则已合理

提示、说明。三、市民卡公司未排除、限制吴佳祺权利。市民卡定位为电子钱包,有丰富多元渠道(线上、线下)充值,为持卡人提供多种事务支付便利,交通仅系一方面。四、基于市轨交公司、市民卡公司的合作关系,已为广大市民提供优惠价格。五、市民卡公司根据本案审理结果在经营权限范围内配合市轨交公司履行。

当事人围绕诉讼请求依法提交了证据,本院组织当事人进行了证据交换和质证。

1.《苏州市轨道交通票务规则》打印版,证明涉诉票务规则是格式条款。市轨交公司对真实性无异议,但认为恰好说明其在乘客进站时已对涉诉票务规则进行公示。市民卡公司对真实性无异议,但认为吴佳祺提交票务规则行为本身表明其已明确知晓。

2. 视听资料,由吴佳祺在苏州东环路地铁站进站口拍摄取得,证明吴佳祺市民卡内余额足以支付单程票价但无法进站,合法权益受损。市轨交公司对真实性无异议,但认为吴佳祺使用市民卡乘车前已通过多种途径了解乘车用卡相关规定,仍办理并使用市民卡作为支付工具,故应遵守票务规则。市民卡公司对真实性、关联性均无异议。

被告市轨交公司为证明其主张,向本院提供如下证据:

1. 市轨交司、市民卡公司于2012年签订的《苏州市民卡应用合作协议(轨道交通应用)》,其中第3.2.2条规定,市轨交公司执行独立的苏州轨道交通票务政策,自行决定折扣与优惠,并积极配合市政府关于公交、地铁票价优惠政策的实施,证明市轨交公司具有执行独立票务政策的权利,故吴佳祺使用市民卡亦应遵守涉诉票务规则。吴佳祺对真实性、合法性无异议,但认为其作为消费者,对市轨交公司、市民卡公司签订的合作协议无从得知,故对关联性不予认可。市民卡公司对真实性、合法性、关联性均无异议。

2. 中国中铁网站业务问答版块截图,证明最高票价进站是各种轨道交通包括高铁等运输工具常用的管理方式。吴佳祺对真实性、合法性无异议,但认为高铁票价普遍较高,与地铁无可比性,故对关联性不予认可。市民卡公司对真实性、合法性、关联性均无异议。

第三人市民卡公司为证明其主张,向本院提供如下证据:

1. 苏州轨道交通官网便民问答版块截图,证明涉诉票务规则制定主体是市轨交公司。吴佳祺、市轨交公司对真实性及证明目的均无异议。

2. 市民卡官网电子钱包章程,证明吴佳祺使用市民卡乘坐地铁需遵守轨道交通的使用规则。吴佳祺、市轨交公司对真实性及证明目的均无异议。

3. 市民卡官网轨道交通版块截图,证明市民卡公司已在其所辖范围内就涉诉票务规则向持卡人进行了合理的提示和说明。吴佳祺、市轨交公司对真实性及证明目的均无异议。

4.《中华人民共和国支付业务许可证》、中国人民银行制定的《支付机构预付卡业务管理办法》,证明市民卡作为预付卡不得具有透支功能。吴佳祺对真实性无异议,但关联性不予认可。市轨交公司对真实性无异议,认为其在制定票务规则过程中曾试图就市民卡能否透支与市民卡公司协商,但市民卡公司明确答复无法透支,市轨交公司根据实际情况才制定涉诉票务规则。

对当事人无异议的证据,本院予以确认并在卷佐证。

本院经审理查明:

2017年10月14日上午,吴佳祺至苏州地铁东环路站乘坐一号线至相门站,上述区间地铁票价为2元。吴佳祺持有余额为7.1元的苏州市民卡B卡刷卡进站,但进站闸机显示卡内余额不足,导致吴佳祺无法进站。吴佳祺经咨询苏州地铁工作人员得知,依据《苏州市轨道交通票务规则》第13条规定,苏州地铁一号线全程票价为8元,持有苏州市民卡进站可享受9.5折优惠,折后全程票价为7.6元(8元×0.95),在吴佳祺卡内余额不足7.6元时不能进站。

另查明,涉诉《苏州市轨道交通票务规则》由市轨交公司制定,于2016年6月1日起施行。上述《苏州市轨道交通票务规则》第13条规定,苏州通/市民卡、江苏交通一卡通本地卡余额低于轨道交通线网最高票价的折后金额时将不能进站。江苏交通一卡通异地卡低于轨道交通线网最高票价时将不能进站。此外,《苏州市轨道交通票务规则》第2条规定,实行里程分段计价的票价政策:起步价2元可乘6公里,6公里以上部分,6~16公里每1元可乘5公里,16~30公里每1元可乘7公里,30公里以上每1元可乘9公里。第3条规定,在苏州轨道交通可以使用的票卡有:苏州市民卡公司发行的苏州通/市民卡(包含普通苏州通/市民卡、爱心卡、劳模卡、高龄卡、老年卡、学生卡等储值类票卡,下同);苏州市教育局发行的教育E卡通;江苏省各地发行的江苏交通一卡通;苏州市轨道交通集团有限公司发行的单程票、旅游票、纪念票及储值类票卡。第6条第10款规定,使用市民卡(含苏州通)的乘客,在一个自然月内累计乘坐轨道交通1~15次可享受票价9.5折优惠,第16~30次可享受票价9折优惠,第31次起可享受票价8折优惠。

再查明,市民卡公司持有中国人民银行印发的《中华人民共和国支付业务许可证》,业务类型为预付卡发行与受理,上述许可证有效期自2018年1月6日至2022年6月26日。2012年9月27日,中国人民银行制定《支付机构预付卡业务管理办法》。上述《支付机构预付卡业务管理办法》第8条第3款规定,预付卡不得具有透支功能。

上述事实,有吴佳祺提供的《苏州市轨道交通票务规则》、视听资料,市轨交公司提交的《苏州市民卡应用合作协议(轨道交通应用)》、中国中铁网站业务问答版块截图,市民卡公司提交的苏州轨道交通官网便民问答版块截图、市民卡官网电子钱包章程、市民卡官网轨道交通版块截图、《中华人民共和国支付业务许可证》、《支付机构预付卡业务管理办法》、当事人陈述及庭审笔录等证据在案佐证。

根据各方当事人诉辩意见,本案争议焦点在于:

一、吴佳祺作为本案诉讼的原告主体是否适格;二、涉诉《苏州市轨道交通票务规则》第13条规定是否有效;三、在轨道交通卡内余额不足以进站时,市轨交公司就余额是否负有告知义务。

一、吴佳祺作为本案诉讼的原告主体是否适格

首先,根据《最高人民法院关于审理消费民事公益诉讼案件适用法律若干问题的解释》第1条规定,消费民事公益诉讼系为保护社会公共利益提起的诉讼。依照公益诉讼制度安排的价值考量,社会公共利益受损为提起公益诉讼的必要条件。市轨交公司陈述,目前持有市民卡进站的乘客占比约65%。众多、不特定消费者的共同利益因涉诉票务规则受损,符合提起消费民事公益诉讼的必要条件。本案虽非法律规定或者全国人大及其常委会授权的机关和社会组织基于众多、不特定消费者共同利益受损而提起的消费民事公益诉讼,但如涉诉票务规则现实侵害到了吴佳祺的合法权益,不影响吴佳祺作为受害人提起私益诉讼。

其次,根据《中华人民共和国合同法》第293条规定,客运合同自承运人向旅客交付客票时成立,但当事人另有约定或者另有交易习惯的除外。在支付形式多样化的情景下,吴佳祺持有市轨交公司允许的支付工具即市民卡进站乘车,符合当前市民普遍通过储值类票卡乘坐轨道交通的交易习惯,吴佳祺、市轨交公司之间成立运输合同关系。吴佳祺因其个人在接受市轨交公司提供的运输服务过程中权益受到侵害,为实现权利救济提起诉讼,具有诉的利益,与本案有直接利害关系,符合《中华人民共和国民事诉讼法》第119条第1款第1项规定的原告主体资格要件。

二、《苏州市轨道交通票务规则》第13条规定是否有效

涉诉票务规则规定,苏州通/市民卡、江苏交通一卡通本地卡余额低于轨道交通线网最高票价的折后金额时将不能进站;江苏交通一卡通异地卡低于轨道交通线网最高票价时将不能进站。本院认为,上述票务规则无效,理由如下:

(一)市轨交公司不得拒绝乘客通常、合理的运输要求

《中华人民共和国合同法》第289条规定,从事公共运输的承运人不得拒绝旅客、托运人通常、合理的运输要求。吴佳祺需乘坐的地铁区间仅需2元票价,在其市民卡内余额足以支付其乘坐区间票价的情况下,不存在市轨交公司所述需要透支使用的情形,吴佳祺的运输要求通常、合理,其应当享有公共运输服务的权利且《中华人民共和国合同法》第294条规定,旅客超程承运的应当补交票款,承运人可以按照规定加收票款。即便吴佳祺因其他原因存在超程承运的情况,如其市民卡卡内余额

不足以支付其乘坐区间运费的，市轨交公司也可按照规定加收票款，市轨交公司的权利并未因此受损。

市轨交公司抗辩认为，乘客出站时补票一定程度上会增加其管理成本并存在一定客伤风险。本院认为，市轨交公司并未提供证据证明其管理成本因乘客出站补票而显著增加，且其他采取非最高票价进站规则的城市轨交运营状况显示，未出现因乘客出站补票而导致的客伤风险，故市轨交公司的抗辩理由依据不足，不能成立。市轨交公司作为公共运输承运人，应承担有别于一般运输企业的社会责任，其在制定规则时不仅应着眼于便于管理的原则，也应基于便民、利民、惠民的原则选择管理方式。在乘客吴佳祺运输要求通常、合理的情况下，市轨交公司通过制定涉诉票务规则拒绝其运输要求，违背《中华人民共和国合同法》第289条规定。

（二）涉诉票务规则属于格式条款应认定无效

首先，涉诉票务规则由市轨交公司制定，其施行对象为众多、不特定的消费者，符合《中华人民共和国合同法》第39条第2款规定的为重复使用、预先拟定及订立合同时未与对方协商的法定特征，应认定为格式条款。市轨交公司抗辩认为，涉诉票务规则已上墙，且通过市民卡官网电子钱包章程等多种方式进行公示。本院认为，根据《中华人民共和国消费者权益保护法》第26条第1款规定，经营者在经营活动中使用格式条款的应当以显著方式提请消费者注意与消费者有重大利害关系的内容，并按照消费者的要求予以说明。涉诉票务规则公示并未采用足以引起乘客注意的文字、字体、符号或者其他明显标志作出提示，经审查市轨交公司亦未就涉诉票务规则内容及其法律后果以书面或者口头形式向乘客作出常人能够理解的解释说明，故市轨交公司抗辩认为其已就涉诉票务规则尽到提示说明义务的观点，不能成立。

其次，《中华人民共和国合同法》第39条第1款规定，采用格式条款订立合同的，提供格式条款的一方应当遵循公平原则确定当事人之间的权利和义务。市轨交公司作为公共运输承运人，其在确定与乘客之间的权利义务内容时更应遵循、注重上述公平原则。市轨交公司通过涉诉票务规则排除或限制吴佳祺在承担合理运输费用义务基础上享受公共运输服务的权利，有违公平原则，于消费者而言系不公平、不合理的规定。《中华人民共和国消费者权益保护法》第28条第1款、第2款规定“格式条款含有排除或者限制消费者权利、减轻或者免除经营者责任、加重消费者责任等对消费者不公平、不合理规定的，其内容无效。”吴佳祺请求确认涉诉票务规则无效，符合上述法律规定，应予支持。

三、在轨道交通卡内余额不足以进站时，市轨交公司就余额是否负有告知义务

首先，市轨交公司并非市民卡B卡的发行主体。根据现有情况，在苏州轨道交通可以使用的储值类票卡不仅包括苏州通/市民卡，还包含了江苏交通一卡通、教育

E卡通等。

上述储值类票卡的发行主体均非市轨交公司。吴佳祺在本案中要求市轨交公司在乘客轨道交通卡内余额不足以进站时告知余额,超出了市轨交公司作为公共运输承运人的合同义务范围。

其次,《中华人民共和国消费者权益保护法》第8条第1款规定,消费者享有知悉其购买、使用的商品或者接受的服务的真实情况的权利。吴佳祺持有的苏州市民卡B卡系由市民卡公司发行,由吴佳祺向市民卡公司购买并使用,市民卡公司据此负有保障消费者知悉其购买、使用的市民卡卡内余额的合同义务。在市民卡具备电子钱包功能的基础上,市民卡运用的场所并非仅限于轨道交通,还可用于商业消费。为此,市民卡公司已向消费者提供线上、线下多种途径及渠道方便余额查询,吴佳祺作为消费者的知情权已得到充分保障。吴佳祺请求市轨交公司在轨道交通卡卡内余额不足以进站时告知余额,依据不足,不应支持。

本案审理过程中,市轨交公司充分关注到苏州市民需求,本着便民、利民、惠民的初衷和原则,在本院查明事实、分清是非基础上,经本院主持调解,各方当事人自愿达成如下协议:

一、被告苏州市轨道交通集团有限公司于2019年12月31日前按最低票价进站的原则对《苏州市轨道交通票务规则》第13条进行修订并同步施行。

二、基于被告苏州市轨道交通集团有限公司作出的第一项承诺,原告吴佳祺放弃第二项诉请。

上述协议,不违反法律规定,本院予以确认。

案件受理费80元,减半收取40元,由被告苏州市轨道交通集团有限公司负担。

本调解协议经各方当事人在笔录上签名或者盖章,本院予以确认后即具有法律效力。

审判长　沈军芳
审判员　赵　东
审判员　郑　雄
二〇二〇年十二月二十日
书记员　陈　莉

七、结语和感想

吴佳祺:

连续两年一直沉浸在法学书本的我,从未想过会有这样的一次机会和诉讼走得这么近。

初识公益诉讼，是因为听闻了第一届“小城公益之星”创意诉讼大赛的赛季状况；初知公益诉讼，是因为自己带队参与了此次以《苏州市轨道交通票务规则》第13条格式条款不合理之处为课题的公益诉讼；热爱公益诉讼，是因为和组员们在每个阶段、每次的进展中不断克服困难，不断学习、成长与进步。

我依旧记得，我们团队在选中最终课题前，大量搜寻各种新闻信息，查询各种法条法规，询问章正璋老师的意见，把想好的每个课题都去现场实地考察其可行性。这一次又一次的奔波，虽然辛苦但很值得，因为我们在一次又一次地发现生活中寻常但却不合法的事情。我依旧记得，我们成功入围后的喜悦，也记得指导律师张玉帮助我们团队厘清来龙去脉和思路。

第一次去拜访法院的时候，我们本以为准备的资料很充分，但却被立案庭的法官拒绝立案。稚嫩的我们以为是还没准备好材料，急于从自己身上寻找原因。在回学校的路途中，我们商讨着不足之处，却发现实际上是我们没有勇气去和立案庭的人说理，每段对话都回答得支支吾吾。后来，我们把这件事情告诉了张玉律师，她耐心地告诉我们解决办法，并且安慰我们不要灰心丧气。随后，我们修改了民事起诉状，充实证据材料后，再次来到了法院。和第一次相比，我们不再畏畏缩缩，而是勇往直前，最终成功立案，那一刻我们无比欣喜，从来没想过可以为了大多数乘坐地铁的公民而诉。

霍姆斯大法官说过，法律的生命从来不是在于逻辑，而是经验。公益诉讼给了我一次亲身接触实务的机会，让我懂得了理论和实务的差异。公益路上，我们一意不孤行。

金亦丁：

这次参赛经历促进了我们团队成员的成长。从确定选题、调查取证、法院立案，我们经历了犹豫、挫败，也收获了知识、经验。我们在几个选题中徘徊，最终从亲身经历的一件“小事”上诞生了本次诉讼；我们发放网络调查问卷，收集市民的看法；我们咨询各大城市轨道交通客服热线，调研其他城市的做法；我们查阅相关法律条文、论文，咨询老师和律师，进行深入的法律分析；我们二访法院，历经波折最终成功立案；我们接受记者采访，表达我们的心声……

参加这次“小城公益之星”创意诉讼大赛之前，我就看到过“实名制火车票遗失后被迫补票，浙大女生状告昆明铁路局”“提现2000元被收取1元手续费，余某状告腾讯公司”等新闻，每次看到这样的新闻，都为当事人的勇气而感动。

“一元钱的官司”到底该不该打？单纯从经济角度而言，原告为此付出的时间和金钱成本远大于他胜诉所能获得的经济利益，但诉讼的本质是维护权利，权利的价值是不能仅凭金钱衡量的，尤其是为了一颗公共利益的心而拿起法律武器，去对抗日常生活中影响大众的不合理的规定和做法，是值得的。

非常感谢这次比赛,给了我们动力,去留意日常生活中或许细微但却无形地影响、侵犯大众合法权益的不合理的规定和做法,最终从地铁刷卡进不去站的“小事”中诞生了本次诉讼。这件“小事”,对个人来说可能只是小的私益,但对于千千万万的人的集合来说,那就是公益,我们提起这次诉讼,是为了权利的声明,是为了公益的呐喊,是为了回归法律的初衷。

关注权利,心系公益,不忘初衷。

朱晨馨:

第一届“小城公益之星”创意诉讼大赛举办的时候,我对法学课程的学习尚处在摸索阶段,对公益诉讼这一概念也没有任何想法,因此并未报名参加。到了今年的第二届,刚好我们也要开始接触行政诉讼法和民事诉讼法课程,便有意向和几位同学一起锻炼一下自己。

回顾我们来时的历程,不能说得上算是一帆风顺。开始是关于课题的选择上,我们结合自身的生活体验拟定了几个话题,包括面包店现金券格式条款不合理、欧尚超市某些损害消费者利益的规定,但都因为类似取证困难或者追踪时间较长等各种各样的原因而排除。最终,小组同学在某次坐地铁的时候发现卡里有钱但进不了站,拎出来与我们商议后发现大家都遇到过类似的情况,我们组才终于敲定了主题。

后来我们就这一现象询问过轨道交通运营公司的服务台和热线,对方并不能给出令我们信服的解释,我们四个人就又分工去找一些边角信息,发现最终问题出在了票务规则上,《苏州市轨道交通票务规则》第13条设置了卡内余额进站门槛。为证明其的确存在不合理之处,我们几乎打遍了全国各个省市的轨道交通公司的服务热线,发现只有苏州市轨道交通公司在此项上对乘客们作出了限制,我们更加坚定了要为自己争取权益的想法。

初赛复赛后我们就紧锣密鼓地开始准备去法院立案,由于我们取证尚在苏州工业园区人民法院管辖之内,就选择了苏州工业园区人民法院作为我们的管辖法院。第一次去的时候,立案庭的一位年轻女书记员在看到我们的民事起诉书后,几乎是下意识地否决了我们的申请,彼时,我们四个人因为没有接触过实践都很懵,就这样无功而返。后来我们紧急开了个线上小会,决定咨询律师并修改诉状,后来我们才知道,法院驳回起诉是要出具书面理由的。第二次去法院立案心态明显比第一次更加从容了,几番“交锋”后立案庭人员同意先收下这个案子但并未当场受理,我们又迎来了七天的等待期。在这过程中为了补全证据我们又先后往法院跑了两次。往返花费的时间倒是次要的,只那一种忐忑起伏的心情就让我们更深刻地领会到,世上没有一件事是随随便便可以成功的。

付出了不一定能有收获,但要收获一定要先有付出,这是上帝的“不平等”哲学。现在比赛已经接近尾声,决赛也娓娓而来。没有什么比这段时期自己投注精力去做的事一点点变好更让人动容的。如果一定要说这次比赛有什么印象深刻的话，我的感触有三：(1)理论和实践真正结合到一起，对学习专业课程有很大帮助；(2)公益诉讼本身的价值，让我们站在绝大多数人的角度去争取权利；(3)团队合作的高效性得以体现。感谢组员们长久以来的坚持不懈和陪伴。

杨宇霏：

伴随着愈加寒冷的冬意，我们迎来了2017年的尾巴，本届“小城公益之星”创意诉讼大赛的最后答辩也悄然而至。提起笔来，过去的8个月的课题进程宛如记忆碎片般慢慢拼凑，细细品来，感慨良多。

首先，是“公益”2字。在项目选题中，我们组花了较长的时间来确定最终的课题。在这段时间里，我们对“公益”2字也有了更加深刻的认识。根据我国《民事诉讼法》相关规定，公民个人本来是没有提起公益诉讼的资格的，但其实我们每个人却都是公共利益的受众，公共利益的克减即公民利益的损失，所以，对于“公益”的理解不应当过于狭隘，公益绝不仅仅是捐款和支教那么片面。作为一个法律人，我们更应该运用个人所学去积极地践行一些“微公益”，善于发现社会生活中那些广大群众被普遍侵权、却没有意识维权的事例。虽然在此过程中，我们的手段可能是以个案的形式，但我们的最终目的却是极具公益价值的，不但可以为相关现象的改善做以努力，还可以唤醒公众的法律意识。在我看来，这也许比那些被媒体曝光而不得不进行的法律意义上的公益诉讼更有意义。认识到这些后，我们突然发现举办方所提出的创新性仿佛不再是个难题了，因为生活中需要我们努力去改善的还有太多……

其次，则是个人知识及实务经验的充实和丰富。在此之前，我们对于诉讼的认知和学习还仅仅停留在校内的理论学习方面，很少有同学会自己亲身参与法律诉讼中去。而在此次活动中，从取证、立案、诉讼再到调解，我们都是亲身参与，不断学习，所以对于我们本次项目的相关法律，大家都有了更加体系化的认知，也能够在今后的实务工作中更加娴熟地运用。除此之外，我们更是对一些程序法上的规定有了更深刻的体会和理解。法律是工具，诉讼是手段，所以，在维护公平正义的审判中，程序正义和实体正义缺一不可，并且无论哪一方面的减损，对于当事人来说都将是不公平的。

最后，在亲身经历了本次活动的各个环节之后，我们对于法律学习的热情和信仰都被充分调动了起来。这项活动也使我们对法律工作者的身份有了更深层次的向往，从事法律工作也许不再仅仅是解决温饱和运用专业知识的途径，也是我们提升自我、改善社会生活的方式。

张乐萌诉苏州中通速递有限公司私自代签侵权案(2017)

张乐萌　庞　郁　邹雪雯　罗向荣　钟盛鸽*

一、选题理由

近几年,随着我国电子商务平台的建立与跨越式发展,作为其主要配送方式的快递行业也广泛地参与民众的日常生活当中。随着快递行业兴起的还有其在物流各环节存在的问题,其中就以中通快递提前私自代签为典型。

中通快递为了提高其业务配送率,以时效为由,在未与收件人沟通或取得收件人授权的情况下私自对快件进行提前签收,并在物流信息系统中将物流信息状态更新为"已签收",随后才以短信形式告知收件人,并让其不要网上查件。然而,中通快递公司这一私自代签的行为绝非偶然,通过我们走访调查和网络搜索发现,中通快递提前私自代签的行为不仅常常在校园里发生,校园外因快递代签收所引起的纠纷也比比皆是。许多人在毫不知情的情况下就被中通快递公司代其签收了快递,人们对快递进行验收的权利无法行使,并且可能会造成快递签收后丢件却不知向谁主张的困境。

为了避免广大民众的权利被继续侵犯、规范快递行业的配送流程,促进快递服务行业朝着便民利民的方向良性发展,我们小组决定向苏州市虎丘区人民法院就快递私自代签一案提起诉讼。

二、法律分析

我们小组认为,苏州中通速递有限公司工作人员私自代签的行为侵犯消费者权益,属于违规违法操作,是对收件人姓名权的侵犯。具体理由如下:

---

* 本文作者均系苏州大学王健法学院 2015 级本科生。

1.《快递市场管理办法》第17条规定,经营快递业务的企业投递快件,应当告知收件人当面验收。未经收件人允许或委托,包括收派员在内的任何人不得代为签收货物。因此,物流信息系统中所显示的签收信息以及短信中承认的“已签收”证明中通速递公司使用收件人的名字以收件人的名义对快递进行了签收。根据《民法总则》第110条规定,公民享有姓名权,禁止他人干涉、滥用、冒用。中通速递有限公司在没有获得收件人允许或授权的情况下就以收件人的名义私自对快件进行签收,构成了冒名处分的行为,是对收件人姓名权的侵犯。

2.《消费者权益保护法》第8条规定,“消费者享有知悉其购买、使用的商品或者接受的服务的真实情况的权利”。中通速递有限公司在未与收件人沟通的情况下就私自以收件人的名义对快递进行签收,妨碍了收件人作为消费者对其快递保存、运输情况知晓的权利,是对收件人知情权的侵犯。

3.《快递行业服务标准》第5.2.2.4条以及《快递市场管理办法》第17条都规定,经营快递业务的企业投递快件,应当告知收件人当面验收。未经收件人允许或委托,包括收派员在内的任何人不得代为签收货物。中通速递有限公司私自代签的行为,违反了以上规定,剥夺了收件人先验收后签收的权利。

由于物流信息更新是在淘宝网买卖双方的界面同时进行的,当物流信息显示“已签收”,卖方则认为自己的交付义务已经完成。由于快递公司代签的行为跳过了收件人验收的步骤,若在此期间存在丢件或者买卖双方因产品验收而产生纠纷时,中通速递公司该行为无疑增大了收件人承担损失的风险,不利于收件人后续的救济活动。

4.《快递业务操作指导规范》第28条规定,“快递企业应当对快件提供至少2次免费投递。每日15时以前到达投递网点的快件,宜在当日完成首次投递;每日15时以后到达投递网点的快件,宜在次日12时以前完成首次投递。”中通速递有限公司在第一次投递前就以时效为由对快递进行代签收,实则是为了避免进行二次投递,不符合《快递业务操作指导规范》两次免费投递的要求,其“时效”理由也没有法律依据。

根据上述分析,快递员私自代签的行为属于对消费者知情权的侵犯,并且根据原《民法总则》第110条的相关规定,此行为同时涉及对收件人姓名权的侵犯。经过慎重讨论,我们小组以其侵犯姓名权为由,对苏州中通速递有限公司提起诉讼。

三、项目进度

时间	进度
2017年5~6月	课题选择、前期调研
2017年7~8月	法规章程、新闻素材的调取、研读、整理与指导老师探讨沟通
2017年9月	苏州中通速递有限公司苏州七分公司等快递点现场调研及取证
2017年10月	证据采集、材料整理、撰写民事起诉状
2017年11月2日	在江苏省诉讼服务网提交立案材料、申请网上立案
2017年11月15日	网上立案申请成功,向虎丘区人民法院递交诉讼材料,缴纳诉讼费正式立案
2017年11月21日	受到虎丘区人民法院传票
2017年12月15日	开庭,于庭前会议与苏州中通速递有限公司调解,苏州中通速递有限公司接受诉求并赔礼道歉

四、前期准备

(一)调研

1. 快递物流公司关于“私自签收”的问题并非偶然性情况

小组成员在某大型搜索网页中,输入关键字“快递私自签收”以及“中通快递私自签收”。其搜索相关结果的数量分别为57,800个和1190个。根据小组前期发放的网络问卷调查结果显示,70%接受此次调查的群众遇到过此类快递提前替本人签收的问题。由此可见,快递公司“私自签收”现象并非偶然情况。

2. 多数群众对快递被“私自签收”的问题不予以追究,缺乏维权意识

根据我们小组前期发放的问卷调查结果来看,尽管很多人遇到过此类未经授权快递被代签收的现象,也意识到自己的合法权利受到损害,但很少有人会选择追究快递员或快递公司的责任。问卷调查结果显示,当事人不追究责任的原因主要有两点:第一,47.14%的人认为虽然发生这样的现象,但并没有造成具体的损失;第二,52.86%的人认为投诉或诉讼成本高于所获赔偿。

除主观原因之外,救济途径不明晰也是当事人放弃追究侵权问题的重要原因之一。由于目前网络上暂时找不到以快递代签收侵权为由诉讼的个案,因此不能给欲追究快递公司侵权责任的当事人以借鉴,救济途径的不明确性让许多缺乏专业知识

的人们无处发声。

（二）取证

小组成员张乐萌于2017年5月24日在网络上购买某商品，选定中通速递有限公司作为物流公司。2017年5月26日9时43分，张同学收到快递员首次派件通知其在11时45分至12时30分间去取快递的短信。张同学因有事未能在该时段去取快递。2017年5月26日13时40分，快递员再次发送短信告知张同学由于时效原因已将其快递先签收的事实，并让其不要网上查件。事后，张同学将物流系统中显示的签收时间（2017年5月26日13时43分）与实际签收时间（2017年5月26日17时）进行对比，发现中通速递有限公司存在快递员事先未经收件人允许私自签收的问题。张同学将两条短信以及物流信息进行了截图。

小组成员庞郁、钟盛鸽、罗向荣、邹雪雯于2017年9月9日上午10时38分前往苏州中通速递有限公司苏州七分公司进行现场取证。在询问该快递点工作人员快递签收相关问题后，我组成员了解到苏州中通速递有限公司内部存在快递签收时效问题，即每日14点前所有快件必须为签收完毕的状态。若首次派件当事人未能来取件，则由快递员为其代签，代签后通过发短信的形式告知当事人快递已签收的事实，同时告知其不要上网查询。此次调查过程中，小组成员进行了视频拍摄和录音。

证据清单：

证据一：短信截图以及短信证明（略）。

证明：快递员私自代签未提前告知收件人，且未经本人授意。

证据二：物流信息截图（略）。

证明：快递员将快递提前签收更新物流信息。

证据三：录音及视频证据（略）。

证明：快递员承认私自代签行为。

五、起诉

（一）起诉状

起　诉　状

原告：张乐萌（个人信息略）

被告：苏州中通速递有限公司（公司信息略）

诉讼请求：

1. 判令被告针对其侵权行为向原告进行口头赔礼道歉。

2. 判令本案诉讼费用由被告承担。

事实和理由：

2017年5月26日，被告在给原告派送网上商品过程中，为提高其内部快件签收率，在未经原告授意的情况下，私自提前代签收，随后才以短信形式告知原告取件时间，并让原告不要网上查件。根据《中华人民共和国消费者权益保护法》第8条可知消费者对商品或服务的真实情况有了解、知晓的权利。被告工作人员未经原告授权私自代签收的行为侵犯了原告作为消费者的知情权。并且，根据《民法总则》第110条规定公民享有姓名权，禁止他人干涉、盗用、冒用。被告冒用原告姓名代签收快递的行为侵犯了原告的姓名权。与此同时，根据《快递行业服务标准》第5.2.2.4条以及《快递市场管理办法》第17条规定，经营快递业务的企业投递快件，应当告知收件人当面验收。未经收件人允许或委托，包括收派员在内的任何人不得代为签收货物。快递员代签冒签的行为，违反相关规定，剥夺了收件人验收物品的权利。因此为维护原告合法权益，根据以上法律规定向贵院提起诉讼，望判如所请。

此致

苏州市虎丘区人民法院

具状人：张乐萌

二零一七年十一月六日

(二)立案过程

1. 网上立案

为提高效率，我们听取了胡律师的建议，先在江苏法院诉讼服务网上进行了网上立案，提交了电子版的诉讼资料，等待系统审核。

2. 法院立案

网上立案审核通过之后，我们按照规定在其指定时间内前往虎丘区人民法院递交书面纸质材料，并缴纳了诉讼费用。

六、处理结果

我们对苏州中通速递有限公司的起诉于2017年12月5日14:30正式开庭，由于我们的案件清晰，诉求简单，法官在庭前会议中建议我们，采用法院调解的方式处理案件，经过慎重考虑，我们和对方当事人均表示同意。

法院调解过程中，我们和对方当事人通过电话取得了联系。被告承认他们的代签收行为确有不妥，侵犯了我们的权益，并表示之前也有不少人向他反映过代签的问题，但是由于快递操作的难度和效率的问题，一直未能有妥善的方案解决。他们愿意就该问题向我们道歉并承诺不再私自代签收。

最后,双方就该系争问题达成一致解决方案:(1)苏州中通速递有限公司表示道歉;(2)如果同学们备注,那么就不会再被代签。这是考虑行业管理和实际操作中种种问题综合考量得出的最好解决方式。

七、结语和感想

结语——纸上得来终觉浅,绝知此事要躬行

“试试吧,万一呢。”这么想着,带着一个不成型的构想,我们递交了申请书。

随着比赛的推进,渐渐地,我们感到这不是一件“试试”就能成的事,现实中的问题远比我们想象的更加复杂,将理论与实践相结合也远非喊个口号那么简单,无论是对问题的定性还是分析,都牵扯各种各样的法律关系和条文规定。当我们直面这些问题,课堂上所学的那些理论条文就如同一堆乱麻,一时难以厘清。

经验的缺乏、对方当事人的电话警告、自身感受到的重重压力都让我们手足无措。但身上的责任由不得我们退缩,迎难而上是唯一的选择。但也正因如此,我们经历了人生中的第一次,看到了不一样的风景。一遍遍修改材料、一次次激烈讨论,也曾灰心丧气,也曾心烦意躁,但所有情绪都在走出法院的那一刻随风而去,没有了疲惫与不安,有的只是轻松与满足。

“纸上得来终觉浅,绝知此事要躬行”。从前朗朗上口的名句,此时此刻方能切身体会其中奥义。生活才是知识的落脚点,在生活中发现问题、解决问题才能将课堂所学融会贯通;很多时候书本上的知识也无法解决现实的难题,也只有切身经历过才知其中不易;从确定主题、查找资料、调研取证直到最后的起诉立案,一个小小的快递代签收事件竟也前前后后耗费了几个月的时间,可想而知其他更为复杂的公益诉讼又该是何等艰难。

我们不是勇士,只是普普通通的法科生,我们有理想有向往有无知有鲁莽,但即便现实给我们泼了冷水,也仍然不愿舍弃对正义的一腔热情。不正义就在身边,如若选择漠视,或许就没有人挺身而出了。

一个人是渺小的,但拥有改变的力量。公共利益的维护少不了个人的努力,个人一小步,公益诉讼一大步。

张乐萌:

不知不觉,酷夏与寒冬更迭,历经了半年多时间,从选题到结案,我的此次公益诉讼之路暂时告一段落。在此之前,我从未想过,自己在大学生涯中的某一天走上法院的法庭,体验一次公益诉讼的过程。其中滋味,万分感慨。带着对法律的热忱,对合法权益的争取,面对快递私自代签的侵权现象,我们将影响巨大的中通速递有限公司告上法庭。

最初确定案件性质时,由于还未完整学习民事诉讼法,我们错误地将案件定性为违约之诉。然而,在进一步查找资料与相关法条时,我们才发觉违约之诉这条道路是行不通的。不过,有幸得到胡刚律师的指导,我们改变了诉讼的定位,确定为侵权之诉,这种快递私自代签的行为侵犯了收件人的姓名权。在得到老师指导之后,我们小组从网上立案到开庭都非常顺利。最终,我们获得了胜利,双方进行了调解,中通速递有限公司向我们赔礼道歉,承担了诉讼费用并承诺今后如备注则不再代签收。这是现实中最好的结果,作为原告的我,内心既喜悦又激动。我们不仅维护了自己的权益,也收获了巨大公益性的结果。

初步看起来,我们诉讼似乎比较顺利,但是从取证时工作人员的恶劣态度和不配合,到立案收到传票后被快递员电话威胁,都是涉世未深的我第一次经历的。在网购发展迅速的现在,快递逐渐渗透于我们的生活。我希望,通过这次公益诉讼,能够给快递公司敲响警钟,告诫其提供服务的同时规范操作,不可侵犯收件人的合法权益。

“溯洄从之,道阻且长。”我们走在公益诉讼的道路上,且还未停止。通过此次公益诉讼,我将以法律作为双翼,展开翅膀,继续追求公平与正义!

庞　郁:

和许多法科生一样,我也曾对人生中的第一个诉讼案件充满好奇和期待。在进入法学院的第三年,我终于迎来了它。公益诉讼对于我来说,是极具挑战性的。虽然此前接受了3年的法学教育,但毕竟诉讼讲究的是实战技巧和实践经验,而这些都是作为大三学生的我所没有的。此外,公益诉讼往往是以弱诉强的诉讼,被告往往是财力雄厚的公司或是有丰富社会资源的机构。在此等悬殊的力量对比之下,我们作为实践经验匮乏的本科生并不具有优势。

然而,在亲身接触了公益诉讼之后,才发现公益诉讼的魅力就在于其挑战性。将正在学习的民事诉讼法的知识和实践相结合是一种挑战;为了收集证据材料实地进行采访录像,了解快递运输流程是一种挑战;查阅大量法律法规、搜寻对比网上相似案例,拟写人生中第一份民事起诉状也是一种挑战;虽然人微言轻,仍希望通过自己的努力,使侵权现状能有一点改变又何尝不是一种挑战。而这些挑战都是之前的人生里不曾体会过的。

人生中接触到的第一个诉讼案件就是公益诉讼,我感到很幸运。在这期间,我收获了课本里学不到的实务经验,同时也发现了自身的知识漏洞,但更重要的是公益诉讼其背后的意义:打破社会的沉寂和漠视,拒绝做沉默的大多数,为忍气吞声的人发声,为自力救济的人提供借鉴。这也正是我当初选择法学的重要原因,不敢奢望以一己之力改变社会之局面,但勇做敢于为现实发声的法律人。

邹雪雯：

公益诉讼的价值在于公共利益的维护。参与此次公益诉讼的活动，是我作为法律人生涯的一次深刻体验。

它让我体验到，诉讼不是简单的一纸诉状，而是需要经过艰难而仔细的准备活动。我们研究是侵权之诉还是违约之诉，了解其侵犯的具体权益，寻找适用的法条，收集相关的证据。在这样的基础之上，忐忑不安地等待能否成功立案，毕竟，我们面对的是一家市值140亿美元的上市公司。而成功立案，收到传票之后，还没来得及喜悦，我们的成员就收到了中通速递有限公司的威胁电话，这让我们切身体会到公益诉讼的路并不好走。法院调解的时候，对方承认侵犯了我们的权益，愿意赔礼道歉并承诺以后不会再私自代签收，我们的诉求达到了，然而调解过程中，对方当事人一遍遍强调他们实际工作的难度。但就像法官所说的那样，无论中通的工作再难，他们的的确确侵犯了消费者的合法权益。是的，实际操作中的困难是有的，却不能成为侵犯权益的理由。

对方的态度也引起我们深思，要达到公益诉讼的目的，仅靠事实和证据是不够的，还需要运用智慧和技巧。作为公益诉讼者，要有足够的积累和强大的勇气，去面对那些既得利益者，维护大家应有的权益。此次公益诉讼中，我得到了成长，相信未来选择的路自己会更坚定。

罗向荣：

从没想过公益诉讼离我这么近。

快递代签收这样一件司空见惯的小事实际上侵犯了我们的权利，很多人都选择漠视或者不了了之，也有很多人觉得不公、愤怒，但更多人并没有意识到自己的权益受到了侵害。如果连自己的权益受到侵害都不知道，又怎么会去捍卫自身的权益呢？而且个人的力量是微不足道的，面对强势的对手，维护权益也变得难上加难，这时候就有了公益诉讼。而我也第一次这样实际参与到公益诉讼中来。

过程自然不是一帆风顺的，查找大量资料并归纳总结；做调查；前往快递公司取证；学写起诉状；前往法院立案；期间还受到了来自快递公司工作人员的“警告”。害怕是有的，但我们没有退缩。身为一个法律人，今后遇到这样的情况必然不会少，想一想也算是提前历练了一番，何尝不是一种好事。诉讼中虽然有诸多阻碍，但在这个过程中，我感受到了自身学识的不足，也体会到法律工作的不易，还学到了法律实务中的一些技巧，为今后的学习工作积累了经验。最重要的是，我看到了法律和生活的密切性，书本和课堂所学的知识不是与生活相隔离的象牙塔，将其运用于我们的生活实践，才更有意义。

公益诉讼就在身边，需要的只是一双善于观察的眼睛和一股敢于出头的勇气。许多的公共利益都是生活中一些容易忽略的小事，善于观察思考才能发现存在于日常生活中的缺漏,而法律工作者更需要这样一种本领和品质,用法律维护自己、他人的合法利益乃至社会公益。

钟盛鸽:

进入大学3年以来,我第一次真正意义上参与到了一个诉讼中,感触颇深。首先,这次诉讼经历增强了我的维权意识。我们小组的选题源自一个非常普通的生活事件,普通到几乎周围的朋友、同学都曾经经历过。快递不经收件人允许被代签收,这显然侵犯了我们的合法权利。然而,我仅仅只是听到大家的抱怨和吐槽,却从未见到有人采取任何手段来维护自己的权利。在开庭时,法官也提到大多数人会选择默认接受快递公司这样一种代签收的行为。这些都反映出现实生活中群众的维权意识还不够强烈。通过这次诉讼,我将会以一种全新的视角来看待日常生活中的小事,拒绝做沉默的大多数,与侵权行为抗争到底。

其次,正义之路虽布满荆棘,我们也将砥砺前行。我们小组从选题到立案到最终接受中通速递有限公司的道歉,过程看似十分顺利,实际上也充满了辛酸和挑战。为了确定案件性质,我们一次次讨论,一次次翻阅法条资料、咨询老师;为了顺利取证,我们步行穿越了大半个姑苏区,结果换来了工作人员的极度不配合;为了成功立案,我们多次和胡刚律师沟通,最终确定出两套应对方案。通过这次诉讼,我体会到了作为一名法律人的艰辛,感受到了正义之路并不是想象中的那么通畅无阻。但是,正如一句古罗马法格言所言:“为了正义,哪怕天崩地裂。”

最后,感谢“小城公益之星”创意诉讼大赛给了我这样一个将理论与实践充分结合的机会,让我能正视自己知识和技巧上的不足,丰富我的诉讼经验。感谢我的组员、胡刚律师以及法学院老师们在这期间的陪伴、鼓励和帮助。我定将秉持一颗公正之心,在公益诉讼的道路上继续前行。

梁悦诉浙江民生健康科技有限公司虚假宣传欺骗消费者案(2017)

梁 悦 冒 琦 王 帆*

一、选题理由

近年来,我国保健品行业市场增长迅猛,规模不断扩大,然而保健品被伪装成药品、普通食品并被宣称其有保健功能或者误导消费者使其认为具有保健功能等现象却层出不穷。在我们的生活中就有不少商家不重视产品质量,仅仅依靠高强度的广告投入和虚假宣传,夸大产品效果,忽悠蒙骗消费者从中牟取暴利,使消费者遭受重大损失。

我们小组通过调研发现,浙江民生健康科技有限公司经营的"左旋肉碱"减肥咖啡,在其广告宣传中提及的相关广告语涉嫌虚假宣传,严重欺骗和误导消费者。该产品宣传明显违反了《广告法》《反不正当竞争法》《消费者权益保护法》等法律的相关规定,据此,我们拟起诉浙江民生健康科技有限公司虚假宣传,要求卖家撤下广告、退还货款并支付3倍赔偿款,以此维护消费者合法权益,促进保健品行业企业正当竞争。

二、法律分析

经过前期调研,我们发现"同春坊旗舰店"在售卖其产品"左旋肉碱"咖啡的时候存有一定的虚假宣传行为,这些行为违反了《广告法》第4条、第8条、第9条、第11条、第18条、第28条规定,《消费者权益保护法》第20条、第55条以及《反不正当竞争法》第9条的相应条款的规定。具体理由如下:

首先,该店铺对其售卖的产品"左旋肉碱"咖啡在宣传时运用了"最安全"字眼,

---

* 本文作者均系苏州大学王健法学院2015级本科生。

根据《广告法》第9条第3项规定,广告不得有使用“国家级”“最高级”“最佳”等用语的情形,此项规定下,虽未完全详尽列举其他表示产品性能的修饰语,但我们认为,此条规定中的“等”在法律解释时应作“等外等”理解,即其他含有“最”字样的字眼出现在广告宣传语中,同样视作违反了该规定。

其次,该经营者运用了一组数据,即网页页面所显示的所谓“女神体重对照表”,根据《广告法》第11条第2款规定:“广告使用数据、统计资料、调查结果、文摘、引用语等引证内容的,应当真实、准确,并表明出处。引证内容有适用范围和有效期限的,应当明确表示。”法律中明确规定在使用数据作为印证内容之时,应当真实、准确,并表明出处。广告页面上虽然显示了数据引用的网址出处,但经过我们查找以后,发现该网址不存在并且根本无相关数据的显现,所以商家的这种行为很明显是违反了《广告法》第11条规定的真实性、准确性。另外,该商家还将数位著名影视明星的胖瘦对照图放到宣传页面,这容易向消费者暗示“明星们是使用了其商品才变瘦”,造成误解,这也违反了有关法律中对广告宣传内容的相关规定,如我国《广告法》第4条明确表示“广告不得含有虚假或者引人误解的内容,不得欺骗、误导消费者”。

再次,该产品的广告宣传中还提及“该产品在2003年被国际肥胖健康组织认定为最安全,无副作用的减肥营养补充品”,经过查证,我们发现,并不存在所谓的“国际肥胖健康组织”。既然无相应的组织,那么由该组织做出的评断的真实性、合法性、准确性就更加令人质疑了,这种不实甚至虚假的信息宣传很明显违反了我国《反不正当竞争法》第9条“经营者不得利用广告或者其他方法,对商品的质量、制作成分、性能、用途、生产者、有效期限、产地等作引人误解的虚假宣传”的规定以及《广告法》第4条“广告不得含有虚假或者引人误解的内容,不得欺骗、误导消费者。广告主应当对广告内容的真实性负责”等的规定。

最后,综观该产品的整则宣传广告,其对产品宣传修辞的真实性、准确性都难以令人信服,不仅使用了不恰当的修饰词语,还引用了不具真实性的数据、论断及图片,这些都给消费者造成了极大误解,大大侵害了消费者关于知晓产品真实性能信息的合法权益。根据《反不正当竞争法》第9条:“经营者不得利用广告或者其他方法,对商品的质量、制作成分、性能、用途、生产者、有效期限、产地等作引人误解的虚假宣传。”《广告法》第4条:“广告不得含有虚假或者引人误解的内容,不得欺骗、误导消费者。广告主应当对广告内容的真实性负责。”第28条第1款“广告以虚假或者引人误解的内容欺骗、误导消费者的,构成虚假广告。”和第2款第2、3、5项“商品的性能、功能、产地、用途、质量、规格、成分、价格、生产者、有效期限、销售状况、曾获荣誉等信息,或者服务的内容、提供者、形式、质量、价格、销售状况、曾获荣誉等信息,以及与商品或者服务有关的允诺等信息与实际情况不符,对购买行为有实质性影响的”“使用虚构、伪造或者无法验证的科研成果、统计资料、调查结果、文摘、引用语等信息作证明材料的”“以虚假或者引人误解的内容欺骗、误导消费者的其他情形”。《消费者权益保护法》第 20 条“经营者向消费者提供有关商品或者服务的质量、性能、用途、有效期限等信息,应当真实、全面,不得作虚假或者引人误解的宣传”的相关规定,我们有相当理由相信该广告违反了上述法律规定,进而构成广告的虚假宣传,欺骗广大消费者,并侵害他们的合法权益。

综上所述,我们有理由认为,该电商在售卖产品的网页中存在大量虚假宣传行为,并对消费者的合法权益造成一定损害,已经违反了《广告法》《消费者权益保护法》《反不正当竞争法》中的相关法律规定。

三、项目进度

时间	进度
2017 年 6 月 29 日	正式通过小城公益诉讼立项筛选
2017 年 7 ~ 8 月	搜索关于该产品的新闻,查找并截图该产品的广告内容,购买“左旋肉碱”固体咖啡料减肥产品并服用
2017 年 9 月 10 日	与客服协商,要求退款,撤销广告,客服寻找借口,推卸责任,没有答应
2017 年 9 月 12 日	在天猫上查询了该网店的营业执照,并找到了该公司的联系方式,给该产品的销售者也是该产品的生产者发邮件,但该邮件石沉大海,没有收到任何回复
2017 年 9 月 13 日	在 12315 网站对该产品进行投诉
2017 年 10 月 9 日	接到 12315 网站的反馈内容,其认为该公司违法事实不成立,不应给予行政处罚
2017 年 10 月 9 日	第一次到法院递交各种证据材料及起诉状,但因起诉状的其中一条诉讼请求不符合规定,回去修改起诉状
2017 年 9 月 20 日	收集证据,打印产品广告内容,整理各种材料,准备起诉状
2017 年 10 月 23 日	到法院立案,填写证据目录,送达地址书等材料
2017 年 10 月 24 日	立案成功
2017 年 11 月 10 日	对方公司收到了法院传票后,联系我方要求协商调解,并承诺接受我方的所有诉求,但是要求撤诉,我方要求必须在法官的主持下进行调解,对方同意
2017 年 11 月 29 日	双方在法官的主持下进行调解,被告完全同意我方请求,并当场履行给付赔偿款

四、前期准备

(一)调研

经过一番调查,我们发现,随着我国经济持续高速增长,民众生活质量空前提高,普通民众的生活已从温饱型向健康型过渡,促使保健品行业市场规模不断扩大。近年来,消费者的健康养生保健意识不断加深,在健康生活方式的投入快速增长,健康消费新趋势为保健医药用品市场带来巨大的发展空间。2016 年,我国保健品行业总产值超过 2500 亿元。然而近年来,火热的保健品市场背后,是大量保健品依靠炒作概念、夸大宣传等占领市场,成本和研发费用则只占很小比例。在保健品市场中竞争者众多,集中度低,企业鱼龙混杂,部分销售保健品的企业不重视产品质量、仅仅依靠高强度的广告投入和虚假宣传,夸大产品效果。一些表面上效果明显的保健食品,实际上是非法添加了一些对人体有害的违禁成分。特别是减肥类保健食品,很多都非法添加西布曲明、酚酞等违禁药物。还有某些商家声称具有某些营养保健功能,使消费者误认为保健品,但实际效果却与所宣称的功能不符,使消费者遭受重大损失。某些"保健品"涉及虚假宣传,欺骗众多消费者,严重侵害了消费者的合法权益。

在所有的治疗领域中,减肥市场拥有最多主动服用的患者需求,更轻、更瘦成为人们的健康需求和审美标准。出于安全考虑,全球药物监管部门对于减肥药物的审批趋紧,打擦边球的非药物市场出现了保健品和营养补充品、代餐品一类的食品。这类食品的宣传和功能与保健品类似,专家指出,像"绿瘦""碧生源""左旋肉碱"等相关对外宣称是减肥药的产品,其本质均属于保健食品范畴,容易引起消费者误解。这些产品充斥各种营销渠道,网上销售成为主要渠道。我的一个同学在喝"左旋肉碱"减肥咖啡,那是一种类似保健品功能的食品,但是效果却不如宣传的那么好,我们喝后,仔细查看广告发现并无很好的效果。结合这一热点问题,我们团队想以此作为切入点,向店铺提起诉讼,要求淘宝卖家退还货款并支付 3 倍赔偿,根据《消费者权益保护法》第 55 条规定,增加赔偿的金额不足 500 元的,赔偿 500 元。

(二)取证

我们所购买的"左旋肉碱"减肥咖啡的销售店铺为天猫同春坊旗舰店,在仔细阅读天猫店铺同春坊旗舰店发布的广告后,发现其有"女神体重对照表"和明星瘦身前后的对比照片,进行网上查询后,我们发现几位明星并未代言该产品;其中还提及"该产品在 2003 年被国际肥胖健康组织认定为最安全,无副作用的减肥营养补充品"。经过查证,我们发现网上没有"国际肥胖健康组织"的任何官方消息;此外,其中出现了"最"的字样;该广告提及缺乏"左旋肉碱"的几大症状和可导致的疾病,并在宣传语中说"左旋肉碱"已经应用到食品、药品、保健品领域中,虽无明确说明"左旋肉碱”可以治疗这些疾病,但是给消费者这样的误导。综上所述,该广告未经审批擅自进行广告宣传,含有利用明星名义和形象为产品功效作证明,并有不科学甚至虚假地表示功效的断言,严重欺骗和误导消费者。

（三）诉前努力与准备

在淘宝网店购买产品后,我们还是想尽量与对方进行充分的沟通协商解决这个问题,毕竟诉讼是最后的选择。

1. 客服协商

在淘宝网店上购买该公司生产并销售的“左旋肉碱固体咖啡饮料”减肥产品,并服用一段时间后,我们认为,该产品的效果与店铺广告宣传的内容并不相符,且广告内容涉及多处夸大甚至虚假宣传,极易使人误解。我们便与该网店客服人员沟通,认为该产品宣传与其实际效果不符,涉嫌虚假宣传误导消费者,要求退还货款49元,并撤下相关广告,以免误导其他消费者,但是客服推卸责任,没有同意我们的诉求,客服人员还解释说,“对于左旋肉碱的功效,摘自百度百科,我们的广告并不涉及虚假宣传”。众所周知,百度百科的内容,任何有百度账号的人,都可以编辑更改,其内容并不具有较强的公信力,客服的解释并不能令我们信服。我们要求退还货款,但该客服也以“未拆封的产品支持无理由退款,拆过外包装不支持7天无理由退款”为由拒绝退款。我们与客服的沟通以失败告终。

2. 信件沟通

在与网店客服沟通失败之后,我们本着诚恳的态度决定向对方公司发送一封邮件,说明我们的情况,并希望该公司能够撤下相关产品涉及虚假宣传的广告,并退还货款,赔偿损失。结果发送的邮件石沉大海,我们始终没有得到对方公司的回复。

附邮件内容:

浙江民生健康科技有限公司:

您好!我是一名购买贵公司所生产的产品“左旋肉碱”咖啡固体饮料的普通消费者。由于对自己的体型不满意,在网上多次比较后,选择了贵公司生产的“左旋肉碱”咖啡固体饮料。2017年9月6日在天猫——同春坊旗舰店购买了该产品,服用了5天后,身体并没有像产品所宣传的那样瘦下来。当时就立刻和网店的客服沟通,认为该产品宣传与其实际效果不符,涉嫌虚假宣传误导消费者,要求退还货款49元,并撤下相关广告,以免误导其他消费者,但是客服没有同意我们的要求。因此,我作为一名消费者,希望维护自己的权益,今天向贵公司写这封邮件,请求作为该产品的生产者——贵公司,能本着对消费者负责的态度,认真选择如实宣传产品功效的经销商,以免误导消费者。同时,也请贵公司能够让网店撤下关于夸大“左旋肉碱”功能的广告,防止其他消费者受害,并退还本人货款49元。

望回复!

一位普通的消费者

2017年9月9日

联系电话:略

3. 网站举报

我们通过查找资料了解到,12315网站是全国工商行政管理机关在全国设立的专门受理消费者投诉举报的专用网站,在公司迟迟未对我们的邮件作出回应后,我们团队决定在12315网站上对该公司进行举报。我们于2017年9月13日在12315网站上进行举报,2017年10月9日接到12315网站的反馈内容,其认为该公司违法事实不成立,不应给予行政处罚。我们试图以网站举报的方式让该公司撤下虚假宣传广告又一次失败。

4. 立案准备

我们查询了被告同春坊旗舰店的相关信息,获取了其食品经营许可证和营业执照,根据上述证件,我们可以找到本登记信息(对方的名称、地址、法定代表人、电话等)。根据2015年实施的《最高人民法院关于适用〈中华人民共和国民事诉讼法〉的解释》第20条规定:“以信息网络方式订立的买卖合同,通过信息网络交付标的的,以买受人住所地为合同履行地;通过其他方式交付标的的,收货地为合同履行地。合同对履行地有约定的,从其约定。”因此,我们拟向苏州市姑苏区人民法院起诉。

五、起诉

(一)起诉状

民事起诉状

原告:梁悦(个人信息略)

被告:浙江民生健康科技有限公司(公司信息略)

诉讼请求:

1. 判令被告退还货款49元;
2. 判令被告赔偿损失500元;
3. 确认该公司经营的网店关于“左旋肉碱固体咖啡饮料”产品广告虚假宣传;
4. 要求对方承担本次诉讼的所有费用。

事实与理由:

2017年9月6日本人在天猫——同春坊旗舰店购买了一盒“左旋肉碱”咖啡固

体饮料，服用了数天后，身体并没有像产品所宣传的那样瘦下来。当时就立刻和网店的客服沟通，认为该产品宣传与其实际效果不符，涉嫌虚假宣传，要求退还货款49元，并且赔偿损失500元，并撤下相关广告，但是对方没有同意我们的要求。

该网店的广告内容涉及虚假宣传。首先，该店铺对其售卖的产品"左旋肉碱"咖啡在宣传时运用了"最安全"字眼，违反了《广告法》第9条第3项规定"广告不得有使用'国家级'、'最高级'、'最佳'等用语的情形"。

其次，该经营者运用了一组数据，即网页页面所显示的所谓"女神体重对照表"，违反了《广告法》第11条规定"广告使用数据、统计资料、调查结果、文摘、引用语等引证内容的，应当真实、准确，并表明出处。引证内容有适用范围和有效期限的，应当明确表示"。法律中明确规定在使用数据作为印证内容之时，应当真实、准确，并表明出处。广告页面上虽然显示了数据引用的网址出处，但经过我们查找以后，发现该网址不存在并且根本无相关数据的显现，所以商家的这种行为很明显是违反了《广告法》第11条规定的应用真实性、准确性。另外，该商家还将数位著名影视明星的胖瘦对照图放到宣传页面，这容易向消费者暗示"明星们是使用了他们的商品才变瘦"，这违反了我国《广告法》第4条明确表示"广告不得含有虚假或者引人误解的内容，不得欺骗、误导消费者"的规定。

再次，该产品的广告宣传中还提及"该产品在2003年被国际肥胖健康组织认定为最安全，无副作用的减肥营养补充品"，经过查证，我们发现，并不存在所谓的"国际肥胖健康组织"，既然无相应的组织，那么由该组织作出的评断的真实性、合法性、准确性就更加令人质疑了，这种不实甚至虚假的信息宣传很明显违反了《反不正当竞争法》第9条"经营者不得利用广告或者其他方法，对商品的质量、制作成分、性能、用途、生产者、有效期限、产地等作引人误解的虚假宣传"。以及《广告法》第4条"广告不得含有虚假或者引人误解的内容，不得欺骗、误导消费者。广告主应当对广告内容的真实性负责"等的规定。

最后，综观该产品的整则宣传广告，其对产品宣传修辞的真实性、准确性都难以令人信服，不仅使用了不恰当的修饰词语，还引用了不具真实性的数据、论断及图片，这些都给人造成了极大误解，这种做法大大侵害了我关于知晓产品真实性能信息的合法权益。根据《消费者权益保护法》第20条的相关规定，有相当理由相信该广告违反了相关法律规定，进而构成广告的虚假宣传，侵害了我的合法权益。

证据来源：截图若干张

此致

苏州市姑苏区人民法院

具状人：梁　悦

2017年9月30日

附:

证据清单:

1. 店铺广告页面截图(略)

2. 营业执照(略)

3. 食品经营许可证(略)

4. 天猫购买记录(略)

5. 物流信息(略)

(二)立案过程

1. 一访法院

2017年10月18日上午,我们小组的两位成员带着事先准备的起诉状和证据,赶到苏州市姑苏区人民法院起诉。但是由于对起诉程序不是特别了解,我们犯了一个小小的错误,即起诉状和证据材料的份数并未准备充足;另外,经工作人员提醒,我们起诉状上的某一诉讼请求也不符规定,必须作出修改。无奈之下,我们只能放弃这次立案机会,并决定重新梳理一遍起诉状的所有内容,对起诉程序作充分的研究,在补足相应书面材料之后再来起诉。

2. 二访法院

2017年10月20日,我们做好充分准备,把资料补齐后再次来到法院立案,但是被告知周五下午是开会时间,不予立案,我们遗憾而归。

3. 三访法院

2017年10月23日下午,我们取号来到立案庭立案,交上材料,填写证据目录、送达地址等信息,当准备缴纳诉讼费用时,被告知只能划信用卡缴费,不能使用支付宝、现金支付,然而我们并没有带信用卡。情急之下,我们向同来缴纳诉讼费用的当事人请求帮助,最后缴纳了诉讼费用。过程虽然一波三折,但最后终于立案了,我们十分欣喜。

六、处理结果

2017年11月29日下午,我们团队一行3人来到姑苏区人民法院,准备接受在法官的主持下与对方进行调解。在进入到调解室后,法官首先询问了我们3人的身份,我(梁悦)是本案的原告,而我们团队的王帆和冒琦两位成员不是本案的当事人,法官不同意她们2人与我一起参与调解,她们2人便暂时回避。在调解的过程中,我们原、被告双方向法官说明了各自的诉求,我方要求撤下广告,退还货款,对方没有异议,但是我方要求的赔偿损失500元,被告起先不同意,必须把“赔偿”改成“补偿”2字才行,想通过这样的修改减轻公司的过错,我坚持说道,我不同意这样的修改,否则我不会同意调解,后来在双方的不断协商以及法官的调解下,对方公司同意赔偿我方500元。我方也达成了全部的诉求。后我们双方各自在调解协议上签字,对方也当场履行支付我们共574元。

七、结语和感想

梁　悦:

通过参与学院和小城律师事务所举办的公益诉讼比赛这个活动,我学到了各方面的知识,让我可以把在学校学习到的知识应用到实践中去,提高了我的法律实践能力。

在近两年半的学校课堂学习中,我学习更多的是基础的理论知识,很少有机会在实践中运用法律知识,而通过这次公益诉讼实践活动,我深深地感受到法学理论与实践的差距。如何撰写起诉状,如何收集证据,立案时要准备哪些材料,如何与法官沟通等问题,都是我在课堂上不会遇到的。对此,我要在这里感谢我们的指导律师张超群律师,在遇到这些问题时,她总是给予我们耐心的解答与真诚的建议,我才能和我的小伙伴一起顺利地解决这些问题,进而完成整个诉讼。

目前,公益诉讼在我国仍然有一些限制,在此次活动中,虽然我们是以私人的名义去起诉,但是我们的诉讼为后来者提供了借鉴,这让一些商家在宣传类似的产品时减少了夸大虚假宣传,否则,将会有千千万万个像我一样的人去起诉来维护自己的合法权益,所以我们此次所做的诉讼活动也维护了公共利益。

作为法学专业学生,我深知责任重大,愿通过一点一滴的活动,去维护社会的公共利益,以此推动社会的进步与发展。

王　帆:

从这次公益诉讼比赛,我学到了很多。这是真正意义上的实务操作。在本次诉讼过程中,印象最深的是法官主持的与被告当事人的调解,之前,法官打电话与我方进行协商,说被告问能不能把请求中的“赔偿”换成“补偿”;如果能,被告就同意给500元,协商解决这个事情。当时我只是知道《消费者权益保护法》第55条规定的是3倍赔偿,所以我个人觉得“补偿”和“赔偿”并没有很大差别。在群里和张律师讨论过后,我明白了“赔偿”和“补偿”对被告的意义。“赔偿”相对于“补偿”,含有过错的成分,然而“补偿”不一定有。一旦走诉讼程序,判决书能在裁判文书网上看到;在查询企业信息的时候,也能看到企业涉及的案件,对企业有一定的影响。这些都是律师们在实务中就能知道的很简单的问题,但是在学习过程中,我们可能不会遇到类似的问题,并理解其中的道理。所以,我们不能纸上谈兵。

回顾这几个月,结果还是理想的。对方公司答应了我方的所有请求,并且撤下了店铺广告。我们几个月的努力还是没有白费的。比赛虽然接近尾声,但是这个事件的影响还在持续。我们虽然针对的是一家公司、一个店铺、一款产品,但是影响不仅仅在此。店铺撤下广告,以后的消费者就不会上当受骗,对店铺和公司也会有警示作用,他们在发布广告时,必然会严加审查,力求广告语的适当。后期通过我们的宣传,不少人也知道我们的事迹,消费者自我保护的意识也相应提高。我想,这也是我们公益诉讼比赛的最终目的。

冒　琦:

虽然我是一名大三学生,在大家看来,似乎是积淀了不少的法律基础,但我只能惭愧地说,这次的"小城之星"公益诉讼比赛是我与现实法律生活距离最近的一次。之前的两年时间里,我都只是注重于从课本中学习法律知识,对于实践却涉及甚少。自从与同组的另外两名组员接手该项目,我便在项目主题筛选、正式立项申请、调研取证、协商起诉、法院调解等各个环节中不懈探索、努力。当然,在这个过程中,由于对诉讼流程的陌生和自我知识的不足,我也没少走弯路。比如,诉前的各种沟通未能得到及时有效的应答,而在去法院立案的过程中,又因为诉讼材料准备得不充分而失去第一次立案的机会……如此种种的情况还有很多。幸运的是,我们小组 3 人在整个活动中相互配合,相互鼓励,相互支持,最终一步一个脚印,坚定地走完了整个活动流程。

在这一活动中,我不仅了解了诸多法律知识在具体实践中的应用,更加懂得了这一活动背后所蕴含的深刻内涵——为了广大民众的利益而诉、为了人民权益的保障而讼。这既是一个不断学习法律知识的过程,也是培养一个法律人在现实法律生活中如何维护权益,进而展现自我法学素养的过程。

最后,感谢我的小组成员、指导律师以及那些一直支持我们的人,我也会继续秉承一颗赤诚之心,将活动中的公益精神坚持传承下去,为了社会的公平公正不断奋斗!

结　语:

保健品虚假宣传的情况屡禁不止,巨大的暴利和相对小范围的 3 倍赔偿相比,有"头脑"的奸商自然是选择前者。我们这几个月为了一盒 49 元的减肥产品,开了几十次的讨论会,想了各种方式来举报,进行了线上协商等。或许有人会问是否值得,毕竟我们花了不少时间精力,然而对商家却只是 500 元的赔偿损失,或许他们一天就能赚回来,这样是否值得?

我们的答案是肯定的,值得!公益本身就是造福公众,若仅仅以时间、金钱来衡量公益的价值,那么任何一项公益活动都是亏本买卖。如何分辨保健品是不是虚假宣传一直以来都是困扰众多消费者的难题,消费者受到宣传欺骗、遭受重大利益损失的更是不在少数。

莎普爱思滴眼液疑似虚假宣传事件引发公众广泛讨论,莎普爱思公司在对其滴眼液产品宣传时,称其能预防、治疗白内障,但实际上全世界没有一种药物被证明能有效预防或治疗白内障,于是莎普爱思滴眼液的药效遭到广泛质疑,莎普爱思公司在没有明显药效的情况下过度宣传产品预防、治疗白内障的功能,并以此实现巨额盈利。同时“喝王老吉可延长寿命大约10%”的说法也在网上不胫而走,引发热议,而这一说法是否具有科学依据,恐怕还是要打个大大的问号。这些事件都表明了在保健品以及食品药品领域存在较多夸大虚假宣传的问题,不能不引起我们的警惕与关注。

我们通过此次公益诉讼,以某个“保健品”涉及虚假宣传、欺骗消费者为例,对其提起诉讼,要求商家撤下虚假及夸大宣传的广告,达到警示的目的。当然,这并不是我们的最终目的,通过宣传我们的行为,扩大其影响,旨在提醒消费者,提高消费者对正规保健品的辨识能力。我们也希望此举能给其他行业以警告,使其消除对产品的夸大虚假宣传,从而维护广大消费者的合法权益。

我们不会放弃,因为我们相信星星之火可以燎原,在我们的努力下,天猫同春坊旗舰店已经撤下广告。有些事你做了,可能不会改变;但是有些事情你不去做就永远无法改变。为了公益,我们无怨无悔;艰难险阻,我们甘之如饴。

虽然我们团队3位小组成员都是法学专业背景,且已经学习过多部部门法,但是书中的知识与实践终究还是不同的。在与商家协商、去法院立案等过程中,我们遇到了种种问题,在这里我们要特别感谢我们的指导律师张超群律师,感谢她对我们的指导。她不仅在法律问题上给予我们专业指导,更是在与法官的沟通交流等方面对我们进行了指导,这使我们受益匪浅。

卞心怡诉汉庭星空(上海)酒店管理有限公司苏州分公司色情小卡片案(2017)

罗　俏　陈林燕　丁逸文　石梦雪　娄晗梓*

一、选题理由

本次小组项目的想法源于日常旅行,又受激励于数年前的上海银河宾馆惨案。小组成员在亲友来看望时,曾经入住苏州大学北门的北疆酒店,谈笑时被门缝当中塞进的东西吓了一跳,定神细视,原来是招揽嫖客的色情小卡片。另外,小组成员在赴南京参加江苏省法援交流会时,曾入住南京一家酒店,傍晚归来时发现房间中有可疑人员进入过,房间留存有男士烟灰、可疑水渍、烟味等,大惊,告知酒店,孰料酒店矢口否认有人进入过,并拒绝调看监控录像。由于当时房间已经被清理,加之出门在外,人生地不熟,遂息事宁人,但两女生彻夜胆颤。这两件事情深深使我们感受到如今快捷酒店的管理混乱、责任感缺失。若一味容忍其强势与霸道,那终有一天,旅客们的合法权利必然得不到有效保障。

入住酒店为我们在外地旅游、出差等活动提供了极大的便利,近年来,酒店服务业迅猛发展,也存在许多问题。从身边的朋友中,我们了解到几乎所有入住酒店的人都有收到黄色小卡片的经历,通过网络调查和网络搜索,我们了解到,酒店出现色情小卡片并非区域性、暂时性的现象,而是在我国大部分地区都存在的普遍现象,长时间难以解决。色情卡片不仅给消费者带来入住时的困扰,而且影响了个人心理健康状态,与文明、和谐的社会主义核心价值观相违。尤其是对心理尚未成熟、判断能力有限、对性认识缺乏的未成年人而言,色情小卡片会带来很大的负能量。

1998 年,年仅 23 岁的深圳一家医药有限公司总经理王翰赴沪参加药品交流会,入住上海银河宾馆客房。当日 16 时,王翰被罪犯仝瑞宝杀害于客房内,被劫财物 3 万余元。罪犯在银河宾馆逗留 3 个多小时,在此期间,宾馆未对仝瑞宝进行访客登

---

* 本文作者均系苏州大学王健法学院 2015 级本科生。

记，亦未注意其行迹，监控如同摆设。为此，被害人的父母诉诸长宁区人民法院，请求判令银河宾馆赔偿其经济损失、精神损失等，并向其承认错误、赔礼道歉。原审法院审理后认为，宾馆未兑现服务质量的承诺，应承担违约责任。判决银河宾馆给付被害人父母赔偿费人民币 8 万元，二审维持原判。

为消费者提供安全舒适的居住环境，是酒店必须履行的合同义务，但是现如今种种迹象表明酒店未尽相应义务。一方面，学校周围的如家、汉庭、7 天等连锁酒店管理混乱，散发色情卡片的人员一般和酒店工作人员的关系紧密，酒店管理人员对于散发卡片的行为保持默许态度。这使散发卡片的人能够轻易进入客房楼道，进行发放。另一方面，投资商在压缩成本、扩大客源方面的各种想法体现在酒店安全、卫生等方面。这样的减配造成的最直接的后果就是安全隐患增加，监控只会作为事后的证据。进入酒店客房、酒店刷卡进电梯的设施，对发卡者来说形同虚设。也许是为了方便顾客，有些酒店的电梯无须刷卡就可以运行。

酒店安全保障不到位存在极大安全隐患，如上海银河宾馆案中，酒店未及时制止可疑人员等行为严重违背合同义务。此项公益诉讼不仅会促进酒店提高服务质量，保护入住者的合法权益，更能够促进酒店管理力度提高，预防危险，保护消费者人身、财产安全。

二、法律分析

（一）关于民事代理

本次公益诉讼要求以个人的名义提起诉讼，以点带面，扩大社会公益效果。鉴于资金匮乏，又无法确保可以一次性入住找到发放色情小卡片的酒店，于是小组人员苦苦调查，联系了数十人，最终找到了我们法学院热心公益的学妹卞心怡，其在 2017 年报到时入住南门外汉庭酒店。于是，在其入住时，顺便让其拍摄了相关照片，保存了一些证据，以便后续起诉。

接下来的事情就是解决民事代理。《民事诉讼法》第 58 条规定，“当事人、法定代理人可以委托一至二人作为诉讼代理人。下列人员可以被委托为诉讼代理人：（一）律师、基层法律服务工作者；（二）当事人的近亲属或者工作人员；（三）当事人所在社区、单位以及有关社会团体推荐的公民。”辗转数回，我们拿到王健法学院的推荐信，并且原告签署了授权委托书（特别授权），委托小组成员陈林燕、罗俏担任诉讼代理人，代为行使诉讼权利，履行诉讼义务。

（二）是侵权，还是违约？

对于本案被告——汉庭酒店，是提起侵权之诉还是违约之诉，是小组法律分析会的重点讨论问题之一。

服务合同违约纠纷:酒店顾客在入住酒店期间多次受到不明外来人士的打扰,其房间数次被塞进印有色情信息或者暗示性话语的小卡片,这一情况破坏了顾客的入住体验和住宿环境,且对顾客的人身和财产安全产生威胁。酒店在这一过程中明显没有尽到安全保障义务,构成违约,应当承担违约责任。

原《合同法》第10条第1款规定:"当事人订立合同,有书面形式、口头形式和其他形式。"

本案中,原告虽然未与被告签订书面正式合同,但其通过网络平台预订被告(汉庭酒店)房间,并于约定时间2017年9月9日入住即可视为发出了要约,而被告接受了原告所支付的房费,并于原告到达时提供房卡的行为则是对要约的承诺。根据原《最高人民法院关于适用〈中华人民共和国合同法〉若干问题的解释(二)》第2条规定"当事人未以书面形式或者口头形式订立合同,但从双方从事的民事行为能够推定双方有订立合同意愿的,人民法院可以认定是以合同法第10条第一款中的'其他形式'订立的合同",可以认定原告、被告之间形成了对双方具有法律约束力的有效合同,双方应当依照该合同履行权利、承担义务。

原《合同法》第60条规定:"当事人应当按照约定全面履行自己的义务。当事人应当遵循诚实信用原则,根据合同的性质、目的和交易习惯履行通知、协助、保密等义务。"

本案中双方当事人达成了旅店服务合同。原告支付了房费并准时入住,却在入住期间多次被不明外来人士打扰,其房间数次被塞入印有色情信息或暗示性话语的小卡片,对原告产生了精神上的压力,使原告无法安心入住和休息。而根据旅店服务合同的性质、目的和交易习惯,被告有义务维护原告良好的居住环境,并协助原告免受外来干扰。而在本案中,被告的不作为致使原告未能享受合同所约定的权利,其履行的合同义务不符合约定,构成违约,应当承担违约责任。

原《合同法》第7条规定:"当事人订立、履行合同,应当遵守法律、行政法规,尊重社会公德,不得扰乱社会经济秩序,损害社会公共利益。"汉庭酒店在履行其合同义务即提供入住房间时,没有保证房客的安宁权,并且给房间塞进色情小卡片,实际上在某种程度上参与了招揽嫖客的行为,违反了公序良俗。

关于侵权:《消费者权益保护法》第7条明确规定:"消费者在购买、使用商品和接受服务时享有人身、财产安全不受损害的权利。消费者有权要求经营者提供的商品和服务,符合保障人身、财产安全的要求。"

在本案中,被告所提供的酒店服务应当包括保证原告在入住期间的人身与财产安全,但实际上,在原告入住期间,曾多次有不明外来人士靠近原告房间并恶意塞入小卡片,对原告的人身和财产安全产生实质威胁,可以认定被告提供的服务不符合保障人身、财产安全的要求。对汉庭酒店(竹辉路店)的实地调查显示,该酒店安装有监控和刷房卡才能启动的电梯，应当具备发现外来人士的能力，但实际上酒店并未对这些人采取任何应对措施，而是放任其作为。另外，我们对小卡片发放者的调查发现，有相当一部分"发卡者"是持有酒店提供的上下电梯的房卡，进行发小卡片的工作。可见，酒店在此过程中不但消极放任不明外来人士的进入，甚至还可能为其提供方便，这极大程度上违反了《消费者权益保护法》第18条所规定的酒店应当尽到的"安全保障义务"。因而，对原告合法权益产生的损害，酒店应当承担责任。

酒店是侵权，还是违约？其责任程度与责任承担方式有着很大区别，还关乎诉讼的输赢。在本案的诉讼过程中，我们小组认为，本案属于违约、侵权竞合的情况，并为本案应当提起侵权之诉还是违约之诉多次讨论，这也是我们在这起案件中遇到的最大问题之一。

原《侵权责任法》第15条规定了承担侵权责任的方式，即"承担侵权责任的方式主要有：（一）停止侵害；（二）排除妨碍；（三）消除危险；（四）返还财产；（五）恢复原状；（六）赔偿损失；（七）赔礼道歉；（八）消除影响、恢复名誉。以上承担侵权责任的方式，可以单独适用，也可以合并适用"。于是，原本的起诉状中，根据原《侵权责任法》第15条提出了3项诉讼请求：（1）请求法院依法判决被告消除危险，排除妨碍，在宾馆中采取相应措施尽到安全保障义务；（2）请求法院判令被告向原告公开赔礼道歉，赔偿50元；（3）请求法院判决诉讼费与交通费由被告承担。合并使用了第15条所规定的承担侵权责任的方式。但后来在小组的再三讨论以及法官与律师的提醒与帮助下，我们认识到在本案中，虽然被告存在侵权事实，但并未造成实际损害，不符合侵权的构成要件，不应当提起侵权之诉。

于是，我们在被告答辩期内向法院提交了变更诉讼请求申请书，请求撤销原民事起诉状中第一项诉讼请求；把原第二项诉讼请求变更为"请求法院判决被告赔偿原告住宿房费的20%，即34元，并将原诉讼请求第三项变更为"请求法院判决诉讼费由被告承担"。这是我们小组根据原《合同法》第107条提出的违约责任补偿，并依据原《最高人民法院关于适用〈中华人民共和国担保法〉若干问题的解释》第121条的20%违约金上限规定提出了适当的赔偿金额，改为提起违约之诉，更为符合本案的实质的法律关系。

三、项目进度

时间	进度
2017年5～6月	选择课题，整理立项书
2017年7～8月	检索分析相关案例，召开法律分析讨论会

续表

时间	进度
2017 年 8～9 月	起草起诉状,咨询师长
2017 年 9 月 15 日	至汉庭酒店补开发票,保存照片等证据
2017 年 11 月 6 日	一访苏州市姑苏区人民法院
2017 年 11 月 15 日	二访姑苏区人民法院,立案成功,缴纳诉讼费用
2017 年 11 月 17 日	收到法院传票与开庭通知
2017 年 12 月 9 日	就该项目接受苏州记者采访
2017 年 12 月 23 日	判决驳回

四、前期准备

(一)调研

1. 现实中色情卡片对消费者的干扰

我们认为,酒店房间内的色情卡片对消费者住客产生了困扰。入住酒店,消费者期待的是安静、安全的体验,而现实中,却屡屡发生酒店房间被塞色情卡片的事情。

我们团队在苏州大学附近的北疆饭店住房部以及行程无忧快捷旅店等均有住宿经历。经过前期调研发现,这几家快捷酒店都存在房间内有色情卡片的情况,数量少则三四张,多的甚至达到十几张。这严重地侵犯了消费者要求整洁入住环境的权利。另外,消费者有可能因为拨打卡片上的电话而受到欺骗和胁迫。

2. 色情卡片问题普遍没有引起重视

前期,团队在网络上搜索调研,发现酒店内存在色情卡片的事情十分多见。团队成员在微博搜索“酒店卡片”关键词,发现在住宿酒店看到色情卡片已经成为常态。但是,这种现象却没有引起重视。有的人认为,只要不去相信卡片上的内容就行,但是我们往深层次思考,就会发现问题:这些发小卡片的人为什么这么轻而易举就能达到目的。

发小卡片者的随意是否得益于酒店的管理不严?怀着怀疑,团队成员进行了实地调研。就苏州大学周边,团队选取了几家连锁酒店进行实地探访。在与酒店前台交流时,我们了解到酒店工作人员并没有重视这个问题,并表示“我们这不可能出现这种情况”。在团队成员的询问下,酒店前台表示监控一个月就会清除,并且需要公安人员才可查看,一般旅客是不能看的。总的来说,酒店工作人员态度十分坚决,丝毫不怀疑自己一方的管理质量,并且拒绝谈论小卡片情况。

通过网络和实践两方面的调研,团队认为此选题非常具有深究的必要。一方面,入住酒店是常见的事,酒店的安全管理不到位对广大旅客的安全保障都存在很大的威胁。另一方面,基于公众体验较多,社会关注也有一定基础,就此提起公益诉讼可能取得比较理想的公益效果。最终,就酒店有保障安全的义务,团队希望通过公益诉讼的途径,让酒店更注重安全义务。这是一项有意义的行为,我们希望能从中创造真正有益于社会的公益价值。

3. 起诉思路

小组队员仍是公益诉讼的初步探索者,我们选择了较为容易操作的民事起诉。我们的诉讼思路是,酒店色情小卡片的发放以及卡片中的不良信息导致旅客安全受到威胁。同时,色情小卡片与住宿酒店的管理不当与放任不作为有莫大联系。因此,团队欲依据原《合同法》当中的相关条款提起诉讼。

(二)取证

原告卞心怡是苏州大学王健法学院大一新生,于2017年9月10日报到前夕,与家人一同入住被告汉庭快捷酒店。在不到24小时的入住期间,其房间多次被塞进印有色情信息或者暗示性话语的小卡片。本团队认为,原告付出住宿费用,理应享受安全安静并不被打扰的宾馆服务,然而多次收到小卡片,这足以表明被告在酒店管理上未尽相应的合同义务。小组成员罗俏和陈林燕通过学院推荐,担任原告的诉讼代理人,向姑苏区人民法院提起诉讼。

证据清单:

1. 住宿发票一张(略)

证明:原告曾于2017年9月9日入住竹辉路汉庭快捷酒店。

2. 色情小卡片若干(略)

证明:原告于居住时收到色情小卡片。

3. 于入住房间拍摄色情小卡片照片若干(略)

证明:原告在居住被告房间时收到色情小卡片,居住的安静安全的环境受到打扰。

4. 录音

此证据于立案之后取得。诉讼代理人陈林燕寻求同学雷一鸣的帮助,拨通了原告收到的小卡片上的一个电话。在对话中,雷一鸣假装自己是需要“服务”的竹辉路汉庭酒店住客,对方首先介绍了各个价位对应的服务,在雷一鸣同学询问“是否需要下楼接人”时,对方表示自己“有电梯卡,是固定的”。在达到目的之后,雷一鸣表示再考虑考虑并挂断电话。之后,对方又不断打电话追问,在拉黑其电话的情况下,依旧不依不饶换电话号码打来追问。

证明:色情小卡片经营者长期持有酒店电梯卡,酒店并未采取措施预防。发放色情小卡片的人以及通过小卡片招来的不明人士对居住旅客带来了很大的安全隐患,存在发生犯罪行为的可能性。

五、起诉

(一)起诉状

民事起诉状

原告:卞心怡(个人信息略)

被告:汉庭星空(上海)酒店管理有限公司竹辉路分公司(公司信息略)

诉讼请求:

1. 请求法院判决被告赔偿原告住宿房费的20%,即34元。

2. 请求法院判决诉讼费由被告承担。

事实和理由:

原告于2017年苏州大学新生报到前夕预订被告[汉庭酒店(竹辉路店)]房间以供自己及家人居住,并于2017年9月9日入住、2017年9月10日离开。在不足24小时的入住期间,竟多次受到不明外来人士打扰,其房间数次被塞进印有色情信息或者暗示性话语的小卡片。原告付出住宿费用,被告应提供安全安静不被打扰的宾馆服务。然而,原告却数次收到小卡片。这足以表明被告在酒店管理上未尽相应合同义务。

《民法总则》第8条规定"民事主体从事民事活动,不得违背法律,不得违背公序良俗"。原告当天住在8440号房间,上下电梯时须刷被告提供的门卡,而塞小卡片的人士却可以轻车熟路地上下电梯。此情况泛滥并非一朝一夕,被告负有不可推卸的责任。原告预订房间,缴纳住宿费并入住,便可视作与被告达成了合同。但被告却未尽到安全保障义务和管理义务,酒店的不作为让原告理应享受到良好住宿环境的权益遭受损失,违反服务合同。鉴于以上事实和理由,被告的行为已构成违约,因此原告基于《消费者权益保护法》第7条、第18条、第35条和《合同法》第60条相关规定,向人民法院提起诉讼,请求支持原告的诉讼请求。原告为一名法学院的新生,无论是从服务合同中个人的合法权益出发,还是虑及千千万万的房客安全与消费者权益,思及清除这条非法的利益输送链条,都应当将此等问题诉诸法律。

此致

苏州市姑苏区人民法院

具状人:卞心怡

2017年10月13日

由于之前起诉状有一些瑕疵，经吕律师指导后，我们作出了变更诉讼请求的决定，与法官联系后，通过邮递方式将变更申请书寄至法院。

变更诉讼请求申请书

申请人：卞心怡（个人信息略）

被申请人：汉庭星空（上海）酒店管理有限公司竹辉路分公司汉庭星空（上海）酒店管理有限公司（公司信息略）

申请变更事项：

1. 撤销原民事起诉状中第一项诉讼请求。

2. 把原第二项诉讼请求变更为“请求法院判决被告赔偿原告住宿房费的20%，即34元”。

3. 将原诉讼请求第三项变更为“请求法院判决诉讼费用由被告承担。”

以上变更事项申请，望贵院予以批准！

申请人：卞心怡

（二）立案过程

1. 一访法院

小组成员利用课余时间赶往姑苏区人民法院，在与立案庭工作人员交流之后得知，我们的准备并不充分，缺少部分资料。由于法院立案系统已经关闭，法院立案庭工作人员建议我们在充分准备之后提前至法院提交民事起诉状等材料。

2. 二访法院

经过充分准备，小组成员再次来到姑苏区人民法院申请受理诉讼。在法院工作人员的指导下，我们填写了相关材料并及时预交了诉讼费用。至此，本次正式立案，我们的公益诉讼走上司法途径。

六、法院判决

苏州市姑苏区人民法院民事判决书

（2017）苏0508民初7657号

原告：卞心怡（个人信息略）

委托诉讼代理人：罗俏

委托诉讼代理人:陈林燕

被告:汉庭星空(上海)酒店管理有限公司　苏州竹辉路分公司(公司信息略)

原告卞心怡向本院提出诉讼请求:1. 判令二被告消除危险、排除妨碍,在宾馆中采取相应措施尽到安全保障义务;2. 判令二被告向原告卞心怡公开赔礼道歉,赔偿50元;3. 判令被告承担诉讼费与交通费。审理中,原告卞心怡变更诉讼请求为:

1. 判令二被告赔偿原告卞心怡住宿房费的20%,即34元。

2. 本案诉讼费由被告承担。

事实和理由:卞心怡于2017年苏州大学新生报到前夕预订被告汉庭竹辉路分公司房间,并于2017年9月9日入住、9月10日离开。在不足24小时的入住期间,多次受到不明外来人士打扰,数次被塞进印有色情信息或者暗示性话语的小卡片。原告支出住宿费用,被告汉庭竹辉路分公司应当提供安全安静不被打扰的宾馆服务。然而,原告却数次收到小卡片,这足以表明被告在酒店管理上未尽到相应合同义务。原告卞心怡当天入住8440房间时,上下电梯须刷卡,而塞小卡片的人士却可以轻松上下,被告负有不可推卸的责任。被告未尽到安全保障义务和管理义务,酒店的不作为让原告理应享受到良好住宿环境的权益遭受损失,违反了服务合同,已构成违约。因此,基于《消费者权益保护法》及《合同法》相关规定,特提起诉讼,望判如所请。

被告汉庭竹辉路分公司、汉庭公司共同辩称:(1)我方认为原告卞心怡代理人没有代理资质,原告本人未到庭参与诉讼,应视为原告撤诉。(2)因本案涉及整个酒店业的问题,被告认为小额诉讼程序不合适,应适用简易程序。小卡片问题是一个很普遍的问题,我方一直在积极处理,但也不是我方能够单独解决的问题。我方已采取了在电梯安装门禁、日常遇到发放小卡片人员进行驱赶等措施,但同时每年酒店集团下有20多起员工因驱赶发放小卡片人员而被打。我方也曾多次向公安报警,但因为小卡片上并没有直接的涉黄信息,相关部门也不予处理。我方也多次请专家对该问题进行研讨,并通过媒体等渠道要求官方对该问题给予处理,如设置专门的条款对该问题予以解决。(3)原告诉请无事实和法律基础。原告未经调查随意诉讼,浪费司法资源,我方要求法院对原告卞心怡进行相应处罚。综上所述,要求驳回原告全部诉请。

当事人根据诉讼请求,依法提交了发票、卡片、照片、录音文件及整理稿、华住酒店集团发布声明、视频等证据,本院组织当事人进行了证据交换和质证。对双方当事人均无异议的证据,本院予以确认并在卷佐证。根据当事人陈述和经审查确认的证据,本院认定事实如下:

卞心怡系苏州大学××院2017级大一新生,于2017年9月9日入住被告汉庭竹辉路分公司,10日离店,双方未签订书面旅店住宿合同。卞心怡认为,汉庭竹辉路分公司在其入住期间未提供安静不受打扰的酒店服务、电梯门禁技术设施不到位及房门未安装有效密封条，于2017年11月15日向本院递交诉状，要求汉庭竹辉路分公司及汉庭公司承担违约责任。

本院认为：当事人对自己提出的主张，有责任提供证据。卞心怡与汉庭竹辉路分公司之间系酒店住宿服务合同。现卞心怡认为，入住期间数次有人通过门缝塞进小卡片，汉庭竹辉路分公司存在管理不当的责任且未尽到安全保障义务。本院认为，酒店作为经营者，其主要义务是为住客提供安全卫生住宿条件和必要服务设施、保证客户的人身和财产安全等，本案中汉庭竹辉路分公司已提供相应住宿条件和住宿服务，卞心怡已支付对价，服务合同已履行完毕。在双方未签订书面合同对住宿环境进行书面约定的情况下，卞心怡提供现有证据无法证明汉庭竹辉路分公司存在违约行为，且卞心怡自行陈述小卡片系通过门缝塞进房间，此行为是否已打扰到其住宿无从考证。故对于原告主张汉庭竹辉路分公司、汉庭公司赔偿房费20%的请求，本院不予支持。

综上所述，依照《中华人民共和国民事诉讼法》第64条规定，判决如下：

驳回原告卞心怡全部诉讼请求。

案件受理费50元，减半收取25元，由原告卞心怡负担。

如不服本判决，可在判决书送达之日起十五日内，向本院递交上诉状，并按对方当事人人数提出副本，上诉于苏州市中级人民法院，同时向该院（开户行：中国农业银行苏州苏福路支行，账号：10×××76）预交上诉案件受理费。

代理审判员　梁晓艳

二〇一七年十二月二十三日

书　记　员　吴凤萍

七、新闻报道

2017年12月7日，接到小城律师事务所的通知，《看苏州》有意就关于色情小卡片起诉汉庭酒店一案采访我们小组成员。我们听到这个消息，为我们的项目能够赢得媒体的关注感到高兴，真是“踏破铁鞋无觅处，得来全不费功夫”。本次项目的目标之一就是通过大众媒体唤起人们对公众酒店安全问题的重视，新闻采访刚好契合了我们的项目需求。

2017年12月9日下午，记者阿荣至苏州大学对小组成员进行了采访。我们将案件基本事实，以及目前的进展状况告知了《看苏州》，记者阿荣也给予了我们许多鼓励，他给我们分享了之前发生在苏州的一起关于酒店小卡片的新闻事件，此等问题不容小觑。这更加鼓舞了我们，更是坚信我们的诉讼是有公益意义的。

八、结语和感想

罗　俏：

选择就宾馆小卡片问题起诉,很大程度上是受到了课堂案例"上海银河宾馆案"的影响,之后就是踏实地分析案情,给组员分配工作,综合整改。自知悉我们小组通过了初选,欣喜万分、干劲十足,不停咨询老师,提前学习民事诉讼课程。准备中期报告,是最为紧张和迷茫的一段时期。作为一名法律人,我并不十分擅长演讲,但是我相信勤能补拙,于是收集了很多资料,一遍一遍地完善演讲稿,大声地朗读练习,甚至到了基本能脱稿的程度,这对我的锻炼是不言而喻的。立案阶段,应该是最为艰辛的,仅关于民事代理这一部分,就四处碰壁,但在老师及指导律师的帮助下,最终成功立案。

"法者,天下之仪也。所以决疑而明是非也,百姓所具命也"。在就色情小卡片问题起诉汉庭酒店时,很多人质疑"你们这次诉讼有什么意义?不是浪费了司法资源?"甚至法院和法官也对我们这次诉讼并不看好,但是我们没有放弃。数年前,上海银河宾馆中,一歹徒7次上下电梯而宾馆人员却浑然不知,最终房客被抢劫被杀害。惨案告诫我们,对自己权利的放弃就是对罪犯的仁慈。所以,我一直相信,起诉汉庭酒店,其最大的意义不是获得赔偿,而是通过司法途径来宣示孰是孰非,迫使酒店加强安全管理,为构建更加安全和谐的社会环境贡献自己哪怕很小的力量。

陈林燕：

在这次诉讼中,我和罗俏两次前往法院立案,由于准备不足而遭遇种种阻碍。第一次前往立案,起诉状的错误以及时间的不合适,让我们不得不回来继续完善材料。第二次立案,在立案庭法官的帮助之下,终于成功。那种来之不易的感觉,让我们觉得似乎已经取得一半的胜利。

在前前后后准备的过程中,我巩固了之前所学的知识,同时也积累了实践经验。课本上很多知识学完之后有所遗忘,对很多问题该如何处理心里很模糊,但是通过这个机会去赋予理论生命力,是有助于巩固和提高自身的学习效果的。除此之外,作为学生,很少有机会接触到具体案件并参与到实践中去,对立案及庭审流程和很多其中的细节并不了解,而自己前往办理则能很直观地感受。我想,这次参赛经历是我学习生涯中很宝贵的一次经验,一定会尽自己最大的努力去完成。

最后,团队的合理分工和互相帮助也是我感受最深的。大家共同为一个目标去努力,不管最后的结果如何。感谢小城律师事务所让我们得到这个机会为公益诉讼尽一分力,感谢所有帮助过我们的人。

石梦雪：

在平时的工作学习中,很难有机会参与一起案件从起诉、立案、开庭到结案的整个流程。通过此次公益诉讼，真正深入实践，将理论知识与实际相结合，对今后的工作和学习有极大帮助。

整个过程持续时间长，十分考验个人的耐心。在诉讼过程中存在许多问题，应积极想办法解决，而不能轻易放弃。在今后的职业生涯中会遇到挫折和失败，也会想起本次的经历，调整心态解决问题，寻找新的出路。

通过此次活动，我也意识到一个组是一个团体，做事大家一起做，遇到困难大家一起解决。每个人都有自己的思考方式，我们集合大家的智慧尽量把事情做到更好，充分发挥团队最大的能量。

在诉讼参与过程中了解到，酒店管理问题一直难以解决，酒店出现色情小卡片并非区域性、暂时性的现象，而是在我国大部分地区都存在的普遍现象，长时间难以解决。色情卡片不仅给消费者带来入住时的困扰，而且极大影响了个人心理健康状态，与文明、和谐的社会主义核心价值观相违。面对酒店色情卡片频繁出现的事实，我们队伍的公益诉讼期望是，减少色情不良信息对受害群众（入住消费者）的骚扰。若能胜诉，实际上也可以迫使酒店加强安全管理，保护广大房客安全。一个成年人对这些信息有一定的判别力，但如果房客中有未成年人，这对他们的世界观、人生观、价值观就可能产生很大的不良影响。这使我更加坚信此次诉讼的公益价值，无论多难，也要坚持下去。

丁逸文：

成为一名法学生已经3年，在这3年中，我上过不少课，接受过不少老师的教导，而在参与到诉讼中时，我才深深感受到不足之处。在团队分工中，我主要负责法律分析，虽说平时认真听讲，也没少尝试自己写论文，但在真正对案件进行法律方面的分析与研究时，我真切地感受到了自己的无力，对法条的熟悉程度不够，理解不够，以及专业词汇与专业素养的缺乏让法律分析这一部分进展缓慢。但在组员们的帮助和律师与法官的指导下，最终我还是完成了这一份相当不成熟的法律分析。

另外，在这一次诉讼实践中，我真切地感受到“实践出真知”。坐在教室里听课只是知识的堆砌，唯有在实践中去应用，才能帮助自己真正理解。我们这次公益诉讼所针对的是“酒店小卡片”这一问题，在酒店收到色情小卡片可以说是大多数人都曾有过的经历，而大多数人的态度也是习以为常，一笑置之。在活动初期，我们遭遇了调查取证等多方面的困难，也被人质疑为“意义不大的诉讼”，被认为是不可能会赢的诉讼。但实际上，我们小组选择这个公益诉讼，相比打赢这场诉讼，更重要的意义在于，告诉大家这种“酒店小卡片”不是我们应该习惯去接受的，我们有权利对它说“不”。

公益诉讼比赛开展将近半年，我们小组也为其奔波操劳了近半年，无论结果如何，这都将是我们大学生涯中珍贵的记忆。感谢一路与我同行的朋友，以及在诉讼过程中给予我们帮助的律师与法官们，希望未来会更好！

娄晗梓:

进入法学院已经是第3年,学习过的法学课程也有30多门,可我仍觉得自己对法学不是很了解。曾经的我选择法学专业,憧憬更多的是实务,想要走进威严的法院,想要向律师讨教经验,想要真正地走进庭审。因为公益诉讼比赛,我的想法成为现实,这是平凡的我从未想到的。

团队成员都是年轻的女孩子,我们常在一起讨论怎么去酒店取证,录音可不可以,怎样交流才有意义;我们担心法院的程序,担心达不到指导律师对我们的期望。从未经历过诉讼的我们,因为公益诉讼比赛,我们去请教老师、翻阅书本、上网搜索相关信息,一点点探索,笨拙而坚定地前行。

2017年的夏天到冬天,持续半年多的时间,回顾起来才发现团队已经走了这么久,选题时的迷茫和担忧、与律师见面时的紧张、取证时的不顺利、来回法院和学校之间等印象,常浮现于脑海。这次公益诉讼的每一步,经历了挫败,也收获到结果,走得踏实而坚定,最后心里是满满的安慰和满足。

长路漫漫,公益诉讼是我国法治进程中亮起的一颗新星,关乎群众、为人助力,它有什么理由不让人向往呢?感谢和公益诉讼的遇见,今后我会更加努力,学习知识,充实自己,百尺竿头,更进一步。

结语——安守一方城,风雨不相让

就色情小卡片问题起诉汉庭连锁酒店,目的不在于获得金钱的赔偿,而是在于得到法律的认可,在于通过司法途径确认酒店放任或者参与滥发卡片的不法性,在于提醒消费者重新拾起丢在地上的权利,迫使酒店基于信誉、企业形象的考虑采取积极的措施。因而,我们拒绝和解。守护安宁权,风雨不应相让。

我们将法律放置于神圣的地位,法律的制定无疑是为了市民生活的安宁和国家的安全。守住一方城之安宁,方为良法。回首往事,上海银河宾馆案再一次告诫我们,对自己权利的放弃与忽视就是对违法行为人的仁慈与宽容。面对微博上数次推送的入住酒店安全事宜,有的教网友监控房间门,有的教网友如何辨别有没有摄像机在偷拍,有的教大家不要轻易相信投递进来的广告,有的教大家警惕“仙人跳”,这些亦从侧面反映了广大民众对于各大连锁酒店安全的质疑。缴纳不菲的住宿费用,难道我们不应该理所当然地获得安宁权?

至此,笔者不禁再次思考——何为“公益诉讼”?梁慧星教授认为,“公益诉讼”针对的行为损害的是社会公共利益,而没有直接损害原告的利益,因而是与起诉人自己没有直接利害关系的诉讼,因而其提起主体受到了极大的限制。关于色情小卡片问题进行起诉,它获得了媒体和广大网友的关注,无疑属于带有公益性效果的私益诉讼。关于这种民间公益性诉讼的发展,横向来说,星星之火,可以燎原,从纵向的历史角度来说,薪火相传,代代受益。

张林诉上海连尚网络科技公司 WiFi 万能钥匙 App 侵权案(2017)

徐　苑　张燕雪　杨　诗　裴日成*

一、选题理由

我们发现,身边一些亲友在使用"WiFi 万能钥匙"这款软件。在随时随地都能连上 WiFi 的惊喜下,我们不禁反思,这些带密码的热点是如何连接上的?很多人称这一款软件是破解 WiFi 密码的 App,但他们自己却反对这一说法,称自己并不是一款破解密码的软件。该款软件现在有 36.6 亿次的安装,在我们调查期间,它的下载量提高了将近一倍,短短的时间里增长速度如此惊人,可知其"分享密码"功能的强大,也可见其影响范围的广度。在调查之中,我们发现,几年前,这款软件在苹果的 Apple Store(软件商店)中是不能上架的,即使在当时它已经小有名气。但随后我们发现,这款软件一直通过表示自己是"中国计算机协会网络安全连接专业委员会成员"等一系列所谓的权威身份来证明自己的合法性,但我们也都知道"此地无银三百两""欲盖弥彰"等古语。我们曾尝试去解除 WiFi 热点分享,但我们无法根据它提供的途径去取消分享,更何况其他上了年纪的人们。

该款软件支持全球 223 个国家及地区超过 4 亿热点的一键连接,其使用率也在不断增加,因此此项公益诉讼所牵涉的公共利益范围很广。为保护被侵权人的合法权利,维护社会公平,通过诉讼手段推进网络市场监管的强化进程,我们准备诉诸法律,希望能够通过此次公益诉讼,为社会更多被侵权人发声。

二、法律分析

我们认为,该款软件在自然人设置密码即不允许他人任意连接网络的默示意思

* 本文作者均系苏州大学王健法学院 2016 级本科生。

表示情况下,开发商打着公益的旗号,自称充分利用户主闲时流量,却未经户主同意,更未尽任何通知义务,而将他人设备接入户主热点,提供该平台帮助网络用户利用其网络服务构成共同侵权。且该款软件的《服务条款和隐私政策》中关于搜集用户信息的免责规定,系属格式条款,应认定为无效条款,侵犯了用户隐私权。

根据原《侵权责任法》第 36 条规定:“网络用户、网络服务提供者利用网络侵害他人民事权益的,应当承担侵权责任……网络服务提供者知道网络用户利用其网络服务侵害他人民事权益,未采取必要措施的,与该网络用户承担连带责任。”

我组成员裴日成于 2017 年 11 月 2 日,持原告张林名下的电信卡(实际占有、使用人是裴日成同学)开启了手机 WiFi 热点,却有人通过 WiFi 万能钥匙 App 成功连接上该热点,窃取手机信号,使裴同学损失了 100M 手机流量。用户的 WiFi 热点、个人信息属于用户的个人财产,所以用户对它的使用处分等有绝对的权利。该软件为其他公民提供这样一个盗取他人 WiFi 的平台,虽然该款 App 并非直接侵权人,但是实质上此平台就是用户盗用他人信号、获取不当得利的工具;其与直接侵权人具有主观上的共同故意,存在共同侵权行为,客观上也出现了裴同学手机流量损失的损害事实,且侵权行为与损害事实之间有因果关系。

隐私权是人身权的一种基本类型,又称个人生活秘密权,是指公民不愿公开或不让他人知悉个人秘密的权利,是指自然人享有的对其个人的、与公共利益无关的个人信息、私人活动和私有领域进行支配并排除他人干涉的一种人格权。侵犯隐私权的行为表现为公开,其后果为公众知晓。他人可通过 WiFi 万能钥匙在热点用户不知情情况下破解用户的密码,而且在用户手机、电脑等设备上并没有明显的提示。显然,在用户不知情的情况下将破解的密码分享到服务器,侵犯了户主的隐私权。裴同学将自己的热点设置了密码,即作出不允许他人任意连接网络的默示意思表示,但该软件未经过裴同学的同意而将其热点信息分享出去,供他人连接盗取 WiFi 信号,也一定程度上侵犯了裴同学的隐私权(虽现在已将热点自动分享功能改为需用户自己主动分享,但是对于改版前已经被其主动分享出去的密码却仍未采取必要措施去救济,只能用户自己手动取消分享,取消流程手续繁杂、难度较大,经我们小组多次实验仍无法取消分享)。

原《合同法》第 39 条第 1 款规定:“采用格式条款订立合同的,提供格式条款的一方应当遵循公平原则确定当事人之间的权利和义务,并采取合理的方式提请对方注意免除或者限制其责任的条款,按照对方的要求,对该条款予以说明。”第 2 款规定:“格式条款是当事人为了重复使用而预先拟定,并在订立合同时未与对方协商的条款。”该软件的《服务条款和隐私政策》,系属格式条款,对于收集用户手机号码且用于账号登录的提醒未采取足以引起用户注意的文字、符号、字体等特殊标识,未尽到提醒义务,应认定为无效条款。

三、项目进度

时间	进度
2017 年 5 ~ 6 月	课题选择、前期调研
2017 年 7 ~ 8 月	法规章程等的调取、研读、整理
2017 年 8 ~ 9 月	集合讨论并进行证据的获取
2017 年 10 月	讨论立案开庭分工,准备相关材料,与指导律师进行交流、聆听意见
2017 年 11 月	证据采集、材料整理、撰写民事起诉状;进行诉状修改及继续补足立案材料
2017 年 11 月 22 日	到上海市浦东区人民法院递交诉讼材料
2017 年 11 月 29 日	第二次到上海市浦东区人民法院
2017 年 12 月 20 日	邮寄补足材料,等待法院正式立案
2018 年 2 月	撤诉

四、前期准备

(一)调研

1. 该款软件可以破解密码,但并不会提示热点主人密码被分享

小组成员在下载使用过程中,曾使用该软件破解过多个 WiFi 热点。

在实验过程中,我们发现,不仅路由器的无线 WiFi 会被破解,就连手机热点也可以破解,且整个过程热点主人无从得知消息,无论是密码被分享,还是热点被连接。这样一款软件,其合法性值得怀疑。

我们查询了该款软件的应用说明,可以看到,该说明表示,“只要打开 App,看到分享热点,点击连接即可放心上网”。这里排除了非法分享热点的情况,它默认分享热点均合法,提示该款软件的用户一个错误信息——热点可以随便连接。

2. WiFi 万能钥匙 App 会自动识别手机号码并用于登录

在使用过程中,我们还发现,自己的电话号码会被自动识别,并被主动用于账户登录。

3. 大多数人对于自己权利被侵犯毫无反应

我们曾做过一个问卷调查,被调查的人中有不少人认为,该款软件合法,甚至有很多人表示,在该软件违法、侵犯他人权益的前提下,仍然选择继续使用。在应用商

城的软件评价区,大部分人都在夸赞这一款软件。在使用免费 WiFi 的诱惑下,大家都忘记了对他人权益的保护也是对自己利益的维护。

4. 用格式条款规避法律责任

该软件在用户服务协议中写道:“用户自行决定提供和分享自有 WiFi 热点信息,在分享前,用户应当确认并保证自己根据法律法规或与他人的合同,有权分享该热点信息(包括但不限于密码和地理位置等),并保证分享的所有 WiFi 热点的信息安全。”“其他信息:当您申请成为 WiFi 万能钥匙的注册用户,下载或使用 WiFi 万能钥匙创建或推广的手机应用时,我们可能接收到您的手机号码、设备识别符等信息。”

该软件的制作商显然很聪明,使用格式条款来规避自己的法律责任,将责任全部推给用户,自己则从中获利。

5. 查看 WiFi 的教程侵害隐私权

网上存在许多关于查看被破译的 WiFi 密码的详细教程,除此之外,该款 App 仅提供破译密码并连接 WiFi 的功能,用户无法通过该款 App 查看被破译的 WiFi 密码。然而,如果在网上搜索“WiFi 万能钥匙密码查看”,就可以查到许多关于查看被破译的 WiFi 密码的详细教程。只要通过教程上的方法,便可以轻松查看被破译的 WiFi 密码,这无疑侵害了他人的隐私权。

(二)取证

2017 年 10 月 30 日晚,徐苑和杨诗同学录制了该软件自动识别手机号码并用于登录的全过程。2017 年 11 月 1 日晚,小组成员全体录制了该款软件破解密码的全过程。全体成员于整个活动期间不断记录该款软件的更新变化。由于对方属于网络服务平台,更新较快,我们反复记录了多次,直至书写结项书,该款软件一直在更新中。

民事案件证据清单

序号	证据材料名称	原件或复印件	证明对象
1	上海连尚网络科技有限公司企业信用信息公示报告	复印件	被告主体身份
2	被盗取的流量截图	原件	原告财产损失
3	WiFi 万能钥匙 App 接入设密热点的视频	原件	WiFi 万能钥匙具有破解密码的功能。该视频记录了下载 WiFi 万能钥匙 App 到利用该款软件破解原告密码的整个过程

续表

序号	证据材料名称	原件或复印件	证明对象
4	WiFi万能钥匙自动识别手机号码的视频	原件	该款软件自动识别用户电话,且用于登录的事实
5	格式条款中关于识别手机号码的内容截图	原件	未标红提醒用户注意
6	证明流量损失所属手机卡及损失人的截图	原件	流量损失所属的手机卡及损失人

五、起诉

民事起诉状

原告:张林(个人信息略)

被告:上海连尚网络科技公司(公司信息略)

诉讼请求:

1. 被告立即停止侵权,以书面形式向原告赔礼道歉。

2. 请求判定被告赔偿原告财产损失费30元、精神损害赔偿费5元。

3. 请求判定被告改版连接分享密码功能,并取消自动识别用户电话号码功能。

4. 本次诉讼所产生的相关费用由被告承担。

事实与理由:

在WiFi万能钥匙App改版之前,原告手机热点密码曾被该款软件破解、分享、保存(当时该款软件默认分享密码,没有可选项)。改版后,原告热点仍会被破解,且只要原告手机热点处于打开状态,其他设备都可以通过该款软件连接该热点,且曾经通过该软件连接过此热点的设备,都会自动连接。目前除更改密码外,没有取消分享手机热点的途径。2017年11月1日,原告在没有注意手机情况的前提下,在此过程中损失100M流量(22:23时截图显示),按市场价格超额流量计算方法(0.3元/M),共计30元。且在使用过程中,自动识别客户电话号码,虽然在格式条款中注明了可能收集用户电话号码,但并未使用红字标注,且该条款的合理性明显不足,侵犯了用户隐私权。

在使用万能钥匙蹭网的同时,会使自己的设备处于不安全的状态中,容易被黑客攻击利用;使用了WiFi万能钥匙,自己的WiFi密码也会被共享,会给别人蹭自己的无线网络的机会;运行了WiFi万能钥匙,理论上说也会增加设备的功耗,并且在一定程度上影响系统的运行速度。这样普遍"共享"的情况下会使社会公众信息暴露,生活隐私与安全受到威胁,也给生活带来极大的不便。被告也一直不断靠该软件获取利益,严重损害了社会公共利益。

根据《民法通则》第 71 条的相关规定,被告的行为显然构成对原告的侵权,直接给原告造成了经济上的损失,侵犯了原告的隐私权。原告为维护自身合法权益,依法提起诉讼,恳请依法支持原告的诉讼请求,作出公正判决。

证人姓名:杨诗(个人信息略)

此致

上海市浦东新区人民法院

起诉人:张林

2017 年 12 月 5 日

(一)立案过程

1. 一访法院

在准备好起诉书、证据清单、证据等一系列材料后,小组成员前往上海市浦东新区人民法院进行立案。但立案法官否定了我们的诉讼主体,认为该软件的被告主体身份不适格,但没有下达不予立案通知书,小组成员在询问指导律师后,决定更改部分内容。

2. 二访法院

我们在重新讨论并修改了相关材料后,第二次前往上海市浦东新区人民法院再次立案,这次法官仍然提了主体问题,但我们据理力争,最终法官要求我们补齐材料后再次审查。

回校后我们补齐了材料,并通过邮寄立案的方式寄到上海市浦东新区人民法院,等待审查。

(二)所遇困难

从最初的确定课题,到取证调查、准备材料和立案诉讼,我们遇到了诸多问题。

1. 诉讼对象更新改版速度快

诉讼初期,WiFi 万能钥匙 App 会在成功破译他人的 WiFi 密码后会自动分享该密码。当其他人使用该款 App 尝试连接破译过的 WiFi 时,会自动连接而无须破解。这也是 WiFi 万能钥匙自上市以来一直存在的问题。然而,诉讼后期,该款 App 进行了一次大改,将之前的自动分享密码改为手动选择是否分享密码,这无疑为我们的诉讼增添了难度。然而我们发现,改版之前被分享的密码,仍被继续保存在该 App 的数据库中,仍无须破译就可以连接。且该 App 对格式条款进行了大量更改,其生效日期为 2017 年 9 月 30 日,早于其公布的日期。

2. 网上立案

我们在立案的过程中也遇到了许多问题。我们起初选择了网上立案的方式，在浦东新区人民法院的官网上提出了立案申请。然而我们等待了一周之后，却收到了不予立案的回复，原因是法院的网站暂未开通网上立案功能。有网上立案的平台却没有网上立案的功能，这让我们很费解。没有办法，我们只能通过直接去法院现场立案的方式进行诉讼。在法院我们询问了工作人员，他们回复说浦东新区人民法院是可以网上立案的，这说明之前官网的回复是存在问题的。该问题导致我们诉讼进程被拖延，我们希望能得到法院的合理解释，于是书写了网上立案建议书，具体如下：

尊敬的上海市浦东新区人民法院：

近期我们通过网上立案平台立案(网上立案号:263201)，但得到贵院不予立案的回复:“您提交的网上登记立案申请我们已经认真查阅。但因故平台暂未开通网上直接立案功能。故请你本人(或你授权的委托人)带好相关证据材料到我院立案窗口，由我院立案法官直接对你的起诉材料是否符合立案条件予以审查。谢谢您使用网络诉讼服务!”。

我们认为其中有不妥之处。

首先，网上立案的目的就是给当事人提供方便，一些路程较远或者不方便长期奔波的当事人可通过网上立案平台进行审查立案，该平台的施行值得肯定。但是，如果在平台上显示出可以网上立案，但最终给予我们“暂未开通网上直接立案功能”，显失妥当。如果网上立案功能形同虚设，就是在浪费当事人的时间。

其次，当事人选择通过诉讼解决问题，其对效率的期待值应该是较高的。既然没有实际开通网上直接立案功能，就应该提醒当事人，但在我们使用网上立案平台的过程中，并未注意到有此类通知。网上立案耽误的时间可能只是短短几天，但对当事人的影响是无法预估的。

最后，为贵院提出一点小建议，希望能够解决这一问题:如果网上直接立案功能尚未开通，请不要将贵院展示在网上立案平台上，或者备注一下，以达到提醒当事人的目的。

期待贵院采纳这一建议。若有任何问题，可联系电话:××××。感谢人民法院所作出的贡献，期待你们有更好的服务。

建议人:徐苑、杨诗、张燕雪、裴日成

2017 年 12 月 10 日

六、最终结果

我们在浦东新区人民法院的官网上提出了立案申请,但一周后却收到了不予立案的回复,原因是该平台暂未开通网上立案功能。后来,我们只能通过直接去法院现场立案的方式进行起诉。但由于过了很长时间才收到立案成功的通知,加上我们准备期末考试,无暇应诉,最终选择了撤诉。

七、结语和感想

徐 苑:

这次公益诉讼是我第一次与法律实务接触,整个过程走下来,最大的感悟是书本与实践的巨大差别。始终抱着善始善终的想法走这一程,其中有太多障碍,但回首过去,更多的是成长。很荣幸第一次的接触是公益诉讼,我们从大众的角度出发,思考法律之于大众生活的意义。在我们的选题中,我们看到人们对于某些自我权益的漠视,看到他们对某些“灰色行为”的容忍。隐私权被侵犯,不仅仅表现在信件被私拆,还表现在生活被曝光,更多的“隐形侵犯”正在侵吞我们的生活。我们相信,有很多人和我们一样,不能容忍这样的侵犯。我们很庆幸,有这么一次机会,让我们能够运用法律的武器,去捍卫自己的权利。也许我们做的不是最好的,但一定是最尽力的。接触法律一年,从未想过自己会离诉讼如此之近。作为大一新生的我,无法想象自己会在如此寡学的时候参与公益诉讼活动,状告一家小有名气的公司。当我们一步步走到活动尾声,我不禁为当初报名的自己感到自豪。虽然一路走得步履蹒跚,但这期间所学会的、所认识到的,是在平时的课堂学习中所不能获得的珍宝。一次次的查询,一次次的讨论,一次次的奔波,我们在实践中真正接触到了法学学科。从大一下半学期的选题到大二上学期的初步取证,我们一直本着“朴素的法情感”,在摸索中前进,直到律师的指点,我们才明白自己寻找的各种证据存在问题,也是在第一次进入法院立案,才明白我们距离实践还存在一大段距离。虽然整个过程很挫败,但年轻的我们不会被打败。正是有了这一次的接触,相信在未来的学习中,我们能够更有收获。

张燕雪:

作为法学院的学生,当初是本着参与法律实践和维护社会公共利益的目的参与了本次活动,希望通过这样的实践能够将平时学的法律知识运用到实践中,不断提高法律素养和能力。同时,也希望作为一个正义的法律人,维护社会公正和社会公众利益。

参与本次活动,准备的时间比较长,从活动通知公布,即和同学们着手准备。一开始并未想到，活动过程会如此漫长和曲折，但我们还是精诚团结，一心完成任务。因为确定选题需要考虑相应的法条和具体实际取证等环节，所以在选题方面花费了较长的时间。本来以为没有办法进入比赛，我们在后来得知进入比赛，顿时有了一种终于被认可的感觉。

进入比赛后开始进行各种表格的填写、相关证据的获取以及相关法条的寻找，这个过程比较艰辛。不过，立案工作是最艰辛的。前期要准备的内容很多，又由于立案时间不足、上课时间冲突等困难，尝试了网上立案和实体立案等方式。在立案过程中，法院以主体不合适、资料不全等理由拒绝立案，我们又将缺乏的资料等补足。从这个过程来看，学会有效立案应该是公益诉讼首先解决的一个问题。

杨　诗：

在去年第一届公益诉讼活动中，作为大一的萌新，我坐在下面的座位上，认真地聆听学长们的课题，心中留下了公益诉讼的种子。后来，第二届报名时，我果断决定报名参加。

现在大二了，学习法学理论知识一年多了，已学习的法学学科门类挺多，接触公益诉讼这种切身实践却是头一次。这次活动不仅考验个人的实践能力，更考验一个团队的配合协作、整体规划把握能力以及临场应变能力。

这次活动，从前期决定报名，到调查取证、书写材料，再到两次奔赴法院立案，几经波折。大家不断互相鼓励打气，觉得不管怎样，都一定要坚持下去。

截至 2017 年 9 月中旬的时候，WiFi 万能钥匙 App 还没有改版，打着公益的旗号，自称充分利用户主闲时流量，却未经户主同意，未尽任何通知义务，将他人设备接入户主热点，把户主的密码分享出去，利用格式条款规避识别他人手机号码并自动登录。该款 App 严重侵犯了被蹭 WiFi 者的权益，但社会大多数人只看到流量损失这一表面现象，选择忽视而非通过积极措施去救济。因此，我们参与此次诉讼的目的不在于获取诉讼请求中的 30 元钱，更主要是希望能够在此次公益活动中为社会更多被侵权人发声。

2017 年 10 ~ 11 月我们仍在准备阶段，但该款 App 在这短短的一个多月进行了两次大改。一次增加了《热点公益分享计划》，取消密码自动分享需要自己手动分享出去，但对于改版前已经分享出去的密码只能通过自己手动取消热点分享。经我们实验，取消热点分享这一功能手续烦琐，试了好几次都失败，询问客服也不回复。一次是修改格式条款，但是写的生效日期却是与实际公布日期不符的 2017 年 9 月 30 日。

去了法院两次，切身参与，每次都获益匪浅。我本以为只要学好了专业知识就已经足够，在参加这次活动之后，才明白学习理论知识只是基础，法律实务永远没有尽头。大多数人现在的任务是过司法考试，只有过了这道独木桥才具有从事法律方面职业的资格,于是大量背诵法条,研究理论,往往忽视了实践部分。但是法律实务没有唯一的标准答案,不是仅凭朴素的法感情就可以的,这个实务世界里面并非只有自己和厚重的一堆复习资料,还有其他形形色色的人,各色各样的事件掺杂在一起。虽然本次诉讼不成功,但尽自己的最大努力去争取的过程,我觉得也很可贵。身为法科生,应有一颗柔软的心,最大限度去匡扶正义;公益行动永远在路上。

裴日成:

起初,抱着锻炼自己、挑战一下的心态,参加了本次公益诉讼比赛。随着比赛的进行,我的心境也逐渐发生了改变。

我们在课题的选定上花费了大量的时间。由于是第一次接触诉讼,我们在很多方面都不是很了解,而且本次诉讼是公益诉讼,需要考虑的问题比一般的诉讼更多。我们将目光转到了周围,发现许多习以为常的事情,都存在或多或少侵害我们权益的问题。我们提出了许多设想,在考虑了多方面的问题之后,最终才将选题确定下来。

然而,这只是刚刚开始,收集证据,写诉状,到法院起诉……整个过程充满了坎坷和艰辛。我们都坚持了下来,从中学习到许多在课堂上学习不到的知识。回首过往,我们一起携手并肩。感谢我的队友们,因为她们,我们才走到现在。无论结果如何,我们都将坚持下去,为实现我们的正义而努力。

总结——感谢经历使我们成长

2017 年 9 月,怀揣着对正义的憧憬和渴望,我们开始了公益诉讼的旅程。最初想着学习法律,将法律知识运用到实践中,提高自己的法律能力,更早体验社会,适应社会以及维护社会公正,参与了本次活动。从选定主题,到查阅资料、收集证据、试图协商、法院立案……从开学初到的临近期末,公益诉讼不知不觉已经陪伴我们走过了整个学期。

第一次进行诉讼,第一次写诉状,第一次网上立案,第一次去法院提交申请……所有的一切对我们来说都是一次新奇的考验,但我们清楚这是法律人成长的必经之路,是我们早晚都要面临的问题。诉讼的过程漫长而又艰辛。App 的改版,不予网上立案的回复,两次奔赴法院,都为我们的诉讼增添了难度。每当遇到挫折的时候,我们互相依靠,互相鼓励。虽然我们的力量很微小,虽然前方的道路充满了荆棘,但我们仍秉着“初生牛犊不怕虎”的精神,为实现我们的正义坚持到底。我们坚信,正义也许会迟到,但绝不会缺席。

感谢小城律师事务所提供了本次机会,使我们能接触并参与公益诉讼,为维护公共利益献出自己的绵薄之力。感谢郑长虹律师为我们提供的指导和帮助,让我们的诉讼得以顺利进行下去。

王亦一诉上海携程商务有限公司机票隐性搭售案(2017)

吴　琪　蒋雨涵　刘新宇*

一、选题理由

机票搭售的现象其实早已进入公众视野，此前媒体也对机票搭售现象进行过曝光，监管部门、行业协会也不断加强对机票搭售现象的整治。目前，旅游 App 上附带的消费券、航空意外险、贵宾室等大多可以自主取消，搭售现象看似已经不复存在。但是事实上不少旅游 App 通过在产品说明中误导用户、帮助用户默认选择、增加取消流程等更加隐秘的方式，并以用户能够自主选择为名，堂而皇之地打起了“搭售”的擦边球。

我们的团队成员进入购票预定界面发现，购票时，系统会自动默认勾选一张价值 38 元的酒店优惠券，并且在购票界面居然没有任何途径可以取消。打电话咨询客服，客服告诉我们只有退回到上一订票界面，才能够取消酒店优惠券的勾选。

我们认为，这样的默认勾选行为严重侵犯了消费者权益。而通过接下来的调查，我们发现，默认勾选各类优惠券这个问题，很久之前就出现在公众视野之中，各大销售平台往往通过各种手段误导消费者或者增加消费者取消搭售项目的负担以此达到搭售的目的，这被称为“隐性搭售现象”。虽然在网络上也有很多类似的相关报道，但消费者和平台大多以私了的形式解决，少见有人站出来真正为消费者群体的利益发声。同时，尽管民航局也曾经发表声明严厉谴责过这样的行为，但由于无实质性的惩罚，各大机票销售平台的搭售现象依旧猖獗。为了广大消费者的利益，维护交易秩序的公平与稳定，构建一个更合法、安全的在线票务平台，我们决定用诉讼的手段维护权益。

* 本文作者均系苏州大学王健法学院 2016 级本科生。

二、法律分析

我们认为,上海携程商务有限公司默认勾选酒店优惠券的行为严重侵犯了消费者的知情权、自主选择权和公平交易权,并且其产品说明存在误导消费者的现象。具体理由如下:

法律规范一:《消费者权益保护法》第8条第1款规定:“消费者享有知悉其购买、使用的商品或者接受的服务的真实情况的权利。”

法律规范二:《消费者权益保护法》第9条规定:“消费者享有自主选择商品或者服务的权利。消费者有权自主选择提供商品或者服务的经营者,自主选择商品品种或者服务方式,自主决定购买或者不购买任何一种商品、接受或者不接受任何一项服务。消费者在自主选择商品或者服务时,有权进行比较、鉴别和挑选。”

法律规范三:《消费者权益保护法》第26条规定:“经营者在经营活动中使用格式条款的,应当以显著方式提请消费者注意商品或者服务的数量和质量、价款或者费用、履行期限和方式、安全注意事项和风险警示、售后服务、民事责任等与消费者有重大利害关系的内容,并按照消费者的要求予以说明。经营者不得以格式条款、通知、声明、店堂告示等方式,作出排除或者限制消费者权利、减轻或者免除经营者责任、加重消费者责任等对消费者不公平、不合理的规定,不得利用格式条款并借助技术手段强制交易。格式条款、通知、声明、店堂告示等含有前款所列内容的,其内容无效。”

在携程的产品说明中往往会有如下表述:选购以下产品,即享受优惠价。这样的表述意味着,只有选购特定产品,消费者才能享受优惠价,这存在明显的搭售嫌疑。事实上,即使消费者取消默认勾选的消费券或航空组合险等多余商品,消费者依然可以享受优惠价购买机票。携程软件在订票界面,使用误导性提示语误导消费者购买搭售优惠券,侵犯了消费者的知情权。

当消费者开始进入订票页面,原定的机票价格瞬间增长了100多元。虽然航空意外险并没有默认勾选,但是点开消费明细会发现多出了快速安检、贵宾休息室等增值服务项目,这些都属于默认勾选的状态,并且标注并不明显,与法律规定的“以显著方式提醒消费者”完全相反,消费者一不注意便有可能买下自己本无意购买的产品。根据《机票预订须知》相关规定,机票的价格包括票价、税金、燃油费、民航发展基金(原机场建设费),这些多出的服务项目系默认勾选,如果消费者不主动取消,那么这些服务项目将会一同计入最终价格。

与此同时,我们发现,取消消费券的界面并非呈展开状态,而需要消费者自己点开下拉菜单,并利用“需要”和“不需要”两个选择项的视觉差误导消费者。携程方面更是将这项取消流程放置在正式订票之前,使这项取消流程不仅隐蔽而且烦琐,无谓增加了消费者的负担。消费者应当有权利了解优惠券的购买途径和相应的取消途径，携程网将其做得如此隐蔽，侵犯了消费者的知情权；同时，这种行为使消费者因为默认勾选和隐形搭售购买自己本不需要的服务，侵犯了消费者的自由选择权。

那么当消费者被默认搭售了自己不需要的酒店优惠券和机场接送券后，有没有途径可以挽回自己损失的钱呢？在仔细阅读产品说明后我们得知，消费者在默认勾选优惠券的情况下购买了优惠券，其实并没有有效的补救办法，因为不仅没有单独取消优惠券的途径，而且一旦退票将要承担更加高昂的退改费。也就是说，消费者在默认勾选优惠券的情况下购买了优惠券之后只能自己承担后果，而这种后果可以说是经携程精心设计的。在这样的消费陷阱下，交易双方的所处地位实际上已经不平等了，消费者很难以自己微薄的力量对抗携程，携程等一系列在线票务平台肆无忌惮地侵犯消费者的公平交易权。

综上所述，携程使用误导性提示语误导消费者购买搭售优惠券，侵犯了《消费者权益保护法》第 8 条规定的消费者知情权，默认勾选而不是由消费者自主选购侵犯了《消费者权益保护法》第 9 条所规定的消费者自由选择商品服务的权利；其产品说明的格式条款也严重违反了《消费者权益保护法》第 26 条的规定。与此同时，上述行为还造成了消费者一定的经济损失，根据原《侵权责任法》第 2 条和第 36 条第 1 款的规定，网络服务提供者利用网络侵害他人民事权益的，应当承担侵权责任。

三、项目进度

时间	进度
2017 年 5～6 月	课题选择、前期调研
2017 年 7～8 月	法规章程、新闻素材的研读、整理，撰写起诉状
2017 年 9～10 月	证人证言的收集、整理、修改民事起诉状
2017 年 11 月	证据的整理、关注携程应用界面的更新情况
2017 年 11 月 16 日	向姑苏区人民法院递交诉讼材料
2017 年 11 月 17 日	向吴中区人民法院递交诉讼材料、第二次向姑苏区人民法院递交诉讼材料
2017 年 11 月 22 日	第三次向姑苏区人民法院递交诉讼材料并缴纳相应费用
2017 年 11 月 26 日	收到法院的传票、等待正式开庭
2017 年 12 月 7 日	收到对方的管辖异议申请书
2018 年 5 月 2 日	法院作出管辖权裁定予以移送，原告撤诉

四、前期准备

(一)调研

1. 携程网始终没有取消默认勾选

我们在前期的项目问卷调查中发现,在众多 OTA 平台(Online Travel Agent,在线旅游平台)中,携程的受众最为广泛,65.83% 的受调查者通常使用携程来订购机票。巧合的是,曾经遭遇搭售的受调查者同样占比 65.83%,这使我们产生怀疑,是否携程网存在较多的默认勾选、搭售优惠券的现象?后来的网络资料查询印证了我们的猜想,众多在携程网订购机票的消费者都遭受了默认勾选,被搭售了各种各样的保险和优惠券,并在各地消费者协会进行投诉。尽管新闻媒体多次报道,甚至民航局和中消协明确提出禁止默认勾选和捆绑销售的行为,但携程始终没有取消默认勾选。

2. 多数遭遇默认勾选、捆绑搭售的消费者不知道如何退订搭售产品

调查显示,50% 的受调查者找不到默认勾选被搭售产品的退订方法。小组成员也进行了模拟实验,在被搭售优惠券时,携程将取消流程放置在正式订票之前,且取消消费券的界面并非呈展开状态而是需要消费者自己点开下拉菜单,并利用"需要"和"不需要"两个选择项的视觉差误导消费者,使这项取消流程不仅隐蔽而且烦琐,无谓增加了消费者的负担。而如果消费者不主动取消,这些消费券就将连同机票、机场建设费等必要费用一同被支付。

3. 多数消费者维权意识薄弱或者感觉维权困难

调查显示,86.67% 的受调查者在被搭售产品后没有主动采取维权行动,主要原因有"金额不多就不计较了""维权太麻烦"。确实,消费者在各种市场交易中常常处于弱势地位,携程默认勾选捆绑搭售便是侵犯了消费者的知情权、自主选择权和公平交易权。但正因消费者群体的弱势地位,往往权益被侵害后,举证困难,维权程序烦琐,可能金额较小的捆绑搭售,大多消费者就忍气吞声了。这种容忍只会更加助长默认勾选、捆绑搭售的不正之风。故我们本次选题目的就在于替公众发声,践行维权之路。

(二)取证

2017 年 5 月 8 日,原告因将要去台北市交流学习,在手机携程 App 平台搜寻由上海到我国台湾地区的往返机票并选中了一款东方航空的机票组合,订单号为 3800358031,当时即完成了付款。然而,当原告返回订票界面时,却发现该机票组合定价与原告所付价款相差甚大。原告点开付款明细发现,除了应有的机票原价和机建、燃油费,竟然还有一张价值 38 元的酒店优惠券,而原告在操作时根本没有勾选过这个优惠券。因原告参加的交流学习项目是学校集体项目,校方早已安排好住

宿,无须购买酒店优惠券。显然,原告在购买该往返机票时,已遭遇被告隐性搭售酒店优惠券,且被实际扣款人民币38元的情况。我们截取了原告的订单截图,并在携程App上模拟退订优惠券,获得退订优惠券的流程截图。在事后与客服的电话咨询中确认存在默认勾选并进行了录音取证。(见表1)

表1 证据清单

序号	名称	原件/复印件	份/页	证明目的
1	原告、被告身份证明	复	3/2	证明原告身份信息
2	原告订购机票的订单截图	复	3/3	证明原告订购机票时遭遇默认勾选搭售酒店优惠券的事实
3	携程客服电话录音光盘及文字稿	复	3/1	证明携程网确实存在默认勾选优惠券的行为,且故意将退订优惠券的菜单设置隐蔽化
4	退订优惠券流程截图	复	3/4	证明退订优惠券菜单设置隐蔽,误导原告
5	授权委托书	原	1/1	证明原告授权
6	委托代理人身份证明	复	3/1	证明委托代理人身份信息
7	学校推荐函	原	1/1	证明委托代理人与原告是同学关系,具有代理资格

五、起诉

(一)起诉状

民事起诉状

原告:王亦一(个人信息略)

被告:上海携程商务有限公司(公司信息略)

诉讼请求:

1. 要求被告退还原告人民币计38元;并支付赔偿费用计人民币114元。
2. 依法责令被告立即取消默认勾选搭售产品的设置。
3. 本案诉讼费用由被告承担。

事实和理由:

2017年5月8日,原告因将要去台北交流学习,在手机携程App平台搜寻由上海到我国台湾地区的往返机票并选中了一款东方航空的机票组合,订单号为3800358031,当时即完成了付款。然而,原告返回订票界面时,却发现该机票组合定价与原告所付价款相差甚大。原告点开付款明细,发现除了应有的机票原价和机建、燃油费,竟然还有一张价值38元的酒店优惠券,而原告在操作时根本没有勾选过这个优惠券。因原告参加的交流学习项目是学校集体项目,校方早已安排好住宿,无须购买酒店优惠券。显然,原告在购买该往返机票时,已遭遇被告隐性搭售酒店优惠券且被实际扣款人民币38元的情况。

对被告隐性搭售酒店优惠券的行为,原告很气愤,想直接退票,但由于原告行程紧迫不能退票,即使退票也要付出相应的退订费用。被告这种默认勾选搭售产品的行为使原告遭受了一定的经济损失,严重侵犯了原告的消费权、知情权、自由选择权,其行为已构成了欺诈。

为此,原告从台北回程后,便在网上求助,网友们告知被告的App默认勾选行为早已有之,已侵犯了大量消费者的合法权益。被告的行为经过消费者们的投诉,由中消协和民航局叫停默认勾选后,被告仍旧继续默认勾选捆绑搭售行为。2017年10月9日,著名演员韩雪发微博谴责被告在销售机票时采取默认勾选的搭售行为,虽然被告于2017年10月10日声称已经作出界面整改,取消默认勾选。但是,事实并非如此。

事隔几日,原告又发现被告在网上的订票界面不但仍旧存在默认勾选情况的普通预订通道,而且还有强行搭售优惠券的预订通道;针对该强行搭售的优惠券,如果消费者需要退订则必须通过电话退订。这给广大消费者带来极大的困扰。

综上所述,被告为谋取私利,这样一而再再而三默认勾选、捆绑搭售产品的行为,不但严重侵犯了消费者的知情权和自主选择权,同时也给消费者带来不必要的经济损失,被告的行为造成了恶劣的社会影响,并已构成欺诈。望法院支持原告的诉讼请求。

此致

苏州市姑苏区人民法院

起诉人:王亦一

2017年11月22日

(二)立案过程

1.诉讼准备

在准备好民事起诉状及证据材料后,我们面临一个巨大的难题,因原告非小组成员而是我们的同学,故我们只能作为原告代理人申请立案。我国《民事诉讼法》对于公民代理的限制非常严格,小组成员查找相关法律规定后发现,我们只能作为社区或单位推荐的特定公民去代理原告的诉讼。通过努力,我们取得了学院关于本次诉讼代理的推荐函,可以正式向法院提起立案申请。

2. 一访法院

所有材料备齐后,2017 年 11 月 16 日,小组成员前往姑苏区人民法院申请立案,经过长途跋涉,我们抵达了目的地。排队取号,耐心等待,向立案庭法官叙述了来意,提交材料之后,立案庭法官询问我们准备以何案由来申请立案。因为缺乏民事诉讼法的相关知识,我们选择了侵权案由,但民事诉讼法侵权案由中并无侵犯消费者权益的相关规定,最终法官以案由错误作出不予立案的决定。第一次立案以失败告终,但是我们也获取到了很多信息。在与律师商讨后,我们调整案由为合同纠纷,并且仔细查看了原告的户籍所在地,发现原告户籍在吴中区,于是准备向吴中区人民法院提出立案申请。

3. 二访法院

经过迅速调整,小组成员第二天前往吴中区人民法院,坚持提起诉讼。立案庭法官审查了我们的起诉状后无法确定是否能受理,又走进办公室向立案庭领导请示。我们忐忑不安地在外等待了几分钟后,法官出来告知结果。吴中区人民法院认为原告在手机携程 App 上预订机票无法确定合同履行地,故应当由被告所在辖区法院管辖。最终吴中区人民法院也拒绝受理我们的立案申请。第二次失败使我们有些焦虑和迷茫,小组成员在一番激烈的讨论后,决定再次去姑苏区人民法院申请立案。

4. 三访法院

2017 年 11 月 17 日,经过上午在吴中区人民法院的立案失败后,下午小组成员又赶到姑苏区人民法院进行立案申请。赶到法院后,工作人员告知周五下午法院不立案,我们只能回校等待下周工作日再来立案。离开法院之前,我们认真询问了法官以合同纠纷为案由需要准备哪些材料,法官指出,若在姑苏区人民法院立案,则必须证明原告在姑苏区居住一年以上。返校后,我们立即向学校宿舍管理处申请了原告的住宿证明并向学院申请证明以加强证明力。

5. 四访法院

2017 年 11 月 22 日,我们再次到姑苏区人民法院申请立案。经过立案庭法官的审查,我们的起诉终于被受理。我们填写了送达申请、调解确认、裁判文书网上确认等材料,并缴纳了诉讼费。拿到案件受理通知书后,我们返校等待开庭通知。

2017 年 11 月 24 日,我们收到了法院送来的告知独任审判员通知书和开庭传票。2017 年 12 月 20 日 9 时 33 分到姑苏区人民法院 33 庭参加庭审。

六、最终结果

(一)管辖权异议

在等待开庭期间,我们收到了法院寄过来的上海携程商务有限公司管辖权异议申请书,电话联系法官后,得知我们需要作出书面的管辖权异议答辩。我们提交了管辖权异议答辩书,等待法院裁定。

管辖权异议答辩书

答辩人:王亦一(个人信息略)

被答辩人:上海携程商务有限公司(公司信息略)

贵院受理的答辩人诉被答辩人买卖合同纠纷一案,因被答辩人提出管辖权异议,答辩人针对其提出的异议,现答辩如下:

一、格式条款未合理提醒答辩人,管辖约定无效

按照《最高人民法院关于适用〈中华人民共和国民事诉讼法〉的解释》(以下简称《民诉法解释》)第31条规定:"经营者使用格式条款与消费者订立管辖协议,未采取合理方式提请消费者注意,消费者主张管辖协议无效的,人民法院应予支持。"就被答辩人提供的申请材料来看,携程App提供的"机票预订须知"位于订票界面底部,需要用户上滑至底部才能看到且没有弹窗或区别于其他安全提示的明显标识。在点击"下一步"按键时,直接默认原告对"机票预订须知"的内容予以认可,且"机票预订须知"内容繁杂,"管辖归属"条款夹杂在大量繁杂的条款中,原告无法注意到。

答辩人认为,被答辩人未采取合理方式提请消费者注意,故被答辩人主张"机票预订须知"中的"管辖归属"条款无效的,人民法院应予支持。

二、本案中机票预订的服务合同可参照买卖合同规定

按照《合同法》第124条:"本法分则或者其他法律没有明文规定的合同,适用本法总则的规定,并可以参照本法分则或者其他法律最相类似的规定。"服务合同属于无名合同,是以服务为标的的合同,本案中被答辩方提供机票预订服务本不应当收取任何额外的服务费,但被答辩方通过搭售酒店优惠券获得答辩方支付的有偿对价,事实上构成买卖合同关系,可参照买卖合同的法律规定。

三、合同履行地为答辩方住所地

根据《民诉法解释》第20条:"以信息网络方式订立的买卖合同,通过信息网络交付标的的,以买受人住所地为合同履行地;通过其他方式交付标的的,收货地为合同履行地。合同对履行地有约定的,从其约定。"答辩方与被答辩方是通过信息网络方式(携程App网上订票)订立买卖合同的,且通过信息网络交付标的(答辩方支付对价获得机票及搭售的酒店优惠券的所有权),故答辩方住所地为合同履行地。

综上所述，根据有关法律的规定及本着节约诉讼成本、便于查清事实的原则，苏州市姑苏区人民法院对本案具有管辖权。

此致

苏州市姑苏区人民法院

答辩人：王亦一

2017年12月×日

苏州市姑苏区人民法院民事裁定书

(2017)苏0508民初7819号

原告：王亦一(个人信息略)

委托诉讼代理人：吴琪

委托诉讼代理人：蒋雨涵

被告：上海携程商务有限公司(公司信息略)

法定代表人：范敏，董事长

委托诉讼代理人：熊敏琴，上海铭富律师事务所律师

原告王亦一与被告上海携程商务有限公司服务合同纠纷一案，本院于2017年11月22日立案。

王亦一诉称，2017年5月8日，因将要去台北交流学习，在手机携程App平台搜寻由上海到我国台湾地区的往返机票并选中了一款东方航空的机票组合，订单号为3800358031，当时即完成了付款。然而，当原告返还订票界面时却发现该机票组合定价与原告所付价款相关，原告点开付款明细发现除了应有的机票原价和机建、燃油费，竟然还有一张价值38元的酒店优惠券。原告遭遇被告隐性搭售酒店优惠券38元，被告这种默认勾选搭售产品的行为严重侵犯了原告的消费权、知情权、自由选择权，已构成欺诈。故诉至法院，请求判令：1. 被告退还原告38元，并支付赔偿费用114元；2. 被告取消默认勾选搭售产品的设置；3. 诉讼费由被告负担。

上海携程商务有限公司在提交答辩状期间，对管辖权提出异议认为，被告为客户提供相关预订服务的网络服务器所在地也位于上海市长宁区。原告在App上预订机票时，知晓并确认《机票预订须知》，其中已明确约定了管辖权条款，即用户同意因机票履行纠纷接受上海市长宁区人民法院管辖。无论是被告住所地，还是合同履行地，均在上海市长宁区，而非苏州市姑苏区。因此，请求将本案移送至有管辖权的人民法院即上海市长宁区人民法院审理。

本院经审查认为，本案系原告在手机上使用被告开发的App应用软件订立机票引起的网络服务纠纷。合同或者其他财产权益纠纷的当事人可以书面协议选择被告住所地、合同履行地、合同签订地、原告住所地、标的物所在地等与争议有实际联

系的地点的人民法院管辖。上海携程商务有限公司提供网站注册页面截屏打印件及手机App应用注册截屏打印件,经本院核实,与实际操作显示内容一致。用户在手机App注册时,页面显示《携程用户注册协议和隐私政策》,注明:“亲爱的用户,在您注册为携程用户的过程中,您需要完成我们的注册流程并通过点击同意的形式在线签署携程《服务协议》和《隐私政策》”。其后以黑体字形式列明:“请您务必仔细阅读、充分理解协议中的条款内容后再点击同意,尤其是加粗字体。〔请您注意〕如果您不同意上述协议或其中任何条款约定,请您停止注册。如果您按照注册流程提示填写信息、阅读并点击同意上述协议且完成全部注册流程后,即表示您已充分阅读、理解并接受协议的全部内容。”还列明:“如您对以上协(议)内容有疑问,请联系:pri×××@ctrip.com”页面下方有两个按钮,一个为“不同意”,另一个为“同意并继续”。注册流程进入下一步必须点击“同意并继续”,否则注册流程无法完成。页面中有《服务协议》和《隐私政策》的内容链接设置。《服务协议》第18条以黑体字载明,“因用户解释本服务协议或通过携程网预订任何产品而导致的争议,将同意接受上海市长宁区人民法院的管辖”。本院认为,上海携程商务有限公司在《服务协议》中以格式条款列明了诉讼管辖约定,该约定未免除其责任、加重对方责任、排除对方主要权利,且上海携程商务有限公司已以合理方式提请用户注意该格式条款的约定,故该格式条款已发生效力。同时,原告在填写机票订单时,页面最下方载有“点击去下一个页面,表示已阅读并同意预订须知,锂电池及危险品须知和东航国际运输条件”。三个文件均设置了内容链接。原告确认订单时点击“下一步”。《机票预订须知》第10条载明“用户同意因机票订单履行纠纷适用中华人民共和国的法律,接受上海市长宁区人民法院的管辖。可见,无论是在App应用注册还是机票预订时,均明确约定了由上海市长宁区人民法院管辖,本院无管辖权。

依照《中华人民共和国合同法》第39条、第40条、《中华人民共和国民事诉讼法》第34条、第127条第1款规定,裁定如下:

上海携程商务有限公司对管辖权提出的异议成立,本案移送上海市长宁区人民法院处理。

如不服本裁定,可以在之日起十日内,向本院递交上诉状,并按对方当事人或者代表人的人数提出副本,上诉于江苏省苏州市中级人民法院。

审判员　吴　倩

二〇一八年五月二日

书记员　常晴娟

本案中被告提起管辖权异议,2018年5月法院作出裁定,移送上海市长宁区人民法院处理。但由于我们几个同学课程任务繁忙,无法及时赶赴上海应诉,最终只能撤诉。

(二)所遇困境

我们项目的推进过程并不是一帆风顺的,甚至可以说是困难重重。在中期展示结束之后,我们便遭遇了一个让我们措手不及的突发事件。2017 年 10 月 9 日,公众人物韩雪在微博上谴责了携程 App 搭售优惠券的行为,一石激起千层浪,一时之间舆论哗然,公众、媒体纷纷将矛头指向携程。携程方面在舆论的影响下更改了它的应用界面,将预订分为了默认勾选优惠券的极速预订和不包含优惠券的普通预订。我们不得不就此与律师紧急开展了讨论:在携程方面已经在舆论影响下更改了界面的情况下,我们的项目是否还能实现最初想要达到的公益目的,是否还有必要继续进行下去?

事实上,在"韩雪事件"发生之前,2017 年 8 月,国家民航局就曾表示:"严禁搭售,不得以默认选项的方式出售机票以外的产品,而应当以一种清晰、明确、明白无误的方式,提供旅客自主选择的机会,以免产品误导或者诱购的行为。"然而,携程搭售优惠券的现象却一直没有得到有效规制。直到"韩雪事件"发生,迫于公众舆论压力,这种情况才得到改善。舆论的力量固然强大,但是随着时间的推移,公众会逐渐淡忘而携程存在的搭售优惠券的现象很有可能又会卷土重来。在指导律师的建议下,我们决定继续收集相关事实证据,修改起诉状,并对携程 App 界面进行持续观察。功夫不负有心人,在携程更改 App 界面半个月之后,我们发现携程又开始了搭售接送优惠券的行为。在起诉过程中,由于缺少实际操作的经验,出现了案由更改、管辖法院确定等问题,为此我们不得不多次奔波于姑苏区人民法院和吴中区人民法院之间。有一次因为不清楚地区法院关于周五下午立案与否的具体安排,我们在周五下午前往立案时扑了个空,但是我们也没有浪费这次行程,在不能够立案的情况下积极地向负责立案的法官就起诉状以及起诉材料的相关事宜进行了咨询,最终成功立案。

在我们的项目推进中,主要出现了两个法律方面的问题:

首先是案由的确定。由于缺乏实际操作经验,我们最先提出的是侵权责任纠纷案由,但在立案过程中姑苏区人民法院的立案法官告诉我们,侵权责任纠纷案由中不存在侵犯消费者权益这一具体的案由,并建议我们采用合同纠纷这一案由。在与我们的指导律师电话联系过后,我们决定选择合同纠纷这一在实际中较易操作的案由。经过这个修改案由的过程,我们对侵犯消费者权益案件案由的选定,有了一定了解。

事后,在查阅了相关资料后,我们发现在实践中涉及消费者权益的案件并没有统一的案由,但是充分保护消费者权益,侵权和合同是分不开的。也曾有北京市第二中级人民法院的法官提出,应该出台专门的消费者权益案由,更好地保护消费者权益。

其次是管辖法院的确定问题。我们首先确定的是姑苏区人民法院,法律依据是本案由侵权行为发生地的法院管辖,但在更改案由为合同纠纷之后,姑苏区人民法院要求我们出具当事人的户口本以此来确定原告所在地。由于当事人的户籍所在地为吴中区,我们只得临时更改管辖法院为吴中区人民法院。而当我们来到吴中区人民法院时,那里的立案法官却告诉我们移动终端订票不存在原告所在地,因为移动终端很难通过IP地址来确定原告所在地。尽管我们的组员找到了相类似的以原告住所地法院为管辖法院的案例,但法院工作人员的态度非常坚决,不愿受理此案。

最终,姑苏区人民法院也就是当事人经常居住地法院受理了我们的案件。而在传票下达后,对方提起了管辖权异议,认为应当由服务合同格式条款约定的上海市长宁区人民法院管辖。我们认为这个异议不成立,并进行了法律论证,但很遗憾,姑苏区人民法院没有接受我们的观点。

七、结语和感想

吴　琪:

这次实践活动,是我在入学以后第一次真切地接触诉讼的全过程。虽然之前也旁听过几场庭审,但是和亲身作为公民代理人直接参与诉讼有很大差距。在真正参与诉讼全程之后,我发现自己以往忽略了起诉这一过程对于一场诉讼的重要性。不仅在庭审中,在起诉过程中也会涉及很多在平时理论知识学习过程中很难留意到的细节。比如,案由的确定细节处理不好,可能会导致案件受理的迟延,甚至有可能给当事人带来不同程度的损失。

事实上,我们仅是在起诉过程就遇到了许多问题,尤其是在确定管辖这一问题上,我们花费了很多的时间和精力,咨询了学长学姐、律师和立案法官,多次在法院间奔波。所幸有指导律师不厌其烦地为我们解答问题,指导我们修改起诉状和管辖异议答辩状。

因为学业繁忙,我们最终选择了撤诉,但这项活动真的很有意义,不仅让我们法科生有机会接触到实务,而且也给我带来很多法律理论运用方面的启示,如电子商务的管辖问题、电子商务营业模式对合同性质认定的影响等。与此同时,这一次活动也启示我们作为法律人,在运用法律时应当关注公众的利益,而不仅仅是个人的私益。

刘新宇:

虽然是法律专业的学生,但之前从没有参与过案件流程,也不清楚公益诉讼到底是怎样一回事,想象中的诉讼大概是影视剧中经常出现的场景:严肃的法庭,法官居中，原被告针锋相对，进行博弈。但现实和想象总是存在巨大的差异，非常感谢学院和小城律师事务所提供了这样一个机会，让我们可以触碰到真实的诉讼实践。通过项目选题，我们发现了许多日常生活中潜在的法律问题。虽然有一些案件给个人带来的损失并不多，但从整个社会来看，这些问题就比较严重，而且一些企业或团体可能正是因为看到了这一点，所以准备从中获得巨额利润。

公益诉讼的最终目的不是使个人的利益损失得到补偿，而是维护整个社会公众的权益并且使其效力及于未来。我们最终选择携程作为起诉对象，很大程度上是因为携程的受众十分广泛，遭遇搭售的消费者成千上万，如果我们本次诉讼能够成功，可以给他们照亮一条维权之路。更重要的是，我们要证明携程这样默认勾选捆绑搭售的行为是违法的，它严重侵犯了消费者的知情权、自主选择权和公平交易权，同时也给消费者带来不必要的经济损失。

在诉讼过程中，我们切实体会到了各种诉讼程序的严肃性。因为诉讼前不太了解《民事诉讼法》以及相关司法解释的具体规定，所以我们跑了 4 次法院最终立案成功。在多次的失败中，我们受益良多，获得了很多宝贵的实践经验。不管结果如何，我们始终会把这种公益之心坚持下去。

蒋雨涵：

由于缺乏诉讼经验，我们走到开庭程序经历了好长一段路。四访法院、来回乘坐 2 小时公交、奔走于派出所和社区、立案的屡次失败……原来从事法律行业需要的不仅是智慧和口才，体力也是相当重要的因素。

前三次立案中的失败，一点一点地消磨我们的耐心和信心。特别是经历第三次失败时，我们从心底生起一丝无助和绝望，要是立案永远都成功不了怎么办呢？虽然在那段失望的日子不知道成功究竟还会有多远，但小组成员在认真进行了一次深度交流以后，我们发现自己并不想放弃。于是我们重整旗鼓，咨询了律师，仔细分析了起诉书中的不足和证据材料的不充分之处并进行了修改。经过不懈努力，第四次立案终于成功。

感谢人生中的第一个诉讼，让我提前体验了以后从事的行业，也提前学到了很多很实用但课堂学习中无法接触到的知识。同时，也要感谢公益诉讼比赛这个活动，让我们可以尽自己的微薄之力，为广大被票务平台强行搭售却又不知如何解决的弱势消费者群体发声。项目接近尾声，但公益的脚步永不停止，我们希望有更多的人能够学会运用法律的武器，为公益践行。

孙烨婷诉北京爱奇艺科技有限公司会员插播广告侵权案(2018)

孙烨婷　汤睿琦　许艳姿*

一、选题理由

近年来,网络视频网站快速发展,通过视频网站、应用观看视频的用户不断增多,在网络视频播放过程中插入广告的业务应运而生。

在目前的主要视频播放网站中,插播广告的形式主要有以下几种:片头广告、片中弹出广告、页面弹出广告等。视频网站没有充值的非会员用户,往往要观看较长时间的广告,网站会通过广告宣传语强调会员享受减免广告的权益,如“会员跳广告”“会员无广告”等,从而促使用户选择开通付费会员。

以上是目前大多数视频网站的惯常做法,爱奇艺视频播放网站以“会员跳广告”等广告语宣传其会员权益,但在会员充值后,观看视频的过程中仍存在播放广告的情况,包括片头广告(时间相较于普通用户有缩短,且可以选择跳过)、片中广告、弹出广告等。

我们认为,爱奇艺网站此行为违背了广告宣传,侵犯消费者权益。通过查阅法律法规和相关资料,我们认为,在片中插播广告的行为本身也具有违法性,因此构成对会员合同的瑕疵履行。

爱奇艺是百度旗下的一家视频娱乐服务提供者,以“悦享品质”为品牌口号,拥有海量的年轻用户群体和大量付费用户。因此,其违法行为波及面很广,不当的广告投放方式也会在网络视频行业领域引起不正当竞争,恶化消费者的使用体验。我们希望通过起诉北京爱奇艺科技有限公司,使其认识到部分插播广告行为的违法性,并对此加以改正,维护广大视频网站用户的利益。

---

* 本文作者均系苏州大学王健法学院2016级本科生。

二、法律分析

我们认为,爱奇艺网站在其会员权益宣传和插播广告的过程中存在欺诈消费者和违法履行合同的行为。具体理由如下:

第一,欺诈消费者。爱奇艺在其网页宣传中有“会员跳广告”、“VIP 轻松跳广告”和“VIP 会员观看影视内容自动跳过前贴片广告”等字样,以充值会员后享受跳广告的权益吸引普通用户付费充值成为会员。用户基于对广告宣传的信任购买会员产品之后,在观看爱奇艺网站的视频时,广告仍大量存在,且片中跳出的广告没有跳过提示。我们认为,这构成对消费者的欺诈,通过虚假的广告宣传,使消费者陷入错误认识,作出了错误的意思表示。

第二,违法履行合同。爱奇艺网站在播放视频的中途插播广告的行为本身就具有违法性。《互联网视听节目服务管理规定》第 17 条规定,“用于互联网视听节目服务的电影电视剧类节目和其他节目,应当符合国家有关广播电影电视节目的管理规定”。而《〈广播电视广告播出管理办法〉的补充规定》将第 17 条修改为:“播出电视剧时,不得在每集(以四十五分钟计)中间以任何形式插播广告。播出电影时,插播广告参照前款规定执行。”因此其行为违反了法规的规定。又根据《消费者权益保护法》第 16 条规定,“经营者向消费者提供商品或者服务,应当依照本法和其他有关法律、法规的规定履行义务”。据此我们认为,爱奇艺网站在视频播放的过程中插播广告的行为,是以违反法规规定的方式履行义务。

三、项目进度

时间	进度
2018 年 10 ~ 11 月	向姑苏区人民法院递交诉讼材料
2018 年 11 月 20 日	与爱奇艺客服沟通
2018 年 11 月 21 ~ 23 日	与爱奇艺法务协调、试图和解
2018 年 12 月 6 日	向姑苏区人民法院第二次提交诉讼材料,处于审查待立案状态
2018 年 3 月 20 日	法院立案
2018 年 4 月 18 日	正式开庭
2018 年 6 月 19 日	法院判决胜诉

四、前期准备

(一)取证

本组成员孙烨婷同学在爱奇艺网站拥有注册名为“×××”的账号,并于2018年9月28日21时3分购买爱奇艺网站提供的“黄金VIP会员3个月”的服务,支付金额58元,显示会员到期时间为2018年12月21日。后于2018年9月28日登录该账户观看视频的过程中,在“中国音乐公告牌(2018-09-21期)”“中国音乐公告牌(2018-09-28期)”等节目中发现仍存在“即刻App”“卡姿兰”等广告,视频右上角标有“广告”2字,但无跳过提示。

证据清单:

证据一、北京爱奇艺科技有限公司的工商信息

证明:被告信息

证据二、爱奇艺网站关于会员权益的广告宣传

证明:被告在其宣传中对会员权益的描述

证据三、原告的会员充值信息

证明:原告购买了被告提供的会员服务

证据四、使用会员观看视频时出现的广告

证明:被告提供的会员服务中仍有广告存在

(二)调研

1. 网络视频贴片广告的概念

通过互联网查阅相关资料,了解到“网络视频贴片广告”是指在视频的片头、片中或者片尾插播的与视频内容无关的广告内容,其时长与传统电视广告类似。并且本组经调查发现,目前视频贴片广告的形式主要有传统前置贴片、大幅遮挡贴片和背景搭配贴片。

2. 通过人工监测等网络数据调查方式发现爱奇艺会员制度下仍插播广告的行为

本组以人工监测的方式为主,通过监测爱奇艺网站的视频内容,观察、记录和整理视频贴片广告投放数据。同时,采取抽样调查法,对网站视频进行随机抽样,选取有代表性的视频作为主要研究对象。

为了更准确地监测广告投放数据,本组将样本的监测范围限定在更具典型性的长视频中,即电影、电视剧、综艺和动漫节目。

本组通过监测发现,在本次监测范围中,所有被监测的视频都设置有片头的贴片广告,片头广告时间较长,大多超过一分钟,且播放时右上角配置了广告时间倒计时;插播片中广告的情形主要集中在综艺和电视剧中,而在综艺节目中出现频繁,通常一集视频中出现2~3次。片中广告通常是在故事情节关键处突然播放,其是在没有事先告知用户广告播放时长的情况下进行播放且无法跳过,用户被迫看完全部

广告之后才能够继续观看视频。目前,插播广告的时长主要为5秒、10秒、15秒和30秒。其中,15秒广告比重最大。

本组通过针对爱奇艺会员制度下分析的监测数据发现,爱奇艺网站中大量存在在片中插播贴片广告的行为。主要包括两种形式,一是采用舞台剧的广告形式插入节目当中,典型例子如《中国音乐公告牌》;二是直接在节目当中插入诸如"即刻App"或口红、手机等广告。即使存在会员跳广告的协议承诺,爱奇艺仍然在毫无预告的前提下播放广告,强迫用户观看。

3. 通过问卷和采访形式对用户对插播广告行为的感受进行收集

本小组制作以"对爱奇艺插播广告行为的大众意见调查"为题的调查问卷,对校园内外爱奇艺用户进行调查采访,询问其是否曾在爱奇艺观看视频过程中被迫收看插播广告,了解爱奇艺用户对于视频中插播广告行为的态度与对待方式。

在分发调查问卷的同时,本小组也对校园内外的路人进行了随机采访,通过简短的几个小问题来观察其对爱奇艺插播广告行为的看法以及相关意见。

最后,根据问卷调查和采访结果的分析,参与调查的所有爱奇艺用户都有过被迫收看视频中插播广告的经历,其中多数人的处理做法是不情愿地将广告看完,然后等待正常视频的播放,事后没有对被迫收看广告的行为进行责任追究;也有少数人在爱奇艺播放插播广告时选择关闭爱奇艺页面,停止观看视频或者转而打开其他视频网站继续观看。参与本次调查的绝大多数人事后都未对爱奇艺的插播广告行为进行任何责任追究,极少数人曾针对视频中插播广告发帖抱怨或在投诉网站上进行投诉,均未收到爱奇艺方的任何回复。

4. 法律法规的查阅

本组查阅了《广播电视广告播出管理办法》《关于进一步加强广播电视广告播出管理办法的通知》《〈广播电视广告播出管理办法〉的补充规定》《互联网视听节目服务管理规定》,通过对上述部门规章的法条分析,明确可知爱奇艺插播广告行为违反了法规规定,属于违法侵权行为。

五、起诉

(一)起诉状

民事起诉状

民事起诉状一*

原告:孙烨婷(个人信息略)

* 本起诉状为第一次提交起诉状,法院确定案由是买卖合同纠纷。

被告:北京爱奇艺科技有限公司(公司信息略)

诉讼请求:

1. 请求被告退还原告充值的会员费58元,并赔偿500元。

2. 请求被告承担本次诉讼费用。

事实与理由:

原告于2018年9月21日浏览爱奇艺网站时,在观看视频的右上角看到"会员跳广告"的广告宣传语。原告为享受跳过广告的服务,进行了"黄金VIP会员3个月"的会员充值,并设置用户名为"×××",共计58元。原告所购买的会员服务是由北京爱奇艺科技有限公司推出的。但随后,原告在2018年9月28日观看爱奇艺网站自制剧"中国音乐公告牌"时,发现视频播放中插入以舞台剧形式和动画形式呈现的卡姿兰、"即刻App"等广告,且均无法跳过,不符合广告宣传语的内容。

首先,此行为违反了《消费者权益保护法》的相关规定,属于欺诈行为。被告的"会员跳广告"的宣传诱使原告相信其充值会员之后可以享受跳广告的服务,但实际情况与该广告宣传语不符,属于故意夸大的虚假宣传,欺骗消费者。原告基于对被告广告宣传语的信任,作出了意思表示,进行了会员的充值并购买会员服务。

其次,根据《互联网视听节目服务管理规定》和《广播电视广告播出管理办法》的规定,在此类视频中插播广告的行为是违法的,不符合《消费者权益保护法》关于经营者不得以违反法律法规规定履行合同的规定。

此致

江苏省苏州市姑苏区人民法院

具状人:孙烨婷

2018年11月8日

民事起诉状二*

原告:孙烨婷(个人信息略)

被告:北京爱奇艺科技有限公司(公司信息略)

诉讼请求:

1. 请求被告赔偿原告充值的会员费58元;

2. 请求被告承担本次诉讼费用。

事实与理由:

原告于2018年9月21日浏览爱奇艺网站时,在观看视频的右上角看到"会员跳广告"的广告宣传语。原告为享受跳过广告的服务,进行了"黄金VIP会员3个

* 本起诉状为第二次提交起诉状,案由为侵权纠纷。

月”的会员充值，并设置用户名为“×××”，共计58元。原告所购买的会员服务是由北京爱奇艺科技有限公司推出的。但随后，原告在2018年9月28日观看爱奇艺网站自制剧“中国音乐公告牌”时，发现视频播放中插入以舞台剧形式和动画形式呈现的卡姿兰、“即刻App”等广告。

此行为违反了《互联网视听节目服务管理规定》和《广播电视广告播出管理办法》关于互联网平台播出视频中插入广告的相关强制性规定，违反《消费者权益保护法》第16条“经营者向消费者提供商品或者服务，应当依照本法和其他有关法律、法规的规定履行义务”的规定，属于以违法方式履行合同的行为，侵犯了原告的财产权。

此致

江苏省苏州市姑苏区人民法院

具状人：孙烨婷

2018年12月7日

（二）立案过程

1. 一访法院

我队前往姑苏区人民法院提交本案诉讼材料，立案庭人员明确告知缺少原告的经常居住地证明，因此未能顺利立案。

2. 二访法院

我队带好准备齐全的诉讼材料来到姑苏区人民法院进行立案，最后以合同欺诈为由被法院正式受理，成功立案。

（二）协商解决

1. 与被告的沟通

在原告向姑苏区人民法院递交材料后，被告爱奇艺一直与我们保持着积极的沟通。最先是爱奇艺客服打来电话，为其“会员跳广告”宣传语进行解释。随后，被告公司的法务人员与我们进行了细致的沟通，并提出了4点意见：

其一，“会员跳广告”宣传语与实际情况是一致的。对于原告提交的视频证据中的插播广告，可以通过拉动进度条的方式跳过，这也是跳过广告的一种方式。

其二，鉴于本案被法院定性为买卖合同纠纷，根据会员协议中的管辖条款，爱奇艺一方将提起管辖权异议，案件将被移至北京市海淀区人民法院，考虑到北京应诉的诉讼成本，希望原告方考虑撤诉。

其三，爱奇艺一方愿意退还原告所支付的季度会员权益费用共计58元，并同时延长会员权益一年作为补偿，希望可以尽快解决本次诉讼，但其坚称“插播广告的行为是合法、正当的，该补偿方案只是为了能够快速解决本次诉讼的手段，并不是对原告的赔偿。”

其四,即使此案最后开庭审理,法院判决也是需要考虑社会影响力的。试想一下,一个苏州的判决判北京的公司插播广告行为违法,进而影响整个行业是不可能的。所以,即使最终开庭,原告胜诉的概率也是很低的。后续程序的进行是没有多大意义的。

针对被告的4点意见,我方进行了反驳:

首先,被告提出用拉动进度条的方式可以跳过插播广告,但根据《广告法》的相关规定,爱奇艺插播广告的页面应显示“可跳过”的文字提醒或一键跳过的按键,其网页上却并未设置。

其次,对于被告提出的管辖权异议,我方在立案时是想以侵权为事由进行立案,随后使用原《侵权责任法》中对于管辖权的规定,侵权行为地人民法院也具有案件的管辖权。但是法院立案庭在归纳案件事由时,将本案定为买卖合同纠纷,因此我们将在案件的后期进行中变更案由。同时,被告提到的会员协议中的管辖权约定,仅规定了“任何一方均可向北京市海淀区人民法院提起诉讼”,并没有明显排除其他人民法院的管辖权。

再次,对于被告所称其插播广告行为违法的观点,我方是坚决反对的。我方认为,如果同意其补偿条件,达成和解是对本次诉讼初衷的违背,是对“公益”二字的颠覆。

最后,本次诉讼我们坚定其公益目的,即使最终结果可能不尽如人意,我们也必将坚持过程中的每一步。对我们而言,我们诉讼的初衷是公益,那么我们诉讼的进展必将无愧于这两个字。我们也希望本次诉讼能为今后公益诉讼之路的发展献上一分力。在多次沟通无果后,我们与被告最终未能达成和解。

2. 与书记员的沟通

在我们与被告沟通的过程中,姑苏区人民法院负责本案的书记员也打来了电话询问我们的想法。

我们认为,依据《互联网视听节目服务管理规定》和《广播电视广告播出管理办法》的规定,被告插播广告的行为本身违法,我们坚持以赔偿为前提进行调解。书记员了解了我们的意见后,提出了如下3点看法:

其一,在法院与被告的沟通过程中,被告直接表示其将提出管辖权异议。法院将此案定为小额诉讼,实行一审终审。一旦裁定管辖权异议成立,该裁定立即生效,案件将立刻移送至北京市海淀区人民法院。如果案件继续进行下去,原告应诉就要到北京,作为学生去北京应诉,其诉讼成本还是很大的。

其二,法院的办案数量大、办案压力也很大。本案内容不是非常复杂,启动后续司法资源不仅没有太大价值,也是对国家司法资源的浪费。所以建议本案进行调解，尽快结束诉讼程序。

其三，作为学生，原告接触的法律实务可能并不多。其实，法律实务与书本上是不一样的，不是法律规定什么样就一定应该怎么样。法官的工作更多是解决原告、被告双方之间的纠纷，而不是通过一张张盖上法院公章的文书来感觉自己站在正义的一边。法律不是在象牙塔里想象的那样，永远是最优的解决办法。

3. 原告的最终决定

本队在多次讨论、沟通之后，认为如果同意和解方案，与本诉讼维护公益的初衷是严重违背的，这是秉持公益信念的我们所不能妥协的。最终，本队拿出的方案是，改变案由，继续诉讼。

我队的想法是，既然我们已经开始了公益诉讼之路，就应该坚持下去。给此诉讼画上一个完整的句号，才是无愧于内心、无愧于公益的选择。

六、法院判决

江苏省苏州市姑苏区人民法院民事判决书

(2019)苏0508民初2479号

原告：孙烨婷（个人信息略）

委托诉讼代理人：许艳姿

委托诉讼代理人：汤睿琦

被告：北京爱奇艺科技有限公司（公司信息略）

委托诉讼代理人：江亚文，该公司员工

委托诉讼代理人：韩晗，北京市鑫诺律师事务所律师

原告孙烨婷与被告北京爱奇艺科技有限公司（以下简称爱奇艺公司）知情权纠纷一案，本院于2019年3月20日立案受理后，依法适用简易程序，于2019年4月18日公开开庭进行了审理。原告孙烨婷及其委托诉讼代理人许艳姿、汤睿琦、被告爱奇艺公司的委托诉讼代理人江亚文、韩晗到庭参加诉讼。本案现已审理终结。

原告孙烨婷向本院提出诉讼请求，要求判令被告：1. 停止插播广告的侵权行为；2. 返还原告充值的会员费58元，赔偿原告500元。诉讼中，原告变更诉讼请求，要求判令被告：1. 停止插播广告的侵权行为；2. 在其官方网站首页上进行公开赔礼道歉；3. 赔偿原告充值的会员费58元。事实和理由：原告于2018年9月21日浏览爱奇艺网站时，在观看视频的右上角看到“会员跳广告”的广告宣传语，原告为享受跳过广告的服务，进行了“黄金VIP会员3个月”的会员充值，并设置用户名为

“×××”,共计58元。原告所购买的会员服务是由爱奇艺公司推出的。但随后,原告在2018年9月28日观看爱奇艺网站自制剧《中国音乐公告牌》时,发现视频播放中插入以舞台剧形式和动画形式呈现的卡姿兰、“即刻App”等广告。此行为首先违反了《消费者权益保护法》第20条,属于虚假宣传,被告“会员跳广告”的宣传诱使原告相信其充值会员之后可以享受跳广告的服务,但实际情况与该广告宣传语不符,属于故意夸大的虚假宣传,欺骗消费者。原告基于对被告广告宣传语的信任,作出了意思表示,进行了会员的充值并购买会员服务。其次,根据《〈广播电视广告播出管理办法〉的补充规定》“播出电视剧时,不得在每集(以四十五分钟计)中间以任何形式插播广告。播出电影时,插播广告参照前款规定执行。”同时,《互联网视听节目服务管理规定》第17条规定“用于互联网视听节目服务的电影电视剧类节目和其他节目,应当符合国家有关广播电影电视节目的管理规定”。这属于禁止互联网平台播出视频中插入广告的强制性规定,因此被告在此类视频中插播广告的行为是违法的。其违反了《消费者权益保护法》第16条“经营者向消费者提供商品或者服务,应当依照本法和其他有关法律、法规的规定履行义务”,属于以违法方式履行合同,侵犯了原告的知情权,属于以欺诈方式侵犯消费者权益。原告据此诉至法院,提出如上诉讼请求。

被告爱奇艺公司辩称:1.原告主张被告对“会员跳广告”的权益内容进行了虚假宣传,与事实完全不符。被告宣传的“会员跳广告”是指,对于非会员必须强制观看的片头广告,会员享有一键关闭的权利,而非指被告不向会员呈现任何广告,对此被告特意在“VIP特权”专栏和《VIP会员服务协议》中进行了如实、详细、全面的说明,不存在虚假告知行为。被告特意开设了“VIP特权”专栏,并将其放置在网页的显著位置,其所含的权益说明内容宜于观看、助于理解、容易获取,被告没有恶意隐瞒行为。被告在《VIP会员服务协议》中对“会员跳广告”权益进行了特别说明,并且将协议放在了用户注册的必经页面上,已经采取了足够措施保护会员的知情权。2.原告主张《中国音乐公告牌》视频播放过程中呈现的广告侵犯了其会员权益,与事实不符。案涉视频中的广告不属于片头广告,不在被告宣传的“会员跳广告”权益范围内,并且可以通过拖拽进度条予以跳过,不具有强制观看的性质,此广告的呈现未侵犯原告的会员权益。3.原告主张被告违反《互联网视听节目服务管理规定》和《〈广播电视广告播出管理办法〉的补充规定》两部部门规章,侵权了其作为消费者的知情权,显属法律适用错误,其主张不应作为本案审理依据。4.原告已经不再是爱奇艺网站会员,其要求停止侵权的主张已经丧失了权利基础。5.被告并未侵犯原告的人格尊严、人身自由或者个人信息,依据相关法律规定,无须给孙烨婷赔礼道歉。6.被告未给原告的人身或者财产造成任何损害,不应承担任何赔偿责任。综上所述,原告起诉属于恶意诉讼,浪费司法资源,其诉讼请求应予以驳回。

当事人围绕诉讼请求提交了爱奇艺广告宣传语网页打印件、充值信息打印件、爱奇艺综艺节目播放照片及视频、孙烨婷与爱奇艺客服的聊天记录、购买会员服务流程截图打印件、网页端会员权益说明截图打印件、《VIP 会员服务协议》等证据，本院组织当事人进行了证据交换和质证。根据当事人陈述和经审查确认的证据，本院认定事实如下：

爱奇艺网站（网址：www.iqiyi.com）系爱奇艺公司运营管理的以提供网络视频服务为主的一家网站，该网站提供不同类型的 VIP 服务。2018 年 9 月 21 日，孙烨婷（会员用户名：×××）进行了爱奇艺网站“黄金 VIP 会员 3 个月”的会员充值，并成为爱奇艺网站的 VIP 会员，该会员服务于 2018 年 12 月 20 日终止。

爱奇艺网站的非 VIP 用户，观看爱奇艺视频时有片头广告，爱奇艺网站在片头广告播放时插入“会员跳广告”的提示语，点击该提示语即进入付款界面，付款界面包含价格、付款方式（付款二维码）、《VIP 会员服务协议》及《自动续费服务协议》几项内容。点击《VIP 会员服务协议》可查看 VIP 会员服务协议的内容，该协议对双方权利义务进行了约定，其中第 5 条为 VIP 会员权益及服务期限、收费标准的约定，第 5.1 条载明会员权益包括不限于影视内容提前看、跳广告、VIP 高清视觉体验、杜比全景声、赠送影片等，具体以爱奇艺平台 V 某某特权页面的说明或实际提供为准。第 5.2 条系关于广告的特别说明：我们会在您观看影片内容时提供“跳广告”的会员权益，您可一键关闭片头广告，但此权益可能不涉及全部影视，部分影片因版权方限制或其他限制原因，仍可能会向你呈现不同类型的广告服务，且亦不排除爱奇艺以其他方式投放广告或商业信息，对此您理解并予以接受，同时我们承诺会尽量降低对您的观影体验影响。您再次确认且同意，部分影视节目自带的广告内容并非由爱奇艺直接提供，上述“跳广告”权益无法跳过该爱奇艺不可控的广告内容。孙烨婷陈述，其根据“会员跳广告”的指示，点击该广告语进入付款界面，因《VIP 会员服务协议》提示不明显，其未查看协议即购买了 VIP 会员服务。

爱奇艺公司将“VIP”置于爱奇艺网站首页的右上端，鼠标置于“VIP”处，该项下有“了解 VIP 会员专享特权”“做任务、领奖励”“领取会员专属福利”三项下拉菜单，点击“了解 VIP 会员专享特权”即进入 VIP 权属介绍界面，黄金 VIP 特权包括内容特权（院线新片、海量高分大片、热剧抢先看等）、观影特权（跳广告、蓝光 1080P、杜比全景声等）、身份特权（标志、皮肤等），点击“跳广告”，则进入跳广告介绍界面，载明的权益内容为：VIP 会员观看影视内容自动跳过的前贴片广告（约 90 秒），可手动跳过会员定向推荐内容，省时省心不用等待（部分片源因版权方限制，仍可能会向您呈现不同种类的广告服务，但对您的观影体验影响较小，还请您谅解）。单击右上端的“VIP”即进入付款界面，该付款界面即包含价格、付款方式（付款二维码）、《VIP 会员服务协议》及《自动续费服务协议》的界面（以上流程详见附件中图三至图五）。

孙烨婷与爱奇艺公司均确认购买爱奇艺VIP会员服务后,用户无须观看片头广告。孙烨婷在观看《中国音乐公告牌》节目时,发现节目中插入爱奇艺会员宣传、卡姿兰、“即刻App”等广告,爱奇艺公司对此事实无异议,但主张该部分广告与视频进度条结合在一起,可以拖拽跳过,不属于VIP用户权益中可以跳过的广告。因版权方对著作权的要求、用户上传内容附带广告等原因,爱奇艺网站不可能停止插播任何广告。

本院认为,孙烨婷作为用户使用爱奇艺网站时购买了VIP服务,爱奇艺公司为其提供播放视频服务及其他服务,双方形成网络服务合同关系。孙烨婷为个人日常生活购买、接受该服务,符合消费者的定义。爱奇艺公司作为经营者向孙烨婷提供视频播放等相关服务,应当符合合同法及消费者权益保护法的规定,不得侵害消费者的合法权益。

争议焦点一:爱奇艺公司在播放视频时插播广告的行为是否违反法律法规的强制性规定?

《中华人民共和国消费者权益保护法》第16条规定,经营者向消费者提供商品或者服务,应当依照本法和其他有关法律、法规的规定履行义务。经营者和消费者有约定的,应当按照约定履行义务,但双方的约定不得违背法律、法规的规定。就本案而言,首先,《中华人民共和国广告法》第44条规定,利用互联网从事广告活动,适用本法的各项规定。利用互联网发布、发送广告,不得影响用户正常使用网络。在互联网页面以弹出等形式发布的广告,应当显著标明关闭标志,确保一键关闭。爱奇艺网站在视频节目中插播的广告,不属于页面弹出广告,其行为未违反该条款的规定。其次,《广播电视广告播出管理办法》及其补充规定是原国家新闻出版广电总局发布的针对广播电视播放广告的部门规章,对广播、电视播放广告的原则导向、内容限制、播放时间、监管责任等内容进行了规定,其中关于播放时间的规定,包括每套节目每日公益广告播出时长不得少于商业广告时长的3%、每套节目每小时商业广告播出时长不得超过12分钟、每集电视剧(以45分钟计)中不得插播广告等内容。原国家新闻出版广电总局、原信息产业部发布的《互联网视听节目服务管理规定》第17条规定:“用于互联网视听节目服务的电影电视剧类节目和其他节目,应当符合国家有关广播电影电视节目的管理规定。互联网视听节目服务单位播出时政类视听新闻节目,应当是地(市)级以上广播电台、电视台制作、播出的节目和中央新闻单位网站登载的时政类视听新闻节目。未持有许可证的单位不得为个人提供上载传播视听节目服务。互联网视听节目服务单位不得允许个人上载时政类视听新闻节目,在提供播客、视频分享等上载传播视听节目服务时,应当提示上载者不得上载违反本规定的视听节目。任何单位和个人不得转播、链接、聚合、集成非法的广播电视频道、视听节目网站的节目。”该条款是针对互联网节目本身性质和内容的限制和规定,爱奇艺网站在播放视频时插播广告未违反上述两部门规章。经查,原国家工商行政管理总局发布的《互联网广告管理暂行办法》是对互联网广告制定的部门规章,该规章未对互联网企业播放广告的时长、插播时间作出强制性规定。故孙烨婷认为爱奇艺网站播放视频节目插播广告的行为违反法律法规的强制性规定,事实和理由不能成立。

争议焦点二:爱奇艺公司插播广告的行为是否违反双方之间的网络服务合同的约定?

爱奇艺公司应按照与消费者达成的服务合同内容提供服务,遵守双方的约定。就本案而言,第一,爱奇艺公司在宣传VIP服务时使用了"会员跳广告"的宣传语,但该公司在权益介绍界面、《VIP会员服务协议》中对跳广告的含义作出了详细的说明,应认为《VIP会员服务协议》、会员权益介绍构成双方的合同条款。第二,在履行服务协议的过程中,爱奇艺公司遵照该协议约定跳过了片头强制插播的广告,并且提供了诸如免费(半价)看大片、提前看剧集、高清晰度等一系列非VIP会员无法享受的服务,提升了消费者的用户体验,符合消费者购买VIP服务的目的。第三,爱奇艺公司在部分视频节目中插播了与进度条结合在一起、可拖拽的部分广告,该广告时长较短、可拖拽跳过,其在权益介绍、服务协议中也作出了说明,虽然爱奇艺公司未能证明该类广告均属于版权方提供或者用户提供,但该类广告与非VIP用户强制观看的广告具有明显的区别,应认定属于协议中载明的其他广告形式,爱奇艺公司未违反服务合同相关条款的约定。

争议焦点三:爱奇艺公司在签订服务合同的过程中是否履行了充分告知的义务?

在消费服务领域中,经营者和消费者处于信息不对称的地位,经营者极有可能利用信息不对称的优势,将风险转嫁给消费者,因此法律对经营者的提示告知义务提出了严格的要求,尤其是经营者在经营活动中使用格式条款的,应当以显著方式提请消费者注意商品或者服务的数量和质量、价款或者费用等与消费者有重大利害关系的内容。就本案而言,第一,爱奇艺公司基于《VIP会员服务协议》向消费者提供服务,该协议系爱奇艺公司单方提供的格式合同,条款较多、内容复杂,对消费者诸项权利和义务进行了界定,既然其要求消费者受该协议约束,理应对消费者进行充分告知。第二,爱奇艺公司将VIP权益介绍作为"VIP"的下拉菜单供消费者点击查看具体的权益,在付款界面提供《VIP会员服务协议》供消费者阅读,其权益介绍、《VIP会员服务协议》对跳广告的含义作出了说明,部分消费者可以通过查看权益介绍和服务协议了解跳广告等VIP服务的具体含义,应认为爱奇艺公司履行了部分告知义务,其主观上不存在恶意欺诈消费者的故意。第三,在部分消费者的认知中,"跳广告"的一般含义是可跳过所有广告,爱奇艺公司提供的跳广告服务仍存在无法跳过“少部分其他类型的广告”,爱奇艺公司对此应向消费者进行说明,考虑到网页内容的纷繁复杂,此种提示应更为显著、明确。爱奇艺网站在“会员跳广告”宣传语处可不通过权益介绍界面直接点击进入付款界面,虽然付款界面有《VIP会员服务协议》供消费者阅读,但该协议字体较小、标示不够显著,也没有要求消费者阅读并确认后付款,此种方式虽为消费者扫码支付提供了便利,但也导致消费者可能未充分了解自己的权利义务即进行了购买,故爱奇艺公司在履行告知义务方面存在瑕疵,孙烨婷主张因受爱奇艺网站宣传的误导未了解跳广告的具体含义即进行了购买VIP服务具有一定的可能性。

综上所述,爱奇艺公司提供的VIP服务在播放视频时插入部分广告,未违反法律法规的强制性规定,未违反其与消费者之间的网络服务合同相关条款的约定,孙烨婷要求爱奇艺公司在播放视频时停止插播广告的诉讼请求,于法无据,本院不予支持,但爱奇艺公司在履行告知义务上存在瑕疵,应承担相应的责任。赔礼道歉主要适用于经营者侵害消费者的人格尊严、侵犯消费者人身自由或者侵害消费者个人信息的情形,本案中爱奇艺公司在签订、履行网络服务合同中不存在上述违法行为,孙烨婷要求爱奇艺公司赔礼道歉的诉讼请求,本院不予支持。爱奇艺公司未向孙烨婷充分告知其应有的权利和义务,导致孙烨婷在观影体验等方面受到一定的损害,应依据消费者权益保护法的规定向孙烨婷承担赔偿责任。孙烨婷作为消费者在购买相应的VIP服务时未进一步了解VIP会员权益的具体内容,在缔约过程中也存在一定的疏忽。综合考虑爱奇艺公司在提供服务中的瑕疵对孙烨婷的实际影响、孙烨婷支付的服务费用、孙烨婷已享受跳广告服务中跳过片头广告的服务以及其他VIP服务等因素,本院酌情确定爱奇艺公司赔偿孙烨婷30元。爱奇艺公司在与消费者订立网络服务合同的过程中,向消费者告知权利义务的方式上存在一定的瑕疵,容易导致双方产生不必要的纠纷,其作为行业内知名企业,为促进互联网视频播放行业规范发展、减少纠纷和诉讼,宜作出必要合理的改进,采用更为显著、明确的方式对格式条款约定的消费者权利义务进行提示、提醒。

综上,依照《中华人民共和国消费者权益保护法》第2条、第8条、第16条、第26条、第52条之规定,判决如下:

一、被告北京爱奇艺科技有限公司于本判决生效之日起10日内赔偿原告孙烨婷30元。

二、驳回原告孙烨婷其他诉讼请求。

如采用转账方式支付,请汇入当事人指定账号;或汇入苏州市姑苏区人民法院,开户行中国银行苏州大观名园支行,账号49××84,汇款时请注明案号。

如果未按本判决指定的期间履行给付金钱义务,应当依照《中华人民共和国民事诉讼法》第253条之规定,加倍支付迟延履行期间的债务利息。

案件受理费50元,减半收取25元,由被告北京爱奇艺科技有限公司负担。

如不服本判决,可在判决书送达之日起十五日内,向本院递交上诉状,并按对方当事人的人数提出副本,上诉于江苏省苏州市中级人民法院。同时按照国务院《诉讼费用交纳办法》规定向江苏省苏州市中级人民法院预交上诉案件受理费。苏州市中级人民法院开户行:中国农业银行苏州苏福路支行,账号:10×××76。

审判员　宁晓鹏

二〇一九年六月十九日

书记员　陈丽华

七、结语和感想

许艳姿:

能够参加这次的"小城公益之星"创意诉讼大赛,对我来说是一次宝贵的人生经历。它特别在两个方面:一是诉讼是公益性质的,亲身参与公益诉讼当中让我充分意识到公益诉讼的价值所在;二是参与诉讼的全过程,通过将理论知识与实践操作相结合,大大提高了我的专业能力。除此之外,还有团队协作能力、逻辑思维与策划技巧等各方面都受益匪浅。

立案前期的书状撰写尤为重要,为此,我们修改多遍,讨论多次,同时也感谢郑长虹律师在思路梳理和撰写技巧方面给予我们的耐心指导。在撰写事实和理由部分,我学会多角度思考,更多地站在被告角度观察寻找我们欠缺合理性的地方。无论是查找法条、遣词造句,还是规范书状写作格式,我都学到很多。

我们在诉讼实践的过程中遇到程序上的问题,通过向学院张永泉教授请教,我巩固了理论知识,发现书本知识的趣味性。理论运用于实践的意义与价值不言而喻。在沟通协商过程中,我也敬佩爱奇艺法务人员耐心温和的工作态度,这一点也是今后踏入社会需要学习的。诉讼过程中,经历了立案短暂的喜悦之后,我意识到自己仍然缺乏全面思考与沟通协商的能力,这也是我今后所要努力的方向。

汤睿琦:

大一时,作为一名记录人员参与了"小城公益之星"创意诉讼大赛成果展示会,学长学姐们的果敢坚定和对公益的坚持,让我第一次理解了何谓"为了正义,哪怕天崩地裂"——不是莽撞的鸡蛋碰石头,而是即便渺小如我,也可以以法律的途径,努力为社会的进步和法秩序的维护,作出一些贡献。

今年有幸参与本次比赛,我最大的感触是实务诉讼对于我们在短期内获取实践知识的能力要求。在平时的学习中,我们对于法律体系关注比较多,而在实践中面对个案时,需要我们就其涉案细微的点进行深入研究,而这个点可能是在平时的学习中并没有关注到的。通过已有的知识储备,我们可以对其作出大致的方向性判断,但这远远不够。

另一重要收获是关于纠纷解决的方式。问题的解决结果,并非完全实现自身的诉求或与法律规定一致。在与法院、爱奇艺法务人员的沟通中,我逐渐意识到当事人双方在某些方面并不一定是完全对立的,通过友好调解、和解达成令双方均满意的结果不失为一种双赢的方式。

而在本案中,作为一项公益诉讼,我们的诉讼目的已经超出了个人的利益。我们希望通过与爱奇艺的沟通使其认识到自身行为的违法性,以实现对网络视频广告乱象的整治。因此,在调解不成的情况下,我们决定坚持最初的公益价值,作出更多的尝试。

作为我接触的第一个案件,它承载的公益价值激励我在面对挫败时选择坚持下去,通过转换思路不断努力以达成目的。我也希望自己在今后的学习、工作生涯中能够记住这份热忱,不忘初心,保持一名法律人应有的素养。

孙烨婷:

这次诉讼使我拥有了一次宝贵的经历,第一次单独与法官沟通,第一次自己缴纳诉讼费、上诉费,第一次整理自己的案件,第一次体验了完整的诉讼流程。

在诉讼过程中,我们小组同学一起撰写了起诉状,一起完成了起诉材料的整合,一起去法院立案。当听到正式立案受理的消息,所有人都松了一口气,我们以为这是所有准备与繁忙的结束,却不知这只是令人头晕目眩的开始。爱奇艺方面一个又一个电话打来沟通,法务人员以其超高的专业素养几乎碾压我们的反驳,在又一次与爱奇艺法务人员的沟通中,我们完全被她的思路带偏,而忘记自己的想法。平心而论,自己作为一名大三的学生,第一次遇到这样的阵势是有些慌张的。即使本队队员进行了多次讨论研究,但还是常常踌躇不决,不知如何是好。在很多重要的时间节点,我们感谢有郑长虹律师和张永泉老师的指导。

法律是一门博大精深的学问,每个法学生都可能经历从书本到法庭的过程,而这一场诉讼给了曾经尤显稚嫩的我一次深刻的教学,实务的精彩与烦琐是令人回味的美好体验,书本到法庭的道路也显得尤为有趣。

这次公益诉讼给我的最大感受就是,大学生作为即将踏入社会的稚嫩的人,作为拥有充足时间和课本知识的人,作为对未来充满期待和拥有无限可能的人,去完成一次对社会有益的诉讼对自己的职业生涯和人生旅途都是格外有意义的。去尝试,才有收获更多的可能性,未来才有更多选择和发展的可能性。

孙加凤诉上海携程商务有限公司加价抢票案(2018)

孙加凤　王亦一　杨锦仪*

一、选题理由

现今,随着互联网信息技术的飞速发展,携程、同城、飞猪、去哪儿网等网络预订软件层出不穷,人们乘坐火车、汽车、飞机等交通工具出行,已经不再需要去车站现场买票,而只需打开一个购票 App,就可以提前预订好几天甚至几十天后的票。可是,在享受着这项便利的同时,我们也会发现,由于铁路资源的有限性,在一些需求量大的时段,如春节,火车票往往在开售瞬间就被抢购一空,很多人即面临着无法回家的风险。此时,不同于铁路官方购票网站 12306 网站上无票就显示无票的状态,携程等软件在无票时还会提供一个加速抢票的服务,用户在原票价的基础上多花几元或几十元的费用购买抢票加速包,就可获得其宣传的后台 24 小时不间断抢票的服务,一旦有人退票,这些网站便会通过技术手段第一时间抢占这张票。用户购买的加速包价格越高,抢票成功率就越大。

从 2017 年 7 月旅游类 App 用户规模排行榜的数据得知,用户量排行第一的携程、第二的去哪儿、第八的同程全都提供了抢票服务,其他常用的还包括智行火车票,甚至一些专门的机票预订软件也提供抢票。① 也就是说,抢票这项服务已经非常普遍且受众很广。但存在并不一定合理,抢票服务实质上损害了社会公众的利益,本来大家都处于一个平等的机会下抢票,现在因为有人加价购买加速包,就可以大大提高自己的抢票概率而影响其他人的抢票概率,这无疑是不公平的,更何况火车票是社会刚性需求。正因如此,实体火车票后面的乘客须知已经写明"12306 是唯

---

* 本文作者均系苏州大学王健法学院 2016 级本科生。

① 中商产业研究院:《2017 年最新旅游类 APP 用户规模排行榜(TOP20):携程第一　去哪儿第二(附榜单)》,载中商情报网,https://www.askci.com/news/chanye/20170920/144638108146.shtml。

一官方网站,为了公平购票,请勿通过其他网站和技术手段抢票”。

我们认为,由于抢票服务的普遍性和铁路资源的有限性、刚需性,此项公益诉讼所涉及的公共利益较大;为保障社会公众利益,维护良好的市场交易秩序,我们决定诉诸法律,希望法律对此种现象进行规制。

二、法律分析

用户与携程之间是合同关系,用户作为消费者,希望通过携程获取车票信息并购买相应的服务。携程在交易过程中,主要是为消费者和12306网站搭建平台,促成交易。但是就携程提供的加速包买卖达成的合同,因其损害了社会公众的利益,根据原《合同法》第52条的规定,应认定为无效。

具体理由如下:

1. 携程提供的协议

携程App显示的《软件许可协议》第1.1条规定:“本软件是将有资质的酒店、机票代理机构、旅行社等提供的旅游服务信息汇集于本软件供用户查阅,同时帮助用户通过本软件与上述酒店、机票代理机构、旅行社等联系并预订相关旅游服务项目”,以及《服务协议》第7条“特别授权”中规定:“您完全理解并不可撤销地、免费地授予携程及其关联公司、业务合作伙伴下列权利:(1)携程关联公司或业务合作伙伴允许携程用户登录关联公司或业务合作伙伴并使用其服务,携程用户在关联公司或业务合作伙伴的任何行为均需遵守该等协议的约定、公布的规则以及有关正确使用服务的说明和操作指引。为了实现上述功能,您同意携程将您在携程的注册信息、交易/支付等信息和数据同步至关联公司或业务合作伙伴系统并允许其使用”。用户与携程之间为合同关系,用户通过携程获取车票信息并授权携程使用自己的12306账号进行预订。这表明用户同携程之间是合同关系,用户通过携程获得相关旅游服务项目的信息。

2. 实体火车票背面乘客须知

实体火车票背面的乘车须知中已写明:“12306.cn(含12306手机客户端)是唯一官方网站,为公平购票,请勿通过其他网站和技术手段抢票。”而携程提供的加价抢票服务恰恰是使用了技术手段进行抢票,其宣传可以做到独享70M网络、光纤网络、专人抢票等。此外,用户购买的加速包数量越多,抢票成功率也就越大。携程通过用户购买加速包的多少不同,分别为其提供低速、快速、高速、极速、光速、VIP抢票通道,这无疑是违背了乘车须知中的要求的。

3. 原《合同法》

根据原《合同法》第52条的规定,损害社会公共利益的合同无效。铁路这种公共交通设施是全体纳税人出资建设的,理应由全体纳税人平等地享受服务。而携程提供的加价抢票服务则是建立在“谁出的钱更多,谁抢到票的概率就更大”的规则上的。这对于那些没有花钱购买加速包,以及虽然购买了,但是加速包在数量上不占优势的乘客来说是不公平的。原本没有加价抢票这项服务时,所有乘客都处于一个平等的机会下买票,且大家买到票的概率也是一样大的。而现在的加价抢票服务则是利用技术手段提高自己的抢票概率,同时影响其他人的抢票概率,严重损害了社会公共利益。

因此,我们有理由认为,用户与携程签订的加速包买卖合同损害了社会公共利益,应当认定为无效。

三、项目进度

时间	进度
2018 年 3 ~ 6 月	课题选择、前期调研
2018 年 7 ~ 8 月	法规章程、新闻素材的研读、整理
2018 年 8 ~ 10 月	相关法条、司法解释的研读、初步撰写起诉状
2018 年 11 月	证据材料的收集、民事起诉状的修改
2018 年 11 月 9 日	苏州火车站采访群众对于加价抢票的意见
2018 年 11 月 22 日	向上海市长宁区人民法院提交起诉材料
2018 年 11 月 30 日	网上立案
2018 年 12 月 4 日	上海市长宁区人民法院电话回复仍需进一步讨论
2018 年 12 月 7 日	网上立案结果:无法在线判定是否符合法律规定
2018 年 12 月 18 日	成功立案
2018 年 12 月 27 日	达成调解

四、前期准备

(一)调研

1. 购买加速包即可加速抢票的原理

加速抢票服务之所以可以占据一定的市场,是因为它为需要购票的出行者提供了购票的可能性,那么,以“便民”为宣传目标的加价抢票服务是如何做到提高抢票成功率的呢？通过 App 提供的宣传以及我们的分析，所谓的“提高抢票成功率”主要是因为在 12306 网站买票需要通过查票、验证等一系列流程进行操作，尤其是验证码的复杂程度会让抢票者耽误很多时间，而通过抢票软件，用户可提前选好优先的车次、出发日期和目的地，再一键勾选“承诺发票”，从刷票到下订单直接完成，可免去中间多步骤的操作。这其实是抢票软件系统的优化，将机器代替人工，实现全自动的抢票流程。在携程的抢票页面也确实显示着这样的字样：独享 70M 网络、光纤网络、专人抢票等。

所以，抢票软件所能做的也就是用机器不断刷新来代替人工刷新，从而节省因为反应不及时而带来的输入验证码浪费的时间。而对于携程号称的独享网络服务，我们持怀疑态度。

2. 提供加价抢票服务的软件

在发现携程 App 提供加价抢票服务之后，团队成员也尝试了其他的购票软件。

从这些软件的使用情况来看，虽然加价抢票的用词并不相同，从携程、去哪儿、同程的“加价抢票”到飞猪所谓的“购买保险赠送抢票速度”，无论其名称是什么，本质上都是通过购买加速包的方式来提高购票成功率。

3. 关于抢票服务的规定

存在并不一定合理，更不一定合法，因此我们寻找了关于购买车票的相关规定。

根据上文提到的携程用户协议，我们得知用户与携程之间的合同关系，但是携程并不出售火车票，仅仅是为用户提供相关的服务信息。而证明抢票服务不符合社会公众利益，最直接的证据就是我们拿在手里的实体火车票。在实体火车票背面印了乘车须知(如图 1 所示)，车票是合同，背面的乘车须知也是合同的一部分。在乘车须知中明确写着，“12306.cn(含铁路 12306 手机客户端)是唯一官方网站，为公平购票，请勿通过其他网站和技术手段抢票”。据此，我们可以初步判断，对于抢票服务，国家铁路局因其违反社会公共利益是不支持的。依据原《合同法》的规定，违反社会公众利益的合同无效。

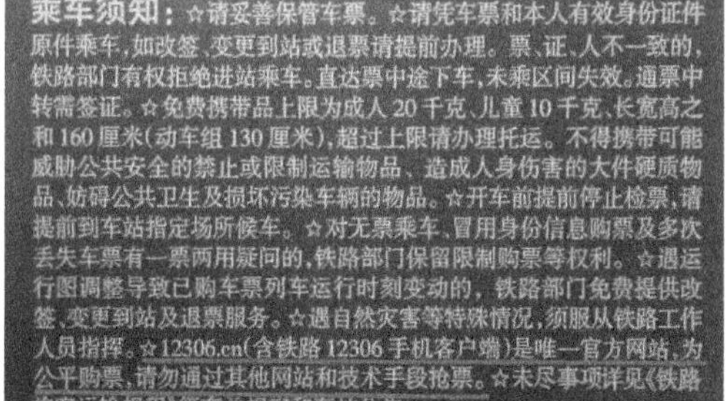
乘车须知：☆请妥善保管车票。☆请凭车票和本人有效身份证件原件乘车，如改签、变更到站或退票请提前办理。票、证、人不一致的，铁路部门有权拒绝进站乘车。直达票中途下车，未乘区间失效。通票中转需签证。☆免费携带品上限为成人 20 千克、儿童 10 千克、长宽高之和 160 厘米(动车组 130 厘米)，超过上限请办理托运。不得携带可能威胁公共安全的禁止或限制运输物品、造成人身伤害的大件硬质物品、妨碍公共卫生及损坏污染车辆的物品。☆开车前提前停止检票，请提前到车站指定场所候车。☆对无票乘车、冒用身份信息购票及多次丢失车票有一票两用疑问的，铁路部门保留限制购票等权利。☆遇运行图调整导致已购车票列车运行时刻变动的，铁路部门免费提供改签、变更到站及退票服务。☆遇自然灾害等特殊情况，须服从铁路工作人员指挥。☆12306.cn(含铁路 12306 手机客户端)是唯一官方网站，为公平购票，请勿通过其他网站和技术手段抢票。☆未尽事项详见《铁路旅客运输规程》等有关规定和车站公告。

图 1　火车票背面乘车须知

4. 消费者对于加价抢票服务的态度

在2018年国庆假日期间，“加钱速抢售完火车票”登上了微博热搜榜前3名，足以反映广大消费者对这个话题的关注。点开这个话题，我们可以看到澎湃新闻的一个投票网络平台“加钱速抢售完火车票，公平吗”，这个投票累计有效参与人数为3470人次，其中74%的网友选择了“不公平，扰乱了购票秩序”这一选项，21.4%的网友投给了“公平，付费解决了买票难”这个选项。

从这个投票我们可以看到，对于加价抢票的服务，绝大多数网友都是反感的。考虑到网络用户并不能代表全体消费者，我们选择去苏州火车站以随机采访的方式来进一步了解。本次采访选择了约10名路人，其中只有3名明确表示拒绝加价抢票服务，而更多的则是认为在买不到火车票的情况下，这种服务具有一定的便民性，但是价格必须控制在一定的范围内，如果超过了这个范围他们就接受不了，这个可接受的范围为10～20元。

5. 携程等App没有尽到提醒义务

我们发现，在这些App服务页面显示无票，进而勾选预约的时候，往往会被直接勾选加速包，在这个时候如果不仔细查看自己的订单，则发现不了。按照《消费者权益保护法》第8条的规定，消费者享有知悉其购买、使用的商品或者接受的服务的真实情况的权利。携程这种未经消费者同意，也没有在明显的位置提醒消费者的做法，可能侵犯消费者的知情权。

（二）取证

小组成员于2018年6月22日在携程旅行App购买2018年7月8日从苏州到常州的G7006次列车二等座，购买时页面显示无票，此时购票成功率为94%。点击“下一步”以后，快要付款却发现已经默认购买了6元的加速包服务，即快速抢票，包含3个加速包，独享20M快速网络通道；同时页面上还包含其他的抢票套餐，有高速抢票、极速抢票、光速抢票。原告不打算购买加速包，因而选择取消了6元的加速包套餐，但是抢票成功率一下子跌到了85%以下。因当时急需车票，为了防止其他人购买加速包导致自己无票，无奈之下重新选择了极速抢票，购买了6元的加速包服务，抢票成功率重新变成了94%。之后，携程短信提示，小组成员所购买的G7006抢票订单已提交成功，会在2018年7月8日08:57前持续抢票。

证据清单：

证据一：购票记录

证明：小组成员在购买车票的过程中购买了加速包

证据二：加速包

证明：携程App提供这样的服务

证据三:付款记录

证明:小组成员对该合同支付了对价

证据四:火车票背面乘车须知

证明:携程 App 无权私自加价,提供抢票的服务是国家铁路局禁止的

(三)向国家铁路局举报

在发现这个服务之后,我们认为,国家铁路局对此具有监督职责,因为在国家铁路局官网中声明的职责中第 3 项为“国家铁路局负责拟订规范铁路运输和工程建设市场秩序政策措施并组织实施,监督铁路运输服务质量和铁路企业承担国家规定的公益性运输任务情况的职责”。

在合理期限内,团队没有得到答复,事后查询相关的信息得知,这其中可能存在投诉不适当的问题,国家铁路局对于这个事项是否存在监督权?

(四)社会态度

1. 新闻报道

(1)《法制日报》:《交钱成 VIP 也没抢到票　加价费用被粉饰为保险》;[①](2)人民政协网:《交钱成 VIP 也没抢到票　网上加价抢票套路有多深?》;[②](3)青岛网络广播电视台:《加价就能抢上票　抢票软件是便民还是黄牛》。[③]

2. 微博

团队成员在微博话题“加钱速抢售完火车票”截取了部分网友的评论。

在这个话题中,澎湃新闻还发起了一个投票,以下为投票结果(略)。

3. 火车站采访

虽然有澎湃新闻的投票等数据,但我们认为,活跃在网络上的大多是年轻人,不能完全代表所有的消费者,因此,我们选择去苏州火车站进行实地采访。以下为我们选择的部分接受采访的乘客的回答:

“现在人都比较赶时间,那么花钱买便利是可以接受的,最主要的问题在于是否安全。如果你非常着急的话,就不存在所谓的公平不公平。”

“10 元钱 20 元钱,不多,我可以接受,但是价格再高就接受不了,毕竟我确实需要火车票。如果不着急,我当然不愿意购买加速包。”

“这类似黄牛,都是各自时代的产物;即使是黄牛,也有一定的便利。”

---

① 《交钱成 VIP 也没抢到票　加价费用被粉饰为保险》,载法制日报—法制网,http://www.legaldaily.com.cn/index/content/2017-01/05/content_6942530.htm?node=20908。

② 《交钱成 VIP 也没抢到票　网上加价抢票套路有多深?》,载人民政协网,http://www.rmzxb.com.cn/c/2017-01-05/1264658_1.shtml。

③ 《加价就能抢上票　抢票软件是便民还是黄牛》,载青岛网络广播电视台,http://news.qingdaonews.com/qingdao/2017-01/21/content_11912744.htm。

“到过年的时候，愿意花钱买。在外面打工，花10元20元可以接受。如果太贵了，那我不如自己出来买票。都是打工的，30元50元还是比较心疼的。跟黄牛有点像的，去年回家一张票多花了15元就是在黄牛那里买的。”

“这个服务是不合理的、不公平的，这种服务还加深了不公平，造成了一种有钱可以做任何事的理念，特别是对弱势群体。这种现象应该是越少越好，如果政府不禁止的话，这种现象会越来越泛滥。公共交通是纳税人出的钱，理应所有的纳税人都可以通过公平的价格获得、享受同等的服务。”

五、起诉

（一）起诉状

民事起诉状

原告：孙加凤（个人信息略）

被告：上海携程商务有限公司（公司信息略）

诉讼请求：

1. 请求法院判令原告与被告之间的合同无效，被告返还原告所购买的快速加速包6元；

2. 请求法院判令被告承担本案的诉讼费用。

事实与理由：

原告于2018年6月22日在携程旅行App购买2018年7月8日从苏州到常州的G7006次列车二等座，购买时页面显示无票，此时购票成功率为94%。点击“下一步”以后，页面上显示了已经默认购买了6元的加速包服务，即快速抢票，包含3个加速包，独享20M快速网络通道；同时页面上还包含其他的抢票套餐，有高速抢票、极速抢票、光速抢票。原告不打算购买加速包，因而选择取消了6元的加速包套餐，但是抢票成功率一下子跌到了85%以下。因当时急需车票，为了防止其他人购买加速包导致自己无票，原告无奈之下重新选择了极速抢票，购买了6元的加速包服务，抢票成功率重新变成了94%。之后，携程短信提示，原告所购买的G7006次列车抢票订单已提交成功，会在2018年7月8日08:57前持续抢票。

原告认为，被告同自己之间是合同关系；原告作为消费者，希望通过被告获取车票信息，购买相应的服务。被告在这个过程中仅仅是为消费者和“12306”搭建平台，促成交易。这个合同是损害了社会公共利益的。火车是一种公共交通工具，在公众出行中占据着越来越重要的地位，也正是因为火车出行的便捷实惠，火车票面临巨大的需求。被告通过技术手段提供抢票的服务实际上侵害了社会公众的利益，原本公平的购票机会变得不再公平。也正是基于这样的考量,在实体火车票背面明确规定了"'12306'是唯一官方网站,为了公平购票,请勿通过其他网站和技术手段抢票",由此可以看出,通过技术手段抢票是不公平的,侵犯了其他社会公众公平购票的利益。《合同法》第52条规定,损害社会公共利益的合同无效。因此,原告与被告之间的合同应当是无效的。

综上所述,依据《合同法》《民事诉讼法》的相关规定,现依法向上海市长宁区人民法院提起民事诉讼,请求人民法院支持原告的诉讼请求,维护市场交易秩序。

此致

上海市长宁区人民法院

具状人:孙加凤

(二)立案过程

在确定原告、被告主体资格、收集完相应的证据材料之后,小组成员于2018年11月22日前往上海市长宁区人民法院立案。经过长途跋涉,我们抵达上海市长宁区法院。取得了立案号之后便来到了立案登记窗口,由于新修改的《民事诉讼法》将立案审批制改成了立案登记制,我们原本以为顺利立案会比较容易,但是现实并非如此。

在立案庭的工作人员拿到我们的接收材料之后,她询问了很多与这个案件相关的信息,如为什么要提起诉讼,接下来是不是会有类似的诉讼,是否存在代理,是否为公益诉讼,小组成员之间的关系等。最后,工作人员没有明确表示是否立案,而是说先接收材料,审查之后确定是否立案。无奈之下,小组成员只好返回学校等待消息。

1. 网上立案

因为《民事诉讼法》规定的审查期限为7天,而当时立案庭的工作人员所承诺的也是7天之内作出答复,但在2018年11月30日7天的审查期限届满之后,团队成员依然没有接到法院的电话。在征询律师的意见之下,我们尝试了网上立案。

但是,立案的结果并不令人满意,工作人员以无法在线判断是否符合法律规定为由不同意立案。

2. 电话回复

在2018年12月4日,也就是我们去上海市长宁区人民法院立案的第12天,团队成员接到了长宁区人民法院的电话。立案庭工作人员以根据《最高人民法院关于适用〈中华人民共和国民事诉讼法〉的解释》第285条规定的"公益诉讼案件由侵权行为地或者被告住所地中级人民法院管辖,但法律、司法解释另有规定的除外"以及《消费者权益保护法》第37条规定的"消费者协会履行公益性职责"为由拒绝立案。

这种说法很显然是将团队成员提起的诉讼归类于公益诉讼，因而产生诉讼法院不适当、诉讼主体不适格的问题，而我们是以个人身份提起的合同纠纷诉讼，显然不属于法律规定的公益诉讼。在与法院的工作人员解释之后，工作人员表示还需要进一步讨论才可以确定是否立案。但是在接下来的一个星期内，团队成员依然没有接到法院的电话。无论是尝试给法院拨打回去，还是通过长宁区人民法院转接到立案庭法官分机，均无人接听。

3. 立案

鉴于法院的审查期限已经超出了法定期限，我们原本以为诉讼之路会一直僵持下去，便打算尝试通过向其他部门投诉举报或者是向消费者协会建议的方式来解决。但是就在 2018 年 12 月 18 日下午，我们接到了长宁区人民法院的电话，立案庭的工作人员告知我们已经顺利立案了，案号为(2018)沪 0105 诉前调 13699。我们也希望通过调解、诉讼来实现我们的诉讼请求，促使携程整改损害社会公共利益的加价抢票服务，由此产生由点到面的广大社会影响。

六、处理结果

2018 年 12 月 22 日，中国铁路总公司公布了“候补购票”试点细则，旅客如遇所需车次、席别无票时，可按日期、车次、席别提交购票需求，并预付票款，如该线路有退票、余票，12306 系统将自动购票。我们想要通过诉讼达到的目的已经实现，抢票的问题也出现了对策。于是，2018 年 12 月 27 日上午，我们团队三人来到长宁区人民法院，准备接受在法官的主持下与对方进行调解。进入到调解室之后，法官首先询问了我们三人的身份。在调解过程中，我们向法官表明了诉求，对方没有异议。于是我们达成了调解协议并在协议上签字，对方也退还了支付加速包的钱。

七、结语和感想

孙加凤：

在整个活动过程中，心态非常复杂。一开始，我们刚发现这个问题并和同学探讨的时候，觉得不公平，这会让我们觉得自己的努力非常重要，因为这是关系所有消费者切身利益的事情。但是现实并不是那么顺利的。在指导律师的帮助下，我们厘清了其中的法律关系，寻求了一条最现实的诉讼途径，希望通过合同无效来达到目的。依据这个思路，我们整理了购票记录、付款记录、加速包提供证明，我们翻阅了铁路局的规定，研究了携程的用户协议，在精心准备好这一切材料之后，我们信心满满地来到法院。但是，真正的困难才刚刚开始。

在以前的学习过程中,老师一直说,诉讼有三难,其中一难就是立案难。为了让案件进入法院的大门,立法者作出了很多努力。原本我们认为从立案审查制过渡到立案登记制以后,立案的难度可以大大降低。然而,不到半个小时,我们就已经从法院出来了。法院给出的答复是:你的材料我们接收了,但是否立案我们需要进一步讨论,7 天之内给你答复。

面对这样的回答,我们只好赶回学校,开始了漫长的等待。7 天之后,法院并没有给我们答复。在和律师商量之后,我们决定再次网上立案。就在等待网上立案结果的时候,我接到了法院的来电,并以我们不是公益诉讼的适格主体、长宁区人民法院不是适格的诉讼法院为由不予立案。但是我的起诉书很明显是以个人为主体提起的诉讼而不是公益诉讼,在和工作人员沟通之后,他们表示还需要时间进一步讨论才能作出决定。5 天之后,我们得到了网上立案的结果,因为无法在线判定是否符合法律规定,所以不同意立案。挫败感是有的,毕竟为了起诉我们也作出了很多努力。好在 2018 年 12 月 18 日,我们终于接到了长宁区人民法院立案庭的通知,我们成功立案了。

这次诉讼给我最大的感受就是思考方式的转变。我是抱着对法学的热情与憧憬来上大学的,我也励志维护社会的公平正义。但是理论和实践从来都不是分离的,我们的理论逐渐走向完善,而我们的实践却已经落后。那么,在我的能力范围内,我可以做一些事情。这次实践教会了我去关注人,在生活中感悟什么是公平,相对的公平和绝对的公平,个人的便利和社会公共利益之间的平衡,这些法理学上抽象的探讨,一下子变得生动而形象。

柴静曾问郝劲松"是靠什么赢得别人尊重"。郝劲松说:"靠我为自己权利所作的斗争,权利是用来伸张的,否则就是一张白纸。"我是公民,我也是法律人,在我的权利受到侵犯的时候,我可以用法律武器来斗争,这是我的幸运。在法律这条道路上,我才刚刚起步,我为我自己的努力而骄傲,我知道,我还会有更多的可能性,我可以为这个社会做更多的事情。我想要的是什么?我想要的不过是和无数法律人一样,法律赋予给公民的那个世界。

王亦一:

其实,在报名参加诉讼比赛以及加入 3 个核桃队时,我是带着疑问的。个人与公益诉讼到底是何关系?公民个人有资格提起公益诉讼吗?这个比赛的设置是否有法律上的缺陷?App 的加价抢票服务难道不是一种科技的进步吗?在自由经济下,消费者有需求(急需火车票),而这种抢票服务恰好能满足这种需求,何乐而不为呢?后来通过与同学的交流、在网上大量的信息搜索以及在火车站对民众的实地采访,我的观念有了很大的转变。

经济市场的自由是非常重要的,但自由不代表没有限制,否则,就会导致市场失灵。铁路运输作为公共基础设施的重要组成部分,相关服务是要受到严格限制的。

公共基础设施的一大特征就是公民拥有平等的使用权，如果将市场经济的加价竞争模式引入其中，必定会超出合理范围的不公平。再者，公共基础设施的另一大特征就是公民拥有直接、方便地使用它的权利，而各类 App 加价抢票无疑是在公民与这些权利之间树立了一道屏障。对于急需要票的消费者而言，这种服务固然可解其燃眉之急，但对于其他消费者而言，确是剥夺了其公平购票的权利。我们又能做什么呢？以公民个人名义提起公益诉讼？在活动进行得越来越深入之时，我才明白，虽然我们作为个人不能提起法律意义上的公益诉讼，但是我们可以通过私益诉讼来实现公益目的。

在与律师一起准备好诸多材料后，我们开始了诉讼的第一步——立案。一次线上立案、一次线下立案、3 次电话询问，都没有成功，但可喜的是，就在终期汇报的前一天下午，我们接到了立案庭的电话——我们立案成功了！当然，作为还没有进入法律共同体的一名法科学生，我还有太多东西要学习、要思考，希望未来的我能够不忘初心，帮助社会上更多的人。最后，感谢小城律师事务所与学院给了我们这个锻炼实务的平台，感谢钟律师一路的悉心指导！

杨锦仪：

这次活动对我而言，意义深远。上大学以前，我从来没有想过我会来学法律。但不管怎样，我还是进入了法学院，开始了 4 年与法律为伴的日子。一直以来，我的学习方法就是尽力把书本上、PPT 上以及老师讲过的东西掌握好，但这难度很大，因为这些都是纯理论的知识，记忆起来非常困难。我总是在想，如果有机会接触一个案件，走一遍诉讼流程，那应该是非常过瘾的，并且也能够更好地掌握理论知识。有天偶然看见诉讼比赛的推送，我知道，机会来了。

最初准备这个项目的时候，我对公益诉讼真的是一无所知，不知道谁是适格主体，不知道启动方式，那时《民事诉讼法》的课程也还没开始，我对于接下来要怎么做真的是一脸茫然。但既然开始了就没有后退的道理。初步选题之后，我们就遇到了第一个困难，这到底是民事诉讼还是行政诉讼？带着这个疑问，我们请教了学院行政法教研室施立栋老师的意见，施老师建议我们先分析清楚这个案件中的法律关系，捋清楚携程在这个购票过程中到底扮演了一个什么样的角色，以及为什么携程可以提供网络购票服务，谁对它具有监管职责？有了目标之后，我们小组内部开始了新一轮的讨论和查阅资料。几天后，我们迈出了这个项目实质意义上的第一步，即向国家铁路局进行举报。但遗憾的是，在法定的期限内，我们并没有收到国家铁路局的任何答复。如果要用一个词去形容我们当时的心情，大概就是喜忧参半吧。“喜”的是，由于国家铁路局这种不予答复的行为，我们可以根据《行政诉讼法》第 12 条第 1 款第 6 项的规定，对其提起行政诉讼；“忧”的则是，如果真的提起行政诉讼，我们就要去被告所在地即北京进行起诉，路程遥远，诉讼难度较大。由于无法决定该采取哪种诉讼方案,中期展示的时候,我们索性把两套方案都进行了展示,但中期会议之后,指导律师并没有支持我们提出的行政诉讼方案,理由是无法证明国家铁路局对携程具有监管职责。于是,民事诉讼成了我们唯一的诉讼途径。

经过几周的讨论和撰写、修改民事起诉状,我们最终前往上海市长宁区人民法院进行立案。立案庭的工作人员询问了我们很久,最终也仅是收下了我们的起诉材料,告诉我们这个案件不能当场决定是否立案,需要进行审查,7 天后会通知我们结果。更糟的是,7 天后我们并没有收到长宁区人民法院的回复,只好又在法院官网上进行网上立案。递交诉讼材料 12 天后,我们终于等来了法院的电话,但我们大失所望。一开始电话那头的工作人员还试图用公益诉讼原告不适格为由来阻拦我们,遭到团队成员的反驳后,又推辞说,他们还需要时间进行审查。好在功夫不负有心人,2018 年 12 月 18 日,我们成功立案了!

总之,这个案子进展至今,我真的感受颇多。一是理论和实践真的很不一样,虽然说要以理论为基础,但事实上司法实践中很多事情并不是严格依据我们在课堂上学习的理论知识运作,实际情况往往要复杂得多,所以我觉得还是应该在实践中真切感受,以此来积累经验,增长见识。二是要坚定立场,敢于尝试。只要是你自己内心认为正确的事、该做的事,就不要管别人说什么。困难很多的时候,一关一关闯过去就是了。三是在这个诉讼过程中,我知道了公益诉讼到底是什么,尽管我们这次是以个人身份提起诉讼,严格来讲,并不是我国法律意义上的公益诉讼,但我们的出发点却也是维护社会公共利益,我觉得这已经很有意义了。公益无所谓大小,只要真的付出了行动,就是值得的。一路走来,要感谢学院老师和指导律师的耐心指导,感谢团队伙伴们的真诚付出。征途漫漫,我将继续前行。

结语——路漫漫其修远兮,吾将上下而求索

"一个人的力量能改变什么呢?看看罗莎·帕克斯,整个世界为之改变。"

第一次了解到所谓的公益,是在柴静的《看见》中的一篇题为《我只是讨厌屈服》的文章。柴静说她关心的是新闻中的人,这句话同样敦促着我们前行。

个人在社会中通常被简化为一个数字,一个,也只能是一个。这一个人可能会遭遇不公平,也可能是给别人带来不公平;有的人成为斗士,有的人成为被这些斗士保护的人。在面对不公平、面对自己的权益被侵犯,我们可以选择沉默、可以选择服从,但我只是讨厌屈服。

其实,支撑着我们一路前进的无非是"凭什么"。为什么在"12306"规定的价格之外我们还需要支付最高可达 50 元的加速包的钱?为什么我不买加速包就抢不到票?为什么携程、飞猪、去哪儿可以堂而皇之地显示这些服务?为什么相关部门不进行监管?

我们也产生过怀疑,为了这 10 ~ 50 元,值得吗?转机出现在 2018 年的国庆假期，“加钱速抢售完火车票”被顶到了热搜前三的位置，澎湃新闻还发起了一个投票，其中70%的网友认为这是不公平的。各公众号、新闻媒体广泛讨论，加价抢票的软件到底是便民还是新时代的黄牛？这样的“群众基础”给了我们坚持下去的信心。

尽管事先已经得知，年底立案的困难性会加大，但是凭着一腔热血，我们依然坚持来到上海市长宁区人民法院起诉。我们以为，法律规定在接收起诉材料的时候应当出具书面凭证；我们认为，法院真的可以按照法律规定在7天之内给我们回复；我们以为，从立案审查制改为立案登记制，起码我们的案件可以进入法院的门槛。

在课堂上老师说，也许我们现在的实践还达不到法律规定的标准，但是我们能做的也只是完善相应的法律。什么才是法律人呢？从立法、执法到司法，我们都在期待一个美好的、“宪法赋予的”世界。乔占祥为了春运火车票涨价而诉讼、郝劲松为了铁路发票而诉讼，他们不断地为了公益而奋斗。公益从来无小事，只有所有的小事都得到了解决，大事才不会发生。

刘智超诉同方知网(北京)技术有限公司最低充值金额限制纠纷案(2018)

苏瑞怡　施佳丽　刘智超　雷一鸣　宋飞达*

一、选题理由

中国知网作为权威的学术平台,现在被越来越多的人认可和使用,根据"中国知网会员·流量计费标准表"购买文献最低价格为0.5元。与此形成鲜明对比的是,当个人普通用户充值时,知网设定了最低充值金额限制,一般最低充值金额为50元,无法自己设定任意充值金额,如1.5元、2元等。

如果是从事学术研究类用户,其日后的研究会购买大量文献,最低50元、上不封顶的充值额度限制对他们并无大碍,但仍存在大量用户只是为查阅某一篇文章(此文章有时是独家数字出版期刊全文),且今后可能不会再使用知网并在知网消费,为了几块钱的文献充值50元,知网无疑大大提高了消费的成本,消费者实际上是在被迫地进行更多的消费。

同时,充值的选择为50元、100元、300元、500元、1000元、2000元、3000元,而文献的价格根据不同种类、不同标准而不同。但大部分读者反映,最后充值的金额是难以完全消费的,会有或多或少的剩余且存在剩余金额既不够购买其他文献,又无法申请平台返还的情况,余款留在自己的账户上却无法行使自己的财产权利。用户要么放弃剩余金额而留给平台,若想要继续消费剩余金额,只能再次进行充值,这无疑大大提高了消费者的消费成本。

综上所述,一是充值金额限制过高且不合理,二是充值后未能完全消费的钱无法申请返还。这两点使消费者的权益在无形之中受到侵害。

* 本文作者均系苏州大学王健法学院2016级本科生。

二、法律分析

1. 关于案件

知网设定最低充值金额限制的行为属于变相强制交易，侵犯了消费者的自主选择权和公平交易权；而知网不返还充值剩余的行为，也违反了《价格法》的有关规定。

2. 关于团队

本团队5位成员均是法学院的本科生，已经学过多门部门法，法学基础较为扎实，同时也有老师提点和指教，收获了相关建设性意见。

3. 关于诉讼

官网充值的纪录和截图都有保留，可以作为证据使用。在法院管辖上，我们选择苏州市姑苏区人民法院进行诉讼，不仅离学校近，方便诉讼，而且此案在法律上也支持由合同履行地的法院管辖。针对可能出现的管辖权争议，我们也准备了具体的法律依据，这一点将在下文中详述。

三、项目进度

时间	进度
2018年4~5月	课题选择、前期调研
2018年6月	法规章程、新闻素材的调取、研读、整理
2018年7~8月	与指导老师探讨沟通
2018年10月20~25日	与指导律师进行交流、聆听意见
2018年10月20~25日	证据采集、材料整理、撰写民事起诉状
2018年10月26日	向姑苏区人民法院递交诉讼材料、立案
2018年10月26日~12月5日	讨论、修改代理词
2018年12月6日	正式开庭
2018年12月19日	向法官递交代理词

四、前期准备

（一）取证

2018年5月，成员刘智超在中国知网（http://epub.cnki.net/kns/default.htm）

阅读一篇学术文献并希望下载，为下载该文献，刘智超注册了中国知网个人用户，点击“购买”按钮后，网站弹出“充值中心”页面。随后，刘智超发现虽然中国知网提供了支付宝、微信、银联在线等不同的充值方式，但是设置了最低的充值金额，即个人用户最低充值限额为 50 元，其为下载 7 元的文献被迫充值 50 元。

1. 网站不得退款规定

刘智超在付款后才发现中国知网“答读者问”第 19 条与“常见问题”页面中明确作出了“充值金额不能退回”的规定。

2. 拨打中国知网客服询问

发现中国知网页面上的不得退款约定后，刘智超两次打电话向中国知网客服询问是否能够退款，第一次沟通时客服表示不能退款，而之后两次沟通中，客服人员表示并非不能退款，但是办理退款需要收取手续费，向上级领导申请审批，并且退款周期长、程序复杂，如果未收到客服电话需要再致电询问。截至本团队立案（2018 年 10 月 26 日）前，知网并未主动与我方协商，也未给刘智超办理退款。

3. 登录中国知网以及国家企业信用信息公示系统下载相关信息作为证据

（二）证据清单

诉同方知网（北京）技术有限公司互联网合同纠纷案
证据清单

序号	名称	证明内容	页码	备注
1	知网充值界面	存在充值最低限额	1～9	网页打印
2	知网“帮助中心”界面（第 14 条）		10	网页打印
3	充值金额（50 元）与购买文献（7 元）后的支付界面	原告在知网充值与消费的事实	11～12	网页打印
4	知网“答读者问”界面（第 19 条）	用户未用完的余额不可退回	13	网页打印
5	知网“常见问题”界面（第 4 条）（补充）		14	网页打印
6	电信通话记录	通话语音的真实性	15	网页打印
7	官网客服电话		16	网页打印
8	录音文字版	客服回答退款需要收取手续费，退款程序烦琐	17	文档
9	录音光盘			光盘

五、起诉

（一）起诉状

民事起诉状

原告：刘智超（个人信息略）

被告：同方知网（北京）技术有限公司（公司信息略）

诉讼请求：

1. 请求法院判令撤销被告最低充值金额限制。

2. 请求法院判令被告返还原告账户全部余额人民币43元。

3. 请求法院判令被告承担诉讼费用。

事实与理由：

2018年5月25日，原告刘智超在被告运营的中国知网（http://epub.cnki.net/kns/default.htm）阅读学术文献《中药》并希望下载。为下载该价值7元的文献，原告完成了中国知网个人用户的注册，点击"购买"按钮后，网站弹出充值页面，原告随后进入中国知网"充值中心"。随后，原告发现虽然中国知网提供了支付宝、微信、银联在线等不同的充值方式，但是设置了最低的充值金额，即个人用户最低充值限额为50元，原告为下载7元的文献而被迫充值50元。购买该文献后，原告就账户余额退款问题与客服沟通，而客服以退款需要手续费，退款程序复杂、周期长为由，没有给原告办理退款。经过原告多次交涉，至今未办理退款。

而中国知网在网页"答读者问"一栏第19条中写道："充值的金额不能退回，购买充值的金额没有时间限制，用完为止"，明文规定不能退款。

原告认为，该充值金额限制变相强制原告购买该网站产品，导致原告违背真实的意思表示，按最低充值限额充值了50元，属于《合同法》第54条规定的可撤销合同范围，被告的行为侵犯了原告的自由选择权和公平交易权。为维护自身合法权益，原告特诉至贵院，请求判如所请。

此致

苏州市姑苏区人民法院

具状人：刘智超

2018年10月26日

（二）管辖依据

为了成功立案，我们做了大量的准备工作。第一个问题是要解决管辖的问题。

首先，根据《最高人民法院关于审理侵害信息网络传播权民事纠纷案件适用法律若干问题的规定》第2条,本案原告是通过以计算机这一电子设备为终端的计算机互联网购买了被告提供的单篇电子文献数据,本案所涉及的合同属于以网络方式订立的买卖合同。

其次,根据《民事诉讼法》第23条规定,因合同纠纷提起的诉讼,由被告住所地或者合同履行地人民法院管辖。

最后,根据《最高人民法院关于适用〈中华人民共和国民事诉讼法〉的解释》第20条规定,以信息网络方式订立的买卖合同,通过信息网络交付标的的,以买受人住所地作为合同履行地;通过其他方式交付标的的,收货地为合同履行地。合同对履行地有约定的,从其约定。为了方便诉讼的进行,本团队选择了由合同履行地(买受人住所地)法院,即苏州市姑苏区人民法院为管辖法院。

(三)立案波折

1. 立案庭法官拒绝立案

2018年10月26日上午,我们前往姑苏区人民法院立案。但是,立案庭法官在审阅我们的材料后认为,我们的案件涉及知识产权内容,要求我们先前往苏州知识产权法庭立案,如果知识产权法庭不受理,再回到姑苏区人民法院立案。

2. 兵分两路

虽然认为立案庭法官的拒绝受理理由存在明显的不合理之处,但是我们还是立刻前往了知识产权法庭。考虑到姑苏区人民法院在周五下午不再受理立案申请,为了节约时间,队员们兵分两路,一组人带着备份材料前往知识产权法庭,留一位队员在姑苏区人民法院等待知识产权法庭拒绝受理的消息,消息传达到后立刻在姑苏区人民法院继续立案。

3. 据理力争

结合指导律师和小组成员的一致观点,本案中仅仅是合同标的物的内容涉及了知识产权,实质上为买卖合同。其中,对于涉及知识产权内容的产品没有任何争议,仅仅是有关最低充值金额限制和无法返款规定的争议,不属于知识产权法庭应当受理的案件。因此,留在姑苏区人民法院的刘智超同学据理力争,不仅向立案庭法官详细阐述了法律依据,还进一步论证了案件的社会公益价值,得到了在场其他法官、群众的认可,也打动了该立案庭法官,最终成功立案。2018年11月13日,我们收到了法院传票,并被告知本案将于2018年12月6日13:30开庭审理。

(四)庭前准备

1. 变更诉讼请求的需要

在立案阶段,我们基于撤销的诉讼请求更易得到满足、方便法院判决的考量而选择将“撤销最低充值金额限制”作为我们的诉讼请求。但是在更加细致的研究后,我们发现原《合同法》第40条所规定的格式条款无效更加符合本案的实际情况,也具有更大的公益效果，因此，出现了需要变更诉讼请求的问题。

2. 解决方案的制定

在与律师沟通后，我们决定当庭变更诉讼请求。这一决定主要基于两方面的考虑：其一，对方律师很有可能是从外地赶来的，时间紧张，对于我们当庭变更诉讼请求的行为很有可能不会提出15天答辩期的要求，而是选择当庭答辩；其二，如果对方提出需要答辩期，那我们可以放弃诉讼请求的变更，保障开庭的顺利进行。

3. 两份代理词的准备

在确定了解决方案后，我们也准备了“格式条款的撤销”和“格式条款的无效”两份相对应的代理词。

（五）开庭

2018年12月6日，我们一行5人第二次前往苏州市姑苏区人民法院。12:30，我们到达法院，被告知13:00后才能进入法院大厅，于是我们在门卫处等待。

开庭前，我们在审判庭前遇见了中国知网的诉讼代理人，她向我们解释说已经向原告支付宝账户返还余额，并且她从北京前来参加诉讼也是中国知网的诚意，中国知网也欢迎用户多提出改进建议。

当初我们立案时提交的公民代理手续没有被法院认可。开庭当日，我们带了全套的证明文件再次向主审法官提出了公民代理的请求。这一次法官认可了我们带去的文件，原告和两位诉讼代理人终于一同坐在了原告席上。

当庭，我们提出变更诉讼请求，即将第一项“撤销最低充值金额限制”变更为“请求法院判令最低充值金额限制无效”。当法官询问对方是否需要延长答辩期，对方明确表示不需要延长答辩期。接下来，我方专注于“格式条款无效”的法庭辩论，结合事前准备的代理词针对性地反驳对方口头答辩的内容。庭审结束返回学校后，我们结合庭审辩论的焦点问题，整理出最终代理词邮寄给法官。

代 理 词

尊敬的审判长：

就2018年12月6日13:30的庭审，原告代理人苏瑞怡、施佳丽就事实及法律发表如下代理意见：

一、原告与被告以信息网络方式订立了买卖合同

1. 2018年5月25日，原告在被告运营的中国知网阅读学术文献《中药》并希望下载

原告按照中国知网的要求完成了个人用户的注册，并在“充值中心”按照最低充值金额限制充值50元。随后，原告下载该文献。

根据《最高人民法院关于审理侵害信息网络传播权民事纠纷案件适用法律若干

问题的规定》第2条,被告是以计算机、移动电话机等电子设备为终端的计算机互联网、移动通信网等信息网络方式购买了原告提供的单篇电子文献数据。

2. 2018年11月26日,被告在未通过任何方式告知原告的情况下,将原告账户内余额41元全部原路返还至原告账户

原告在预先充值并购买文献后,才发现被告网站上不得退款的一系列规定。但是,原告自始至终只需要购买价格远低于50元充值金额的单篇文章,预先充值50元的行为是迫于被告规定的最低充值金额限制而无奈为之。随后,原告就账户余额退款问题先后两次与客服沟通。

第一次沟通中,客服人员明确表示不得退还余额。第二次沟通中,客服人员表示并非不能退款,但是办理退款需要收取手续费,需要向上级领导申请审批,并且退款周期长、程序复杂,如果未收到客服电话需要再致电询问。截至原告立案(2018年10月26日)前,被告并未主动与原告多次协商,也未给原告办理退款。2018年12月5日,被告在查询账户余额时发现,余额变为0元。

开庭当日,被告才从原告处得知:2018年11月26日,被告在致电原告协商退款事宜未取得实质性进展后,在未通过任何方式告知原告的情况下,将原告账户内余额41元全部原路返还至原告账户。

二、被告网页上明确的"充值金额不能退款"的规定属于格式条款无效的情形

第一,虽然目前被告已删除了相关规定并为原告退款,但是被告在规定上和事实上都无法否认存在充值余额不退的情形。首先,原"答读者问"第19条应当结合原"常见问题"的规定,作出明确了"充值的金额不能退回"的解释,而不是解释为未明确不得退款。其次,被告虽然已将网站页面上关于不得退款的规定全部删除,但并未明确充值的金额可以退回的规定。最后,被告虽然在本案中为被告办理余额退款,但仍然事实上占有了其他广大消费者预付的费用。

第二,充值金额不退的规定符合《合同法》第39条第2款规定的格式条款。《合同法》第39条第2款规定:"格式条款是当事人为了重复使用而预先拟定,并在订立合同时未与对方协商的条款。"本案中,虽然充值金额不退的规定以问答而非严格的条款的形式出现,但实质上,该规定是面向不特定第三人、为重复使用而预先设置的,其具体内容定型化且原告无法与被告进行协商,属于格式条款。

第三,充值金额不退的格式条款规定,明显加重了原告作为消费者的责任。根据被告事先提供的格式条款,倘若原告后续无需商品而终止消费,则被告对已经收费但尚未提供商品部分的价款不予退还。在预付式消费中,消费者往往预付较大金额费用,然后分多次消费;当消费者较早停止消费后,即使商家无过错,但商家已经占用了相对于后续商品的大部分资金,而商家无须提供后续商品的对价,仍然将这些资金全部占为己有,也不符合合同对价、公平的原则。

《合同法》第40条规定:“格式条款具有本法第五十二条和第五十三条规定情形的,或者提供格式条款一方免除其责任、加重对方责任、排除对方主要权利的,该条款无效。”

《消费者权益保护法》第26条第2款规定:“经营者不得以格式条款、通知、声明、店堂告示等方式,作出排除或者限制消费者权利、减轻或者免除经营者责任、加重消费者责任等对消费者不公平、不合理的规定,不得利用格式条款并借助技术手段强制交易。”第3款规定:“格式条款、通知、声明、店堂告示等含有前款所列内容的,其内容无效。”

该类条款违反了我国《合同法》和《消费者权益保护法》的上述规定,应属无效。

三、被告应对用户自定义充值会产生足以导致文献不合理定价的手续费承担举证责任

被告称,其本身在版权购买等方面运营成本高昂但每篇文章定价合理。用户自定义充值金额会增加充值次数,从而导致其与各个第三方平台约定的手续费大量增加。

首先,被告应对其与所有第三方支付平台都是按照用户充值次数的标准计算手续费等费用承担举证责任。被告对支付宝、微信、银联在线、神州行卡、汇付天下、移动短信等六种付款方式都设置了最低充值限额,被告应当证明充值次数会产生手续费。

其次,被告应对用户自定义充值后产生的手续费足以导致文献不合理定价承担举证责任。否则,被告所称手续费会导致文献定价不合理的理由不能成立。

四、被告设置的最低充值金额限制并非行业惯例的情形

学理上的通说认为,惯例或习惯都是一种行为模式,是为了要达到一定的利益诉求。通常,它既有利于自己的利益,又与其他利益攸关者的正当利益不相冲突。在这个前提下,惯例是一种经济上节约、法律上又合法的行为模式。这样一种行为模式,只要符合前面说的两条就是合法的。如果大家共同遵循这一路径,既便捷又合法,由此形成的协议就应当认定具有法律效力。

首先,被告需要对第4条的以上两点承担举证责任,以证明最低充值金额限制具有经济上节约的意义。

其次,原告认为,被告设置的最低充值金额限制不具有合法性。被告通过这一格式条款的规定,不仅加重了消费者的责任,而且排除了消费者自主选择权,侵害消费者的公平交易权。以百度学术(http://xueshu.baidu.com/)为例,其同样作为一个提供文献检索的学术资源搜索平台,不仅在页面左侧设置按钮便利消费者查询到单篇文献购买的说明页面(http://xueshu.baidu.com/u/ppv),而且在用户充值页面存在定额充值和自定义充值两种充值方式。允许自定义充值后,就不存在消费者不预先充值就无法获取资源的不公平情况。

事实上,我国的法律制度并没有认可以信息网络方式订立的合同设置最低充值限额的做法,行业惯例更不能损害消费者的合法权益,否则,这样的惯例将不被国家基本法律制度所认可。

最后,本案中没有适用行业习惯的余地。本案中,被告没有在合同中明确约定适用行业习惯,从对原告真实意思的分析也不能推定原告默认行业习惯而自愿承担预付费后加重的责任和可能的风险。

五、被告通过最低充值金额限制的格式条款,加重了消费者的责任

原告认为,最低充值金额作为格式条款规定,并没有如被告所称便利了消费者,反而加重了消费者的责任。

本案中,原告真实的意思表示仅仅为购买单篇文献,而最低充值金额限制的规定,客观上导致了原告意愿的实现必须以预先多支付明显高于单篇文献价格为代价。原告如果不接受上述规定,则无法实现其购买需求。可见,该格式条款规定利用原告对资源的需求、对被告运营网站的信任迫使原告预付价款,客观上也导致原告需要承担余款长时间不能退回、余额无法全额退回甚至是余额灭失的风险。根据《合同法》第40条和《消费者权益保护法》第26条对于“格式条款加重消费者责任”的规定,该条款应属无效。

被告运营的中国知网作为中国知识基础设施工程,其面向的受众已不再局限于学者、大学生等群体,越来越多社会各界的读者都愿意并开始将中国知网作为日常工作和学习的平台。中国知网也将大规模集成整合知识信息资源,建设知识资源互联网传播扩散与增值服务平台,为全社会提供资源共享、数字化学习、知识创新信息化条件,大力促进文化出版事业、产业的现代化建设与跨越式发展等目标作为自身的企业责任。最低充值金额限制的格式条款规定,在加重消费者负担的同时,也与上述目标背道而驰。

六、最低充值金额限制侵犯了消费者公平交易权和自主选择权

《消费者权益保护法》第9条第1款规定:“消费者享有自主选择商品或者服务的权利。”第10条第1款规定:“消费者享有公平交易的权利。”

消费者依法享有“自主选择权”,其内容实质上包含两个方面的因素:一是主观上的自愿性;二是客观上的自由性。其一,主观方面的自愿性,是从消费者的主观方面出发,强调消费者的行为是基于主观自愿做出选择的结果,而欠缺真实意思表示的行为不产生民事法律行为的后果。其二,客观上的自由性,即不受他人的诱导、强迫、威逼、欺骗等非法干涉。消费者自主选择权的行使是受到自身判断能力、信息筛选能力和诸多外界因素影响的。因而,结合主、客观因素,消费者的自主选择权应理解为:消费者根据自己的实际需要,从自身的主观愿望出发,在不存在经营者或其他市场主体诱导、胁迫、欺诈、隐瞒等不正当干涉的情况下,自由选择商品或服务的提供商及商品或服务的种类的一种权利。在市场经济条件下,自主选择权不仅是对消费者物质利益的基本保障,更是对消费者人格尊严等精神利益的尊重和保护,是社会文明的象征。

具体到本案中,一方面,原告真实的意思表示仅仅为购买单篇文献,而最低充值金额限制的规定,客观上导致了原告真意的实现必须以预先多支付明显高于单篇文献的价格为代价。原告如果不接受上述规定,则无法实现其购买需求。另一方面,固然被告没有限制原告选择哪一篇电子文献的自主权,但是,原告作为购买知网电子文献数据的消费者,原告还有权自主选择向其提供文献数据的经营者,有权自主选择其所需要的单篇电子文献的内容及方式,有权决定是否继续在被告营运的中国知网上购买电子文献。

因此,最低充值金额限制的规定,是设定不公平、不合理的交易条件进行强制交易的行为,侵犯了原告的自主选择权和公平交易权。

综上所述,(1)被告原网页规定的充值金额不退回属于格式条款规定,应属无效。(2)被告应对用户自定义充值会产生足以导致文献不合理定价的手续费承担举证责任。被告设置的最低充值金额限制并非行业惯例的情形。被告通过最低充值金额限制的格式条款,加重了消费者的责任。最低充值金额限制侵犯了消费者公平交易权和自主选择权。

代理人恳请法庭依据事实与法律公正判决,维护包括原告在内的广大消费者的合法权益。

以上代理意见,恳请法庭采纳。谢谢法庭。

代理人:苏瑞怡、施佳丽

2018年11月7日

六、法院判决

江苏省苏州市姑苏区人民法院
民事判决书

(2018)苏0508民初7333号

原告:刘智超

委托诉讼代理人:苏瑞怡(原告刘智超同学),苏州大学推荐

委托诉讼代理人:施佳丽(原告刘智超同学),苏州大学推荐

被告:同方知网(北京)技术有限公司

法定代表人:王明亮,董事长

委托诉讼代理人:王晓慧,法务主管

原告刘智超与被告同方知网(北京)技术有限公司(以下简称同方知网公司)买卖合同纠纷一案,本院于2018年11月6日立案受理后,依法适用小额诉讼程序,并于2018年12月6日公开开庭审理。原告刘智超及其委托诉讼代理人苏瑞怡、施佳丽、被告同方知网公司的委托诉讼代理人王晓慧到庭参加诉讼。本案现已审理终结。

原告刘智超向本院提出诉讼请求:1.判令撤销被告作出的最低充值金额限制;2.判令被告返还原告账户全部余额人民币43元;3.判令被告承担诉讼费用。审理过程中,原告将上述第1项请求变更为:请求法院判令被告制定的最低充值金额限制条款无效,其余诉请不变。事实及理由:2018年5月25日,原告刘智超在被告运营的中国知网下载名为《中药》的文献时,网页提示需付费7元,原告点击“购买”按钮后,弹出充值页面,原告随后进入中国知网“充值中心”。充值中心提供了支付宝、微信、银联在线等不同的充值方式,但均设置了最低充值金额限制,即个人用户最低充值限额为50元。原告为下载7元的文献被迫充值50元。购买该文献后,原告就账户余额退还问题与客服沟通,但客服以退款需要手续费,退款程序复杂、周期长为由,未给原告办理退款。中国知网在其网页“答读者问”一栏第19条写道:“充值的金额不能退回,购买充值的金额没有时间限制,用完为止。”明文规定不能退款。根据《中华人民共和国消费者权益保护法》第26条第2款的规定,经营者不得以格式条款、通知、声明等方式,作出排除或者限制消费者权利、减轻或免除经营者责任、加重消费者责任等对消费者不公平、不合理的规定,不得利用格式条款并借助技术手段强制交易,该条第3款规定,格式条款、通知、声明等含有前款所列内容的,其内容无效。最低充值额限制及充值金额不能退还的规定是格式条款,限制了原告的权利,加重了原告的责任,应属无效。此外,《中华人民共和国消费者权益保护法》第9条、第10条还规定消费者享有自主选择权及公平交易权。被告通过最低充值金额限制,拒绝向原告提供其商品的行为,是设定不公平、不合理的交易条件进行强制交易的行为,侵犯了原告的上述权利。原告为维护自身合法权益,特诉至法院,望判如所请。

被告同方知网公司辩称:1.个人用户充值的余额可以退回,客服人员的答复是表示可以退回,只是向原告说明退回的程序复杂,还会扣除手续费,建议原告继续使用。原告称与客服多次沟通不属实,事实上我方得知原告起诉后多次主动联系原告,试图解决此事,但均被原告拒绝。我方已经将原告账户余额41元退至原告的付款账户。2.网站首页帮助中心第19条是以问答形式表述,且位置不显眼,不应视为原、被告之间的合同条款。我方在实际操作中并未按照该问答的规定操作,而是可以退回充值余额。我方已经于2018年11月26日将该条问答删除。3.最低充值额限制是一种商业惯例,被告在其运营的中国知网网站和手机知网中提供了多种充值方式,如支付宝、微信、银联在线、会员卡等,有的充值方式最低限额10元。银行电汇、邮局汇款及在书刊超市里订阅期刊可以对任意金额进行结算,均没有最低金额限制。不同充值方式所设定的最低限额和阶梯充值金额是出于为用户使用效率考虑,这样可以大幅减少每篇文章的付费操作次数,毕竟多数用户会重复下载或阅读文献,该方式执行多年来也得到用户认可。鉴于实践中确实存在小额付费的用户需求,我方即将增加0.5元短信充值的支付方式选项,每篇文献每页的费用为0.5元,最低充值0.5元的规定已相当于取消了最低充值金额限制。此外,被告也在研发单篇付费系统,目前正在测试。

本案当事人围绕诉讼请求依法提交了证据,本院组织当事人进行了质证。根据当事人陈述和经审查确认的证据,本院认定事实如下:

2017年5月9日,刘智超在同方知网公司运营的中国知网(www.cnki.net)上通过支付宝充值50元,中国知网充值中心对于用支付宝方式充值的最低额限制设定为50元。后刘智超于充值当日至2018年6月2日在中国知网合计消费9元,账户余额共41元。2018年10月21日,刘智超电话联系中国知网的客服,询问是否可以自定义充值及账户余额能否退还,客服答复不可以自定义充值,不同的充值方式对于最低充值金额有不同规定。对于多余的金额可以退还,但退款周期长,还需扣除一定的手续费,如需继续使用中国知网,建议先不退款。2018年11月6日,刘智超以中国知网作出的最低充值金额限制及账户余额不能退还的规定侵犯其权益为由将同方知网公司起诉至本院。2018年11月26日,同方知网公司将余额41元退还至刘智超的支付宝账户。

另查明:中国知网充值中心上列明多种充值方式:支付宝、微信支付、银联在线、会员卡、神州行卡、汇付天下、移动短信、银行电汇、邮局汇款等,其中支付宝的充值最低限额为50元,其他部分支付方式也设定了不同金额的最低充值额限制。中国知网在其帮助中心网页"答读者问"一栏第19条写道:"个人用户没使用完的金额是否可以退订?账户余额不支持转出功能,购买的充值金额没有时间限制,用完为止。"刘智超提起本案诉讼后,同方知网公司将该问答内容删除。

本院认为:消费者享有自主选择商品或者服务的权利,有权自主选择商品品种或者服务方式,自主决定购买或者不购买任何一种商品。经营者不得以格式条款、通知、声明、店堂告示等方式,作出排除或者限制消费者权利、减轻或免除经营者责任、加重消费者责任等对消费者不公平、不合理的规定,不得利用格式条款并借助技术手段强制交易。格式条款、通知、声明、店堂告示等含有前款所列内容的,其内容无效。本案中,同方知网公司在中国知网上关于最低充值额限制的规定导致消费者为购买价格仅为几元的文献需最低充值10元至50元。虽然账户余额可以退还,但同方知网称退还需扣除手续费,故该网站对于最低充值额的设定占用了消费者的多余资金,且收取退款手续费也增加了消费者的负担。故该规定侵犯了消费者的自主选择权,限制了消费者的权利,是对消费者不公平、不合理的规定,应认定无效。虽然本案的最低充值金额较低,大多数消费者尚可忍受,也未提出异议,但该做法的负面示范效应仍应引起重视并加以规范、指引,商家应在充值时允许消费者对于充值金额进行自定义。对于刘智超要求同方知网公司退款的请求,因同方知网公司已经退款,故本院对该项请求予以驳回。

综上,依照《中华人民共和国消费者权益保护法》第9条、第26条第2款、第3款、《最高人民法院关于适用中华人民共和国民事诉讼法的解释》第271条之规定,判决如下:

一、被告同方知网(北京)技术有限公司在其经营的中国知网(www.cnki.net)充值中心关于最低充值额限制的规定无效。

二、驳回刘智超的其他诉讼请求。

案件受理费50元,减半收取25元,由被告同方知网(北京)技术有限公司负担,并于本判决生效之日起10日内直接交付给原告。

本判决为终审判决。

审判员　翁迎晓

二〇一九年一月三十日

书记员　王荪莉

七、结语与感想

苏瑞怡:

这一次组队参与"小城公益之星"创意诉讼大赛是我第一次参与诉讼,虽然之前参加过一些模拟法庭活动,对于法律实务也有一定的了解,但是毕竟是在同学之间进行模拟,与真实的诉讼仍然存在差别。同时,这也是一次具有公益性的法律实践,我们希望通过自己的诉讼行为引起社会公众对于最低充值限额规定的关注,希望自己成为一个好的榜样,增强消费者运用法律来维护自身权益的积极性。

在立案阶段,我在张林华律师的指导下接触到了现实的诉状写作,对于诉状的结构、格式等有了更加深刻的印象。立案的一番波折也让我对法律实务的艰辛有了更加切实的感受。在庭前准备阶段,我们将重心放在了有关格式条款无效与撤销的研究上。通过研究,我们发现,课堂上比较抽象的"无效"与"撤销"的概念在我们的案件中变得更加具体。在张律师的指导下,我们也掌握了更多衔接法律条文和案件事实的方法,最终得到了满意的案件解决方案。

在开庭日,我作为原告诉讼代理人出庭。第一次参与真正的开庭,在兴奋、紧张之余,我也很钦佩法官对于庭审节奏的掌控和对案件焦点的清晰把握。

在诉讼过程中,我发现很多问题是细小而琐碎的,难免会出现意外,如何积极面对这些问题和困难,是未来需要我去不断学习、体会的。感谢小城律师事务所给我们这样一个平台,让我们走出校园,从社会公益的角度感受法律实务的魅力,也感谢张林华律师的悉心指导,让我们的诉讼之路更加清晰、稳固。最后也要感谢各位小组成员的陪伴,从始至终,每一位成员都为案件成果的取得付出了自己的努力。

施佳丽:

从刚开始的懵懵懂懂到最后的全力以赴,这大半年来我和组员们在这次"小城公益之星"创意诉讼中投入了许许多多的精力,而这样的投入也在不断塑造着我们。

首先,感谢小城律师事务所创造性且持续性地在苏州大学王健法学院开展这样的诉讼活动。明知有不合理之处,但是有多少人有勇气和毅力向一个比自己强大许多的公司提起诉讼呢?如果没有这次机会,我很难想象自己会在什么时候踏上公益诉讼的道路。

其次,感谢张林华律师的指导。在整个诉讼过程中,张律师在诉讼流程、技术上给予了我们全面的指导,并且非常尊重我们的想法。在团队合作中,我负责撰写起诉书这一部分。从第一个版本凌乱的法条和论述到第二个版本关于"预付式消费"的认定并运用了原《合同法》司法解释第 10 条,到第三个版本将司法解释删改为运用原《合同法》和《消费者权益保护法》,再到第四个版本结合庭审全面修改代理词并邮寄给法官,张律师在具体内容上给了我们最大的"自由裁量权",在一次次的推倒和重建中,我感受到了日常的法学学习中前所未有的思考的力量。

刘智超:

整个诉讼的过程对我来说,其实更像是学术的高脚楼与现实接轨的过程,不管是实际的取证,还是整个诉讼的流程,都是全新的体验。在立案的过程中,我们也感受到立案难,也有过沮丧,但在张律师的指导下,我们一次次地突破了自己的"瓶颈"。

在正式开庭前,小组的每个人都非常认真地投入诉讼争点的讨论中,反复修改了代理词,更是四易其稿,常常讨论到很晚。不仅有讨论,有时候因为观点不一发生争论,但想到大家都是为了最后的诉讼,每个人都很积极,所以心里充满感激。

真正在旋涡里和在旋涡外看风景是不一样的,庭审的过程让我真正意识到庭审交锋的临机应变性和诉前证据材料准备的重要性,也意识到诉讼的过程其实不仅在于诉讼理由的陈述,有时更在于双方观点的交锋。如何迅速把握住对方的点,对该点进行反驳,并且反驳时围绕争议焦点,重申诉由极其重要,甚至不亚于诉前证据材料的准备。

公益可以做得很小,也可以很大,但尝试去做是第一步。公益诉讼其实不缺诉讼的对象,而缺勇于尝试者和较真者。公益不仅使我们成长,进行了人生第一次诉讼,而且让我们真正去改变了一些东西,自身的价值在不断努力的过程中凸显,其实是莫大的幸福。

雷一鸣:

学习是永无止境的,这次公益诉讼对于我,并不是一个项目,而更像是一门选修课,这门课包含了法学、人际关系、团队合作、逻辑思维等方面,可谓包罗万象。这门"课程"教我如何与人沟通,如何与伙伴合作,如何把握机会,如何在遇到困难时去解决而不是抱怨……这门含金量颇高的"课程"当然也是充满了挑战。好在,我坚持下来了。

公益诉讼是我从大一开始就想参加的活动,因为一方面,它可以提升我的专业水平。平时在教室里学得再多,做再多的模拟法庭,都不如自己去做一次诉讼来得宝贵。另一方面,为了公益而诉讼真的是一件令人激动、令人向往的事情。

对于本次诉讼,我认为具有比较强的公益价值。在生活中,我经常会遇到一些充值设限,花不完但不能退,只能被迫继续消费的事情。与以往不同的是,这一次,我们拿起了法律的武器,勇敢地捍卫权利。我希望能够通过这次努力,让知网作出改变,让知网变得更好,让这种充值设限又不能退款的情况减少发生。

当然,这次公益诉讼也让我意识到了自己存在的很多问题。虽然正在学习民事诉讼法,但是真正落实到立案、开庭才感觉到自己真的是"小白"。立案前的忐忑,立案时的波折,庭审前的无数版辩护意见,开庭前一晚依然讨论到深夜,我们虽然有不足,但是我们足够努力、足够认真、准备足够充分,这才成功立案,并且在结项前开完庭。

宋飞达:

从诉讼管辖权的确定,到立案过程中的波折,再到最后答辩意见的修改,让我明白理论和实践还是存在差距的。我们不仅要熟练掌握书本中的知识,还要学会如何将其运用于法律实践。要特别感谢我们的指导律师张林华律师,在我们陷入困境的时候,他主动向我们伸出了援手,为我们提供了切实有效的思路,一针见血地指出了我们存在的问题,并且乐意与我们分享他的诉讼经验。我们诉讼的完成与他有密不可分的关系。

需要说明的是,我们这个项目并不是为了参赛而进行的公益诉讼,而是因为中国知网确实存在不合理的条款,并且生活中确实存在类似的充值金额设限的问题。我自己就深有感触,我的一张火锅店充值卡就因为该店倒闭,但没有及时行使债权而白白导致金钱的损失。我们希望通过这一个个案来推动这一系列问题的解决,增强人们的权利意识。

刘天琦诉苏州市吴江区公安消防大队信息公开案(2018)

刘天琦　周雪怡　尤学懿*

一、选题理由

消防安全,一直是一个与人民生命、财产有着密切联系的话题。2018年上半年,苏州市政府在全市范围内部署开展了“3·31”整治火灾隐患专项活动,重点强调“8个一律”,其中一点就是疏散通道和安全出口一律不得占用、堵塞。

但是本队队员在吴江区万宝财富商业广场消费时却发现,该商场存在消防安全出口地贴不亮、不少安全出口被设置在店铺内、在疏散通道设置柜台和店铺导致安全地标被遮挡等问题。众所周知,对于商场等人员密集且客流量巨大的场所来说,疏散通道、安全出口是非常重要的,其决定了当紧急事件如火灾等发生时,群众是否能够在最短的时间内通过最短距离到达安全地点。试想,如果在紧急情况下,安全地标指引的是空间狭小、设置商铺柜台的疏散通道;抑或是安全地标被商铺柜台遮挡,指引到一半就断掉,那么还谈何对群众生命安全的保障。

因此,本队队员向吴江区公安消防大队进行了投诉举报并申请吴江区公安消防大队履行监督查处的法定职责,后又向其申请例行消防监督检查记录等信息公开,而吴江区公安消防大队不予答复。基于此,本队提起此次公益诉讼,秉持公益心态,希望通过本次诉讼辐射对不特定多数人生命安全的保护。一方面,敦促消防部门积极履行法定义务、监管到位;另一方面,引起公众对消防安全的关注,提高大家的消防安全意识和行政监督意识,让每一位进入商场的人都能免于潜在危险的危害。

---

* 本文作者均系苏州大学王健法学院2016级本科生。

二、法律分析

(一)事实与法律依据

1. 吴江区公安消防大队未依法履行保护公民人身权、财产权等合法权益的法定职责的行为违法

本案所涉商场存在诸多安全问题,例如消防安全出口地贴不亮、不少的安全出口被设置在店铺内、在疏散通道设置柜台和店铺并且导致安全地标被遮挡,当广场内发生突发火灾危险时,一位不熟悉广场内设施(包括消防逃生出口)的消费者无法凭借地面上未亮的引导标志顺利找到逃生出口。

由于逃生出口设置于店铺内,即逃生出口附近道路狭窄,所有逃生者的涌入使通行速度减慢,且易产生例如踩踏等危险事件;由于逃生出口外设有小型商铺或其他阻碍逃生的设施,逃生者无法快速逃离,大大增加了受难的风险。

根据《消防法释义》第43条,“营业性场所有下列行为之一的,责令限期改正;逾期不改正的,责令停产停业,可以并处罚款,并对其直接负责的主管人员和其他直接责任人员处罚款:……(三)不能保障疏散通道、安全出口畅通的”。《苏州市消防条例》第16条第4款,“公共娱乐场所营业时必须保持安全疏散通道畅通,安全出口不得上锁、封堵、设置门帘”。第25条第2款,“营业性场所不及时消除火灾隐患,不按照规定配置消防设施、器材,不能保障安全疏散通道、安全出口畅通的,由公安消防机构责令限期改正;逾期不改正的,依法责令停产停业,可以对单位并处一万元以上十万元以下罚款,并对单位防火责任人和其他有关责任人员处五百元以上五千元以下罚款。”

而在接到我们的履职申请书后的2个月内,本队队员再次前往该商场调查时发现,上述问题并没有任何好转,反而产生了新的问题。故吴江区公安消防大队监管不到位,未依法履行保护公民人身权、财产权等合法权益的法定职责的行为违法。

2. 吴江区公安消防大队超过15日不予答复的行为违法

我们团队于2018年8月15日向原告寄出政府信息公开申请。消防大队于2018年8月22日电话告知,我们不符合利害关系要求,要求提供利害关系证明,并称本队所要求申请的信息范围过大,要求原告详细化。之后本队一直没有收到被告的任何书面回复。

之后,我们团队按照被告的要求,于2018年9月28日再次寄出政府信息公开申请书,但一直没有得到对方的任何形式的答复。2018年10月22日,本队又寄出履职申请书,亦一直没有得到任何答复。

根据原《政府信息公开条例》第24条,“行政机关收到政府信息公开申请,能够当场答复的,应当当场予以答复。行政机关不能当场答复的,应当自收到申请之日

起15个工作日内予以答复;如需延长答复期限的,应当经政府信息公开工作机构负责人同意,并告知申请人,延长答复的期限最长不得超过15个工作日”。故吴江区公安消防大队超过15日不予答复的行为违法。

3. 吴江区公安消防大队通过电话口头答复的内容违法

原告于2018年11月24日再次寄出政府信息公开申请书,并要求以书面形式公开下列信息:

疏散引导标志合规合法的标准;

对该商场通道口附近设施、商场内在地面设置的疏散引导标志合规合法的检查记录和结果;

该商场在进行消防信息提交时所提供的图纸及当时的验收报告;

大队依法对该商场进行的例行消防监督检查的检查内容、结果等纪录。

2018年12月3日,原告接到被告吴江区公安消防大队的电话,电话答复内容如下:(1)我方所申请公开的信息多而杂,有些涉及对方上级审查问题;(2)拒绝以书面形式公开;(3)我方可自行去消防大队查阅信息。

原《政府信息公开条例》第21条规定,“对申请公开的政府信息,行政机关根据下列情况分别作出答复:(一)属于公开范围的,应当告知申请人获取该政府信息的方式和途径;(二)属于不予公开范围的,应当告知申请人并说明理由;(三)依法不属于本行政机关公开或者该政府信息不存在的,应当告知申请人,对能够确定该政府信息的公开机关的,应当告知申请人该行政机关的名称、联系方式;(四)申请内容不明确的,应当告知申请人作出更改、补充。”第22条规定:“申请公开的政府信息中含有不应当公开的内容,但是能够作区分处理的,行政机关应当向申请人提供可以公开的信息内容。”

而被告的答复只是笼统地告知我们不便书面公开,并未针对我们提出的各项信息公开请求分别作出具体答复,如何种信息属于其上级审查范围而不便由其书面公开、其上级机关的名称和联系方式等。

因此,吴江区公安消防大队的电话答复内容违法。

(二)诉的利益

1. 受案范围

《行政诉讼法》第12条第1款:“人民法院受理公民、法人或者其他组织提起的下列诉讼:……(六)申请行政机关履行保护人身权、财产权等合法权益的法定职责,行政机关拒绝履行或者不予答复的……(十二)认为行政机关侵犯其他人身权、财产权等合法权益的。”其中,公民的合法权益包括宪法授予公民的知情权。

原《政府信息公开条例》第33条第2款规定:“公民、法人或者其他组织认为行政机关在政府信息公开工作中的具体行政行为侵犯其合法权益的,可以依法申请行政复议或者提起行政诉讼。”

本案中，吴江区公安消防大队对政府信息公开申请以及履职申请不予答复的行为严重侵犯了原告的知情权、人身权等合法权益，故本案属于行政诉讼的受案范围。

2. 原告资格

《行政诉讼法》第2条规定，“公民、法人或者其他组织认为行政机关和行政机关工作人员的行政行为侵犯其合法权益，有权依照本法向人民法院提起诉讼。”

《行政诉讼法》第25条第1款规定，“行政行为的相对人以及其他与行政行为有利害关系的公民、法人或者其他组织，有权提起诉讼。”

本案中，吴江区公安消防大队的违法行为大大增加了原告作为消费者在吴江区万宝财富商业广场遭遇安全威胁的风险，同时侵犯了原告知情权、人身权等合法权益，原告作为与其行为存在利害关系的公民，具有提起诉讼的原告资格。

综上所述，我们团队诉讼具有原告资格，属于受案范围，具有诉的利益。

三、项目进度

时间	进度
2018年5～6月	课题选择，前期调查（证据＋调查问卷）
2018年7～8月	法律法规、新闻素材的收集整理以及前往商场举证
2018年8月15日	以挂号信的形式向消防大队寄出政府信息公开申请
2018年9月28日	提供了利害关系证明并且详细了我们所要求公开的信息
2018年10月22日	寄出履职申请书要求对方履行对违规商场进行监督查处
2018年10月24日	向吴江区人民法院提出“履行法定职责”之诉
2018年10月26日	向姑苏区人民法院提出“政府信息公开”之诉
2018年11月4日	收到姑苏区人民法院的释明函，内容为“你申请要求被告公开事项并非政府文件，只是以问询方式申请公开政府信息，不属于政府信息公开申请”
2018年11月8日	向姑苏区人民法院寄出释明函的回复，坚持起诉
2018年11月24日	修改措辞，再次寄出了政府信息公开申请书
2018年12月3日	收到消防大队电话回复
2018年12月5日	再次来到姑苏区人民法院，向法院递交新的行政起诉状
2018年12月11日	立案成功，前往姑苏区人民法院递交诉讼费
2018年12月16日	收到消防大队告知书并予以撤诉

四、前期准备

2018 年 5 月,我们团队于苏州市万宝财富商业广场发放近 100 份调查问卷并进行数据分析。分析结果表明:

1. 在进入公共场所时,参与调查的市民中 63.5% 不会主动熟悉安全出口或逃生路线,只是在经过时了解一下,28.7% 的市民会主动熟悉,剩余的少数市民完全不注意公共场所安全出口的设置和逃生路线的设定(如图 1 所示)。

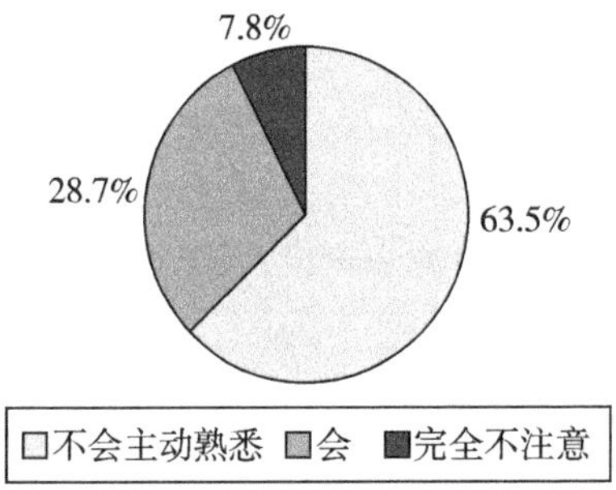

图 1　是否会主动熟悉安全出口或逃生路线调查问卷统计

大多数认为,苏州的安全疏散通道设计相对合理,并且在突发事件发生时,大多反应出的第一逃生路线为按安全疏散通道指向。但通过对多处商场的实地调查,我们发现有些安全疏散通道指向不明确甚至错误,这会大大延长逃生时间,对人们的生命造成威胁。

2. 89.7% 的市民表示不能接受安全疏散通道被一些商铺遮挡,并且其中 34% 的市民在疏散过程中遇到会影响人群疏散速度的障碍物,会选择尽量移开障碍物,无法移开时寻求旁人帮助(如图 2 所示)。然而值得关注的是,无论障碍物大小与多少,在一定程度上都会影响人群疏散速度,这同样对人们的生命造成了威胁。

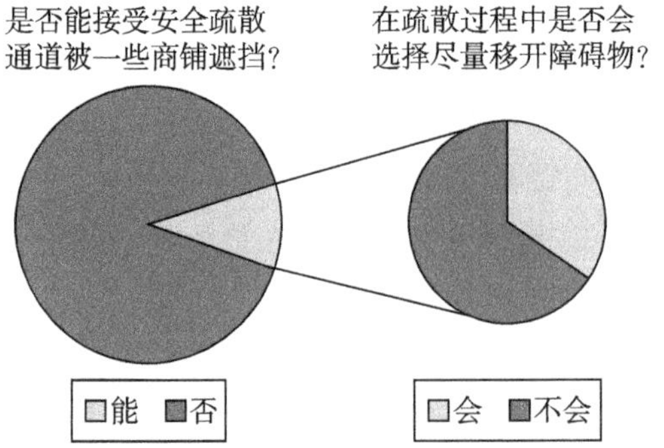

图 2　是否能接受安全疏散通道被一些商铺遮挡等问题调查问卷统计

3. 对于“现如今苏州市公共场所安全疏散通道的建设存在哪些欠缺”这一问题,我们提供的6个选项都被市民在不同程度上予以赞同。主要问题在于,安全疏散通道标识不醒目、设置的位置不明显或不规范,并且缺乏人们的重视。所以,此项调查在某种程度上认可了本队项目的重要性。

4. 在关于安全疏散通道正规化问题的调查中,90.7%的市民表示存在必要性,并且还有市民提出,该正规化整改应该尽快落实。此数据为我们的诉求提供了一定的依据。与此同时,本队于苏州市万宝财富商业广场拍摄取证了多处违规设施状况,起诉时也作为证据一并提交。

五、起诉

(一)向有关单位提交政府信息公开申请书

2018年8月15日,我们以挂号信的形式向吴江区公安消防大队寄出政府信息公开申请。2018年8月22日,消防大队电话告知我们称我们申请信息公开不符合“利害关系”的要求,要求我们提供利害关系证明。并称我们所要求公开的信息范围过大,要求我们详细化。否则其可以拒绝公开。之后我们一直没有收到消防大队任何书面形式的答复。2018年9月28日,我们按照消防大队的要求,提供了利害关系证明并且详细说明了我们所要求公开的信息,但一直没有得到对方任何形式的答复。

政府信息公开申请书

申请人:刘天琦(个人信息略)

被申请人:吴江区公安消防大队(单位信息略)

一、申请公开事项

1. 通道口附近设施是否符合要求,即是否满足“发生危险时,通道口未设店铺、柜台等阻碍消费者通过的设施”的要求。

2. 商场内在地面设置的疏散引导标志是否能够正常使用,即是否满足所有地标24小时常亮且不被遮挡的要求。

3. 商场在进行消防信息提交时所提供的图纸,是否和现在商场内部设施结构一致。

二、申请理由

申请人于2018年9月前往吴江区万宝财富广场,发现存在安全出口被商铺遮挡等消防安全隐患,因此希望通过政府信息公开,知晓该商场对于安全出口及安全通道的申报审查情况。申请人作为该商场消费者,与其存在利害关系(另附消费账单以证明)。为维护自身合法权益,申请人依据《中华人民共和国政府信息公开条例》有关规定提出申请获取该商场有关安全出口及安全通道的相关消防信息,恳请在法定期限内满足申请人的请求。

此致

吴江区公安消防大队

申请人:刘天琦

2018 年 9 月 27 日

(二)一寄履职申请书

2018 年 10 月 22 日,我们寄出履职申请书,要求对方履行对违规商场进行监督查处,同样没有收到任何的答复。

履职申请书

申请人:刘天琦(个人信息略)

被申请人:吴江区公安消防大队(单位信息略)

申请内容:

请求吴江区公安消防大队根据《中华人民共和国消防法》《中华人民共和国消防条例》《苏州市消防条例》的规定,对于吴江区万宝商业广场关于安全出口设置不合法的问题履行监督查处的法定职责。

事实及理由:

本人在吴江区万宝财富商业广场消费时发现,该商场存在诸多例如防安全出口地贴不亮、不少的安全出口被设置在店铺内、在疏散通道设置柜台和店铺并且导致安全地标被遮挡等问题。根据《中华人民共和国消防法》《中华人民共和国消防条例》《苏州市消防条例》的规定,营业性场所不能保障安全疏散通道、安全出口畅通的,由公安消防机构责令限期改正;逾期不改正的,依法责令其停产停业,并处罚款。因此,本人申请吴江区公安消防大队履行监督查处的法定职责,保护公民人身权、财产权等合法权益。

此致

吴江区公安消防大队

申请人:刘天琦

2018 年 10 月 22 日

(三)一访法院

根据《消防法》《消防条例》《苏州市消防条例》的规定,营业性场所不能保障安全疏散通道、安全出口畅通的,由公安消防机构责令限期改正;逾期不改正的,依法责令其停产停业,并处罚款。我们向吴江区公安消防大队进行了投诉举报,并申请吴江区公安消防大队履行监督查处的法定职责,但吴江区公安消防大队在法定期限内并未给予我们答复。

2018年10月24日,根据行政诉讼的一般地域管辖原则“原告就被告”,我们向吴江区人民法院提出“履行法定职责”之诉。法院立案庭的工作人员看了我们的诉状后,对我们做了以下指导:一是根据集中管辖,吴江区的行政案件由姑苏区人民法院管辖。二是针对我们的诉讼而言,认为我们寄出履职申请书对违规的商场进行举报并且要求消防大队履职的行为是一种市民建议,被定性为信访行为比较恰当。

行政起诉状

原告:刘天琦(个人信息略)

被告:吴江区公安消防大队(单位信息略)

诉讼请求:

1. 依法确认被告吴江区公安消防大队未依法履行保护公民人身权、财产权等合法权益的法定职责的不作为行为违法,并判令被告公安消防大队依法履行法定职责。

2. 判令被告吴江区公安消防大队支付全部诉讼费用。

事实与理由:

根据《中华人民共和国消防法》《中华人民共和国消防条例》《苏州市消防条例》的规定,营业性场所不能保障安全疏散通道、安全出口畅通的,由公安消防机构责令限期改正;逾期不改正的,依法责令其停产停业,并处罚款。但是原告在吴江区万宝财富商业广场消费时发现,该商场存在诸多例如防安全出口地贴不亮、不少的安全出口被设置在店铺内、在疏散通道设置柜台和店铺并且导致安全地标被遮挡等问题,原告向吴江区公安消防大队进行了投诉举报并申请吴江区公安消防大队履行监督查处的法定职责,但吴江区公安消防大队不予答复。

当广场内发生突发火灾危险时,一位不熟悉广场内设施(包括消防逃生出口)的消费者:

1. 无法凭借地面上未亮的引导标志顺利找到逃生出口;

2. 由于逃生出口设置于店铺内,即逃生出口附近道路狭窄,所有逃生者的涌入使通行速度减慢,且易产生踩踏等危险事件;

3. 由于逃生出口外设有小型商铺或其他阻碍逃生的设施,逃生者无法快速逃离,大大增加了遇难的风险。

综上所述,由于消防大队监管不到位,广场存在诸多安全隐患,且消防大队并没有重视该安全隐患，现根据《中华人民共和国行政诉讼法》第12条以及《最高人民法院关于适用〈中华人民共和国行政诉讼法〉的解释》相关规定，原告请求法院依法确认被告吴江区公安消防大队未依法履行保护公民人身权、财产权等合法权益的法定职责的不作为行为违法，并判令被告吴江区公安消防大队依法履行法定职责。

此致

苏州市吴江区人民法院

附：本起诉状副本一份

起诉人：刘天琦

2018年10月20日

从法院回来后，我们进行了小组讨论和分析：

2018年2月7日最高人民法院发布的《最高人民法院关于适用〈中华人民共和国行政诉讼法〉的解释》增加了5种不可诉的行为，信访办理行为赫然在列。信访人对信访工作机构依据《信访条例》处理信访事项的行为或者不履行《信访条例》规定的职责不服提起行政诉讼的，人民法院不予受理。对信访事项有权处理的行政机关依据《信访条例》作出的处理意见、复查意见、复核意见和不再受理决定，信访人不服提起行政诉讼的，人民法院不予受理。因此，如果以消防大队不回复我们的履职申请书为由提起诉讼，法院是不予受理的。我们决定改变诉讼方案。

虽然我们的最终目的是要求消防大队履行法定职责，但是可以先从申请信息公开开始，将我们申请公开的信息与商场的实际情况进行比对，就可以获得商场确实违规操作以及消防大队未依法履行职责的证据。这不仅可以引起消防大队的注意和重视，而且可以在此基础上，要求消防大队履行法定职责。此外，通过申请一个商场的消防疏散通道是否合法合规的具体政府信息，可以使大众对于身边的商场都进行参照对比，这就达到了辐射广大群众的目的。

（四）二访法院

一访法院后我们小组改变了诉讼方案。2018年10月26日，我们来到姑苏区人民法院，提出“政府信息公开”之诉。递交行政起诉状和相关的证据材料，并等待法院的审查。2018年11月4日，收到姑苏区人民法院的释明函，内容为“你申请要求被告公开事项并非政府文件，只是以问询方式申请公开政府信息，不属于政府信息公开申请。”于是，我们围绕此写了释明函的答复并于2018年11月8日寄出。

（五）三访法院

直到2018年11月22日我们仍未收到法院的任何答复，所以2018年11月23日本队队员又来到姑苏区人民法院询问情况。立案庭的工作人员称，法院没有收到我们的回复。但好在我们可以和立案庭的工作人员进行面对面的交流，她告诉我们,所谓以"问询方式申请公开政府信息"是指我们在申请信中适用了"是否"(如"是否满足所有标示地标二十四小时常亮且不被遮挡")的表达方式。而其他方面则不存在问题,建议我们重新修改措辞后再次寄出政府信息公开申请。

(六)三寄政府信息公开申请书

2018年11月24日,我们再次向消防大队寄出政府信息公开申请书。2018年12月3日,我们收到消防大队的电话回复,内容为:

1. 我方所申请公开的信息多而杂,有些涉及对方上级审查问题;

2. 拒绝以书面形式公开;

3. 我方可自行去消防大队查阅信息。

这一答复并未针对我们提出的各项信息公开请求作出具体答复,只是笼统地告知我们不便公开,但何种信息属于其上级审查而不便书面公开、是否可向其上级机关进行申请等,都未明确回复。

政府信息公开申请书

申请人:刘天琦(个人信息略)

被申请人:吴江区公安消防大队(单位信息略)

一、申请公开事项:

1. 对该商场通道口附近设施、商场内在地面设置的疏散引导标志合规合法的标准;

2. 对该商场通道口附近设施、商场内在地面设置的疏散引导标志是否合规合法的检查记录和结果;

3. 商场在进行消防信息提交时所提供的图纸及当时的验收报告;

4. 大队依法对该商场进行的例行消防监督检查的检查内容、结果等纪录。上述信息,希望被申请人以书面形式向申请人进行公开。

二、申请理由:

申请人于2018年9月前往吴江区万宝财富广场,发现存在安全出口被商铺遮挡等消防安全隐患,因此希望通过政府信息公开,知晓该商场对于安全出口及安全通道的申报审查情况。申请人作为该商场消费者,与其存在利害关系(用以证明的消费账单已附于之前的信息公开申请书中)。为维护自身合法权益,申请人依据《中华人民共和国政府信息公开条例》有关规定提出申请获取该商场有关安全出口及安全通道的相关消防信息,恳请在法定期限内满足申请人的请求。

此致

吴江区公安消防大队

申请人:刘天琦

2018年11月24日

（七）四访法院

在接到消防大队的电话后，本队小组成员进行了相关法律依据的查找和搜集。

原《政府信息公开条例》第21条规定："对申请公开的政府信息，行政机关根据下列情况分别作出答复：（一）属于公开范围的，应当告知申请人获取该政府信息的方式和途径；（二）属于不予公开范围的，应当告知申请人并说明理由；（三）依法不属于本行政机关公开或者该政府信息不存在的，应当告知申请人，对能够确定该政府信息的公开机关的，应当告知申请人该行政机关的名称、联系方式；（四）申请内容不明确的，应当告知申请人作出更改、补充。"该条例第22条规定："申请公开的政府信息中含有不应当公开的内容，但是能够作区分处理的，行政机关应当向申请人提供可以公开的信息内容。"2018年12月5日，我们再次来到姑苏区人民法院，递交了行政起诉状。

行政起诉状

原告：刘天琦（个人信息略）

被告：吴江区公安消防大队（单位信息略）

诉讼请求：

1. 确认被告吴江区公安消防大队未依法履行其法定职责。

2. 判令被告吴江区公安消防大队将原告在原申请中申请公开的信息以书面方式公之于众。

3. 判令被告吴江区公安消防大队支付全部诉讼费用。

事实与理由：

1. 原告于2018年8月15日向原告寄出政府信息公开申请。被告于2018年8月22日电话告知原告其申请不符合利害关系要求，要求原告提供利害关系证明；并称原告所要求申请的信息范围过大，要求原告详细化。之后，原告一直没有收到被告的任何书面回复。

2. 原告按照被告的要求，于2018年9月28日再次寄出政府信息公开申请书，但一直没有得到被告的任何形式的答复。2018年10月22日，原告又寄出履职申请书，亦一直没有得到任何答复。

3. 原告于2018年11月24日再次寄出政府信息公开申请书，并要求以书面形式公开申请信息。2018年12月3日，原告接到被告吴江区公安消防大队的电话，电话中仅笼统告诉原告所申请的信息多而杂、涉及上级审查问题，拒绝以书面形式公开，并告知原告自行去被告处查看原告所申请公开的信息。但被告并未针对原告提出的各项信息公开请求作出具体答复，如并未明确告知原告所申请的信息中，何项信息属其上级审查而不便书面公开。

综上所述,被告几次不回复的行为不符合《中华人民共和国政府信息公开条例》第24条的规定;对原告而言,被告工作人员的电话告知内容模糊、抽象,该行为并不符合《中华人民共和国政府信息公开条例》第21条规定的行政机关应告知申请人获取政府信息的方式和途径,这样的口头告知行为,不应视为被告依据《中华人民共和国政府信息公开条例》规定作出了答复。故被告未履行政府信息公开的法定职责。

现根据《中华人民共和国行政诉讼法》第12条以及《最高人民法院关于适用〈中华人民共和国行政诉讼法〉的解释》的相关规定,原告请求法院依法确认被告吴江区公安消防大队未依法履行其法定职责,并判令被告吴江区公安消防大队依法履行相关法定职责,将原告在原申请中申请公开的信息以书面方式公之于众。

此致

苏州市姑苏区人民法院

起诉人:刘天琦

2018年12月5日

(八)立案通知

2018年12月7日,我们团队队长接到了姑苏区人民法院的电话,告知我们案件具备立案条件,并通知我们去缴纳诉讼费。2018年12月11日,本队队长前往法院缴纳了诉讼费。

六、最终结果

消防大队收到法院的传票和我们的起诉状副本后,一反之前模糊的态度,于2018年12月14日主动联系我们,表示愿意向上级机关调取我们所要求公开的信息,并且按照我们要求的形式公开,但是希望我们能够撤诉。

经小组讨论后,考虑我们的初衷是解决问题,推动公益价值的实现,而诉讼是最后的救济途径,因此我们也不是坚持一定要通过开庭审理的形式来解决问题。因此,我们团队队长与消防大队负责人进行了沟通,希望其出示愿意公开政府信息的书面文件,并积极履行法定职责对商场进行监督和查处,保护不特定多数人的利益。对方答应并表示会好好履行法定职责,感谢我们对消防工作的关心。2018年12月16日,本团队收到了消防大队的书面告知书。

七、结语和感想

刘天琦：

非常感谢学院和小城律师事务所能够举办这样一个比赛，让我们在学习理论知识的同时，大胆地去接触实务，将所学运用到实践中，从实践中体会理论与现实存在的种种差异，这是一次难得的学习机会，同时，也是在真正踏入法律行业之前的一份十分宝贵的经验。

一开始，选定主题的时候，我们从身边所接触到的各种问题入手，在小组成员讨论中不断筛选，最终将主题定为消防大队监管不到位。这个主题的公益价值不可小觑，它不仅是民众监督政府部门积极为人民服务，保障公民人身安全，更是在唤醒公众的消防安全意识。

我们之所以选择“消防大队监管不到位”这样一个行政法方向的主题进行公益活动，主要是因为我们想去了解 2014 年《行政诉讼法》修改之后，行政诉讼到底改变了多少。举一个例子，《行政诉讼法》第 51 条规定“对当场不能判定是否符合本法规定的起诉条件的，应当接收起诉状，出具注明收到日期的书面凭证，并在七日内决定是否立案”。我们多次前往法院，提交过两次材料，法院都未曾给我们出具书面凭证；我还记得，我拿着法条去问立案庭的工作人员：“为何我提交材料，没有任何书面凭证？”工作人员坚持道：“都是没有的，回去等通知吧。”平时老师花了半节课讲的立案登记制，从实践看来，还是条漫漫长路。

这也是我们第一次和政府打交道，第一次寄挂号信、第一次收到释明函，种种的“第一次”让我们既兴奋又头疼，但也因为有老师的帮助、队员们的互相鼓励，我们才一步步走了过来。

尤学懿：

本次公益诉讼给我最大的感受是理论与实践之间的鸿沟。课堂上，我们学习的是行政诉讼的立案登记制，是当事人只要提供符合形式要件的诉状，法院都应当一律接收，并在规定的期限内依法处理，做到有案必立、有诉必理，切实保障当事人的诉权。但是实际上只要提到行政诉讼，所有一线法律工作者的第一反应都是“要打行政诉讼可难，很有可能案都立不起来”。在参加本次比赛之前，像我这样一个象牙塔里的学生看来，这样的反应是无法理解的，但是通过这次困难重重的诉讼，我开始理解了，也学会了从实际出发去考虑问题、解决问题。此外，作为法律理论学习者的我们，如何将理论运用到实践当中，也是我们所面临的问题。说实话，我们平日在课堂中学到的知识在面对具体实务时是远远不够的，通过此次活动与律师的接触，我学习到了很多的实务技巧。比如，对于每一个事实都要有具体的证据来证明，而证据的收集则十分需要律师的技巧，等等，这些知识都是我们通过传统的课堂无法学习到的。虽然此次公益诉讼已经结束,但我们将继续坚持在这条道路上,继续为公益奋斗。纵然道阻且长,我们也会保持对公益诉讼的热爱,无论世人誉之非之,贵之贱之,始终热烈赤诚。

周雪怡:

事实上,我们的团队从一开始是不被看好的。主要是因为,我们缺少诉讼实践的经验。我们没有去过法院立案庭咨询,完全是凭借小队队员在校内所学的行政法和行政诉讼法的理论知识来推动整个项目的初期运转,因此在中期汇报时,我们甚至没有明确我们的诉讼方案,到底是选择起诉消防大队不依法履行职权,还是提起信息公开之诉,我们仍然在这两个选择之间徘徊。这一路走来,我们经历了三寄政府信息公开申请书、四访法院、一寄履职申请书,诉讼历程可谓是十分艰难但又丰富。在诉讼进程中,我也学到了以法律条文为扩充基础,从实务的角度来思考问题。目前我们已经立案,项目也进入了终期汇报,但这并不是结束,未来我们需要做的,就是保持一颗公益之心,继续前行。

王成诉苏州市公安局苏州工业园区分局不作为案(2018)

王　成　邓家豪　黄　薇　张瀚月*

一、选题理由

苏州大学东校区东大门前的东环路路口,人流量、车流量较大,路况也较为复杂。要到校门对面的万科广场和公交车站,该路口东西向的人行横道是必经之路,因此,这一路口对苏州大学的师生而言至关重要。但是,根据本组成员的自身经历,结合对身边同学的采访,我们发现很多人都表示该路口允许行人过马路的绿灯时间太短。在实地踏勘后,我们测量人行横道上绿灯持续时间约 27 秒,在绿灯亮起时即起步、以常速步行的行人往往在红灯亮起时,还需要 3 秒才能完成过马路全程。而被困在路中间的行人处境则相当窘迫——欲向前尽快通过,非机动车道上的电动车似乎不受南北向信号灯管辖,往来飞驰将行人阻隔;欲向后避开车流,又找寻不到明确标识的"行人驻足区",只得滞留在马路中央。

同时,我队成员在苏州市政府官网的政民互动—公众监督信息平台上了解到,2015 年曾有市民以司机身份对该路口的交通信号灯进行投诉,而苏州市公安局苏州工业园区分局已经对争议信号灯做出过一次调整,以增加机动车通行率。根据分局对投诉的回复,我们得知园区交警大队支队科研所接到投诉后作出以下回应:(1)将东环路苏州大学门口的红绿灯南北向绿灯在 6:30 ~ 19:00 由原本的 43 秒增加到 51 秒,左转由原来的 33 秒减少到 25 秒,东西向(同时也是人行横道绿灯)还保持 28 秒;(2)在 19:00 以后,南北向是 35 秒,左转 20 秒,东西向是 30 秒。

由此可见,园区交警部门是从机动车利益出发,对该路口信号灯实行了峰谷分段时长。简言之,是把 6:30 ~ 19:00 时间段的南北向通行时间延长,东西向缩短;然而这一设置对于行人的通行安全造成了一定影响。

---

* 本文作者均系苏州大学王健法学院 2016 级本科生。

因此,本团队希望通过本次诉讼,使工业园区交警部门能够延长该路段人行横道绿灯的时长,从而保障苏州大学师生及过路行人的人身安全。

二、法律分析

我们认为,案涉人行横道上的交通信号灯代表苏州市公安局工业园区分局交警部门指挥交通,是具体行政行为。该行为不合法,也不合理,侵犯了原告及行人的合法权益。园区分局未在法定期限内回复和处理原告的投诉,没有履行职责,未能维护原告的合法权益。

具体理由如下:

第一,案涉人行横道上交通信号灯的指挥是具体行政行为,具有可诉性。“效力对象是否特定”“效力朝向是面向未来还是过去”“发生效力的方式是不是直接方式”是判断行政行为是不是具体行为的3个标准。一次交通信号的发出,首先,仅针对当时当场通过人行横道的行人,即针对特定人;其次,具有固定时限,时限届至后该行为即宣告结束,其持续过程仅对当场当时过马路者而言有效,而未来的过马路行为则由未来的交通信号的发出进行管理,故其效力面向过去;最后,交通信号是直接对当场当时过马路者生效,即其发生效力的方式是直接得到实施。因此,原告起诉的那次交通信号的发出符合具体行政行为的3个标准,是可诉的。

第二,案涉人行横道上的交通信号灯不合法、不合理,侵犯了原告的合法权益。根据《道路交通安全法》第25条第3款规定,“交通信号灯、交通标志、交通标线的设置应当符合道路交通安全、畅通的要求和国家标准,并保持清晰、醒目、准确、完好”。根据《苏州市城市道路交通管理设施设置标准》7.3.5.1规定,“交叉口和路段人行横道信号灯的设置应符合《人行横道信号灯控制设置与安装规范》(GA/T 851)要求”。根据《人行横道信号灯控制设置规范》(GA/T 851—2009)5.2.1规定,“绿灯总时长应保证红灯期间等待过街的全部行人安全过街所需的时间”。案涉信号灯绿灯总时长无法保证红灯期间等待过街的全部行人安全过街,不符合道路交通安全、畅通的要求和相关标准,园区交警部门有义务将该信号灯时长调整至符合标准的合理程度。另外,根据《苏州市城市道路交通管理设施设置标准》,在行人流量有明显时段特征的路段人行横道处,如学校、幼儿园、少年宫等区域,宜安装行人按钮信号灯;行人按钮的安装应便于行人识认和使用,宜设置告知标志。园区交警部门有义务采取其他相关合理措施确保行人通行安全和便利。

第三,园区分局未在法定期限内回复和处理原告的投诉,没有履行义务,未能维护原告合法权益。根据《公安机关信访工作规定》第22条,园区分局应当接到信访事项之日起15日内决定是否受理并书面告知原告,但原告尚未收到回复,意味着被告未在期限内履行义务。

三、项目进度

时间	进度
2018年5~6月	课题选择、前期调研
2018年7~8月	法律法规的调取、研读、整理,与相关专业老师探讨沟通
2018年8~9月	苏州大学东校区东大门前东环路口现场调研及取证
2018年10月	证据采集、材料整理、撰写投诉书
2018年11月10日	向苏州市公安局园区分局进行邮递投诉
2018年11月14日	向苏州市公安局园区分局进行网上投诉
2018年11月23日	园区分局回复投诉,实现部分诉请
2018年12月11日	向姑苏区人民法院递交诉讼材料,等待法院正式立案,后被告知立案失败

四、前期准备

(一)调研

1. 东环路口交通信号设置不合理,影响行人过街的安全和畅通

经调查,现场东西向人行横道信号灯无计时器,用手机中秒表测量发现,绿灯实际持续27秒,其中最后3秒闪烁。通常,在绿灯亮起同时即开始过马路的行人,在信号灯闪烁时离对岸尚有5~10米,多数人被迫开始快速跑动,而当红灯亮起时仍有多人未到安全区。经实验,本团队成员一人平均步速1.4m/s,到对岸人行道需要大约31秒。有文献显示,一般人步速1.4m/s。无论如何,此处绿灯对于一个以一般速度步行通过的人来说都太短促了;且对一般人而言,只要没有在绿灯亮起的第一时间开始行动,就很难一次性到对岸,只能中途站在高架桥底下等待下一个红灯。

高架桥底下有不可通行区,实际用作停车场和快递包裹集散地(现已少见)。此处是行人可以在无法一次性过马路的情况下暂避车流的地带,但是未设置“行人驻足区”等类似标识,绝大多数行人站在马路中间的斑马线上,实际上有碍转弯车辆通行,且不安全。

南北向非机动车道与机动车道共用信号灯,但无一非机动车遵守,多有行人夹

在非机动车道与机动车道之间的栅栏口,进退两难。

南北向机动车道信号灯分为直行信号灯与转弯信号灯,经测量,其中直行红灯持续约1分25秒,当其持续到约52秒时转弯绿灯亮起,车辆不可直行但可以转弯,此时东西向人行横道尚为红灯。由于转弯车辆少且速度慢,看似对过马路行人威胁较小,行人闯红灯的危险行为大量涌现。

2. 多数群众对案涉路口的交通信号设置不满意,认为自己的通行安全和便利受到影响

团队成员在网上发布问卷,通过身边朋友进行转发,以调查可能途径案涉路口人群的意见。在130个有效样本中,80%认为该路段红绿灯的设置影响到了通行安全;78%表示无法在完整的绿灯持续时间内以正常步速一次性通过该路口。同时,通过采访身边的同学,我们发现,几乎所有人都对案涉路口的交通信号存有怨言。

3. 苏州市公安局工业园区分局有合理设置案涉路口交通信号的义务

《道路交通安全法》第25条第3款规定:"交通信号灯、交通标志、交通标线的设置应当符合道路交通安全、畅通的要求和国家标准,并保持清晰、醒目、准确、完好"。《苏州市城市道路交通管理设施设置标准》7.3.5.1规定:"交叉口和路段人行横道信号灯的设置应符合《人行横道信号灯控制设置与安装规范》(GA/T 851)要求。"《人行横道信号灯控制设置规范》(GA/T 851—2009)5.2.1规定:"绿灯总时长应保证红灯期间等待过街的全部行人安全过街所需的时间。"案涉信号灯绿灯总时长无法保证红灯期间等待过街的全部行人安全过街,不符合道路交通安全、畅通的要求和相关标准,园区交警部门有义务将该信号灯时长调整至符合标准的合理程度。

另外,根据《苏州市城市道路交通管理设施设置标准》,在行人流量有明显时段特征的路段人行横道处,如学校、幼儿园、少年宫等区域,宜安装行人按钮信号灯;行人按钮的安装应便于行人识认和使用,宜设置告知标志。园区交警部门有义务采取其他相关合理措施确保行人通行安全和便利。

(二)取证

2018年5月20日,团队成员王成穿越东环路苏州大学东门前的人行横道时看不到计时,发现以正常步速无法在完整的绿灯持续时间内通过。在红灯亮起后,王成尚在马路中间,而南北向车辆已经开始行驶,王成只得后退到马路中间地带,但是此处没有明确的"行人驻足区"标识。此时有车辆转弯需穿越中间地带,王成觉得自己的安全受到了威胁。等到第二次绿灯亮起时,王成继续过马路,但是走到非机动车道前,非机动车却不受南北向红灯限制,持续行驶妨碍了王成的绿灯通行自由。最后,王成只得找准时机穿过非机动车道,到达了马路东边。在实地踏勘后,团队成员测量得人行横道上绿灯持续约27秒,在绿灯亮起时即起步、以常速步行的行人往往在红灯亮起时,还需要3秒才能完成过马路全程,此时还不包括存在其他因素的

干扰。

2018 年 11 月 10 日,王成通过邮政快递向苏州市公安局苏州工业园区分局进行投诉,针对东环路苏州大学门前的人行横道的信号灯设置提出整改意见,在法定期限内没有得到园区分局的回复与处理。

证据清单:

证据一、邮政凭单

证明:2018 年 11 月 10 日,原告已寄送投诉信

证据二、投诉信

证明:投诉内容系案涉路口信号灯之不合理情形与整改建议

证据三、中国邮政短信截图

证明:2018 年 11 月 11 日被告签收邮政快递,投诉信已送达

证据四、案涉路口人行横道照片

证明:被告行为导致无法一次过街的行人滞留马路中间,安全受转弯车辆威胁

证据五、案涉路口路况视频

证明:行人无法在完整的绿灯时间内过街,且交通信号设置不合理,威胁行人通行安全和便利

(三)信访投诉

本着诉讼是解决问题的最后手段原则,为求节省司法资源,我们先试图通过网上投诉和寄挂号信投诉的方法,向苏州市公安局园区分局如实反映相关情况,并提出了整改意见。然而,在漫长的等待中,我们始终没有收到来自主管部门的具体答复,这令我们非常失望,最终我们选择了起诉。

五、起诉

行政起诉书

原告:王成(个人信息略)

被告:苏州市公安局苏州工业园区分局(单位信息略)

诉讼请求事项:

一、请求法院判令确认被告不履行职责的行为违法,要求被告依法履行职责。

二、请求法院判令被告将东环路苏州大学东门口东西向绿灯在 6:30~9:00 及 16:30~19:00 两个高峰时段以外的时间段的时长适当延长,至少延长 3 秒。

三、请求法院判令被告在上述路口设置计时器。

四、请求法院判令被告在上述路口设置行人按钮信号灯,或者引入“自调时长”

的智能信号灯。

五、请求法院判令被告在上述路口的高架桥下设置“行人驻足区”的醒目标识，对未能一次过马路者进行疏导，防止行人滞留马路中间。

六、请求法院判令被告在南北向非机动车道设置交通信号灯，与南北向机动车道直行信号灯同步，以规范非机动车行驶。

七、请求法院判令被告在人行横道醒目处设置内容为“除非交警指挥，红灯亮时行人禁止通行”或“听从交警指挥，严禁擅闯红灯”的告示牌。

八、请求法院判令诉讼费用由被告承担。

事实和理由：

2018年5月20日，原告穿越东环路苏州大学东门前的人行横道时看不到计时，发现以正常步速无法在完整的绿灯持续时间内通过。在红灯亮起后，原告尚在马路中间，而南北向车辆已经开始行驶，原告只得后退到马路中间地带，但是此处没有明确的“行人驻足区”标识。此时有车辆转弯需穿越中间地带，原告觉得自己的安全受到了威胁。等到第二次绿灯亮起时，原告继续过马路，但是走到非机动车道前，非机动车却不受南北向红灯限制，持续行驶妨碍了原告的绿灯通行自由。最后，原告只得找准时机穿过非机动车道，到达马路东边。在实地踏勘后，原告测量得人行横道上绿灯持续约27秒，在绿灯亮起时即起步、以常速步行的行人往往在红灯亮起时，还需要3秒才能完成过马路全程，此时还不包括存在其他因素的干扰。

2018年11月10日，原告通过邮政快递向苏州市公安局苏州工业园区分局进行投诉，针对东环路苏州大学门前的人行横道的信号灯设置提出整改意见，至今没有得到园区分局的回复与处理。

原告认为，案涉人行横道上的交通信号灯代表苏州市公安局园区分局交警部门指挥交通，是具体行政行为，该行为不合法、不合理，侵犯了原告的合法权益。园区分局未在法定期限内回复和处理原告的投诉，没有履行义务，未能维护原告合法权益。

案涉人行横道上交通信号灯的指挥是具体行政行为，具有可诉性。“效力对象是否特定”“效力朝向是面向未来还是过去”“发生效力的方式是否是直接方式”是判断行政行为是否是具体行为的3个标准。一次交通信号的发出，首先，仅针对当时当场通过人行横道的行人，即针对特定人；其次，具有固定时限，时限届至后该行为即宣告结束，其持续过程仅对当场当时过马路者而言有效，而未来的过马路行为则由未来的交通信号的发出进行管理，故其效力面向过去；最后，交通信号是直接对当场当时过马路者生效，即其发生效力的方式是直接得到实施。因此，原告起诉的那次交通信号的发出符合具体行政行为的3个标准，是可诉的。

案涉人行横道上的交通信号灯不合法、不合理，侵犯了原告的合法权益。根据

《道路交通安全法》第25条第3款规定,“交通信号灯、交通标志、交通标线的设置应当符合道路交通安全、畅通的要求和国家标准,并保持清晰、醒目、准确、完好”。根据《苏州市城市道路交通管理设施设置标准》7.3.5.1规定,“交叉口和路段人行横道信号灯的设置应符合《人行横道信号灯控制设置与安装规范》(GA/T 851)要求”。根据《人行横道信号灯控制设置规范》(GA/T 851—2009)5.2.1规定,“绿灯总时长应保证红灯期间等待过街的全部行人安全过街所需的时间”。案涉信号灯绿灯总时长无法保证红灯期间等待过街的全部行人安全过街,不符合道路交通安全、畅通的要求和相关标准,园区交警部门有义务将该信号灯时长调整至符合标准的合理程度。另外,根据《苏州市城市道路交通管理设施设置标准》,在行人流量有明显时段特征的路段人行横道处,如学校、幼儿园、少年宫等区域,宜安装行人按钮信号灯;行人按钮的安装应便于行人识认和使用,宜设置告知标志。园区交警部门有义务采取其他相关合理措施确保行人通行安全和便利。

园区分局未在法定期限内回复和处理原告的投诉,没有履行义务,未能维护原告合法权益。根据《公安机关信访工作规定》第22条,园区分局应当接到信访事项之日起15日内决定是否受理并书面告知原告,但原告尚未收到回复,意味着被告未在期限内履行义务。

综上所述,被告的行为已经侵犯原告的合法权益,而原告未能通过投诉途径维护自身合法权益,只得以诉讼寻求救济。请贵院详查,依法公断。

此致

苏州姑苏区人民法院

具状人:王　成

2018年12月11日

六、最终结果

将诉状和证据材料一式3份准备完毕之后,小组成员前往姑苏区人民法院提起诉讼。法院工作人员收下两份材料后,告知我们审查需要一定期限,将在7天内给予我们答复,于是我们选择返校等待。然而在等待中,我们被告知立案失败,但我们不会放弃通过其他途径维护权益并完善相关诉讼材料继续尝试起诉。

七、结语和感想

王　成:

“我只想过平静的生活。”每次过苏州大学东门口这条马路的时候,我心里是这么想的。然而,不合理的信号灯设置,打破了我的幻想。我一个健步如飞的男青年,也做不到在绿灯时长内通过路口,受到一系列交通安全问题的困扰。烦躁、恐惧、恼怒……当我被引擎轰鸣的汽车和飞驰的电瓶车前后夹击之时,这些负面情绪涌上心头,扰乱了本该平静的生活。

所以,我是以一个私益维权者的身份参与到公益诉讼比赛中来,继而找到与我同样"愤怒"的同学作为队友的。在参赛之后的调研中,我才确切地了解到究竟有多少人经历过与我同样的糟糕体验。这是一个发酵的过程。我渐渐了解得更多,发现自己不是一个人在黑夜里呼喊,当我为自己的权利斗争的时候,就是在为多数人的权益而战。这也让我想到,近年来边沁的"功利主义"被一些学者重译为"公利主义",是不无道理的。

从规范意义上而言,我们本次提起的诉讼并非"公益诉讼"。我国的公益诉讼对主体有严格的限定,我们这些自然人并不适格。但是,从效果上看,无论是对于苏州大学师生的通行安全和便利的保障,还是对于其他地区有着相同困扰的人们自行维权的示范指导作用,这次诉讼无疑对公共利益有着现实的促进作用,也符合本次比赛以私益促进公益的主旨。因此,从实质意义上而言,我们将骄傲地对外宣称在小城律师事务所提供的平台上进行了一场"公益诉讼"。

邓家豪:

"小城公益之星"创意诉讼大赛是我进入大学以来第一次真正意义上接触诉讼。俗话说:"纸上得来终觉浅,觉知此事要躬行。"作为法科生,我们应该懂得行胜于言的道理,感谢这次大赛给了我这样一个亲身实践的机会,让我体验到了公益诉讼维权之路的艰苦,也从中学到了许多课堂上无法学到的东西。

我们团队立项的灵感来源于生活。苏州大学东校区东大门前的东环路路口,人流量、车流量较大,路况也较为复杂,我自己每次过马路都觉得来不及。记得大二在行政法的课堂上,老师就指出苏州大学附近许多交通信号灯设置存在不合理之处,并为我们分析了相关诉讼的可行性。当得知许多其他同学都有此感受时,我们四个志同道合的"同路人"便决定借这次比赛的机会,切实地为苏州大学师生解决这一出行问题。在收到立项通过的通知时,我们的心情无比激动,同时这也告诉了我们,公益无须惊天动地,只要从身边的小事做起。

当然,在投诉后等待回复的过程中,我们也经历了焦虑和彷徨,甚至一度对我们项目的意义产生了怀疑。多亏指导律师对我们的肯定和帮助,使我们的维权之路重回正轨,并最终取得了有效成果。

在此,我要感谢我们的指导律师周大伟律师,他是我们此次公益之行的向导,正是有了他专业的指导,我们才得以取得这些成就。同时,我也要感谢我的 3 位队友,他们各司其职,做好了各自的工作。我们小队的顺利结项离不开大家的共同努力。

此外，也要感谢那些一如既往支持我们维权行动的苏州大学“同路人”，你们的支持就是我们前进的动力。

最后，我想借用“小城公益之星”创意诉讼比赛的宣传语倡导大家关注公益：我们的一小步，公益的一大步。如果人人都能秉持一颗公益之心，那么，我们的世界将会更加美好。

黄　薇：

一条人行横道，一盏交通信号灯；
短暂的 3 秒里蕴藏着我们对于通行安全的追求；
变换的红绿灯寄予着我们对于公益价值的呼唤；
一次次奔走只是为了保障行人的安全与幸福；
一点点努力希望能够维护城市的秩序与和谐。
亲身参与一次公益诉讼活动，才发现书本上的知识显得如此匮乏，
在理想与现实之间，书生意气敌不过严谨的逻辑；
在理论与实务背后，满腔热血比不上缜密的分析。
调查取证、搜集资料、社会问卷、投诉起诉，
一路走来坚定了我们对于法律的信仰、对于公正的追求。
法律人的职责与操守在于两肩担道义，提笔为苍生。
世界很大，而我们很年轻。
我们追求公益，我们执着正义；
这，将会是我们前行路上的灯塔；是我们迷茫途中的明星。
公益之行，始于足下，志在千里！

张瀚月：

为期半年的“小城公益之星”创意诉讼大赛，终于要在这个冬天画上休止符。回首整个过程，我常常自问：如果接受了系统法学教育的学生在自己的权利受到侵害时选择妥协，那么将来踏上法律岗位时，又如何做到守护公民权利、捍卫公平正义？

每一天，数不清的苏州大学师生经过苏州大学门前的红绿灯路口。现实向我展现的是，面对无法顺利通行的困境，我们这群在各个平台高呼民主、大谈正义的年轻力量在自己的生活里总是安于践行“中庸”之道，秉持一个“忍”字，学着鸵鸟把头埋进沙子里。

如果没有这次比赛，没有队长，我可能还是一个在苏州大学校门前默默忍受混乱交通的路人。当面对带着距离感的行政机关，我拿起法律人的勇敢和坚毅，为自己，也为过去的、现在的、将来的无数未知的个体，去挑战未知的对手和风险。

第一次涉足诉讼的我们当然不会一帆风顺。为此，我们要特别感谢周律师，一直耐心给我们建议和鼓励，让我们更有动力贯彻内心的坚守，不放弃对完整诉求的实现。

胡嗣钰诉百度网盘超级会员下载加速纠纷案(2018)

黄婧怡　王佳琪　胡嗣钰　叶芷蕙*

一、选题理由

在网络技术日新月异的今天,网络传输和存储文件在我们的日常生活中占据了越来越大的比重。通过网络存储技术来节省硬盘空间,保存珍贵资料,已经成为年轻人的常态。而百度网盘,正是在我们网络存储生活中使用非常频繁的一个 App。

百度网盘(原名百度云)是百度推出的一项云存储服务,首次注册即有机会获得2T 的空间,现已覆盖主流 PC 和手机操作系统,用户可以通过百度网盘轻松将自己的文件上传到网盘上,并可跨终端随时随地查看和分享。2016 年,百度网盘总用户数突破 4 亿。2016 年 10 月 11 日,“百度云”改名为“百度网盘”。

随着百度网盘的推广,越来越多的人使用百度云上传、下载、存储文件,而在下载过程中,我们发现,百度云的下载速度明显慢于正常的实时网速以及其他下载应用软件(后附有证明文件),而充值 27 元/月的“超级会员”后,则可以享受“极速下载”。

百度网盘异常缓慢的下载速度,对我们的学习、工作产生了很大的影响。在急用文件或者资料时,百度网盘下载速度缓慢很可能耽误我们重要的事务。为了等待文件的下载完成,用户在其中投入了大量无意义的时间成本。更为关键的是,当我们充值了所谓的超级会员,获得极速下载特权之后,下载速度也并没有明显提升,甚至仍然无法与其他软件非会员下载速度相比较。这在我们看来,正是对消费者权益的侵犯。

当我们向官网寻求答案时,百度网盘官方给出的答案也非常笼统,完全解决不

* 本文作者均系苏州大学王健法学院 2016 级本科生。

了实质性问题。并且对于这一问题,大家的感受都很一致,其普遍存在于大量用户之中。于是,我们为了广大百度网盘用户的消费者权益,决定将这一问题诉诸法律。

二、法律分析

我们认为,百度网盘对于提供充值其超级会员享有“极速下载”特权一项宣传存在虚假宣传的行为。

具体理由如下:

根据《消费者权益保护法》第 8 条规定:“消费者享有知悉其购买、使用的商品或者接受的服务的真实情况的权利。”第 10 条规定:“消费者享有公平交易的权利。消费者在购买商品或者接受服务时,有权获得质量保障、价格合理、计量正确等公平交易条件,有权拒绝经营者的强制交易行为。”

百度网盘首页广告中并未提及“非超级会员状态下下载是出于限速状态,而开通超级会员仅为解除这一限制”这一真实情况,实际上侵犯了消费者的知情权,违背了《消费者权益保护法》第 8 条关于消费者享有“知悉其购买、使用的商品或者接受的服务的真实情况的权利”这一法律,也侵犯了该法第 10 条中消费者享有的公平交易权。

而广告中所示开通超级会员享有“极速下载”未达到普通人认知中的“极速”标准。“极速”在词典中的定义为最高点、登峰造极的速度,因此并不符合描述中的产品概况,不具有《消费者权益保护法》第 10 条中“质量保障”这一公平交易条件,实际违背了法律的规定。

新《广告法》实施后,添加了许多新的广告禁用词。如:国家级、世界级、最高级、顶级、极品、顶级、顶尖、终极、极致等均属于极限用语。显然百度网盘所称的“极速下载”也属于此范围。

《消费者权益保护法》第 20 条第 1 款规定,经营者向消费者提供有关商品或者服务的质量、性能、用途、有效期限等信息,应当真实、全面,不得作虚假或者引人误解的宣传。

《广告法》第 28 条规定,广告以虚假或者引人误解的内容欺骗、误导消费者的,构成虚假广告。“广告有下列情形之一的,为虚假广告:……(五)以虚假或者引人误解的内容欺骗、误导消费者的其他情形。”

在本诉讼中,百度网盘的极速下载中“极速”属于以引人误导的方式误导消费者,使消费者误以为开通超级会员,下载速度能获得巨大提升;事实上,用户使用的普通下载通道被限速,非开通会员并非获得能使下载额外加速的新技术,而仅是开放限制。此宣传违背《消费者权益保护法》第 20 条第 1 款中关于经营者提供的信息应当“真实、全面”“不得作虚假或者引人误解的宣传”;并且这一情况符合《广告法》第28条第5款所述情形,属于误导消费者的行为,构成虚假广告。

三、项目进度

时间	进度
2018年5~6月	课题选择讨论、前期调研
2018年7~8月	实验取证、法律法规的研读、整理,研究百度网盘的服务条例和宣传内容
2018年8~9月	再次实验取证、进行第二次问卷调查、资料和法条汇总
2018年10~11月	与百度网盘公司客服沟通,与指导律师进行交流聆听意见
2018年11月	证据采集、材料整理、撰写民事起诉状
2018年12月7日	向姑苏区人民法院递交诉讼材料
2018年12月11日	收到立案通知
2018年12月13日	向姑苏区人民法院递交诉讼材料,不予立案
2018年12月13日	向北京市海淀区人民法院提交立案申请,邮寄诉讼材料,后收到不予立案回复

四、前期准备

(一)调研

我们的调研采取了网络搜索、街头访问和问卷调查3种形式,在网络搜索中,我们通过微博等网络社交平台检索“百度云限速”字样,收集到众多百度网盘用户对于网盘限速问题的反馈,根据网络用户的反馈,未充值超级会员的百度网盘下载速度显然与正常速度不匹配,存在严重的限速情况。

随后,我们设计调查问卷,并通过微信、微博、QQ等不同社交平台进行发放,并邀请不同地区的同学或朋友进行转发填写,以期获得更为客观的数据。截至调查问卷回收时,我们共收回样本102份,根据数据分析,其中65份(占比63.73%)认为“百度云存在明显的限速问题”,59份(占比57.87%)认为“百度云的下载速度明显慢于其他下载软件”,85份(占比83.33%)认为“百度云的下载速度慢于实时网速”,77份(占比75.49%)认为办理“超级会员”后下载速度有所提升,但77.45%的问卷填写人表示不愿意再次续费，85.29%的问卷填写人表示希望百度网盘解除限速。

为了进一步获取用户意见，我们在校园内进行了随机街头访问。大学生出于学习和娱乐等原因，生活中总免不了和百度网盘打交道，因此，大学生也是百度网盘的一大用户来源，我们访问的结果和问卷调查一致，受访者纷纷表示“百度网盘速度太慢”“速度太慢就是在变相强制充值会员”“超级会员费用过高，性价比极低”，由此观之，从民意调研结果来看，百度网盘确实存在限速问题。

就我们实际使用而言，百度网盘的上传速度与下载速度存在很大差别，下载速度远慢于上传速度。就网络数据传输来说，这显然是不合理的，一般来说网络上传与下载速度应该相同或所差无几，由此可以看出，百度网盘公司显然是对自己产品的下载速度进行了调整。

此外，在搜索引擎中，可以找到网民自行研究的解除百度网盘下载限速的方法，小组成员亲身实践证明其是可行的，由此可见，百度网盘下载限制并不是不可解决的。但是，百度网盘公司却对此不采取任何措施，可见其是有意进行下载速度限制，以此诱导或强制消费者购买超级会员。

（二）取证

为了进一步验证百度网盘的限速问题，我们进行了对比取证。在同一网络条件下，我们将百度网盘与迅雷、Free Download Manager 等软件相比，使用同一台电子设备，同时下载相同的文件，并用数据监控软件测算下载的实时速度，为了避免取证的第三方因素干扰，我们用不同的电子设备进行了多次实验。

首先在充值超级会员前，百度网盘非会员下载存在明显的限速情况，与 Free Download Manager 相比，同一部电影，百度网盘所需下载时间远远超过前者所需时间，而百度网盘的“一般会员”功能中提示，一般会员没有下载速度上的提升功能。随后我们根据百度网盘“超级会员”可享受“极速下载”的提示，充值每月 30 元的超级会员，但经过进一步的网速监控，在超级会员“极速下载”的情况下，百度网盘的下载速度和免费的迅雷下载速度也相差无几，甚至在另一台设备上略慢于迅雷。

证据清单：

证据一、购买百度网盘超级会员的账单支付截图（略）

证明：原告胡嗣钰购买一个月超级会员

证据二、百度网盘超级会员下载速度与实时下载网速对比截图（略）

证明：百度网盘下载速度略低于实时网速，无明显加速

证据三、迅雷非会员实时下载截图（略）

证明：迅雷下载速度明显高于实时网速

证据四、百度网盘手机版超级会员下载与手机普通应用软件非会员下载速度对

比(略)

证明:百度网盘下载速度明显低于应用软件下载速度

证据五、百度网盘关于超级会员极速下载的说明(略)

证明:百度网盘对于超级会员的宣传与实际不符

证据六、百度网盘非会员用户下载速度与实时网速对比截图(略)

证明:非会员用户使用百度网盘下载速度明显低于正常网速

五、起诉

民事起诉状

原告:胡嗣钰(个人信息略)

被告:北京百度网讯科技有限公司(公司信息略)

诉讼请求:

1. 判令被告解除对百度网盘的下载速度限制。

2. 判令被告赔偿原告充值百度网盘超级会员费30元。

3. 由被告承担本案全部诉讼费。

事实与理由:

原告为被告旗下百度网盘的用户,原告在使用过程中发现百度网盘的下载速度非常缓慢,网盘在醒目位置注明“超级会员专享超大容量,极速下载特权”字样。原告受该广告吸引,按照网盘的指示操作,充值30元开通了超级会员。然而,百度网盘的下载速度并未达到其广告中所宣传的效果,甚至低于其他软件的非会员速度。原告认为,被告对百度网盘非会员的下载速度进行限制,开通超级会员实则是解除限制,被告欺骗消费者,其行为构成虚假宣传。被告的行为违反了《中华人民共和国消费者权益保护法》《中华人民共和国广告法》相关规定,损害了原告的合法权益。

为维护原告的合法权益,现向人民法院起诉,请求法院支持原告的诉讼请求。

此致

北京市海淀区人民法院

具状人:胡嗣钰

2018年12月13日

六、最终结果

在收集证据材料后,团队成员前往姑苏区人民法院,向立案庭提交材料之后,工作人员表示案件材料需要审查,于是我们留下了民事起诉状,回学校等待答复。在几天后,我们收到了法官的来电,要求我们去法院办理立案手续,我们前往法院,却因为法官出差,另一个工作人员审查案件材料后以协议管辖为由不予立案。

在起诉被姑苏区人民法院拒绝后,我们调整了策略,向北京市海淀区人民法院邮寄了起诉状,并进行了网上立案申请,但还是收到了不予立案的回复。

七、结语和感想

黄婧怡:

通过“小城公益之星”创意诉讼大赛,我发现公益并不难做到,只要有善于发现和敢于较真的精神,身边处处都能发散出维护公共权益的事由来。

公益诉讼,不是一个高高在上的名词,而是我们可以实际做到的一件实事。这一次的比赛使我获得了很多经验,当你有了一个点子的时候,就要将它写在本子上,并且规划如何去做,真正投身于实务之中。即便这个点子到最后无法实施,你也会发现你获得了等同于成功的经验和满足。

同时,我也发现了团队合作有多么重要。如果说单兵作战是 1 =1 的话,那么团队合作就是 1 +1 >2,它不仅能使项目进度变快,分担每个人身上的任务,同时也能让我们获得更多的灵感、更多的干劲。

第一次着手起诉他人,面对的就是有着世界影响力的企业,但我们没有退缩,因为在法律面前我们是平等的,对错只凭借公正的法律来评判。这也是法律的魅力所在。总而言之,这一次公益诉讼比赛,我获益良多,非常感谢小城律师事务所能给我们这样独特的机会来接触到公益诉讼。

王佳琪:

初次接触公益诉讼,感受到了理论与实践之间的差距。我们原本以为已经做好了充足的准备,但实际情况和我们的预期完全不同。尤其是关于案件管辖权的问题,导致我们在立案过程中屡屡受挫,我的组员们坚持一趟又一趟的前往法院咨询,希望能够顺利立案,维护我们的权益。百度网盘限速的问题由来已久,自己也经常抱怨限速问题,这次借着公益诉讼的契机,我们决定用自己的所学去尽力维护自己和广大用户的权益。

虽然我们还没能实现预期目标,但在这一过程中,我们体验到了维护公平,实现公益的不易,也激发了我们身为法律专业的学生,维护自身和广大民众切身利益的决心和勇气。很遗憾的是,案件进入立案阶段时,我正在我国台湾地区交换学习,所以没能和组员们一起前往法院参与立案,只能通过微信随时获取案件情况,并协助撰写书面材料,但我仍然深深感受到公益的魅力以及团队合作的精神,这将激励着我继续努力,将理论应用于实践,尽自己的绵薄之力,维护社会的公益。

胡嗣钰:

参加公益诉讼的起因,只是朋友间一个不经意的抱怨"百度网盘下载也太慢了!",但正是这句话,让我们 4 个人走上了这次公益诉讼的道路。

在没有学习法律之前,我最多可能只是抱怨两句,然后继续忍受低速下载,但是这个公益诉讼活动给了我们一个去维护权益的机会。全国在使用百度网盘的人超过 4 亿,去搜索一下"百度网盘限速",看到的是批评一片,但是并没有人真正挺身而出去试图解决这个问题,那么我们就来当这个为用户们发声的人。

这是我第一次进行起诉,很多情况与我最初的设想都存在差别,但好在有张律师和季律师两位律师的指导和帮助。面对困境,队员们都积极面对,大家互相鼓励,一直坚持下来。我觉得,这项公益诉讼活动给了我们这些在校学生一个亲身实践的机会,也给了我们一个维护自己与公众权益的平台。这项活动给了平时沉默的我们一个发声的机会,让大家知道很多不合理的事情并不是理所应当的。

叶芷蕙:

公益诉讼离我们十分遥远,至少在参加"小城公益之星"创意诉讼大赛之前,我是这样认为的。

以前看过一部电影,片名是《永不妥协》,故事围绕主人翁偶然发现的一起污水污染案展开,这是"公益诉讼"第一次走进我的视野。通过影片,我对公益诉讼的印象是:一方面,公益诉讼是困难的,对方往往也是知法懂法的社会组织,在公正面前,他们有自己的砝码;另一方面,公益诉讼的起诉者往往不仅需要足够的勇气,还需要智慧思考,如何将自己的诉讼目的正确陈述并找出对方陈词的薄弱点所在,又如何将个人利益扩展到公众利益解众人之急,这是需要我们长期思考的。

第一次诉讼的历程不可谓不艰辛,虽然一开始看起来一帆风顺,但是进展到中后期才发现,我们的准备还有相当大程度的不足,不管是立脚点、证据收集,还是法律条文分析和案情汇总,想要打好一起官司所要付出的努力和准备远比我们预期的要多得多。在不断的推翻和建立中,我们反复尝试但是又接二连三地碰壁,灰心和气馁肯定是有的,但我们不会放弃,因为这是一次历练的机会。

莫程荭诉火车票无座票和有座票等价销售显失公平案(2018)

王洪伟　程若铮　莫程荭　许　东*

一、选题理由

小组队员莫程荭刚上大学时有过这么一段难忘的经历:她和父亲于 2016 年 9 月 8 日下午,在唯一一趟从桂林北开往苏州的 K1558 次火车的软卧票、硬卧票、硬座票都已售罄的情况下,为了及时赶到学校报到,迫不得已以有座票的价格,在桂林北站人工售票窗口购买了仅剩的两张 9 月 9 日 3 时 54 分开往苏州的 K1558 次列车无座票(票号:Z063853)。与此同时,9 月 10 日的票也已售罄。莫程荭及其父亲 3 时 51 分上车,经过 24 小时 59 分钟后,于第二天 4 时 50 分到达目的地苏州。莫程荭及其父亲在乘车的整个过程中,大多数时间挤在满是烟味、泡面味、饭菜味以及厕所飘出来的异味的抽烟室里。过道、洗漱池旁、厕所旁边都站满了乘客,堆满了行李。拥挤的车厢也给乘客打热水、上厕所等带来极大的不方便。到了晚上,莫程荭及其父亲只能站着睡觉,或者坐在自己买的小凳子上睡。乘车过程中,莫同学身心受到一定程度上的摧残,睡眠严重不足,体力也已经透支,心理上产生了很大的落差感和失望感。

莫同学的经历并不是个案。近年来,经济发展所带来的交通需求使铁路运输不断高速发展,铁路运输在旅客运输中的优势也不断凸显,特别是在开学季、节假日、春运期间,高铁、动车、火车等铁路运输方式会成为绝大多数人的首要选择。从我国目前来看,很多城市,特别是距离很远的城市之间并没有修建高铁、动车,一般都只有火车,很多出远门的百姓只能选择火车,同时由于火车车票价格整体上都低于动车、高铁,火车也就成为多数普通民众远行的首选。我国火车座位的需求量是很大的,特别是在春运、开学季期间,每个站点的坐票几乎都会被售罄,乘客囿于经济实

---

* 本文作者均系苏州大学王健法学院 2016 级本科生。

力、时间等条件的限制,只能购买无座票,在火车上站或蹲十几或二十几个小时才到达目的地。他们在整个乘车过程中在心理上、身体上所感受到的舒适度以及所享受的待遇与有座票的乘客是有很大差别的,但是从目前铁路局制定的票价来看,站票价格和坐票价格是一样的,而这样的票价规定让很多民众觉得是有违公平的。同样的票价,为什么我就要一直站着、蹲着?甚至连睡觉的地方都没有?人多的时候,还只能挤在厕所旁边、抽烟室旁边,忍受难闻的气味?法律上强调的平等原则首先是要同等情况同等对待;反之,不同情况理应区别对待。支付了什么样的票价,理应享受与票价对等的服务,这已是社会的共识。显然,站票和坐票同价,有违平等原则,是不公平的。特别是从莫程荭同学的经历中,我们深深体会到了这点。

经多方查询后,我们得知铁路部门不属于完全竞争的市场主体,其承运责任带有很强的公共和公益性质,消费者在坐票售罄之后,只能选择付出相同的金额购买站票,接受质量大打折扣的铁路体验以及一份显失公平的合同,消费者的公平交易权受到侵犯的同时也违背了铁路公司公益属性。按法律规定,站票价格应当属于铁路局自主定价的范围,但是铁路局在对火车票站票和坐票作出同价的规定时,也并未公开定价依据。

同时在个人和社会情感方面,“无座”2 字给人带来的不安全感、不舒适感、低人一等感太强,铁路公司这种定价行为,更加加重了接受无座服务的乘客内心的不平衡感,易导致有座和无座旅客之间发生冲突。

在前期的调研中,我们发现在韩国,卖完有座票之后才卖无座车票,不允许在有座的情况下指定要无座票,而且无座车票比有座车票优惠 15%。而我国的现状是有座票和无座票同时开售且等价。

二、法律分析

我们认为,莫程荭同学和铁路公司签订的铁路旅客运输合同显失公平,无座等价条款构成《消费者权益保护法》中以格式条款侵犯消费者公平交易权,同时铁路公司对无座票的定价行为违反《价格法》公平的定价原则。具体理由如下:

1. 运输合同显失公平

原《民法总则》第 151 条规定,“一方利用对方处于危困状态、缺乏判断能力等情形,致使民事法律行为成立时显失公平的”;《消费者权益保护法》第 16 条第 3 款规定,“经营者向消费者提供商品或者服务,应当恪守社会公德,诚信经营,保障消费者的合法权益;不得设定不公平、不合理的交易条件,不得强制交易”。铁路公司具有强大的经济实力以及完全的市场垄断地位,没有其他可替代的市场竞争主体。原告作为个体在购票时,由于出行线路单一、经济条件一般、时间紧迫等限制,完全没有与被告谈判交涉的能力。无座票与硬座票等价的交易条件,违反了等价有偿原则。被告利用原告所处的危困境地,强制原告接受该交易条件,订立的合同内容是显失公平的。

2. 该铁路旅客运输合同侵犯了消费者的自主选择权和公平交易权

(1)《消费者权益保护法》第9条规定了消费者享有自主选择权。被告提供的该路段的列车只有这一趟,出行乘客众多。选择水路和公路不切实际,如果航空出行,徒增成本,大大超出原告经济承受能力。放弃该趟火车,原告需要承担延迟报到的不利后果,因此才迫不得已接受无座票合同。在这种情况下,原告的选择权是十分有限的。被告设定的"无座"交易条件,利用乘客的现实处境达到了限制、排除原告自由选择权的目的,违反了《消费者权益保护法》的规定。

(2)《消费者权益保护法》第10条规定了消费者享有公平交易权

在开学季、春节等节假日期间,客运流量大,无座票乘客上车后,可能坐到空位的情况少之又少,反而会因越来越多无座票乘客上车而愈加拥挤。有坐票乘客只要付出了相同的价款,就有确定的座位,而无座票乘客即使付出同等价格,接受的服务仍是处于不确定的状态。至于被告,无论是售出有座票还是无座票,其都获得了数额确定且固定的收入。原告能否实现享有座位的权利,完全取决于下一站的人流量和运气,这种不确定状态建立在等价的基础之上,是不合理、不公平的。

(3)《消费者权益保护法》第26条第2款规定,"经营者不得以格式条款、通知、声明、店堂告示等方式,作出排除或者限制消费者权利、减轻或者免除经营者责任、加重消费者责任等对消费者不公平、不合理的规定,不得利用格式条款并借助技术手段强制交易"。"无座"作为一种格式条款,票上面明确写着"新空调硬座　无座"。硬座代表有座,可是又是"无座",该格式条款和主合同条款是相互矛盾的。该条款是一种排除、限制乘客等价情况下享有座位的权利、免除自己责任的格式条款,被告不能因告知行为而豁免。因此,即使被告尽到了通知义务,该条款也不能成为其限制乘客权利、损害公平原则的正当理由。

3. 该铁路旅客运输合同违背了《价格法》的公平原则

《价格法》第7条规定"经营者定价,应当遵循公平、合法和诚实信用的原则"。铁路公司在定价时,等价下的服务却不同。运营成本无法成为侵害乘客享受公平待遇权的正当理由,被告发售无座票来缓解运营压力的手段本身损害了乘客公平交易的权利,明显违背了《价格法》中的公平原则。

综上所述,原告认为,被告是有权自己决定无座票票价的,但现有的无座票价和硬座票价等同的做法,违背了《消费者权益保护法》《价格法》《民法总则》关于"公平交易"原则的规定。为使其交易符合等价有偿的原则,特请求人民法院判决被告返还原告支付的票价价款的15%(考虑到铁路公司的运输成本)。

三、项目进度

时间	进度
2018年4~5月	课题选择、前期调研
2018年6~10月	研究法律法规条款、咨询专业老师、查找分析相关案例、收集同类新闻素材、学界理论探讨论文、网友讨论意见汇总、网上调查问卷、向铁路公司咨询、取证
2018年10月	证据采集、材料整理、撰写民事起诉状
2018年11月5日	向国家发展和改革委员会申请无座票定价机制信息公开和网上信访
2018年11月9日	第一次前往上海铁路运输法院递交起诉材料
2018年11月15日	撰写新闻稿件、进行线上宣传(微博、微信推送等)
2018年11月18日	收到上海铁路运输法院的复函
2018年11月26日	收到国家发展和改革委员会关于信息公开的回复
2018年11月27日	修改民事起诉状诉讼请求部分,第二次前往上海铁路运输法院递交诉讼材料
2018年11月27日	撰写行政诉讼起诉状,前往上海浦东新区人民法院递交诉讼材料,不予立案
2018年12月3日	收到上海铁路运输法院电话,前往法院取回诉讼材料
2018年12月3日	收到国家发展和改革委员会网上信访的回复
2018年12月7日	携带新的关键性证据第三次起诉,但法院回复不予立案

四、前期准备

(一)调研

1. 问卷调查和火车站实地采访

采访和调查问卷的民众对火车票无座票和有座票等价问题意见不一。其中,火车站实地随机采访了5名乘客,观点主要有以下两种:(1)对现存的火车无座票定价机制表示理解;(2)认为现存的火车无座票定价机制不公平、不合理,希望有所改善。

问卷调查:我们共收回了175份调查问卷,分析结论如下:绝大部分的受调查者认为火车有座票和无座票两者的服务差别很大、等价的定价机制不公平不合理，并希望这种现状有所改善。

2. 火车无座票的定价依据属于法律空白

《铁路客运运价规则》第13条规定："旅客票价包括两部分：客票票价：分为硬座、软座客票票价。附加票票价：分为加快、卧铺、空调票票价。"该法律条文并未对火车无座票票价进行规定。同时，国家发展和改革委员会颁布的《中央定价目录》规定，也没有明确提到"火车无座票票价"这种类型。①

<table>
<tr><th>序号</th><th>定价项目</th><th colspan="2">定价内容</th><th>定价部门</th><th>备注</th></tr>
<tr><td rowspan="2">4</td><td rowspan="2">特殊药品及血液</td><td colspan="2">麻醉药品和第一类精神药品最高出厂价格和最高零售价格</td><td>国务院价格主管部门</td><td></td></tr>
<tr><td colspan="2">公民临床用血的血站供应价格</td><td>国务院卫生计生部门
会同国务院价格主管部门</td><td></td></tr>
<tr><td rowspan="9">5</td><td rowspan="9">重要交通运输服务</td><td rowspan="2">铁路运输服务</td><td>中央管理企业全资及控股铁路普通旅客列车票价率</td><td rowspan="2">国务院价格主管部门</td><td rowspan="2">竞争性领域除外</td></tr>
<tr><td>中央管理企业全资及控股铁路货物、行李运价率</td></tr>
<tr><td rowspan="4">民航运输服务</td><td>民航国内航线及国际航线国内段旅客票价率</td><td>国务院民用航空主管部门
会同国务院价格主管部门</td><td>竞争性领域除外</td></tr>
<tr><td>民用机场、军民合用机场垄断环节服务收费</td><td rowspan="3">国务院民用航空主管部门</td><td rowspan="3"></td></tr>
<tr><td>民航飞行校验服务收费</td></tr>
<tr><td>民航空管服务收费</td></tr>
<tr><td rowspan="2">港口服务</td><td>渔港收费</td><td>国务院农业主管部门
会同国务院价格主管部门</td><td>定价范围为船舶进出渔港、停泊、靠泊等服务</td></tr>
<tr><td>沿海、长江干线主要港口及其他所有对外开放港口的垄断服务收费</td><td>国务院交通运输主管部门
会同国务院价格主管部门</td><td>定价范围为船舶进出港、靠离泊和港口安保等服务</td></tr>
<tr><td colspan="2">跨省（自治区、直辖市）长途管道运输价格</td><td>国务院价格主管部门</td><td></td></tr>
</table>

（二）取证

1. 民事诉讼证据清单

（1）电子证据

对于"火车票有坐票和无座票等价的定价依据"信息公开的申请，国家发展和改革委员会给我们的回复邮件中确认"火车无座票并不属于政府指导定价"。该证据旨在证明铁路公司属于无座票定价的真正主体，其享有对无座票的定价权，不存在

① 参见《中央定价目录》，载中国经济信息网，http://www.ndrc.gov.cn/zcfb/zcfbl/201510/W020151020546875283800.pdf。

“政府对无座票定价”一说。

(2)物证

①原告2016年9月8日购买的火车票无座票原件(略)。该证据旨在证明在仅有一趟列车的情况下,原告别无选择,只得以和有座票同样的价格96元购买了从桂林北开往苏州的K1558次列车无座票的事实。

②中国铁路客户服务中心12306订票系统关于K1558次列车票价表截图(略)。该证据旨在证明被告提供K1558次列车的软卧、硬卧、硬座车票因服务不同而票价不同,但是提供的硬座与无座车票服务不同却票价相同,违反了等价有偿原则。

③网上打印的被告工商登记资料、营业执照文件(略)。该证据旨在证明被告的身份情况。

④被告控股情况(略)。该证据旨在证明,被告的股东是中国铁路总公司,持股是100%,属于绝对控股,然而中国铁路总公司的唯一股东是财政部。被告具有完全的市场和强大的垄断地位,被告与原告签订铁路旅客运输合同时利用了垄断优势。

(3)视听资料

①铁路12306官方网站系统在坐票有余量的情况下限制无座票发售的视频。该证据旨在证明被告明知无座票折价不会引发抢座大战波及其他票种发售但仍坚持有坐票售罄后无座票等价出售的事实。

②无座票乘客在火车上真实处境的照片(略)。该证据旨在证明无座票乘客在拥挤、肮脏、空气质量极差的火车上,只能蹲卧在过道,活动自由受到极大的限制,长途夜晚睡觉困难,乘车体验感极差。此时无座乘客等价情况下享有公平待遇的权利被剥夺。

③无座票乘客拍摄的车上拥挤状况的视频(略)。该证据旨在证明,无座票乘客和有坐票乘客所享受的服务和待遇有很大差异。

五、起诉

(一)起诉状

民事起诉状

原告:莫程莛(个人信息略)

被告:1. 中国铁路南宁局集团有限公司(公司信息略)

2. 中国铁路总公司(公司信息略)

诉讼请求:

1. 请求法院判令将原告购买的K1558次无座车票(桂林北至苏州)的价格由96

元变更为81.6(96×85%=81.6)元；

2. 请求被告返还原告购票时支付给被告的价款的15%，即14.4(96×15%=14.4元)；

3. 请求被告承担本次的诉讼费用。

事实与理由：

(事实部分)

原告和父亲莫××于2016年9月8日下午，在唯一一趟从桂林北开往苏州的K1558次火车的软卧票、硬卧票、硬座票都已售罄的情况下，为了及时赶到学校报到，迫不得已以有座票的价格，在桂林北站人工售票窗口购买了仅剩的两张2016年9月9日3时54分开往苏州的K1558次列车无座票(票号：Z063853)。与此同时，9月10号的票也已售罄。原告和其父亲3时51分上车，经过24小时59分钟后，于第二天4时50分到达目的地苏州。原告及其父亲在乘车的整个过程中，大多数时间挤在满是烟味、泡面味、饭菜味以及厕所飘出来的异味的抽烟室里。过道、洗漱池旁、厕所旁边都站满了乘客，堆满了行李。拥挤的车厢也给乘客打热水、上厕所等带来极大的不方便。到了晚上，原告和父亲只能站着睡觉，或者坐着自己买的小凳子睡。乘车过程中，原告在身心上受到了一定程度上的摧残，睡眠严重不足，体力也已经透支，心理上产生了很大的落差感和失望感。

(理由部分同上文法律分析，略)

证据：

1. 原告2016年9月8日购买的火车票无座票原件；

2. 铁路12306官方网站公布的票价截图；

3. 截取铁路12306官方网站系统在有坐票有余量的情况下限制无座票发售的视频；

4. 火车上无座乘客真实处境的照片；

5. 无座时车上拥挤现状的视频；

6. 网上打印的被告工商登记资料、被告的营业执照；

7. 国家发展和改革委员会对申请“火车票有坐票和无座票等价的定价依据”信息公开的回复；

8. 国家发展和改革委员会对“火车票有坐票和无座票等价定价依据”网上信访的回复。

证据来源：

原告、铁路12306官网、无座票乘客王洪伟拍摄的照片、无座乘客录制的现场视频、南宁铁路局官方网站、中国铁路总公司官方网站。

证人1：王洪伟(个人信息略)

证人2:莫振龙(个人信息略)

此致

上海铁路运输法院

具状人:莫程莶

2018年12月7日

行政诉讼起诉状

原告:许东,男(个人信息略)

被告:1.上海市发展和改革委员会(单位信息略)

2.中华人民共和国国家发展和改革委员会(单位信息略)

诉讼请求:

1.请求两被告公开火车无座票的定价依据;

2.请求法院撤销两被告对有坐票和无座票等价的定价规定;

3.请求两被告重新调整无座票价,依据《价格法》的规定,将无座票在有坐票的基础上折价15%;

4.请求两被告承担本次的诉讼费用。

事实与理由:

(事实部分)(略)

(理由部分)

1.《铁路法》(2015年修订)第25条规定:"铁路的旅客票价率和货物、行李的运价率实行政府指导价或者政府定价,竞争性领域实行市场调节价。政府指导价、政府定价的定价权限和具体适用范围以中央政府和地方政府的定价目录为依据。"2016年1月1日正式实施的《中央定价目录》规定了政府定价的7种类别,其中就重要交通服务中的铁路运输服务的定价主体进行了规定:中央管理企业全资及控股铁路普通旅客列车票价率由国务院价格主管部门定价。《上海市定价目录》(2018年版)规定:本市范围内地方国企全资及控股铁路、地方国企和央企各占50%股权铁路上开行的普通旅客列车硬座、硬卧票价率由市价格主管部门定价。根据上述法律规定、中央定价目录和地方定价目录可知,铁路旅客票价率的制定权是属于政府,而不是铁路公司,即铁路普通旅客列车票价由国家发展和改革委员会和省价格主管部门进行制定。因此,两被告为T112列车次票价制定的适格主体。根据《行政诉讼法》第26条第4款规定:"两个以上行政机关作出同一行政行为的,共同作出行政行为的行政机关是共同被告。"因此,国家发展和改革委员会和上海市发展和改革委员会作为被告,主体适格。

2.《价格法》第21条规定:"制定政府指导价、政府定价,应当依据有关商品或者服务的社会平均成本和市场供求状况、国民经济与社会发展要求以及社会承受能力,实行合理的购销差价、批零差价、地区差价和季节差价。”第25条规定:“政府指导价、政府定价的具体适用范围、价格水平,应当根据经济运行情况,按照规定的定价权限和程序适时调整。”正是出于对社会公众利益和社会服务的考量,作为关乎国计民生的服务性事业的铁路旅客运输和服务,其定价权握在政府手中。政府进行定价时,则更需要对经济运行情况、市场供求关系、社会公众承受能力等因素进行综合考量,遵循公平、公开、公正的原则,兼顾公益属性,制定合理、公平的价格。被告为满足特殊时段出行的需求、服务于大众而允许铁路公司在列车上增设无座票这一特殊票种,并未对不同出行时段乘客对火车票的需求、现阶段经济运行情况的变化以及社会公众的承受能力、有座和无座乘客享受的待遇差别和乘客反映情况等因素进行综合考量,忽略了有坐票和无座票的本质区别就将无座票无端纳入硬座票体系,规定铁路公司将无座票和硬座票等价发售。这一具体规定强制作用于铁路公司,产生外化效力,直接剥夺了原告和铁路公司双方在交易时拥有的相互谈判协商的权利。这种“一刀切”式制定不合理、不公平的票价的行为,严重侵害了无座票乘客的公平交易权和财产权,长途不等价的服务待遇对乘客的健康权也是一种损害。被告该定价行为违反了行政行为合理性原则和《价格法》对政府定价行为的相关规定。

3.《铁路法》第26条规定:“铁路的旅客票价,货物、包裹、行李的运价,旅客和货物运输杂费的收费项目和收费标准,必须公告;未公告的不得实施。”被告在其所公开的票价制定文件中并没有无座票价格制定的相关规则,也并未对无座票价制定的合法性进行公告,制定程序上也没有举行听证会,这严重违反了《铁路法》的该条规定,因此要求被告公开火车票无座票的定价依据并重新举行价格听证会,对无座票的票价作出相应的调整。

4.《行政诉讼法》第12条第1款第12项规定,“人民法院受理公民、法人或者其他组织提起的下列诉讼:认为行政机关侵犯其他人身权、财产权等合法权益的”,以及第2款规定“除前款规定外,人民法院受理法律、法规规定可以提起诉讼的其他行政案件”。被告以有座票票价来确定无座票价,按等价有偿的原则理应提供和有坐票乘客相同的服务,即无座票乘客也应当享有座位、在较为自由、宽敞、空气较为清新的空间里休息、睡觉。但是现实中被告明知不可能做到这点还是强行把两者的票价等同,让无座票乘客付出相同的价格却不得不接受打折的服务,侵犯了无座票乘客的财产权益,这种极差极脏又无法提供休息地方的服务待遇,导致长途乘客休息权和健康权受到损害。被告这一具体规定强制作用于铁路公司,产生外化效力,原告作为受该行政行为不利影响的利害关系人,有权为了维护自己的合法权益提起本诉讼。

5.《行政诉讼法》第70条规定:“行政行为有下列情形之一的,人民法院判决撤销或者部分撤销,并可以判决被告重新作出行政行为:……(二)适用法律、法规错误的;(三)违反法定程序的;……(六)明显不当的。”被告没有基于现行经济发展状况、不同出行时段乘客对火车票的需求、市场供求变化、社会民众的反映情况以及民众对公平的呼声等因素进行综合的考量,做出了有座票和无座票等价的不公平、不合理的定价行为,且没有适时对这两种不同票种的价格作出调整,因此无座票的定价行为违反了行政合理性原则,属于《行政诉讼法》第70条中所规定的行政行为具有“明显不当”的情形,违反了《价格法》的规定,违背了铁路运输企业行业的公益属性和服务本质,同时也不符合《价格法》授权政府对此行业定价的立法初衷。而且未查询到被告在对火车无座票定价时举行了价格听证会,也不符合《价格法》第24条对政府定价的合法性、依据要进行公告的程序要求,因此无座票和有坐票等价这一规定,违反了法定程序。

故请求人民法院撤销被告对无座票不合理的定价的行政行为,并且判决被告按照法定程序,重新对无座票进行公平合理的定价。

6. 根据《诉讼费用缴纳办法》第29条,“诉讼费用由败诉方负担,胜诉方自愿承担的除外……共同诉讼当事人败诉的,人民法院根据其对诉讼标的的利害关系,决定当事人各自负担的诉讼费用数额”。特请求两被告承担本次诉讼费。

综上所述,被告作为T112次火车无座票的定价主体,其在没有综合考虑社会公益、社会民众的承受能力的基础上,将现有的无座票价和有座票价等同的定价行为,违反了《价格法》相关规定且被告并未公布关于无座票价的制定依据以及合法性,侵犯了原告以及众多乘客的财产权益和其他合法权益,特请求被告公布无座票定价依据,请求人民法院审查该行政行为的合法性,同时请求法院判决被告返还原告支付的票价价款的15%并且要求被告在特殊时期(民众出行高峰期),调整无座票票价,将无座票的价格在硬座票价格的基础上进行折价(考虑到行业运输成本)15%发售,诉讼费由被告方承担。

此致

上海铁路运输中级法院

附:

证据:

1. 原告2018年11月23日购买的火车票无座票原件;
2. 铁路12306官方网站公布的票价截图;
3. 国家发展和改革委员会制定颁布的《中央定价目录》;
4. 上海市发展和改革委员会颁布的《上海市定价目录》(2018年版);
5. 国家发展和改革委员会颁布的《政府制定价格行为规则》(2017第7号令);
6. 原告拍摄的火车上无座乘客真实处境的照片;

7. 无座车厢拥挤现状的视频。

证据来源：

原告、铁路12306官网、无座票乘客许东拍摄的照片、无座票乘客录制的现场视频、国家发展和改革委员会官网、上海市发展和改革委员会官网。

具状人：许　东

2018年11月24日

（二）立案过程

1. 一访法院

递交诉讼材料，等待回复。

2. 二访法院

递交修改诉讼请求部分后的民事诉讼材料，等待回复。同时递交行政诉讼状，但当场不予立案。

3. 三访法院

法院通知民事诉讼原告做“笔录”，劝退拿回诉讼材料。

4. 四访法院

发现关键新证据，再次起诉，当场被拒。

六、最终结果

由于立案失败，我们又寻求其他救济。

（一）向国家发展和改革委员会申请信息公开和网上信访，得到以下回复

政府信息依申请公开答复

信息公开[2018]639号

王洪伟申请人：

您提出的标题为“火车票无座票定价的依据”的政府信息公开申请收悉。经研究，您申请的事项属于咨询事项，不属于《政府信息公开条例》第2条规定的政府信息，因此不属于调整范围，对于您咨询的事项，您可以通过我委门户网站“主任信箱”栏目提出咨询。

如您认为本答复侵犯您合法权益，可以收到本回复之日起60日内向我委申请行政复议，或者在6个月内向北京市第一级人民法院提起行政诉讼。感谢您对我们工作的理解和支持。特此函告。

国家发展和改革委员会政府信息公开专用章

2018 年 11 月 26 日

王洪伟,您好:

发改委信访办对您于“2018 - 11 - 05　16:45:48”提交的“火车票无座票定价依据”信访件做出了回复。

回复内容:

您好,来信收悉。铁路普通旅客列车硬座实行政府定价。无座票不是铁路旅客运输中的规定席别,销售无座票是铁路运输能力不能满足需求的情况下,铁路运输企业采取的一种应对措施,我委没有专门制定无座票价。关于目前无座票执行与硬座相同的依据,建议您向中国铁路总公司咨询,谢谢。

发改委信访办

2018 年 12 月 5 日

(二)多次联系铁路总公司,电话均被挂断,沟通无果

七、结语和感想

王洪伟:

第一次真正面对实务,才发现理论和实际往往并不是一致的,甚至有的时候还在不理智地埋怨:有的时候个人权利得到司法救济可能是一件奢侈的事情!

在我们寻求司法救济时,我仿佛突然间明白了上访人的执着。那些权利受到侵犯的人是大多数,但是能够得到法律保护的,有的时候却是少数。公益之路就是如此,人有天然的弱点:在危险距离自己最远的时候,态度就越容易超然冷静,既然不公平已经存在,为什么要去做那个被枪打的出头鸟?正是因为这样,坚持公益诉讼的人才会觉得孤独无助。没有任何理由假定现存的机制就是正确的,而那些总是去法院“闹事”的人就是错误的、无理取闹的。制度要求统一,但是一开始就应该为持不同意见的人预留下申诉和辩解的空间。我们天真地以为达到《民事诉讼法》第 119 条规定的立案条件了,法院就应该立案,幼稚地认为法律规定的个人权利就应该被尊重和保护,不公平就是不公平,运输成本无法成为侵犯个人权利的正当理由,所以才固执地以为坚持按照法律规定走下去,我们总会被法院接纳,但是我不知道现实中立案背后原来有那么多的影响因素。

我国《民事诉讼法》规定的公益诉讼的范围为损害社会和公众利益的行为,但是具体衡量标准并不明确;原告主体法定仅限于检察院和有关组织,没有把个人纳入

提起主体;起诉阶段法院对能否立案,审查时会考虑很多因素;法律规定空白导致原告对被告主体适格与否证明责任困难。

我们坚持做完了能做的所有事,结局是什么我们无法左右,重要的是过程,我觉得我们是最棒的。努力过、挣扎过、哭过、笑过,但是从没有后悔过,这样努力坚持的我们是最棒的。公益之路,路漫漫其修远兮,吾将上下而求索。

程若峥:

这次的"小城公益之星"创意诉讼大赛可能是我在大学以来做过最艰难的一次项目实践。在诉讼上,我们设想了民事诉讼和行政诉讼两种方式,拟写了两种不同诉讼的起诉状。但在去法院立案时,我们却遇到了挫折,民事诉讼共计去了 4 次上海市铁路运输法院,起诉状也来来回回修改了许多遍,但是仍未成功起诉。在法院之行中,我们屡屡受挫,甚至有的成员都因此落泪。为了能够满足立案条件,我们的组员专门买了从苏州到南京的无座车票,再次感受了无座的难熬体验。又因为对待起诉的意见不同,我们组员之间多次争论。

这次的"小城公益之星"创意诉讼大赛给了我太多难忘的经历,在本次的项目中,我们有过欢笑,有过冲突矛盾,有过摩擦争论,但得到更多的还是成长,一次既难忘又意义非凡的成长体验,我们彼此因为矛盾而隔阂,但是也应该为我们的成长而互相感谢。

本次的项目更让我们学到了许多,我第一次实地了解到完整的诉讼程序,第一次自己亲身参与了一场诉讼。通过这次项目,我也认识到了自己的不足。例如,粗心大意,在拟写诉状时才发现已经超过时效;没有经验,在法院拒绝立案时忘记录像录音等。虽然本次"小城公益之星"创意诉讼大赛已经告一段落,但是我们通过这次项目所收获到的绝不仅仅只有结项报告上的这些,更多的将会潜移默化地存在我们的脑海中。

莫程莛:

从 2016 年 5 月组队以来,关于参赛选题的敲定,我们团队经历了多次的讨论,也在网上查找了一些相关资料,最后,基于社会公益性、社会影响的大小等因素的考量,我们最终决定将"火车无座票和有座票等价显失公平"作为此次"小城公益之星"创意诉讼大赛的选题。在收到正式立项的消息时,我们团队的每个人都很兴奋、开心,这让我们知道此次的选题还是有很大公益性和研究价值的,这也是对我们团队每个人前期的付出的一份回报。在正式立项之后,我们开始了我们的项目计划,做调查问卷,了解普通民众对火车无座票和有座票同价问题的看法和建议;不断向相关专业的老师进行咨询;在网上搜集了很多相似的案例……在前期,我们团队对很多问题还存在疑虑,也由于知识的匮乏,本次活动有很大的阻碍。

中期汇报之后,我们朝着我们的目标继续前进。在指导律师的帮助下,我们撰写了第一份民事起诉状,怀着忐忑的心情向上海铁路运输法院提交了诉状。这是我们作为一个法律人,第一次亲身体验诉讼程序,也是我们的一项重要实践。但结果是等来了法院的复函,让我们向其他有关部门寻求救济。我们受到了一些打击,但是我们团队仍然不放弃,在律师的指导下,修改了诉讼请求,再次提起行政诉讼和民事诉讼。到目前为止,我们团队已向上海铁路运输法院提交了四次诉状。在整个过程中,我们遇到了很多的困难和挫折,但我们仍然选择把该走的路都给走完,该做的事情都给做完。而作为原告的我,心理路程也发生了很大的变化,当一个人认为自己的权益受到侵害时,并不一定就能得到司法救济或者其他救济,甚至是很难得到救济。

火车作为目前一种最常见的民众出行方式,铁路公司基于对民众出行需求的考量而增售无座票,这样的行为对民众来说无疑是有着很大的受益的。但从购买过无座票乘客的经历来看,很多乘客对于无座票的乘车体验是表示无奈和不满意的,而我作为一个曾经购买过长达 25 个小时无座票的乘客,觉得无座票的乘客和有座票乘客的所享受的待遇和服务确实有着很大的差异,而那段乘车经历也真的让我觉得无座票很难受。所以火车票无座票和有座票票价相同真的合理、公平吗?这是我们团队每个人心里一直存在的一个疑惑,即使受到很多的阻碍,我们仍然不断地寻求不同的途径,希望这样的现状能够得到改善。从国家发展和改革委员会对我们的回复来看,无座票不属于国家发展和改革委员会制定票价的范围,而是铁路运输企业自主定价。既然火车无座的票价是中国铁路总公司的定价行为,中国铁路总公司又属于企业,为什么企业的定价行为不合理,我们作为消费者觉得显失公平,就不能寻求司法救济呢?

目前,社会上关于火车无座票票价是否公平、合理也存在很大的争议,但是我们仍然希望借助"小城公益之星"创意诉讼大赛这个平台,通过司法救济或其他救济方式改善购买无座票的乘客和购买有座票的乘客在履行了相同的义务之后但享受的待遇和服务却有很大差异的这种现状,我们的力量虽小,但也希望能够借助我们所学的知识和老师、律师的帮助来推动社会大大的进步。当然,如果此次公益诉讼不能得到我们团队的预期效果,我们也希望在将来社会体制完善、公众维权意识不断增强、社会不断进步的情况下,这种现象能够引起国家相关部门的重视,从而改善这种现状。

许　东:

在项目进展中,我们遇到了一系列的问题,包括我们内部的意见不一致,但是一路走来我们都积极克服困难,走到了最后,要非常感谢学院和小城律所能够给我一次这样去法院实践的机会。之前所有的知识都是在书本上学到的,都没有亲自参加过法律活动。这次活动,我学会了写起诉状,增强了法律检索能力,知道了法院的立案流程，感受到法律工作中严谨务实的精神。尽管我们的项目最终没有立案，但是我们做了我们所有该做的，没有留下遗憾。并且相信，以后关于无座票和有坐票等价的问题能够有所改善。最后感谢给予我们帮助的老师和沈卫康律师，同时非常感谢我的小伙伴在项目进展中的努力和付出。

结　语：

我们的力量虽小，但我们一直会在追求正义和公平的道路上前进，而正义和公平也永远不会缺席。

从“小城公益之星”创意诉讼大赛宣讲会、组队、选题、立项、中期报告再到现在，将近7个月的时间，我们4个人从互不熟络再到彼此信赖、彼此合作，一起将这个项目完成，即使不能达到我们的预期目标，但我们仍不会忘记初心，不会忘记作为一个法律人该有的正义感和责任感。我们的力量虽小，但我们会一直前进，用我们的行动和实践去一点一点地促进社会的一些不公平、不合理的现象得到改善。

“我不怕千万人阻挡，只怕自己投降”，这是五月天《倔强》里的一句歌词，虽然简单易懂，但它却给我们团队在此次诉讼之路带来了很大的感触和鼓励。第一次去上海铁路运输法院起诉，心情忐忑却又充满着期待，忐忑的是我们的诉请能否得到法院的支持？期待的是，我们作为一个法律人，用我们所学的知识，启动了我们人生当中的第一次诉讼程序，充满了未知和挑战。然而却收到了法院的复函，复函中写到让我们寻求其他部门的救济。我们不甘心，也不肯放弃，在咨询了法院工作人员之后以及我们的指导律师之后，我们毅然决定修改诉状，再次前往上海铁路运输法院提起诉讼。然而第二次起诉仍未果。在收到国家发展和改革委员会信访的回复之后，我们掌握了重要的证据，认为对我们的起诉有利，故决定第三次前往上海铁路运输法院起诉。整个过程，我们不断地挣扎，也试图放弃，但最深处的那个声音告诉我们，就算受到了再多的阻碍，只要有一丁点希望，就不应该轻易放弃，更不应该投降，而是抓住那点希望的光继续前进，继续追寻我们心中的正义和公平。

在罗马法院的广场上，自由女神像背后篆刻着一句简洁的古罗马法格言：“为了正义，哪怕天崩地裂。”这句话深深地刻在我们每个人的心中，即使我们力量很渺小，凭借我们个人的力量，固然掀不起大风大浪，但是我们却希望这些小小的力量能够积聚到一起慢慢壮大，发挥出巨大的力量，去改变这个社会不公平、不合理的现象，实现真正的正义！

我们的权益受到了不公平、不合理的侵害，我们有权利去对这种侵害提出抗诉，有权寻求救济，而作为法律人，更应当用行动诠释一个法律人该有的责任和担当。即使这种权益会很难得到救济，但我们仍然会继续拼搏，继续努力，不断为人类实现真正的公平、平等、自由而奋斗,即使现在凭借我们微弱的力量实现不了我们追求的公平、正义,但我们相信,正是因为像我们这样不断为之奋斗的力量存在,社会才会一点一点进步。而我们也始终相信,正义永远不会缺席。

公益诉讼,我们一直在路上。

张迪诉上海国际主题乐园有限公司案(2018)

张　迪　李明阳　陈洁君　许雪宁　钱雨佳*

一、选题理由

团队成员张迪同学于2018年“五一”假期前往上海迪士尼乐园游玩,在安检处接受工作人员搜查包裹。工作人员告知其随身携带的面包、饼干等食品不能携带入园,只能自行处理或支付80元寄存(寄存后该80元租赁费不予退还)。无奈之下,张迪同学只好将所带食品丢弃。进入乐园后,由于没有食物,张迪同学只能选择在园内购买标价为75元的套餐一份以及标价为15元的饮品一份。随后她发现,园内的餐饮不仅价格极其高昂,而且分量少、口味一般,并没有给游客提供良好的用餐体验。

之后,本团队在上海迪士尼度假区官方网站上查询到《上海迪士尼乐园游客须知》,发现了禁止携带食品以及超过600毫升的非酒精饮料入园的规定。本团队就此规定以及该乐园工作人员搜查游客包裹的行为向上海迪士尼乐园发送邮件,提出质疑,而该乐园在回复邮件中并没有针对我们提出的问题作出实质性的解释。同时,本团队搜寻了国内知名乐园的游客须知,发现如常州中华恐龙园、深圳欢乐谷、苏州乐园等绝大多数乐园均没有限制携带食品饮料入园。

此外,团队成员前往上海迪士尼乐园安检处以及寄存处进行调查,并就禁带食品与饮料问题与现场游客进行探讨。大部分接受询问的游客表示不接受上海迪士尼乐园搜查游客包裹、禁止携带食品入园的行为,并认为园内餐饮价格奇高。此项公益诉讼涉及数量庞大的迪士尼游客的切身利益,为了保护消费者利益,维护社会公平,我们准备诉诸法律。

---

* 本文作者均系苏州大学王健法学院2016级本科生。

二、法律分析

我们认为,上海迪士尼乐园禁止游客携带食品以及超过600毫升的非酒精饮料入园,并在安检处搜查原告包裹,过分抬高园内餐饮价格的行为,违反了《消费者权益保护法》以及原《合同法》的规定,违背了格式条款的订立规则,侵犯了消费者的自主选择权、公平交易权以及隐私权。

具体理由如下:

第一,《消费者权益保护法》第27条规定:"经营者不得对消费者进行侮辱、诽谤,不得搜查消费者的身体及其携带的物品,不得侵犯消费者的人身自由。"

上海迪士尼乐园工作人员在安检处搜查游客包裹,显然侵犯了游客的隐私权。

第二,《消费者权益保护法》第9条规定:"消费者享有自主选择商品或者服务的权利。消费者有权自主选择提供商品或者服务的经营者,自主选择商品的品种或者服务方式,自主决定购买或者不购买任何一种商品、接受或者不接受任何一项服务。消费者在自主选择商品或者服务时,有权进行比较、鉴别和挑选。"

游客前往上海迪士尼乐园游玩,接受乐园的娱乐服务,而不是餐饮服务,在不妨碍公共利益的前提下,游客有权选择不购买乐园餐饮,食用自带食品。而上海迪士尼乐园禁止携带食品入园,使游客在游玩时即使对乐园餐饮不满意,也不得不购买以解决饮食问题。这侵犯了游客的自主选择权。

第三,《消费者权益保护法》第10条规定:"消费者享有公平交易的权利。消费者在购买商品或者接受服务时,有权获得质量保障、价格合理、计量正确等公平交易条件,有权拒绝经营者的强制交易行为。"

上海迪士尼乐园提供的餐饮除了具有迪士尼主题特色外,食材、口味一般,价格却远高于同等质量餐饮的市场价格。游客在违背意愿而选择在园内就餐的情况下,还要支付高昂的价格,无奈地接受这种强制交易。这侵犯了游客的公平交易权。

第四,《消费者权益保护法》第26条规定:"经营者在经营活动中使用格式条款的,应当以显著方式提请消费者注意商品或者服务的数量和质量、价款或者费用、履行期限和方式、安全注意事项和风险警示、售后服务、民事责任等与消费者有重大利害关系的内容,并按照消费者的要求予以说明。经营者不得以格式条款、通知、声明、店堂告示等方式,作出排除或者限制消费者权利、减轻或者免除经营者责任、加重消费者责任等对消费者不公平、不合理的规定,不得利用格式条款并借助技术手段强制交易。格式条款、通知、声明、店堂告示等含有前款所列内容的,其内容无效。"原《合同法》第39条第1款规定:"采用格式条款订立合同的,提供格式条款的一方应当遵循公平原则确定当事人之间的权利和义务,并采取合理的方式提请对方注意免除或者限制其责任的条款,按照对方的要求,对该条款予以说明。"原《合同法》第40条规定:“格式条款具有本法第五十二条和第五十三条规定情形的,或者提供格式条款一方免除其责任、加重对方责任、排除对方主要权利的,该条款无效。”

《上海迪士尼乐园游客须知》中禁止携带食品以及超过600毫升非酒精饮料的规定,以及过分抬高园内餐饮价格的行为,侵犯了原告的自主选择权、公平交易权,属无效条款。

综上所述,本团队认为《上海迪士尼乐园游客须知》中禁带食品与超过600毫升非酒精饮料的条款,违反法律强制性规定,应当认定为无效;该乐园搜查游客包裹、侵犯游客隐私权的行为,应当停止;该乐园过分抬高园内餐饮价格、强制游客交易的做法,应当纠正。

三、项目进度

时间	进度
2018年5~7月	课题选择、前期调研
2018年7~9月	法规章程、新闻素材的调取、研读,调查问卷的发放,相关证据的搜集整合
2018年10月12日	上海迪士尼乐园安检处、寄存处实地调查,对游客进行采访
2018年10~11月	撰写民事起诉状、整合有关证据,与指导律师进行交流、聆听意见
2018年11月2日	前往上海市浦东新区人民法院提交起诉状
2018年11月20日	收到不予受理裁定书
2018年11月29日	向上海市浦东新区人民法院提起上诉
2018年11月30日~12月18日	询问上海市浦东新区物价局,向上海市消费者权益保护委员会投诉
2019年3月13日	维持不予受理裁定

四、前期准备

(一)调研

1.《上海迪士尼乐园游客须知》规定禁止游客携带食品以及超过600毫升的非酒精饮料入园

我们通过媒体渠道了解到,2017年11月15日上海迪士尼乐园官方宣布,调整原《上海迪士尼乐园游客须知》,禁止游客携带食品、酒精饮料以及超过600毫升的非酒精饮料入园。同时,我们查询到上海迪士尼乐园官网提供的《上海迪士尼乐园游客须知》,发现确实存在以上规定。

2. 多数人对禁带食品以及超过600毫升非酒精饮料的规定事先并不知情,知道后也不认同

通过前往上海迪士尼乐园实地调查,我们了解到,大多数游客在接受工作人员搜查包裹之前,并不知道这一规定的存在。且大多数游客认为这一规定并不合理,表示乐园禁带食品是为了提高自身盈利,而且其搜查游客包裹的行为令人反感。

同时,我们通过发放调查问卷,也得到与实地调查同样的结果。

3. 上海迪士尼乐园针对禁带食品以及超过600毫升非酒精饮料的规定、搜查游客包裹的行为、制定高昂餐饮价格的做法,没有作出相应的解释说明

上海迪士尼度假区游客沟通服务团队在回复我们询问为何禁止携带食品及饮料的邮件中称:"……上海迪士尼乐园关于外带食物与饮料的规定,同国内大部分主题乐园以及迪士尼在亚洲的其他乐园一致。……上海迪士尼乐园的门票允许游客在游玩当天无限次往返乐园,游客可以随时前往迪士尼小镇或其他区域的各式餐厅享用种类丰富的餐饮……上海迪士尼乐园内也提供丰富的餐饮选择。另外,游客和演职人员的安全是我们工作的重中之重。因此,上海迪士尼乐园根据《中华人民共和国反恐怖主义法》的规定和有关机关的具体要求设定了乐园主入口的安检程序。实践中,不可携带入园的物品清单也已经在游客须知中明示,可在各个公开渠道查询。我们出于安全考量而制定了该不可携带入园的物品清单,食品是其中很小的一部分。"

可见,该乐园对于我们对其违法情形的质疑,并没有作出有针对性、有依据且充分合理的解释。

(二)取证

证据清单:

证据一、张迪在"马蜂窝App"购买的上海迪士尼乐园门票支付记录截图(略)。

证明:原告购买前往上海迪士尼乐园游玩的门票。

证据二、上海迪士尼乐园门票。

证明:原告前往上海迪士尼乐园游玩。

证据三、上海迪士尼乐园内餐饮消费支付宝转账截图、委托垫付说明以及委托垫付盒饭照片。

证明:原告于游玩当日在上海迪士尼乐园内支付高昂的餐饮价格。

证据四、上海迪士尼度假区官网出示的《上海迪士尼乐园游客须知》。

证明:《上海迪士尼乐园游客须知》中有禁止游客携带食品以及超过600毫升的

非酒精饮料的规定。

证据五、与上海迪士尼乐园的邮件往来。

证明：上海迪士尼乐园就原告提出的其违反《消费者权益保护法》以及原《合同法》的疑问，未给予针对性、实质性的回复。

关于乐园不允许游客自带食品的疑问

发件人：Debbie 隐藏
donotaway@qq.com

收件人：SHDR.Guestcomm
SHDR.Guestcomm@disney.com

时间：2018年5月26日 09:57

上海迪士尼乐园：

您好！

我是2018年4月29日到贵园游玩的游客。游玩当天，我发现贵园在入园之前安排工作人员对游客包裹进行检查，不允许游客携带自己的食品入内。当日游玩结束后，我查询了《上海迪士尼乐园游客须知》，找到禁止携带食品以及超过600毫升的非酒精饮料入园的规定。

《中华人民共和国消费者权益保护法》第九条规定："消费者享有自主选择商品或者服务的权利。"第二十六条规定："经营者不得以格式条款、通知、声明、店堂告示等方式，作出排除或者限制消费者权利、减轻或者免除经营者责任、加重消费者责任等对消费者不公平、不合理的规定，不得利用格式条款并借助技术手段强制交易。格式条款、通知、声明、店堂告示等含有前款所列内容的，其内容无效。"第二十七条规定："经营者不得对消费者进行侮辱、诽谤，不得搜查消费者的身体及其携带的物品，不得侵犯消费

二十六条规定："经营者不得以格式条款、通知、声明、店堂告示等方式，作出排除或者限制消费者权利、减轻或者免除经营者责任、加重消费者责任等对消费者不公平、不合理的规定，不得利用格式条款并借助技术手段强制交易。格式条款、通知、声明、店堂告示等含有前款所列内容的，其内容无效。"第二十七条规定："经营者不得对消费者进行侮辱、诽谤，不得搜查消费者的身体及其携带的物品，不得侵犯消费者的人身自由。"《中华人民共和国合同法》第三十九条规定："采用格式条款订立合同的，提供格式条款的一方应当遵循公平原则确定当事人之间的权利和义务，并采取合理的方式提请对方注意免除或者限制其责任的条款，按照对方的要求，对该条款予以说明。"

根据以上法律，贵园有违反格式条款订立的公平原则，侵犯消费者自主选择权、公平交易权以及隐私权的嫌疑。

因此，我希望贵园就《游客须知》中禁止携带食品以及超过600毫升的非酒精饮料入园的规定作出解释。若此条款确实存在违法情形，希望贵园作出合理修改。

期望得到您的回复！

祝您工作顺利！

中国移动 下午12:52 63%
返回

Re：关于乐园不允许游客自带食品的疑问

发件人：SHDR Guestcomm 隐藏
SHDR.Guestcomm@disney.com

收件人：donotaway
donotaway@qq.com

时间：2018年5月30日 11:12

尊敬的Debbie：

感谢您对上海迪士尼度假区提出的宝贵意见。

上海迪士尼乐园关于外带食物与饮料的规定，同中国大陆的大部分主题乐园以及迪士尼在亚洲的其他乐园一致。该规定在《上海迪士尼乐园游客须知》中明确指出，并在各大官方渠道向游客公开，游客可在入园前查询以更好地安排行程。

上海迪士尼乐园的门票允许游客在游玩当天无限次往返乐园，因此，游客可以随时前往迪士尼小镇或其他区域的各式餐厅享用种类丰富的餐饮，并在用餐完毕后凭本人当日门票重返乐园。此外，上海迪士尼乐园内也提供丰富的餐饮选择，从点餐餐厅，到快餐厅，到小食亭，以及移动餐车，满足游客的不同口味和预算的同时，为游客提供沉浸式的主题用餐体验。

中国移动 下午12:52 63%
返回

另外，游客和演职人员的安全是我们工作的重中之重。因此，上海迪士尼乐园根据《中华人民共和国反恐怖主义法》的规定和有关机关的具体要求设定了乐园主入口的安检程序。实践中，不可携带入园的物品清单也已经在"游客须知"中明示，可在各个公开渠道查询。我们出于安全考量而制定了该不可携带入园的物品清单，食品是其中很小的一部分。

再次感谢您在百忙之中抽空与我们分享您的看法，我们非常重视您的反馈，并已将其转达至我们公司的相关部门。

谨致以最诚挚的祝福！

Eleven Zheng
游客服务经理
上海迪士尼度假区游客沟通服务团队
邮箱：SHDR.GuestComm@disney.com

On 5/26/2018 9:57 AM, Debbie wrote:
上海迪士尼乐园：

您好！

证据六、上海迪士尼乐园内外餐饮价格对比表格及图片。

证明：上海迪士尼乐园餐饮价格奇高。

上海迪士尼乐园内外餐饮价格对比

餐饮品种	园内价格	园外价格
汉堡套餐类	芝士牛肉汉堡 85 元	“麦当劳”培根蔬萃双层牛堡 34 元
	川味鸡肉汉堡 75 元	“肯德基”藤椒嫩笋鸡腿双层堡人气餐 36 元
米饭类	卤肉饭 50 元	“谷田稻香”经典台式卤肉套餐 36 元
	咖喱土豆鸡 50 元	“老娘舅”板栗焖鸡套餐 28.5 元
面条类	黑椒牛仔骨乌冬面 75 元	“和府捞面”硬酸汤雪花肥牛面 36 元
	红烧牛肉面 80 元	“康师傅私房牛肉面”私房红烧牛肉面 31 元
披萨类	北京烤鸭披萨 85 元	“必胜客”北京潮鸭披萨(6 英寸)40 元
	番茄芝士披萨 85 元	“达美乐”香甜双虾菠萝披萨 69 元
饮料类	百事可乐 15 元	“全家”百事可乐 3.8 元
	康师傅涵养泉 10 元	“全家”康师傅涵养泉 3.8 元
	康师傅冰红茶 15 元	“全家”康师傅冰红茶 4 元

(三)向消费者权益保护委员会投诉

根据我们搜集到的新闻报道,我们认为,向消费者权益保护委员会投诉也是解决问题的一种方法。于是,我们在上海市消费者权益保护委员会网站提交了在线投诉表格。投诉内容如下:

投诉人于 2018 年 4 月 29 日前往上海迪士尼乐园游玩,过安检时被工作人员翻查包裹,并被告知携带的面包、牛奶等食品不能入园。由于寄存费用为 80 元/件,投诉人无奈之下丢弃食品。进入乐园后,投诉人购买了标价为 75 元的套餐一份和 15 元的饮料一份。游玩结束后,投诉人在上海迪士尼度假区官方网站上查询到《上海迪士尼乐园游客须知》中禁止携带食品以及超过 600 毫升的非酒精饮料入园的规定。

投诉人认为,该乐园禁止游客携带食品饮料入园、安检处翻检包裹、过分抬高园内餐饮价格,违反了《消费者权益保护法》第 9 条、第 10 条以及第 27 条的规定,侵犯了消费者隐私权、自由选择权和公平交易权,并使用格式条款限制消费者权益;违反了《合同法》第 39 条、第 40 条关于提供格式条款的一方应当遵循公平原则确定当事人之间的权利和义务,依要求对该条款予以说明以及格式条款不得排除对方主要权利的规定。

综上所述,投诉人向消费者权益保护委员会寻求帮助,来确认上海迪士尼乐园禁带食品饮料入园的规定、搜查游客包裹的行为和过分抬高餐饮价格的做法属违法情形,应当改正,并就搜查投诉人包裹的行为,要求其向投诉人道歉。

之后，我们接到了消费者权益保护委员会的电话，其工作人员称，他们对法律不是十分了解，会联系上海迪士尼乐园一方，给我们相应的回复。

经过上海市消费者权益保护委员会的协调，上海迪士尼度假区游客沟通服务团队与我们进行了两次通话。

在第一次通话中，迪士尼乐园方工作人员详细征求了我们的具体想法，称会转达有关部门，给我们相应答复。

在第二次通话中，该工作人员向我们解释了乐园人工搜查游客包裹，禁止游客携带食品以及超过600毫升非酒精饮料的理由，与之前的邮件回复中的说辞如出一辙。当我们问到人工安检和地铁、车站等场所的设备安检的区别时，该工作人员称会就此问题询问安检部门，再答复我们；当我们问到乐园一方是否认为其以上行为不存在违法情形时，该工作人员未给予直接回应，称“会更多地收集游客的意见和建议”，并会将我们的建议转达给相关部门，“用于今后的运营方面的考虑”。

五、起诉

在确定原被告主体资格、收集完备证据材料之后，小组成员于2018年11月2日前往上海市浦东新区人民法院。在向工作人员表明来意并提交材料之后，工作人员表示案件材料需要7天的审查期限而不能当场立案，于是我们留下了民事起诉状，返回学校等待答复。

民事起诉状

原告：张迪（个人信息略）

被告：上海国际主题乐园有限公司（公司信息略）

诉讼请求：

1. 请求判令被告合理修改其《游客须知》中禁止携带食品以及超过600毫升非酒精饮料入园的规定，允许游客自带食品和饮料入园。

2. 请求判令被告赔偿原告丢弃自带食品而在园内用餐增加的费用75元。

3. 请求判令被告调整园内餐饮价格，提高餐饮服务水平。

4. 请求判令被告废除人工搜查游客包裹的制度。

5. 本案诉讼费用由被告承担。

事实与理由：

原告于2018年4月29日前往上海迪士尼乐园游玩，经过乐园安检时，被工作人员搜查包裹，并被告知携带的面包、牛奶和饼干等食品不能入园。得知行李寄存费用为每件80元,原告无奈之下丢弃所带食品。进入乐园后,原告由于没有食物,购买了标价75元的套餐一份以及标价15元的饮品一份。游玩结束后,原告在上海迪士尼度假区官方网站上查询到《上海迪士尼乐园游客须知》,发现了禁止携带食品以及超过600毫升的非酒精饮料入园的规定。原告就此规定以及该乐园工作人员搜查游客包裹的行为向上海迪士尼乐园发送邮件,提出质疑,而该乐园在回复邮件中并没有作出实质性的解释。

《消费者权益保护法》第27条规定,经营者不得搜查消费者携带的物品。上海迪士尼乐园工作人员在安检处搜查原告包裹,显然侵犯了原告的隐私权。《消费者权益保护法》第9条规定,消费者享有自主选择权,有权选择购买或者不购买任何一种商品。原告前往上海迪士尼乐园游玩,接受乐园的娱乐服务,而不是餐饮服务,在不妨碍公共利益的前提下,原告有权选择不购买乐园餐饮,食用自带食品。而上海迪士尼乐园禁止携带食品入园,使原告在游玩时即使对乐园餐饮不满意,也不得不进行购买,来解决饮食问题。这侵犯了原告的自主选择权。《消费者权益保护法》第10条规定,消费者享有公平交易权,在购买商品时有权获得价格合理的公平交易条件。上海迪士尼乐园提供的餐饮除了具有迪士尼主题特色外,食材、口味一般,价格却远高于同等质量餐饮的市场价格。原告在违背意愿而选择在园内就餐的情况下,还要支付高昂的价格,无奈地接受这种强制交易。这侵犯了原告的公平交易权。《消费者权益保护法》第27条规定,经营者不得以格式条款,作出排除或者限制消费者权利的规定,不得利用格式条款强制交易,格式条款含有这些内容的,无效。《合同法》第39条规定,提供格式条款的一方应当遵循公平原则确定当事人之间的权利和义务,按照对方的要求,对该条款予以说明。第40条规定,提供格式条款一方排除对方主要权利的,该条款无效。《上海迪士尼乐园游客须知》中禁止携带食品以及超过600毫升非酒精饮料的规定,侵犯了原告的自主选择权、公平交易权,属无效条款。上海迪士尼乐园为了实施此条规定搜查原告包裹,侵犯了原告的隐私权。原告就以上问题向乐园一方发送邮件,提出质疑,上海迪士尼度假区游客沟通服务团队并未按照原告的要求对此条款进行解释说明。

综上所述,上海迪士尼乐园禁止游客携带食品以及超过600毫升的非酒精饮料入园,并在安检处搜查原告包裹,违反了《消费者权益保护法》以及《合同法》的规定,违背了格式条款的订立规则,侵犯了原告的自主选择权、公平交易权以及隐私权。因此向人民法院提起诉讼,请求支持原告的诉讼请求。

此致

上海市浦东新区人民法院

附:

本起诉状副本1份

证据目录及证明材料2份

起诉人：张　迪

2018年11月2日

六、法院判决

(一)不予受理裁定书

在7个工作日以后，我们通过电话向法院询问立案进展。法院工作人员告知，法院裁定不予受理，要求我们等待法院送达不予受理裁定书。2018年11月9日，我们收到了上海市浦东新区人民法院的裁定书。

裁　定　书

起诉人起诉要求修改《上海迪士尼乐园游客须知》及调整园内餐饮价格，提高餐饮服务水平，废除人工搜查游客包裹制度，上述诉请不属于人民法院受理的因财产关系和人身关系提起的民事诉讼受案范围，至于起诉人员认为其隐私权受到侵害，亦无具体的事实和理由。综上，起诉人的起诉不符合民事诉讼的起诉条件。依照《中华人民共和国民事诉讼法》第3条、第119条、第123条的规定，裁定如下：对张迪的起诉，本院不予受理。如不服本裁定，可在裁定书送达之日起十日内，向本院提交上诉状，上诉于上海市第一中级人民法院。

审判员：××

(二)上诉

在收到不予受理裁定书后，经过小组成员讨论，我们认为我们的诉讼请求具有合理性，因此在2018年11月29日再次前往上海市浦东新区人民法院对其不予受理的裁定提起上诉。上海市浦东新区人民法院接收了我们的上诉材料。

民事上诉状如下：

民事上诉状

上诉人：张迪(个人信息略)

被上诉人：上海国际主题乐园有限公司(公司信息略)

上诉人因上海国际主题乐园有限公司侵权一案，不服上海市浦东新区人民法院2018年11月9日作出的不予受理裁定，现提起上诉。

上诉请求：

请求依法撤销上海市浦东新区人民法院作出的(2018)沪0115民初84934号不

予受理民事裁定书,裁定本案由上海市浦东新区人民法院立案审理。

本案诉讼费由被上诉人承担。

上诉理由:

就上海市浦东新区人民法院(2018)沪0115民初84934号不予受理民事裁定书认定本案不属于人民法院受理的民事诉讼受案范围,上诉人认为,该认定理由不充分、结论不成立。

一、被上诉人工作人员搜查上诉人包裹的行为属于侵犯上诉人人身自由权及隐私权的行为,依法应属于民事诉讼受案范围。

《民法总则》第109条规定:自然人的人身自由、人格尊严受法律保护。《消费者权益保护法》第27条明文规定:经营者不得搜查消费者的身体及其携带的物品。被上诉人工作人员在安检处人工搜查游客(包括上诉人)包裹的行为是众所周知的事实,显然违反了《消费者权益保护法》第27条的规定,属于侵犯上诉人人身自由权的行为。同时,被上诉人人工搜查上诉人包裹的行为,也属于侵犯上诉人隐私权的行为。隐私权是公民享有的生活安宁与个人信息依法受法律保护,不被他人非法侵扰、知悉、搜集、利用和公开的一种人格权。由于安检排队游客众多,此时人工搜查上诉人包裹,则存在上诉人包裹内容被工作人员非法知悉且为其他游客所知悉从而造成包裹内容公开的状态,此举显然属于侵犯上诉人隐私权的行为。暂不讨论被上诉人禁止携带食品及600ml以上非酒精饮料是否具有合法性,即便具有合法性,也可以通过其他合理方式如通过安检机器进行检测等来实现其目的。而设立人工搜查游客包裹的规定无非就是更全面地禁止游客携带食品等,以此来促使游客在被上诉人游乐园内进行高额消费。

《民事诉讼法》第3条规定:"人民法院受理公民之间、法人之间、其他组织之间以及他们相互之间因财产关系和人身关系提起的民事诉讼,适用本法的规定。"人身自由权、隐私权属于消费者人身权的一部分。上诉人因被上诉人侵犯上诉人人身自由权、隐私权而提起的诉讼,理应属于人民法院民事诉讼受案范围。

二、被上诉人禁止携带食品及600ml以上非酒精饮料入园的规定不具有合法性,且侵犯了消费者的自主选择权及公平交易权。

被上诉人在回复上诉人询问为何禁止携带食品及饮料的邮件中称:"……上海迪士尼乐园关于外带食物与饮料的规定,同中国的大部分主题乐园以及迪士尼在亚洲其他国家的乐园一致……上海迪士尼乐园的门票允许游客在游玩当天无限次往返乐园,游客可以随时前往迪士尼小镇或其他区域的各式餐厅享用种类丰富的餐饮……上海迪士尼乐园内也提供丰富的餐饮选择。另外,游客和演职人员的安全是我们工作的重中之重。因此,上海迪士尼乐园根据《反恐怖主义法》的规定和有关机关的具体要求设定了乐园主入口的安检程序。实践中,不可携带入园的物品清单也已经在游客须知中明示,可在各个公开渠道查询。我们出于安全考量而制定了该不可携带入园的物品清单,食品是其中很小的一部分。"

第一,被上诉人禁止携带食品及600ml以上非酒精饮料入园的规定不具有合法性。被上诉人在回复邮件中提及,其依据《反恐怖主义法》的规定和有关机关的具体要求设定了乐园主入口的安检程序,上诉人认可,但这并不代表被上诉人工作人员可以人工搜查游客包裹。被上诉人以公共安全为由禁止携带食品及600ml以上非酒精饮料无任何法律法规依据。况且,其他大型公共场所如机场、车站等,也并没有禁止携带食品及饮料的规定,难道说被上诉人的公共安全等级要求要比诸如机场、车站等大型公共场所的安全等级要求更高?再者,中国大部分主题乐园并未如被上诉人所述禁止游客外带食物与饮料。

第二,被上诉人称游客可凭门票当日无限次往返乐园,前往园外就餐,但这并不能成为其禁止携带食品及600ml以上非酒精饮料入园的理由。被上诉人禁止携带食品及600ml以上非酒精饮料入园的规定本身不具有合法性,侵犯了消费者自主选择权。《消费者权益保护法》第9条规定,消费者享有自主选择权,有权选择购买或者不购买任何一种商品。被上诉人乐园占地面积116公顷,总规划面积7平方千米,如此大规模的一个主题乐园,游客显然会优先考虑在园内就餐而不是花费时间与精力去园外就餐。乐园的规定明显侵犯了消费者的自主选择权。同时,被上诉人还侵犯了消费者的公平交易权。《消费者权益保护法》第10条规定,消费者享有公平交易权,在购买商品时有权获得价格合理的公平交易条件。被上诉人乐园提供的餐饮除了具有迪士尼主题特色外,食材、口味一般,价格却远高于同等品质餐饮的市场价格。上诉人在违背意愿而选择在园内就餐的情况下,还要支付高昂的价格,无奈地接受这种强制交易。即便被上诉人乐园餐饮具有乐园主题特色、就餐环境好于园外,价格也不应远高于园外同等品质餐饮价格,故被上诉人理应赔偿上诉人因在园内就餐消费金额畸高于园外同等品质餐饮的部分损失。

第三,被上诉人禁止携带食品及600ml以上非酒精饮料入园的规定属于格式条款,其内容无效。《消费者权益保护法》第26条规定,经营者不得以格式条款,作出排除或者限制消费者权利的规定;不得利用格式条款强制交易,格式条款含有这些内容的,其内容无效。《合同法》第39条规定,提供格式条款的一方应当遵循公平原则确定当事人之间的权利和义务,按照对方的要求,对该条款予以说明。《合同法》第40条规定,提供格式条款一方排除对方主要权利的,该条款无效。被上诉人制定的《上海迪士尼乐园游客须知》中禁止携带食品及600ml以上非酒精饮料的规定,违反了法律对格式条款的强制性规定,侵犯了上诉人的自主选择权、公平交易权,属无效条款。

综上所述,上诉人认为,本案属于人民法院受理的民事诉讼受案范围。至于上海市浦东新区人民法院民事裁定书中认为上诉人就自身的隐私权受到侵害未提供具体的事实和理由,上诉人认为,上海迪士尼乐园工作人员在入口处搜查游客包裹,是乐园一方以及所有前往乐园游玩的游客众所周知的事实,上诉人在乐园内游玩当天有背着背包拍摄的照片,可证明上诉人被乐园工作人员搜查了包裹。因此,上诉人认为,上海市浦东新区人民法院理应受理本案,并依法认定上海迪士尼乐园禁止携带食品及600ml以上非酒精饮料入园的规定不具有合法性,被上诉人应就上海迪士尼乐园人工搜查上诉人包裹,就侵犯上诉人的人身权及隐私权向上诉人道歉,并赔偿上诉人丢弃自带食品而购买园内畸高于园外同品质餐饮的损失。

此致

上海市第一中级人民法院

上诉人:张　迪

2018年11月29日

上海市第一中级人民法院民事裁定书

(2019)沪01民终3442号

上诉人(一审起诉人):张迪(个人信息略)

上诉人张迪不服上海市浦东新区人民法院(2018)沪0115民初84934号民事裁定,向本院提出上诉。本院依法组成合议庭对本案进行了审理。

张迪上诉请求:撤销一审裁定,裁定由一审法院受理本案。

事实和理由:上诉人张迪坚持其一审事实和理由,认为上海国际主题乐园有限公司(以下简称乐园公司)工作人员搜查上诉人包裹的行为属于侵犯上诉人人身自由权及隐私权的行为,乐园公司禁止携带食品及600ml以上非酒精饮料入园的规定不具有合法性,且侵犯了消费者的自主选择权及公平交易权,本案依法属于民事诉讼受案范围,故本案应由一审法院受理。

张迪向一审法院起诉称:张迪于2018年4月29日前往上海迪士尼乐园游玩,经过乐园安检时,被工作人员搜查包裹,并被告知携带的面包、牛奶和饼干等食品不能入园。在得知寄存费用为每件80元,张迪无奈丢弃了所带食品。进入乐园后,张迪由于没有食物,购买了标价75元的套餐一份及15元饮品一份。游玩结束后,张迪在上海迪士尼度假区官方网站上查询到《上海迪士尼乐园游客须知》,发现了禁止携带食品以及超过600ml的非酒精饮料入园的规定。张迪就此规定以及该乐园工作人员搜查游客包裹的行为向上海迪士尼乐园发送邮件,提出质疑,而该乐园在回复邮件中并没有作出实质性的解释。根据《中华人民共和国消费者权益保护法》第9条、第10条、第27条、第40条,《中华人民共和国合同法》第39条的规定,《上海迪士尼乐园游客须知》中禁止携带食品以及超过600ml的非酒精饮料入园的规定侵犯了张迪的自主选择权、公平交易权,属无效条款。上海迪士尼乐园搜查张迪包裹侵犯了张迪的隐私权。故张迪诉至法院,请求判令:1. 乐园公司合理修改其游客须知中禁止携带食品以及超过600ml 非酒精饮料入园的规定,允许游客自带食品和饮料入园;2. 乐园公司赔偿起诉人丢弃自带食品而在园内用餐的增加的费用75 元;3. 乐园公司调整园内餐饮价格,提高餐饮服务水平;4. 乐园公司废除人工搜查游客包裹的制度;5. 诉讼费由乐园公司承担。

本院经审查认为,人民法院受理的民事诉讼系平等主体公民之间、法人之间、其他组织之间以及他们相互之间因财产关系和人身关系发生争议所引发的纠纷。本案上诉人要求修改《上海迪士尼乐园游客须知》及调整园内餐饮价格,提高餐饮服务水平以及废除人工搜查游客包裹制度等诉讼请求,均不属于人民法院受理的因财产关系和人身关系提起的民事诉讼受案范围。原审法院裁定不予受理,并无不妥。依照《中华人民共和国民事诉讼法》第 170 条第 1 款第 1 项、第 171 条规定,裁定如下:

驳回上诉,维持原裁定。

本裁定为终审裁定。

审判长　乔　林
审判员　侯晓燕
审判员　李　平
二〇一九年三月十三日
书记员　洪燕君

七、结语和感想

张　迪:

一开始,我一直处于一种盲目自信的状态,理所当然地认为法院一定会受理我们的起诉。直到收到不予受理裁定书,前往律师事务所和我们的律师进行交谈后,我才深刻地体会到自己的天真与浅薄。在诉讼请求方面,作为以个人名义提起的诉讼,我们的诉讼请求虽然体现了公益目的,但不够切实贴合原告自身的利益。在证据方面,我们有的诉讼请求没有直接、具体的证据支撑,而回到原告被侵权当日搜集证据显然不可能。所以,很遗憾我们原告没有在去上海迪士尼乐园游玩当天进行取证。这让我深刻地体会到证据对于诉讼来说,真的至关重要,没有证据的诉讼材料,无异于一纸空谈。

前后往返上海 3 次,1 次实地调查,1 次起诉,1 次上诉,都让我离实务更近了一步,也让我体会到公益诉讼的难度。这次的比赛,让我明白,无知会导致盲目自信,听取别人的意见能发现自身的不足,不解与埋怨远远没有立马行动来得实在。

李明阳:

立项之初,这一次公益诉讼于我像是一腔孤勇的莽莽撞撞,因为我认为迪士尼的做法是不对的,所以我就应该改变它,法院就应该受理,这件事情就应该被解决,而完全忽略了证据是否充分,理由是否合理。在具体诉讼过程中,我们逐渐知道,诉讼需要的不仅是主观上的合理与否,更需要事实与证据的支撑。我们最初的证据证明力太低,而且诉状没有针对最核心以及最合理的问题提出,有一些诉讼请求并不在法院的受案范围内。

在后来与律师的交流中,我学到了诉讼请求需要具备合理性,同时也知道了如何获取最为有力的证据以及与原告切身利益最为相关的证据。除此之外,还体验了起诉的一些流程以及法院的一部分工作模式,这些都是在日常学习生活中老师们难以教授给我们的,而需要我们自己在实践中试探、碰壁、调整、努力进而才能进步。从这些方面来说,虽然我们起诉时没有立案成功,现在也没有得到上诉结果,但是在这之中的不断努力与进步还是让我记忆犹新,进而觉得这样的经历弥足珍贵。

陈洁君:

在不断解决诉讼问题的过程中,逐渐发现了公益诉讼的真实魅力。一个小小的案件,它不只与你切身利益相关,它也关乎其他千千万万人的利益,当你感受到其中巨大的公益价值时,不管对手有多强大,你还是会鼓起更大的勇气,与队友携手并肩,去追求现实的公平与正义。当然,生活中还存在很多细小的事,需要我们去观察去发现,去运用我们手中的法律武器,捍卫我们自身的利益。公益诉讼在我国,在未来还有很长的路要走。

除此之外,也是这次比赛让我明白证据在诉讼中的重要性。2018 年 11 月 9 日,我们小组第一次去法院起诉,最终却因证据不足等问题未被法院受理,之后在准备上诉前,我们小组成员也与律师有过一次交流,这次交流也让我们明白了证据在实践中的重要意义。证据是诉讼的前提和基础,证据问题是诉讼的核心问题,全部诉讼活动实际上都是围绕证据的收集和运用进行,证据也是法官在司法裁判中认定案件事实的重要依据。在实践过程中,取证也是一项很有技巧性的工作,在这方面,我们还要通过更多的司法实践慢慢积累经验。

许雪宁:

公益诉讼作为诉讼领域中比较特别的存在,是实现公共利益的需要,也是实现社会正义的需要,更是构建法治社会的需要。“小城公益之星”创意诉讼大赛既是对公益诉讼的一种有益尝试,也是我们在校学生的一次宝贵的锻炼机会。

对我个人而言,通过参加这次比赛,我更加深刻地体会到从骨感的现实到丰满的理想靠的不仅仅是单纯的正义感,还需要更多的学习、思考和积淀。从刚开始确定选题,如何从人们已经习以为常的日常生活中找到具有可诉性事实的过程,让我体会了如何用法律的眼光去看待问题。从自己发现问题到自己解决问题——分析事实、对比法条、取证、准备起诉,每一个环节的进展让自己心中的正义感一次次攀上高峰。而丰满的理想总会被骨感的现实无情地打击——起诉失败。在与团队指导律师的交流中,很多前期准备中被我们忽略的细节显露出来,指导律师针对这些细节方面存在的问题,为我们维护权益提供了建议。也正是与经验丰富的指导律师的交谈,让我清晰地认识到了自身的局限性,如何将书面的理论准确地运用到实践中去,需要更为理性、审慎地去思考问题。作为缺乏实务经验的大学生,我们需要用实践打磨自己,这并不是一个一蹴而就的过程。我们要不断地积淀,才能厚积薄发。另外,大家集思广益、互相给予灵感——融洽的团队合作也使我对这次比赛有一个很好的体验感。

钱雨佳:

在确定案子成功立项之后,大家非常激动,同时也认识到自己肩负的责任重大。带着这份心情,我们开始着手去做这件事,写起诉状,去游乐园暗中考察,采访游客,发放调查问卷,咨询相关行政部门,和我们的律师实时沟通联系。这个过程耗费了我们5个人不少精力,中途也遇到了各种挫折,如无法在法院立案,但种种烦恼和疑惑在我们和律师的对话之后都变得清晰明了。这时候我才发现,律师是一个充满技术性以及非常需要经验的职业,对于我们本科生来说,也许在课堂中学到的理论知识能够让我们走向法院提起诉讼,但要想胜诉、想让其他人更倾向我方的立场,这是在课堂中学不到的,需要在实践生活中不断积累。

从讨论小城项目到结项,不知不觉已经过去了半年,这半年之中我接触到了很多以往不会去触及的东西,也切实踏入了这个社会之中体会人情世故,也见识到了队友们扎实的理论基础、奇思妙想,以及其他很多值得我去学习的地方。感谢小城律师事务所给我这次机会,让我知道人外有人,天外有天,想年少有为,未来的路还很长。

结语——这旅途太深刻,执着却也值得

从2018年5月到12月,从初夏到深冬,这次"小城公益之星"创意诉讼大赛于我们就像是一场恍若梦境的奇幻漂流。在这场旅行里,我们带着未知与新奇一路跌跌撞撞,像是最坚定的探寻者,也像是最勇敢的探险家。在这次诉讼中,我们一起讨论到深夜,我们一起见证过日出,我们跌跌撞撞,我们勇往直前。

虽然这次诉讼并没有成功,但是我们从网上得知,就在我们起诉后的3个多月,华东政法大学王洁莹同学也以相同的案由,将上海迪士尼乐园起诉至相同的法院并请求人民法院认定上海迪士尼乐园"禁止游客携带食品入园"的格式条款无效,赔偿损失。最终该案于2019年9月12日经上海市浦东新区人民法院主持调解结案,被告上海国际主题乐园有限公司补偿原告人民币50元。这期间,上海迪士尼乐园对入园规则进行修改:除少数特殊食品仍禁止携带外,游客可携带供本人食用的食品及饮料进入上海迪士尼乐园。2020 年 3 月 15 日,中国消费者协会将“啄木鸟奖”授予华东政法大学学生王洁莹,以表彰她为广大消费者争取合法权益的行为。[①] 如果从这个角度来看,我们的诉讼是有意义的,至少是督促了上海市浦东新区人民法院正视了这一问题,而且王洁莹同学的诉讼也最终推动了上海迪士尼乐园对其不合理规则进行了部分修改。

① 《独家对话华政女生王洁莹:我为什么起诉“迪士尼”》,载腾讯网,https://xw. qq. com/amphtml/20200317A0AQIT00。

第二编　培养德才兼备的法律解决方案供给者的理论探讨

社会功能分化视角下的法学本科教育改革与人才标准完善*

一、引言

改革开放40余年来，我国的法学本科教育为国家和社会培养了大量的法律人才，有力地推动了国家的法治建设，但也积累了许多问题，面临很多挑战，甚至在教育和教学目标上也出现了许多迷茫和困惑。比如，在如何协调法学院的本科教育与司法考试的关系上，就一直存在争论。有学者认为，统一司法考试制度建立后，大学法学教育应当依照司法考试的要求对法学院的教学目标、教学方法、教师选任、课程设置等各个环节进行调整。① 反对者则认为，以司法考试为法学本科教育的导向是错误的，这会降低法学本科教育的整体层次，影响学生法学知识框架的构建以及综合素质的提高，甚至可能会重蹈中国应试教育的覆辙。② 还有学者认为，当代中国法学本科教育不应、无力也无须以职业教育为内容，而应明确定位于通识教育或通才教育。③ 另外一些学者则认为，法学教育改革的目标应当是“增加法学教育的职业性，把法学教育不仅视为一种一般的通识教育，而且也视为一种特殊的职业教育”。④

根据司法部2018年4月发布的《国家统一法律职业资格考试实施办法》，从2018年开始，国家统一司法考试将被国家统一法律职业资格考试取代。这一改革实施之后，上述争论以及争论背后的问题非但不会变少反而会增加，甚至会变得更加

---

* 本文作者为程雪阳。

① 马治国：《统一司法考试制度对我国高等法学教育的影响》，载《西安交通大学学报（社会科学版）》2001年第3期。

② 韩敬：《法学本科教育“以司法考试为导向”之弊病分析》，载《理论观察》2013年第5期；关于司法考试与本科教育的关系，更多的争论可以参见叶秋华、韩大元、丁相顺：《建构法学教育与司法考试的良性互动关系——“法学教育与司法考试”研讨会综述》，载《中国法学》2003年第2期。

③ 李桂林、叶林：《当代中国法学本科教育的定位》，载《江淮论坛》2003年第4期；还可以参见潘剑锋：《论司法考试与大学本科法学教育的关系》，载《法学评论》2003年第2期。

④ 王振民：《略论法学教育与法律职业》，载《中国法学》1996年第5期。相似的主张还可以参见易继明：《中国法学教育的三次转型》，载《环球法律评论》2011年第3期。

严峻起来。因为新的办法要求,不仅初任法官、初任检察官和律师,而且公证员执业和初次担任法律类仲裁员,以及行政机关中初次从事行政处罚决定审核、行政复议、行政裁决、法律顾问的公务员,也都必须通过国家统一法律职业资格考试并取得法律职业资格才可以任职或执业。① 这样的制度设计意味着各法学院(校)必须为学生通过国家统一法律职业资格考试提供更好的条件和基础,否则,法学院的生源以及声誉都会受到严重的影响。

那么,法学本科教育的未来之路在哪里?究竟应当以职业教育为主,还是以通识教育为主?如何处理协调与国家统一法律职业资格考试的关系?具体的课程应当如何设置和教授?笔者认为,对于这些问题不宜进行就事论事式讨论,而应当以法学教育"人才质量标准"为核心加以系统分析。为了更好地开展论证,笔者将从更为宏观的"社会功能分化"视角,首先分析法学院校(以下统称法学院)在现代社会的功能和使命;其次根据法学院的功能和使命来分析法学本科教育的"人才质量标准"以及具体的课程设置和教学目标;最后将对可能的反对意见进行预先性的回应,并进一步分析法学本科教育与国家统一法律职业资格考试之间的具体衔接关系。

二、作为"系统接口"的法学院

依照德国社会理论家卢曼的看法,人类的社会发展史在经历了以家族和部落为基础的"地域分割时代"和以阶层和阶级为基础的"阶层分化"时代之后,已经进入了以社会子系统为基础的"功能分化"时代。② "功能分化"的社会具有 4 个方面的特征,首先,不同的社会功能是由不同的社会系统来担当的。比如,在我国,由各级党委、人大、政府所组成的政治系统就担当了整个社会的政治统治功能;各种企业和其他市场主体所组成的经济系统负责各种投资、资源开发、商品生产和消费等经济活动。其次,不同的社会系统通过沟通媒介、二元编码和系统项目进行自我编码且彼此独立运作。比如,法律领域的沟通媒介是"法"(权利/义务)本身,二元编码是合法/违法,系统项目是实证法(复杂的法律体系)。再次,各种不同的社会系统之间需要有一定的"系统接口"从而实现系统的结构耦合。比如,各级人大既是人民政治意志的形成机关,又是将人民的政治意志转化为法律的机关,因此这个机关就构成了政治系统和法律系统的"系统接口"。最后,随着社会的日益复杂化,各种社会系

① 司法部:《国家统一法律职业资格考试实施办法》(2018 年 4 月 28 日第 140 号司法部令)第 2 条第 2 款。这样的规定无疑是我国法治建设的进步,因为这些新增岗位所处理的事务都关系公民的重大权利义务,应当具备相当的法律知识和能力。

② Niklas Luhmann, *The Differentiation of Society*, trans. by Stephen Holmos & Charles Larmore, California University Press, 1982, p. 232 – 238.

统内部也需要建立较为明确的分工与合作,从而确保整个系统乃至整个社会的正常运行。

从社会功能分化的角度来看,改革开放40余年来,我国法学教育与司法职业的关系经历了3次转变。具体来说,首先,在2002年之前的社会功能分化起步阶段,准备从事律师行业的人必须接受高等教育,但能否担任法官、检察官却与是否接受过高等教育之间并没有必然的联系。① 其次,2002年国家统一司法考试制度实施之后,不但法律系统逐渐从政治系统中分离出来,而且法律人才的培养功能也开始由大学来承担。其标志是,法律开始要求"初任法官、初任检察官和取得律师资格必须通过国家司法考试",而且"担任法官、检察官和律师,必须大学本科毕业"。② 最后,2018年,教育系统内部功能进一步分化,因为这一年度开始实施的国家统一法律职业资格考试要求,只有在法学院学习并获得相应学位的大学生,才可以申请国家统一法律职业资格,接受过其他专业高等教育的大学生除非从事法律工作3年以上,否则,不得参加国家统一法律职业资格考试。③

经过这3次社会功能分化之后,我国逐渐形成一个比较封闭的法律系统。在这个系统之内,唯有通过国家统一法律职业资格者,方可进入法律系统工作。而要参加国家统一法律职业资格考试,最为主要且最为便捷的通道就是考取法学院。于是,法学院就不仅承担了教育系统与法律系统"系统接口"的功能,而且构成了整个社会法律系统人才供给的基础。这种社会功能的分化和制度的设计,对于提高法律人才培养的质量以及对于法科学生的就业大有助益,但事物总有两面性。如果法学院不能承担起其应有的功能和使命,即如果法学院不能为法律系统提供合格的法律人才,那么无论法律制定得多么完美,执法和司法机构如何健全,法律系统运行以及国家的法治建设都会出现危机。遗憾的是,我国的法学本科教育似乎正处在这种危机之中。其具体表现是,本科毕业生既不符合学术型法学人才的要求,也不符合应用型法律人才的要求,由此导致的结果是,虽然每年有大量的法科毕业生,但就业率

---

① 1995年颁布的《法官法》(第9条)和《检察官法》(第10条),并未强制要求法官和检察官必须要接受过大学本科法学教育,甚至也并不要求法官和检察官必须具有大学学历。只要接受过最高人民法院和最高人民检察院认可的培训,就可以担任法官和检察官。而在实践中,法官、检察官的充任者绝大多数没有受过大学本科法学教育。相关梳理可以参见前引3,潘剑锋文,第148页。1996年颁布的《律师法》则规定"国家实行律师资格全国统一考试制度。具有高等院校法学专科以上学历或者同等专业水平,以及高等院校其他专业本科以上学历的人员,经律师资格考试合格的,由国务院司法行政部门授予律师资格"。

② 参见《国家司法考试实施办法(试行)》(2001年10月31日)第2条第2款、第13条;《关于修改〈中华人民共和国法官法〉的决定》《关于修改〈中华人民共和国检察官法〉的决定》(这三项决定均系九届全国人大常委会第22次会议于2001年6月30日通过)。

③ 《国家统一法律职业资格考试实施办法》(2018年4月28日第140号司法部令)第9条第5项。

却连续数年创新低。[①] 与此同时，法律实践部门人才奇缺，但常常招不到合格的人才。[②]

三、法学本科生的人才质量标准

那么，什么是合格的法律人才？或者换句话说，什么是法学院“人才培养质量的标准”？教育部2018年4月发布的《普通高校法学本科专业教学质量国家标准》所提出的目标是“培养德才兼备，具有扎实的专业理论基础和熟练的职业技能、合理的知识结构，具备依法执政、科学立法、依法行政、公正司法、高效高质量法律服务能力与创新创业能力，熟悉和坚持中国特色社会主义法治体系的复合型、应用型、创新型法治人才及后备力量”。[③] 这种培养目标的设置是较为合理的，但问题的关键在于，如何理解和落实“具有扎实的专业理论基础和熟练的职业技能”这一改革目标。目前的实际情况是，一方面，有些法学课程设置比较强调理论法学，偏重抽象的法学理论或者法学理念的教育，导致法学本科生对于现行有效的法体系和法律规定了解不够体系和全面，毕业之后无法快速适应实务工作的要求。另一方面，为了解决上述问题，2011年以来，很多法学院在课程设置方面开设了许多教授诉讼技巧以及各种诉讼实务的课程，并延请法官和律师为本科生授课，从而希望“强化学生法律实务技能培养，提高学生运用法学与其他学科知识方法解决实际法律问题的能力，促进法学教育与法律职业的深度衔接”。[④]

回顾历史可以发现，以培养法学理论性人才乃至法学家为目标的法学本科教育

---

① 1998年以后，随着高校扩招，法学本科生的招生规模成倍增长，1999年为31,500人，2005年增长到163,529人，2008年则达到208,000人，与此同时，法学专业的本科生在所有本科专业毕业生的比例亦大幅增长。1988年时，法学本科毕业生仅占总毕业生人数的2%，而2001年则为6%，达到了最高峰。不过，与此同时，法学本科生的就业率开始大幅下滑。到2010年以后，法学本科生已经连续数年成为大学本科毕业生就业率最低的专业。相关数据可以参见［美］明克胜：《中国法学教育的潮起潮落》，李晓雪、汪婧译，载《法律与社会科学》2014年第13卷第1辑；《2017年中国大学生就业报告》，载中国教育在线，http://www. eol. cn/html/pic/2017lps/，http://www. eol. cn/html/c/2016jybg/index. shtml。

② 参见徐清宇：《法学教育供给与司法职业需求的不对称及其校正——中国大学法学本科教育改革的基本出发点》，载《政法论坛》2008年第3期；韩大元：《全球化背景下中国法学教育面临的挑战》，载《法学杂志》2011年第3期。

③ 《普通高校法学本科专业教学质量国家标准》（2018年4月10日）。

④ 中央政法委员会、教育部在2011年发布的《关于实施卓越法律人才教育培养计划的若干意见》（教高［2011］10号）提出：“培养应用型、复合型法律职业人才，是实施卓越法律人才教育培养计划的重点。适应多样化法律职业要求，坚持厚基础、宽口径，强化学生法律职业伦理教育、强化学生法律实务技能培养，提高学生运用法学与其他学科知识方法解决实际法律问题的能力，促进法学教育与法律职业的深度衔接。”

在我国改革开放的初期是很有必要的,因为,一方面,当时全国的法律体系、法学教育体系以及学科体系都不健全,而且受几千年传统思想的影响,法律理念以及对法的认识也确实需要更新并进行法律理念上的"启蒙教育";另一方面,当时全国的法律人才非常缺乏,因此亟须优先培养法学理论性和法学教育类人才,然后由这些人才将现代法治理念和制度传授给更多潜在的法律人。然而,随着时间的推移,上述两种历史背景在当下基本上已经不存在了。具体表现是,一方面,"权利意识"和"法律意识"不仅在学习法律的人群中已经确立,而且也被大众接受、认同乃至使用。另一方面,大学法学教育的"本科—硕士—博士"学位体系已经全面完整地建立,而且全国法学院(系、校)从1977年的3所到2011年最高峰为639所,全国法学专业招生人数从1977年的189人扩张到了2003年的10多万人,①在这种情况下,法学本科生的培养目标没有必要(事实上也不可能)再定位于理论性或科研型人才了。

不过,反对将法学本科教育的培养方案定位于单纯的法学理念教育或者通识教育,并不意味着应该将本科教育的重心过多地投入"法律实务技能"的培养和训练方面。之所以作出这样的判断,是因为所谓"职业技能"主要是指法律适用过程中的实践性知识,比如,法官把控庭审、确保庭审顺利进行的技巧,检察官、律师在司法案件办理过程中调查取证的技巧以及诉讼策略等方面。对于法学院的教师来说,教授学生现行法的知识并培养学生"围绕规范进行法律论证的能力"是符合其工作特点且可以胜任的,但是要求其传授诉讼技巧等实践性知识,既不符合"大学法学教师"的职业要求和工作特点,也不符合社会分工的要求(下文会对此进行重点分析)。更为重要的原因在于,现代法律是由极为复杂且精细的概念、原则和规则体系组成的,如果受教育者对这些基本的概念、规则和原则掌握不熟练,那么掌握再多的诉讼技巧或者实务技能,那也是在流沙上建设大厦,知识根基不可能稳固,也很难成为合格的"法律人"。② 虽然各法学院可以聘请法官、检察官或律师来给学生提供"职业技能"训练,但这种训练只能作为课外活动或者高年级的选修课、实习课来进行设置,不宜占用专业必修课的课堂时间。

那么,法学院本科生的"人才质量标准"究竟应当如何具体界定呢?或者说法学本科教育的培养目标应当如何设置呢?从社会功能分化的角度来看,笔者认为,本

---

① 根据潘剑锋教授的梳理,1998~2002年,随着"985"高校计划开始实施,教师待遇有所改变,法学教育规模扩张得比较快,1998年法学本科生87,977人,法学硕士10,840人,法律硕士达到7986人,博士1340人。到了2003~2011年,法学教育的规模进一步发展,虽然学生人数的增速开始下降,但绝对人数依然逐年递增。参见徐显明等:《改革开放四十年的中国法学教育》,载《中国法律评论》2018年第3期。

② 也正因如此,有一些法学教育者已经提出了"实务教育固然重要,但不能让它过度冲击理论专业基础知识的学习"的主张。参见李卓谦、叶金强:《要避免实践教学对理论学习的过度冲击——南京大学法学院院长叶金强谈法学教育》,载《民主与法制时报》2018年7月5日,第5版。

科阶段的“合格的法律人才”标准应定位于以下两个方面:其一,熟悉法学领域的基本概念、知识和基本原理,对现行有效的重要法律规定有基本的掌握;其二,具备“像法律人一样思考和分析问题的能力”。关于第一个方面,通俗易懂,且目前大多数的法学院都是可以做到的,因此这里不作重点分析。关于第二个方面,虽然是老生常谈,但实际上常常被人误解。

所谓“像法律人一样思考”(Thinking Like a Lawyer)或者“拥有法律思维”的含义,并不是指“法学院的学生比别的专业的学生更具有同情心、正义感,或者思维更加严谨清晰,或者更会使用法言法语”,也并不是指法学院的学生在本科阶段就需要掌握庭审或诉讼技巧,而是指学生应当遵循“眼前这个案件在法律上的争议点是什么——法律对此是如何规定的——这个案件根据法律应当如何处理”的分析思路,将抽象的规范适用于具体的事实,并通过法律论证来得出法律规范适用结论的过程。① 这一过程即是人们通常所说的“将目光流转往返于规范与事实之间,进行法律论证,从而得出相关法律行为‘合法/非法’的过程”。在大陆法系国家,人们将这种论证方法和论证过程的学习称为法教义学/法解释学的训练。② 英美法国家则将其称为“IRAC”,即总结问题(Issue)、研究规则(Rule)、适用规则(Application)和得出结论(Conclusion)的过程。③

当然,这里并不是主张,除了宪法、民法、刑法、行政法等具体部门法课程外,不能(或不用)为法学本科生开设纯粹的法学理论课程、法经济学、法律社会学等交叉

① 从表面上看,“法律人三段论式的思维”或者“像法律人一样思考”似乎比较简单,但实际上真正落实起来却并不容易,即便是一些多年研习法律的人也不一定能够真正建立法律人的思维。比如,在法庭上,人们经常会遇到这样的律师,即对于案件的分析,不是去诉诸法律条文的规范分析,而是将“根据法理,我认为这个问题应该如何解决”挂在嘴边,试图用自己朴素的正义感来分析和处理案件;还有一些法官,在遇到复杂的民事案件时,不是去认真分析其中的物权、债权和其他权利义务关系,而是各打五十大板,又或者抛开现行法的规定一味和稀泥式的调解结案;另有些人,在遇到刑事案件时,不是去进行法律上的定性和论证,比如被告是否应当在法律上定罪,所犯何罪,应当如何量刑,而是诉诸情感称“被告上有腿脚不便的八十岁老母,下有嗷嗷待哺的孩子,请法庭予以从宽处理”等。为什么这些从事法律职业的人会有上述这些论调呢?其核心原因就在于在法学院没有受到很好的专业训练(无论是什么原因造成的),所以只能以非专业的方式来处理法律问题了。关于法律思维的详细分析,美国弗吉尼亚大学法学院弗里德里克·肖尔教授曾专门写就一本名为《像法律人那样思考》(雷磊译,中国法制出版社,2016 年版)的著作进行分析和介绍,感兴趣的读者可以详细研读。

② 所谓“法教义学/法解释学”,从实体上来说,是关于一国现行实在法的知识体系。在作业方式上,其要求对现行实在法进行解释、建构与体系化。其中,法律解释应当取向于实在法的客观意义;法学建构,旨在借助于法律概念的建构,从先前思维上孤立的部分中重构出整个法律制度;体系化则根据某个单一的理念来阐释和塑造整个法秩序的规范。近些年来,国内法理学界、民法学界、刑法学界、宪法学界以及关于教义学的介绍和研究已经非常丰富,这里不再一一列举,最新的研究可以参见雷磊:《法教义学与法治:法教义学的治理意义》,载《法学研究》2018 年第 5 期。

③ 关于“IRAC”的详细介绍,可参见 http://www.lawschoolsurvival.org/index.php/legal-writing/the-irac-method;https://www.csun.edu/sites/default/files/IRAC%20ANALYSIS_Saunders.pdf。

学科课程,人文、自然或美学等通识课程,以及职业技能培养课程,而是说应当在课程设置和课时安排方面应当分清主次,以部门法的教义学训练为主体,以交叉学科课程、通识课程以及职业技能培养课程为补充。这里特别需要提及的是,虽然近几年国内法学界关于"社科法学"和"法教义学"的争论非常激烈,然而很多争论其实是因为误解和夸张造成的,并没有太多实质意义。

在笔者看来,法教义学与法社会学、法经济学等交叉学科不是相互排斥的,而是相互补充、相得益彰的。正所谓,没有法社会学支撑的法教义学是空洞的,没有法教义学指导的法社会学是盲目的。法社会学、法经济学等交叉学科为法教义学提供关于社会发展和变化的实证知识资源,法教义学则在尊重现有法律规范、维护法律权威的前提下,通过澄清法律规范中抽象模糊或者相互冲突的法律规范的含义来提供关于法律规范如何理解和适用的知识,并通过这种知识来调整法律规范与社会现实之间的紧张关系。换句话说,"社科法学"和"法教义学"提供的是不同的法律知识。这两种法律知识都是极为重要的,且相互不能代替。

具体来说,如果脱离了社会科学关于法律运行的知识,没有对法律规范所对应的社会现实、法律规范出台的历史背景和时代变迁进行深入的了解,那么法教义学很容易蜕变成教条主义的注释法学或者纯粹的文字游戏,走向知识的反动,毕竟法教义学不是搬着字典(或者政策、领导人讲话、指示)来解释法律。但是,如果仅仅拥有社会科学关于法律在实践中运行的知识,却缺乏法解释的方法、技术和知识,那也无法解决人们在当下所面临的立法技术和法律适用难题。更为严重的问题是,一旦"社科法学"越过了自身的界限,基于法律在实践中运行的情况来嘲笑和否定现行法以及"法教义学",那就会把事实与规范混淆在一起,甚至会滑入"事实就是法律"的旋涡,从而取消法律的规范性,其结果是,法律将不复存在,社会将重新陷入丛林政治之中。笔者曾一度片面地认为,事实与规范无法彻底分开,比如"习惯法"之所以可以作为或成为法律,是因为经过时间的洗礼和沉淀,一些事实性的东西自然而然就成了规范,因此"时间"这个变量也许可以成为事实与规范的连结点。然而,经过更为深入的思考,笔者发现这个结论是错误的。"习惯"之所以可以变成"习惯法",主要不是因为经受了时间的检验,而是在于其在经历了长期的社会生活检验之后,人们认为这种习惯应当遵从。也就是说,"习惯"之所以可以变成"习惯法",并不是事实赋予了其规范力,而是人们认为应当将其当作法来对待。与"国家法"相比,这种"习惯法"的特殊性不在于其他方面,而主要在于,其是通过"社会的承认和认可"获得了规范效力,不是刻意制定或建构出来的。

如果上述论证可以成立,那么法学院的本科教育就应当努力实现以下两个方面的培养目标:其一,要为即将进入法律实务领域的本科生提供最为基础的法律职业训练(内容主要为法律理解和适用的能力),从而有助于其毕业之后尽快融入法律实务工作中去。其二,在确保本科生普遍掌握基本的法学/法律概念、知识体系以及法律思维和法律论证能力的基础上,提供更深层次的法学理论知识以及其他学科的知识,①从而为其本科毕业之后继续进行理论深造奠定较为坚实的基础。

如果从这个角度来看,教育部2018年4月按照"10+X"模式来设置普通高校法学本科专业教学质量国家标准,从总体上来说是比较合理的。具体来说,10门核心课程为"法理学、宪法学、中国法律史、刑法、民法、刑事诉讼法、民事诉讼法、行政法与行政诉讼法、国际法和法律职业伦理"。"X"指各院校根据办学特色开设的其他专业必修课,包括:经济法、知识产权法、商法、国际私法、国际经济法、环境资源法、劳动与社会保障法、证据法和财税法,"X"选择设置门数原则上不低于5门。

但是,这里依然存在以下两个方面问题:其一,"10+X"的课程具体应当如何设置还可以进一步思考和研究。比如,是否可以将"知识产权法、环境资源法、劳动与社会保障法"等课程调整到10门核心课程中,然后将部分理论课程调整到"X"课程类型中?另外,法律职业伦理对于法学人才的培养无疑是极为重要的,如果法律人才只掌握法律论证技术,但却不遵守基本的职业伦理和职业道德,那么无论是对法律职业共同体的发展,还是对国家法治的建设和公民基本权利的保障都是灾难。正是因为认识到了这一点,教育部和中央政法委公布的《关于实施卓越法治人才教育培养计划2.0的意见》提出,要"面向全体法学专业学生开设'法律职业伦理'必修课,实现法律职业伦理教育贯穿法治人才培养全过程。坚持'一课双责',各门课程既要传授专业知识,又要注重价值引领,传递向上向善的正能量。"②不过,从系统功能分化的角度来看,"法律职业伦理"课应当主要通过在法官、检察官、律师和政府相关公务员的岗前培训等继续教育的方式来开设。毕竟,人们只有在具体从事某一项职业时,才会真正关注、重视进而遵守这一领域的职业道德。如果大学本科阶段必须设立"法律职业伦理"课程的话,那么也不应当将其开设成为一门纯粹的理论课程,而应当结合具体法律规范的应用来介绍和分析法律系统内部不同职业各自的伦理标准和规范。

其二,核心课程的教学方法和学生考核,也应当以培养和训练本科生的法律适

---

① 关于法学学科以外的通识课教育如何开设的问题,是一个更为复杂因而需要专题进行讨论的问题。对此,笔者认为,大学本科教育应当打通专业,开设多门通识课,但是对于本科生来说,通识课的选修门数不宜要求过多(比如本科期间可以要求选修2~3门)。原因在于:(1)课堂教育只是大学本科教育的方式之一,不可能所有重要的知识或能力都可以或者需要通过课堂教育来完成;(2)通识课作为一种课程类型,主要的功能在于引导和启发学生,激发其了解专业之外的知识的兴趣,然后按照兴趣进行自学,而不在于为其提供深厚的专业知识,更不在于对其进行严格的学业考核。一旦学分要求过多,学生的课程负担就会加重,疲于奔命之后必然是学习积极性受打击,消极应付考试,教育效果是适得其反的。

② 《关于实施卓越法治人才教育培养计划2.0的意见》(2018年10月13日)。

用和论证能力为核心目标，除了基本的概念之外，不宜过多地考查记忆性知识或者单纯地考察理念性知识，而应当通过具体案例的分析，让学生置身于具体法律案件的"事实裁剪+法律适用+法律论证"场景中，从而得出法律上的解决方案。在这个方面，近些年来，刑法、民法、刑事诉讼法、民事诉讼法、行政法与行政诉讼法等学科的教学在全国范围内都取得了显著的进步与成就，宪法学教学方法与教学目标的改革在一些顶尖的法学院（比如中国人民大学法学院等）也已经取得了长足的进步，但依然还有一些法学院的宪法学课程，内容多侧重于理念的思辨，并没有真正地将宪法当作一部具有规范效力的法律来进行讲解和教授，因此应当引起注意，着力进行完善。

四、对反对意见的回应

可以预见，有学者会反对以上关于法学本科教育改革和"人才质量标准"的论证和结论。有学者可能会主张说，法学院应当培养治国理政的政治家或者博古通今的大学者，而不仅仅是培养法律职业人或者"法律匠人"。这种看法看上去很有道理，但实际上似是而非，至少对大多数法学院是不适用的。原因在于：首先，政治家和大学者是不可能通过本科课堂就培养出来的。课堂教育可以帮助学生树立远大的志向，而不可能传授给学生如何做大政治家或大学者的技巧。① 其次，今天的大学高等教育已经不可逆转地从精英教育转向了大众教育，即便是在顶级的法学院，多数学生也都是要从事日常实务工作的，不可能都培养成政治家或大学者。作为教育制度重要组成部分的法学本科核心课程，应当服务于多数学生未来所要从事的工作的要求，而不能只为少数可能成为大政治家或大学者的学生开设。最后，本科教育只是法学高等教育的基础，并不是高等教育的全部，待学生在本科阶段夯实专业基础知识后，依然可以通过继续深造或者自学，成为既具有专业知识又具备高超治国理政能力或者学术研究能力的杰出人才，因此没有必要拔苗助长式地将本科生的培养目标定位过高。

还有学者可能会批评说，法律是一门实践性很强的专业，因此法学院本科教育应当像挖掘、烹饪等专业一样，学生一经毕业就应当完整熟练地处理法律案件的所有环节，甚至应当在具体工作中独当一面，因此将训练和提高学生的"职业技能"放在法学本科教育的首位。笔者认为，这种主张虽然抓住了法律的实践性这一特征，

① 葛云松教授也曾指出，即便像美国那种以精英法学院作为政治家"培养基地"的国家，也不可能将法学教育的主要目标修正为政治家。即使法科毕业生在其他职业中成功，也不是因为他们在法学院中系统学习了与其将来职业有关的课程，而是因为他们通过法学专业教育所形成的素质，对于从事其他职业有帮助。葛云松：《法学教育的理想》，载《中外法学》2014年第2期。

但实际上并没有对法律系统内部的功能分化保持清醒的认识，因此属于“揠苗助长式的培养”，并不值得提倡。从社会功能分化的角度来看，虽然法学院的本科教育是教育系统和法律系统的“系统接口”，但其只是教育系统和法律系统的“系统接口的一个环节”而不是“系统接口的全部”。在教育系统和法律系统的“宽阔的连接地带”，除了法学院之外，还有法官培训学院、检察官培训学院、律师学院以及公务员的行政学院、党校。① 因此，法学院的课堂教育应当专注于本部门法基本概念、规则、原则的讲授以及法教义学的训练，法律行业内部特定职业的职业技巧、技能的培养（比如律师的诉讼策略、法官对庭审节奏的把控技巧等）以及职业伦理，则应当主要由法官培训学院、检察官培训学院、律师学院以及公务员的行政学院、党校等教育机构来完成。②

如果上述梳理和论证可以成立的话，那么当我们回过头来重新反思法学本科教育与国家统一法律职业资格考试的关系时，就会发现，要求法学本科教育适应国家统一法律职业资格考试的要求，并积极与后者进行衔接是法学本科教育的发展趋势，对此，法学院是不能（也无法）抗拒的。上文提到，有些论者之所以反对将司法考试（国家统一法律职业资格考试）作为法学本科教育的指挥棒，主要是因为，司法考试主要是考查考生法条记忆的能力，法学本科教育应当是素质教育。应当说，在过去相当长的一段时期内，司法考试确实存在“重记忆，轻法律论证、推理和分析”“让考生陷入痛苦的磨炼记忆力的泥潭”等问题，以致出现了以下两个方面的问题。其一，法学院毕业的本科生在进行司法考试的时候，成绩往往并不比没有学过法律但记忆力更好的其他专业学生更好，甚至反而会更差；其二，很多通过司法考试的考生普遍存在“高分低能”的问题，其具体表现就是到了司法实践部门不能合理地理解和适用法律规范来解决具体的法律问题。③

---

① 随着法学教育体系的完善以及分工的细化，越来越多的律师学院也开始成立，并承担起律师上岗执业之前的培训工作。从目前的情况来看，国内律师学院主要有两种模式。一种是以司法行政管理部门主导的模式，即在司法警官学院的基础上加挂“律师学院”牌子，然后对律师进行职业培训。比如，国家律师学院于2012年12月20日在河北省保定市的中央司法警官学院成立。2017年1月，四川省司法厅、省律协、四川司法警官职业学院联合筹建了四川省律师学院，成为该省律师的省级教育培训基地。另一种是以大学或其法学院主导的律师学院，比如创立于2010年的中国人民大学的律师学院，归属中国人民大学法学院管理，主要功能是对律师进行培训和对人大法学院全日制法律硕士（律师方向）研究生进行培养。

② 在谈到法学教育培养方案的制定时，何美欢教授曾专门指出要厘清“智能知识与实践技能”的区别。其认为，虽然实务界常常抱怨法科学生不懂得如何适用法律，不能从满脑子的法律知识中找出适当的内容加以适用，但这种抱怨的核心并不是指“学生只懂理论，不懂实务”，而是指“学生只懂得背诵理论而不懂得活用理论，因此属于技能的缺失”。不过，“不懂得活用理论”的技能属于“智能技能”，与“律师技巧”等实务技能是完全不同的，合理的分工应当是“法学院负责智能技能的培育”，执业界负责实务技能的培育。何美欢：《理想的专业法学教育》，载《清华法学》2006年第3期。

③ 相关实证调研和分析数据，可以参见李红海：《统一司法考试与合格法律人才的培养及选拔》，载《中国法学》2012年第4期。

不过,事物都是发展变化的。司法考试制度也在不断摸索着前进和发展。有学者曾对近些年司法考试中的刑法试题做过具体分析,发现相关考题总体上可以体现理论知识与实践能力相统一的素质教育理念。① 而从2018年的国家统一法律职业资格考试命题的具体情况来看,司法部不但将考试形式从"一次考试"改为"客观题+主观题"两次考试,而且要求命题人"以分析法律实践能力为主,主要以小案例的形式来命制客观题。同时,知识点的考察要注重不同学科的交叉和融合,考查综合分析能力",主观题也主要是通过"案例分析题、法律文书题、论述题"等题型考察考生法律分析和论证能力、文书写作能力。② 应当说,国家统一法律职业资格考试命题的这种改革目标,与法学本科教育以"培养学生的法律思维"的改革目标基本是一致的,因为它们都致力于考查学生(考生)是否可以像法律人一样思考,是否具备运用现行有效的法来分析和处理法律实际问题等方面的能力。

当然,对于国家统一法律职业资格考试的主观题如何进行考试,例如,是否可以允许考生携带法律文本,或者试卷中是否会提供相关法律条文;又如,案例分析题、法律文书题、论述题各自的分值比例等目前尚不清楚,有待于进一步观察。③ 不过,依照笔者的看法:(1)主观考试无疑应当以案例分析题为主;(2)法律文书题也应当与案例分析题结合来命题,不宜过多单独命题;(3)论述题可以占有一定的比例,用以考察考生对中国特色社会主义法治理论的把握,但也不应占比过高;(4)法律职业道德也应当通过案例分析而非论述的方式进行考察,因为法律职业道德的考察重点不应当放在记忆或抽象的理论思辨方面,而应放在具体案件的具体场景中人的行为的判断方面。

不过,需要注意的是,这里的结论并不是暗示"只要法学院的本科生拿到法学本科毕业证和学位证,无须努力就可以通过国家统一法律职业资格考试",也不是主张说"法学院的教育应当完全以培养学生如何通过国家统一法律职业资格考试为目标"。毕竟,一方面,除了帮助学生顺利通过国家统一法律职业资格考试之外,法学

① 周详、齐文远:《法学教育以司法考试为导向的合理性——以司法考试刑法卷为例》,载《法学》2009年第4期。

② 参见司法部:《2018年国家统一法律职业资格考试公告》(第181号,2018年6月8日)。司法部副部长赵大程在解读该公告时也明确指出"无论是客观题考试、主观题考试,都将按照社会主义法治实践的要求确定考试内容。这样做主要是为落实法律职业资格考试的实践性要求,增加检验考生理论和实践相结合能力的考试内容和分值比重,主、客观题在命题上都会更加突出检验考生在法律适用和事实认定等方面的法治实践水平"。参见 http://www.moj.gov.cn/subject/content/2018-06/08/434_20544.html。

③ 司法部、最高人民法院、最高人民检察院2018年10月9日发布的《2018年国家统一法律职业资格考试客观题成绩公布和主观题考试组织实施工作的问答》已经明确提出"主观题考试将为应试人员在考场统一配备法律法规",这一规定无疑是重要的制度进步。

院的教育和对学生的培养还肩负着为健全学生人格、促进学生全面发展等更为丰富和多元的目标；另一方面，法学院的课堂教育时间极为有限，国家统一法律职业资格考试的内容却是非常丰富和庞杂的，因此法学院的教育只能聚焦于教授基本的法学知识、法律思维和法律应用能力，更为复杂的法律知识以及通过国家统一法律职业资格考试的技巧等问题，则需要学生在掌握基本的法律思维和法律应用能力之后，通过自学、复习或者接受相关考试培训机构的培训而获得。如果从这个角度来看，司法考试/国家统一法律职业资格考试培训机构近些年的迅速崛起和发展也是教育系统内部的社会功能分化的必然结果。对于这些培训机构，政府和社会应当承认其应有的价值，并在此基础上制定相应的行业规范和市场竞争规则来加强对这一类机构的规范和引导，而不能过分限制。

五、结语

综上可以发现，首先，法学本科教育的人才质量标准应当设定为“传授基本的法律和法学知识，培养学生具备运用法教义学/解释学的基本方法来解决法律问题的能力”，而不应设定为其他方面。[①] 其次，为了确保大多数学生可以达到“法学本科教育的人才质量标准”，法学院应当对培养方案、课程设置、教学方法乃至教师招聘等方面进行对照和改革，对不符合这一标准的课程进行调整，对教学方法进行改进，同时在教师招聘和教师培养方面也要将“能够培养学生具备运用法教义学/解释学的基本方法来解决法律纠纷的能力”列为首要的参考指标。再次，法学院不宜夸大自身的社会功能，对于应当由法官学院、检察官学院、行政学院、律师学院乃至司法考试培训机构承担的教育和培训工作（比如职业技能的训练、国家统一法律职业资格考试的技巧等），法学院不应轻易介入，更不能将这些教育和培训工作作为法学本科教育的重心。最后，对于应当由法学院在法律系统和教育系统中承担的社会功能，即传授基本的法律和法学知识，培养学生具备运用法教义学/解释学的基本方法来解决法律纠纷的能力，法学院不能推脱责任，更不能让“人才残次品”进入法律职业领域。对于不能承担其应有社会功能的法学院，应当引导其逐步退出法学本科教育领域。

① 需要注意的是，除了熟练适用法律的能力之外，运用良好的法律表达能力来制定或优化现有的法律规则，也应当成为合格的法律人必须具备的职业能力。不过，培养制定和优化现有的法律规则（通俗所说的“参与立法”）的能力，对于年龄阶段普遍处在18～22岁的法学本科生来说，确实是比较困难的，因为这个阶段的学生总体上来说，对于社会的运行和法律系统的复杂性难以形成特别全面深刻的认识。如果从这个角度来看，制定法律规则的能力应当在更高层次的法学学历教育环节或者在法律的实践工作中逐步进行培养和训练。

法学实践教育的模式创新探索*

法律的原理、概念一直是我国法学教育的重点。同时，法学院的科研范式曾一度服务于立法的制定或者制度的完善，这也无形中影响了教师课堂教学的偏好。由此导致的结果是，法学院的课程设计存在过度理论化或者建构化的倾向，法学院的毕业生不擅长法律规则的解释和适用，不善于事实认定理由的阐述以及裁判结果合法性的论证。

近年来，法学院的科研和教学出现了明显的转变。虽然立法仍然是法学院科研的重要方向，如《强制执行法》的制定、《证券法》的修订、《民法典》的编纂等，但是以法律解释、规则体系化为主要旨趣的法教义学开始占据法学课堂的主流，法学教育的目标也开始侧重法律实务人才尤其是司法实务人才的培养。原因在于，随着我国法律体系的不断完善，公正司法在法治建设中的权重越来越大，也影响了实务对人才素质需求的结构。其一，司法适用法律所产生的效果是对立法质量的有效反馈，司法能够发现立法的缺漏乃至错误，能够推动立法的修改和完善。其二，基于司法监督行政的机制，公正司法能对行政权力形成约束，促进行政权的规范化和法治化。其三，具备裁判思维，知道法律纠纷的形态以及如何依法处置法律纠纷，才能未雨绸缪，做好法律风险的防控，应对非诉讼的法律事务。因此，法律实务人才很大程度上是以司法为中心的法律职业群体，包括法官、仲裁员、律师、检察官、公证员等。其四，随着法律服务市场的不断扩大，律师的需求量连年攀升，法官审判能力的标准越来越高，在法科生就业市场化的背景下，法学院不得不主动回应就业市场对法律人才素质能力的需求。

法学教育不像医学那样，为学生提供长时间的临床实践操作的机会。但是，法学教育也试图弥补追求实践但学生实践能力养成又不足的缺陷，各大法学院纷纷在学生培养方案中植入实践教育的模块，通过一定的项目或者机制，让学生的实体法和程序法知识能够转化为动手的能力和实践的技能。就笔者的观察，除了常规的实习环节，目前国内的法学院主要采取了如下的创新方式，让学生形象地理解法律的规则和实务的场景，以期帮助学生习得实务的技能。

---

* 本文作者为吴俊。

一是在教材之外系统性地补充实务素材，尤其是真实案件中的各种诉讼法律文书（起诉状、答辩状、证据清单、举证通知书、调解书、判决书等）乃至个案的完整案卷材料。我国裁判文书大量在线公开，为课堂教学提供了海量的案例，也有助于法学院借助裁判规则理解法律文本的规范含义。此外，一些法学院还与法院、律师事务所等合作，建立了以个案完整案卷为单位的案例库，以辅助实践教学。

二是通过旁听庭审，让学生形象地感受司法诉讼的程式和场景。很多课堂还通过最高人民法院的庭审直播系统，对民事、行政、刑事庭审进行在线观摩。此外，模拟法庭可为学生基于自己的理解对庭审进行再现，也是一种实务能力养成的方式。

三是邀请法官、律师、检察官、仲裁员等人士进行实务讲座乃至开设系列的课程。例如，很多学校开设了民商法实务案例分析、刑事案例分析、民事代理技能、刑事辩护技能之类的课程。开设这些课程，对于没有实务经验的法学院教师来说是有难度的，因此很多学校邀请实务专家来授课。

四是借助于中国学生慕课、智慧树等大规模在线开放课程的平台，开发知识可视化、场景具象化的课程，并通过 SPOC（Small Private Online Course，小规模限制性在线课程）的方式辅助教学。比如，笔者在中国大学慕课平台上开设的《民事诉讼法》慕课，改变了传统的以法典结构组织课程教学内容的模式，以纠纷的处理和案件的流程为主线，每一章都以一个案例或者事例开篇，并在视频中展示了大量的程序流程和案件素材，让民事诉讼的知识体系和实务场景可视化。

五是虚拟仿真实验。近些年，虚拟仿真从工业设计走进了法学教育。比如，四川民族学院建立了“法学虚拟仿真实验室”，包括法律职业人技能测评系统、法律诊所模拟平台、司法考试模拟系统、法学模拟诉讼平台、检察院仿真办案系统、法学案例教学平台及法学网络学习社区平台共计 7 个法学专业实践教学的模块。包括中国政法大学在内的众多法律院校，也都建立了各式虚拟仿真的实训平台。

六是在校生担任法官助理，辅助办案。例如，景德镇陶瓷大学法学系与景德镇市昌江区人民法院合作实施了实习法官助理项目，遴选已经通过国家司法考试的优秀学生到昌江区人民法院担任实习法官助理，在员额法官指导下审查诉讼材料、组织庭前证据交换、接待诉讼参与人、准备相关资料、协助进行调解、草拟法律文书。浙江大学光华法学院与杭州市滨湖区人民法院也有类似的在校生担任法官助理的合作项目。

此外，一些学校还将学生发起和全程参与民事诉讼作为实践教学的方式，甚至纳入培养方案。例如，苏州大学王健法学院自 2016 年起，与律师事务所、司法局等单位合作，举办“小城公益之星”创意诉讼大赛。这项活动首先由学生发现具有公益性质的纠纷作为诉讼事项进行申报，经筛选立项后，由律师和法学院教师对团队进行指导；然后，学生作为原告或者诉讼代理人，全程参与诉讼，直到获得最终结果；最后是评奖、结项、案卷归档。事实上，根据我国《民事诉讼法》第55条以及《行政诉讼法》第25条的规定，公民个人被完全排除在公益诉讼的原告主体范围之外。但是，以保护私益为制度预设的普通民事诉讼，也能发挥保护公共利益尤其是他人权益的效用，尤其是涉众合同以及分散性侵权。通过私益诉讼的案件构造，达到保护公共利益的效果，拓展了通过诉讼保护公共利益的渠道。苏州大学的这项活动，将实践教学与公共利益保护进行了很好的结合，近年来引起媒体广泛关注的爱奇艺会员插播广告案、中国知网充值不退费案、轨道交通充值卡限余额进站案、购车消费贷款手续费案等案件，都出自参赛的苏大学子之手。

法学是一门实践性学科。随着法律职业化的不断深入以及司法案件数量的逐年攀升，法律职业市场将更加青睐精通法学理论又具备实践能力的职业人才。法学实践教育的目标绝不是让学生走马观花地领略一下实务的流程和场景，而是让学生掌握从生活事实提炼要件事实、从证据方法认定要件事实、通过法律适用技术证立裁判结果的能力。实务能力的养成必须作为法学教育人才培养的重要环节，但如何高效地将体系化的知识转化为技术化的能力，仍值得我们不断思考。

高校学生公益诉讼实践的德育功能引导与实现*

2017 年 5 月，习近平总书记在考察中国政法大学时强调，中国的法学教育和法治人才培养要坚持德法兼修、明法笃行，为中国特色社会主义法治建设培养建设者和接班人。同时指出，青年时期是培养和训练科学思维方法和思维能力的关键时期，无论在学校还是在社会，都要把学习同思考、观察同思考、实践同思考紧密结合起来，保持对新事物的敏锐，学会用正确的立场观点方法分析问题，善于把握历史和时代的发展方向，善于把握社会生活的主流和支流、现象和本质。习近平总书记的这些重要讲话是中国法学教育和法治人才培养的根本遵循，内容丰富，这其中就涉及公益教育开展的必要性。

多年来，苏州大学王健法学院大胆探索卓越法治人才教育培养计划 2.0 版实施方案，按照"立德树人、德法兼修，明法笃行、知行合一"的目标，与地方政府、律协、律所合作，创新举办学生公益诉讼活动，边探索实施边积极改进，年复一年逐步完善了以法律实践能力提升为核心的卓越法治人才教育培养计划 2.0 版操作方案。4 年多来，该活动诉讼案例不但在社会上赢得了广泛关注，赞誉声不断，也在实践育人和"课程思政"功能发挥上起到了意想不到的良好效果。

一、学生公益诉讼的组织实施

1. 组织与流程

2017 年年初，在本科二年级及以上年级学生中发布公益诉讼项目申报通知，学生选取各类与自身利益相关或自己关注的案例按要求组队具文申报，由学院和合作单位联合组成的评议组对申报案例进行评议并公示。正式立项后，学生进入申报案例的诉讼过程。年中，评议组进行一次中期检查，各支参赛团队汇报阶段进展，评议组进行方向性指导并作出能否继续的评判，淘汰进展慢、难以继续的参赛团队。年终，各支参赛队举行汇报展示，向评议组汇报整个诉讼过程和结果、公益价值和自身收获，评出各等级奖项，进行表彰和奖励，评议组还要进行年度点评和总结，为来年

---

* 本文作者为王振华。

活动做准备和动员。

2. 重点与保障

在学生公益诉讼活动中，突出强调3项重点：一是团队成员自身相关或关注的真实案例，不能是代理案件；二是社会公益价值，以自身权利而诉是手段，而不是目的，应以维护社会公共利益为最终目标；三是团队成员必须作为原告亲自完成整个诉讼过程，不能团队以外成员代理。

在活动实施过程中，自立项成功开始，主办方即为参赛团队配备一名专业指导教师和一名公益律师。专业指导教师来自学院，通常由参赛团队自己在学院内联系聘任；公益律师由合作律所及地方律协委派，根据案件内容双向选择确定，指导老师和公益律师负责全程诉讼指导，诉讼过程产生的费用由合作律所在活动结束后据实资助。

3. 成效与收获

举办4届公益诉讼活动，共有32支团队立案参与，大部分为消费者权益保护类案例，也有少量行政诉讼案例，在社会上引起了广泛关注，影响力逐年上升。活动举办的最大收获是通过真案真做提升了法学生的专业实践能力和德行素养，其中两个案例入选参赛年度省级十大典型案例，通过各国家级和地方媒体的广泛宣传报道，唤起了民众权利保护的公益意识，大大增加了学校和学院的社会美誉度。

二、学生公益诉讼的德育功能分析

习近平总书记在回答“如何做好高校思想政治工作”时指出，“要因事而化、因时而进、因势而新”。抓住一切机会，贯彻全员、全程、全方位育人理念，充分利用好学生公益诉讼这个“事”，在高校法学生世界观、人生观、价值观树立和道德情操最终形成关键期，借助国家全面依法治国建设这个最大的“势”，最大限度引领和发挥好活动的德育功能，达成“德法兼修”的法律人才培养目标。

1. 觉知躬行意识的树立

对高校法学生的培养，包含掌握扎实的法学理论知识、练就娴熟的法律执业技能技巧、怀有崇高的职业道德修养，但囿于现有的法学教育体系，很难将三者系统地兼顾结合。学校和学生比较偏重于对法学知识的灌输和学习，因而对理论法条的掌握总体是扎实的。在法律执业技能技巧的培养上，大都通过模拟法庭、普法活动、实务课程和见习实习等教育教学活动来实现，但模拟法庭难以跳出虚拟的范畴，普法活动说到底还是对法条的强化和普遍性解释，实务课堂的案例虽真实，却属于间接经验学习，见习实习对于法学生而言虽能亲临一线，但实习单位普遍反映时间短，涉及真实案件，不敢放手让学生涉入，只做案卷整理、文书草拟、审理记录等外围工作。

就培养法律职业道德情操而言,维护公平正义、忠于事实法条等一直都是法律院校一以贯之的德行培养目标,任何职业都有自身的行业操守,但并不因将从事法律工作而会使法学生在德行上自觉提升,纯粹的说教也收效甚微,只有当外在事件对自己的触动与内心的良善发生根深蒂固的契合才能牢固树立,在这方面我们目前依然是薄弱的。

教育体系的这种惯性已让法学生养成了重书本轻实践、重思辨轻技巧、重业务轻德行的自我成长意识,反映在社会评价上就是司法实务部门和律所等用人单位对法学毕业生实务操作能力的诟病,无法在毕业后立即适应工作岗位的要求。通过这几年学生公益诉讼的实施,发现它能将法学生的3项培养内容紧密结合,诉讼全过程需要用到各类法律知识,在与涉案方和法院的接触中又能让法学生的法律技能得到实践锻炼,而活动偏重于对社会公益价值的考核又在道德维度上让参与学生有所提升。整体而言,树立了以实践为核心的觉知躬行意识。

2. 创新学习意识的强化

长期以来,法学生的学习较偏重理论与法条,虽不乏少数学生以课外科研、学科竞赛等形式的二课堂探究式学习,但人数少,受众面不广,整体而言缺乏活泼和进取性,这种学习意识的养成部分归因于人才培养考核评价体制和标准。显然,这是无法满足培养新形势下卓越法治人才需求的。

几年来的学生公益诉讼活动,可喜地看到参与面越来越广,随着活动课程化的推进将让更多的学生得到锻炼,这种参与与其说是学生对活动形式新颖性的认同,不如说是对一种行之有效的学习方式的接受。在公益诉讼过程中,学生会用到各类法学知识,且都是以解决实际法律问题为导向的,当发现自身知识储备不足和现有的法律业务技能无法解决问题时,在指导教师和律师的指导下法学生们会不断通过自主式和团队探索式的学习提升自己,弥补不足。通过自己卓有成效的学习和实践促进诉讼完成,问题得以解决,并因此得到社会认同和赞许,让参与学生认识到了自身专业的价值,增强了专业认同感与自豪感,大大激发了学习热情。实践证明,这种学习方式是创新性的,行之有效的。

3. 社会责任意识的提升

社会责任意识是个体对国家、集体和他人所承担责任义务的态度,其形成受到社会氛围、家庭环境、个人成长经历的多重影响。大学生处于世界观、人生观、价值观树立的关键期,社会经历少,人生经历单一,普遍生活条件优渥,这就养成了他们自我利己、责任意识不强、意志薄弱等缺点。作为将来要维护社会公平正义的法学生而言,显然必须在培养社会责任感上下功夫,引导大家将个人发展和社会进步联系起来,形成高度的社会责任自觉。

公益诉讼活动鼓励法学生将目光投向社会现实问题,在与形形色色的社会个体接触中增加社会认知，把脉社会病症，揭露不公平现象，通过自己的努力运用法律实践解决这些问题，以服务社会。鼓励学生从自己能驾驭的小处着眼，但必须有广泛的社会价值，如超市番木瓜未标识“转基因”问题、影院映前广告超时问题等，问题虽小，但受众巨大，带有普遍意义，用学生自己的话说就是“再小的公正也是公正”。在对诉讼案例的评价中，诉讼结果不重要，对公益价值的考查很重要，维护自身的财产权等可以是手段，却不是终极目的，所以学生在诉讼中即使有经济诉求也只是合理的原价退赔，但均会要求被诉方改正错误。通过诉讼，培养专业公益精神，乃至唤起民众的权利意识，共同维护公共利益，成为有大爱大德大情怀的人，这才是引导学生在社会责任感培养上的目的。

4. 团队协作精神的培养

现代社会中，学会协作、发挥好团队效应至关重要。在学生公益诉讼活动中，都是以团队的方式参加比赛，这既是需要，也是对所有团队成员的一次教育锻炼。从发现案例、分析案例、组队立项，到取证沟通、立案庭审、结项答辩，哪一个步骤都不可能仅由一人独立完成，正是在团队成员共同思考、理性分析中各项应对举措才被提出和逐步完善。作为学生，课业繁忙，有些案件一旦进入诉讼程序，持续时间长，如学生诉苏州轨道交通公司案持续了一年半，也只能在相互合理分工中才能走完整个流程。

在不断的磨合协作中，大家知无不言，学会相互启发，观点碰撞，学会包容吸收，在面对事务的分工中，学会相互沟通和统筹谋划。参与同学在收获理论知识增量、专业技能提升的同时，也收获友谊，充分认识到团队的力量，树立起牢固的协作意识，学会了团结他人的技能。

三、学生公益诉讼中的德育引导

习近平总书记指出，要充分发挥青年的创造精神，勇于开拓实践，勇于探索真理。养成了历史思维、辩证思维、系统思维、创新思维的习惯，终身受用。几年来，学生公益诉讼活动的开展，既促进了法学院与地方实务部门的沟通，让学生体验了国情、民情和社情，也让学生加深了对理论知识的理解，锻炼了法律实践能力，提升了德行素养，总的来说，起到甚至超过了当初设想的教育效果，且这种收获和影响都是深远而持久的，但在实施中，也遇到一些实际问题，需要学校加以引导。

1. 引导学生正确看待“真”与“假”

本活动规定必须是以自然人身份发起诉讼，所以案例必须来自团队成员自身，有同学将别处听来的案例通过自己尝试或重演来参赛，当然，如这种重演确实能证明利益损害方存在侵权(害)行为也没问题，但还是鼓励学生自己通过观察和经历来获取参赛案例,这本身就是一种认识社会和分析问题能力的锻炼。如果这种所谓“真假”尚不存在法律上的评价的话,那么有些学生通过途径加重自身诉讼砝码就应值得警惕了,如在“炸号”(封禁微博账号)诉讼前通过购买增加自身账号的点击量和粉丝量,这是作假,是有所图的不诚信,是道德问题,应加强教育和引导,要让学生树立“真”败比“假”赢更珍贵更有尊严和价值,更何况诉讼活动本身看重的是过程中的收获而非结果成败。

2. 引导学生树立正确利益观

学生公益诉讼以年度为周期,一年一组织,一年一结项。活动初期,为了增强活动吸引力,由合作律所资助了较为丰厚的比赛奖金,各奖项不等。随着活动深入和普及,特别在活动课程化后,参与学生越来越多,但合作律所依然将奖金资助保留了下来。活动要求每项诉讼都需走完整个流程,出发点是让大家有始有终,并得到完整的法律实践锻炼,但确因案情复杂,需要长时间结案的可先申请当年度答辩结项并参评奖项。在活动中,有参与团队结项并获奖后不久即向法院申请撤案,这里固然有诉讼费时费力的客观因素,但造成的影响是非常消极的,首先给被诉方造成学生诉讼是为了赢得比赛奖金的印象,其次给法院造成学生对待诉讼不严肃并浪费司法资源的印象。所以,学校应引导学生树立正确的利益观,重内涵、看长远、算大账,将参加公益诉讼应看作一次学习和为社会做贡献的机会,不是只为奖金的纯比赛,不能只为眼前的物质小利而放弃对自己的完整历练,也应教育参赛学生要有大局意识,不因自身的错误认识和举动影响活动乃至学校声誉。

3. 引导学生树立正确的政治意识

学生公益诉讼大都集中在消费权益保护类案例,但其中同样存在政治风险,特别是大学生社会阅历少,对历史事件和当下形势缺乏正确认识,思想前卫、易受蛊惑、认识片面、话语偏激。以诉某网站“炸号”为例,因微博账号有充值,参赛团队认为“炸号”侵害博主财产权,并认为网站无依据随意“炸号”,遂诉至某互联网法院。法院经侦查发现该账号在某敏感时间节点发表了较为敏感的言论,存在影响社会稳定的风险,网站依据相关规定封号。这提醒公益诉讼组织方,在审核立项时应了解清楚侵权行为发生的来龙去脉,多问几个为什么。同时,这也是学校开展正确政治观教育的一次机会,应结合社会主义核心价值观,抓住时机,为学生讲明此时段为何敏感,将历史事件讲明白,引导学生树立正确的历史观、是非观和政治意识。

第三编　苏州大学王健法学院教学实践的司法和社会影响

刘智超诉北京某技术有限公司
最低充值金额限制纠纷案

一、本案的司法影响

本案入选江苏省高级人民法院2020年3月发布的“江苏法院2019年度消费者权益保护十大典型案例”，其判决书被最高人民法院主办的《最高人民法院公报》2020年第1期刊登。

**中华人民共和国
最高人民法院公报**

最高人民法院办公厅主办
2020年第1期(总第279期)　　总编辑:江必新　副总编辑:孙长山

司法解释

司法文件

裁判文书选登

案　　例

案　例

刘智超诉同方知网(北京)技术有限公司
买卖合同纠纷案

【裁判摘要】

经营者单方设定的最低充值金额条款不仅侵犯了消费者的自主选择权、无故占用了消费者的资金，还会额外增加消费者申请退款时的负担，因此，该最低充值金额条款属于限制消费者合法权益的格式条款，系对消费者不公平、不合理的规定，应认定无效。

原告：刘智超，男，20岁，汉族，住江苏省苏州市姑苏区。

被告：同方知网(北京)技术有限公司，住所地：北京市海淀区西小口路。

法定代表人：王明亮，该公司董事长。

原告刘智超因与被告同方知网(北京)技术有限公司(以下简称同方知网公司)发生买卖合同纠纷，向江苏省苏州市姑苏区人民法院提起诉讼。

原告刘智超诉称：原告刘智超在被告同方知网公司运营的中国知网下载名为《中药》的文献时，网页提示需付费7元，原告点击“购买”按钮后，弹出充值页面，原告随后进入中国知网“充值中心”。充值中心提供了支付宝、微信、银联在线等不同的充值方式，但均设置了最低充值金额限制，即个人用户最低充值限额为50元。原告为下载7元的文献被迫充值50元。购买该文献后，原告就账户余额退还问题与客服沟通，但客服以退款需要手续费，退款程序复杂、周期长为由，未给原告办理退款。中国知网在其网页“答读者问”一栏第19条写道：“充值的金额不能退回，购买充值的金额没有时间限制，用完为止。”明文规定不能退款。根据《中华人民共和国消费者权益保护法》第二十六条第二款的规定，经营者不得以格式条款、通知、声明等方式，作出排除或者限制消费者权利、减轻或免除经营者责任、加重消费者责任等对消费者不公平、不合理的规定，不得利用格式条款并借助技术手段强制交易；该条第三款规定，格式条款、通知、声明等含有前款所列内容的，其内容无效。最低充值额限制及充值金额不能退还的规定是格式条款，限制了原告的权利，加重了原告的责任，应属无效。此外，《中华人民共和国消费者权益保护法》第九条、第十条还规定消费者享有自主选择权及公平交易权。被告通过最低充值金额限制，拒绝向原告提供其商品的行为，是设定不公平、不合理的交易条件进行强制交易的行为，侵犯了原告的上述权利。故请求法院判令：1.撤销被告作出的最低充值金额限制；2.被告返还原告账户全部余额人民币43元；3.被告承担诉讼费用。审理过程中，原告将上述第1项请求变更为：请求法院判令被告制定的最低充值金额限制条款无效。

被告同方知网公司辩称：1.个人用户充值的余额可以退回，客服人员的答复是表示可以退回，只是向原告刘智超说明退回的程序复杂，还会扣除手续费，建议原告继续使用。原告称与客服多次沟通不属实，事实上我方得知原告起诉后多次主动联系原告，试图解决此事，但均被原告拒绝。我方已经将原告账户余额41元退至原告的付款账户。2.网站首页帮助中心第19条是以问答形式表述，且位置不显眼，不应视为原、被告之间的合同条款。我方在实际操作中并未按照该问答的规定操作，而是可以退回充值余额。我方已经于2018年11月26日将该条问答删除。3.最低充值额限制是一种商业惯例，被告在其运营的中国知网网站和手机知网中提供了多种充值方式，如支付宝、微信、银联在线、会员卡等，有的充值方式最低限额系10元。银行电汇、邮局汇款及在书刊超市里订阅期刊可以对任意金额进行结算，均没有最低金额限制。不同充值方式所设定的最低限额和阶梯充值金额是出于为用户使用效率考虑，这样可以大幅减少每篇文章的付费操作次数，毕竟多数用户会重复下载或阅读文献，该方式执行多年来也得到用户认可。鉴于实践中确实存在小额付费的用户需求，我方即将增加0.5元短信充值的支付方式选项，每篇文献每页的费用为0.5元，最低充值0.5元的规定已相当于取消了最低充值金额限制。此外，被告也在研发单篇付费系统，目前正在测试。

江苏省苏州市姑苏区人民法院一审查明：

2017年5月9日，原告刘智超在被告同方知网公司运营的中国知网(www.cnki.net)上通过支付宝充值50元，中国知网充值中心对于用支付宝方式充值的最低额限制设定为50元。后刘智超于充值当日至2018年6月2日期间在中国知网合计消费9元，账户余额共41元。2018年10月21日，刘智超电话联系中国知网的客服，询问是否可以自定义充值及账户余额能否退还，客服答复不可以自定义充值、不同的充值方式对于最低充值金额有不同规定。对于多余的金额可以退还，但退款周期长，还需扣除一定的手续费，如需继续使用中国知网，建议先不退款。2018年11月6日，刘智超以中国知网作出的最低充值金额限制及账户余额不能退还的规定侵犯其权益为由将同方知网公司起诉至法院。2018年11月26日，同方知网公司将余额41元退还至刘智超的支付宝账户。

另查明：中国知网充值中心上列明多种充值方式：支付宝、微信支付、银联在线、会员卡、神州行卡、汇付天下、移动短信、银行电汇、邮局汇款等，其中支付宝的充值最低限额为50元，其他部分支付方式也设定了不同金额的最低充值额限制。中国知网在其帮助中心网页“答读者问”一栏第19条写道：“个人用户没使用完的金额是否可以退订？账户余额不支持转出功能，购买的充值金额没有时间限制，用完为止。”原告刘智超提起本案诉讼后，被告同方知网公司将该问答内容删除。

江苏省苏州市姑苏区人民法院一审认为：

消费者享有自主选择商品或者服务的权利，有权自主选择商品品种或者服务方式，自主决定购买或者不购买任何一种商品。经营者不得以格式条款、通知、声明、店堂告示等方式，作出排除或者限制消费者权利、减轻或免除经营者责任、加重消费者责任等对消费者不公平、不合理的规定，不得利用格式条款并借助技术手段强制交易。格式条款、通知、声明、店堂告示等含有前款所列内容的，其内容无效。本案中，被告同方知网公司在中国知网上关于最低充值额限制的规定导致消费者为购买价格仅为几元的文献需最低充值10元至50元。虽然账户余额可以退还，但同方知网公司称退还需扣除手续费，该网站对于最低充值额的设定占用了消费者的多余资金，且收取退款手续费也增加了消费者的负担。故该规定侵犯了消费者的自主选择权，限制了消费者的权利，是对消费者不公平、不合理的规定，应认定无效。对于原告刘智超要求同方知网公司退款的请求，因同方知网公司已经退款，故对该项请求予以驳回。

综上，江苏省苏州市姑苏区人民法院依照《中华人民共和国消费者权益保护法》第九条、第二十六条第二款、第三款，《最高人民法院关于适用〈中华人民共和国民事诉讼法〉的解释》第二百七十一条之规定，于2019年1月30日判决：

一、被告同方知网（北京）技术有限公司在其经营的中国知网(www.cnki.net)充值中心关于最低充值额限制的规定无效。

二、驳回刘智超的其他诉讼请求。

本判决为终审判决。

江苏法院2019年度消费者权益保护十大典型案例*

随着我国改革的不断深化，消费对我国经济的拉动作用越来越明显。2019年中央经济会议指出，我国正处在转变发展方式、优化经济结构、转换增长动力的攻关时期，结构性、体制性、周期性问题相互交织，“三期叠加”影响持续深化，经济下行压力加大。面对当前经济形势，要充分挖掘超大规模市场优势，发挥消费的基础作用和投资的关键作用。我国消费结构加快升级，一方面表现为实物销售升级类商品增长速度加快，另一方面表现为服务消费增速明显。相比于投资和外贸，消费拉动型经济更具发展潜力。消费不仅能激活产业端，还能引入竞争机制，服务产业结构调整和供给侧结构改革，使经济发展模式更加主动和可持续，是我国今后经济发展的重要动力引擎。据统计，2019年我国消费支出对经济增长的贡献率达到53%以上，拉

* 本文节选自江苏省高级人民法院2020年3月12日发布的《江苏法院2019年度消费者权益保护十大典型案例》，载江苏法院网，http://www.jsfy.gov.cn/art/2020/03/12/66_99748.html。

动经济增长3.8个百分点以上。消费对经济增长的贡献率自2015年以来一直保持在50%以上,对促进经济稳定增长起到了重要作用。

当前,我国消费市场较为活跃,线上线下加速融合,呈现良好态势,体现了我国市场经济巨大的消费潜力。但也存在许多亟待解决的问题。比如,服务产业比例仍有提升空间,消费产业缺乏创新力,消费市场环境有待改善,政策壁垒需要进一步打破,农村消费释放存在较多障碍,城镇消费持续升级动能偏弱,新型消费增多,权利冲突现象加剧,消费者权益保护力度不足,知假买假扰乱正常消费秩序的现象突出等。总体而言,人民群众日益旺盛的消费需求和尚未健全的消费市场之间的矛盾仍然比较突出,消费者的合法权益尚未得到全面有力保护。

在国际消费者权益日来临之际,江苏省高级人民法院筛选了2019年度消费者权益保护十大典型案例并进行点评,现予发布。期望以此引导消费者积极理性维权,维护自身合法权益,也提示广大经营者依法诚信经营,为营造良好放心的消费环境,服务保障消费推动经济社会稳定发展和国家治理体系、治理能力现代化建设。

……

案例七

经营者无正当理由设置最低充值金额条件的合同条款无效

案情:

2018年5月25日,刘某某在同方知网公司运营的中国知网上下载文献时,网页提示需付费7元,刘某某点击"购买"按钮后,弹出充值页面,刘某某随后进入中国知网"充值中心"。充值中心提供了支付宝、微信、银联在线等不同的充值方式,但均设置了最低充值金额限制。刘某某为下载7元的文献不得不先充值50元。购买该文献后,刘某某就账户余额退还问题与客服沟通,但客服以退款需要手续费,退款程序复杂、周期长为由,未给刘某某办理退款。

刘某某遂诉至法院,要求法院判决确认同方知网公司制定的最低充值金额限制条款无效。同方知网公司辩称,最低充值额限制是一种商业惯例,可以大幅减少每篇文章的付费操作次数,该方式执行多年来也得到用户认可,并未侵犯刘某某相关的合法权益。法院认为:同方知网公司在中国知网上关于最低充值额限制的规定导致消费者为购买价格仅为几元的文献需最低充值50元。该网站对于最低充值额的设定占用了消费者的多余资金,侵犯了消费者的自主选择权及公平交易权,限制了消费者的权利。该充值条款对消费者不公平、不合理,应认定为无效条款,判决认定同方知网公司制定的最低充值金额限制条款无效。

(苏州市中级人民法院选送)

法官点评:

消费者享有自主选择权和公平交易权。《消费者权益保护法》第26条规定:"经营者不得以格式条款、通知、声明、店堂告示等方式,作出排除或者限制消费者权利、减轻或者免除经营者责任、加重消费者责任等对消费者不公平、不合理的规定,不得利用格式条款并借助技术手段强制交易。格式条款、通知、声明、店堂告示等含有前款所列内容的,其内容无效。"

本案中,同方知网公司运营的中国知网在文献数据领域具有相当的优势地位,消费者常常迫于此不得不接受其作出的最低充值额限制。其设定的充值条款使消费者无法充分行使其自主选择商品的权利。同方知网公司虽然提出其设定的条款符合商业惯例。但商业惯例应当是既有利于自己的利益,又不妨碍他人合法权益,是一种经济上节约、法律上合规、内容上合理的行为模式。最低充值额限制尽管可以减少充值次数及同方知网公司与第三方支付平台之间的手续费,但该做法占用了消费者的多余资金,也限制了消费者的合法权益。同方公司仅以减少手续费为由保留该多余的资金理由并不充分。综合考虑该条款的合理性以及给消费者带来的影响,该条款缺乏必要性和正当性。因此,该条款属于不合理限制了消费者权利的条款,应认定为无效的格式条款。

最低充值金额限制这一做法存在于众多的消费场合,该案判决对于规范经营者的经营行为,限制经营者滥用所谓"商业惯例",防止部分经营者借机利用其商业优势,迫使消费者接受其不合理要求等具有重要意义。

二、本案的社会影响

苏州广播电视总台"深度苏州"频道,2019 年 2 月 12 日率先对本案进行了报道,[①]之后,全国多家权威媒体陆续进行了报道或发表了评论。

《中国青年报》微信公众号 2019 年 2 月 12 日,《人民日报》微信公众号 2019 年 2 月 14 日,介绍了本案的基本案情和法院的判决。[②] 另外,央广网 2019 年 2 月 17 日也对本案进行了报道。[③]

《人民日报》微信公众号 2019 年 2 月 25 日对本案进行了进一步的跟踪报道,并援引《半月谈》的评论指出,随着人们维权意识的加强,知网靠垄断平台躺着挣钱的

---

① 《那个翟天临不知道的"知网",被苏大学生告了,还告赢了!》,载搜狐网 2019 年 2 月 12 日,https://www. sohu. com/a/294292653_349683。

② 《大学生把知网告了,还告赢了》,载中国青年报微信公众号 2019 年 2 月 12 日,https://mp. weixin. qq. com/s/z-m6v6BxC1cIvJYYa92WHw;《人民日报》微信公众号 2019 年 2 月 14 日,https://mp. weixin. qq. com/s/C-0Fy8jzjCJtIA_ftK9osQ。

③ 潘毅:《中国知网收费模式引争议法院:最低充值金额 50 元限制规定无效》,载央广网,http://china. cnr. cn/xwwgf/20190217/t20190217_524513165. shtml。

如意算盘该停停了。知网需要更新的不应只有技术和数据，还应在经营理念、服务意识上下下功夫。平台的公益属性应当进一步加强，消费者和研究者的权益都必须得到尊重和保障，绝不能为企业的一己私利，占了国家的便宜，又寒了学者的心。[①]

《北京青年报》2019 年 2 月 25 日也对本案进行了跟踪报道。同日，新华网、民主与法制网等权威媒体全文转载了该报道。[②]

---

① 《知网改了！因为 7 元被大学生起诉，最少可以充……》，《人民日报》微信公众号 2019 年 2 月 14 日，https://mp.weixin.qq.com/s/w-C9zWoh373z4LqEXa_JlQ。

② 《苏州大学生诉知网胜诉，知网最低充值已改为 0.5 元》，载新华网，http://www.xinhuanet.com/legal/2019-02/25/c_1124156669.htm。

孙烨婷诉北京某科技有限公司会员插播广告侵权案

一、本案的司法影响

本案入选江苏省高级人民法院2020年1月8日发布的“江苏法院2019年度十大典型案例”。

江苏法院2019年度十大典型案例*

……

五、孙某诉爱奇艺公司侵犯消费者知情权要求赔偿案

(一)基本案情

爱奇艺网站是北京爱奇艺科技有限公司(以下简称爱奇艺公司)运营管理的以提供网络视频服务为主的一家网站。爱奇艺网站的非会员用户在观看视频时有片头广告,在片头广告播放时有“会员跳广告”的提示语,点击该提示语即进入付款界面,付款界面包含价格、付款方式、《VIP会员服务协议》等内容。2018年9月21日,原告孙某为享受“跳广告”服务,进行了会员充值。后孙某在观看视频时,发现视频中仍然存在舞台剧、动画形式的广告。孙某认为“会员跳广告”应为会员可以自动跳过所有广告,但实际情况与广告宣传不符,被告爱奇艺公司的做法侵犯了其作为消费者的知情权,遂起诉至法院,请求判令爱奇艺公司停止插播广告的侵权行为、在官网首页公开赔礼道歉并赔偿会员费58元。被告则认为,《VIP会员服务协议》及爱奇艺平台VIP特权页面对广告均有特别说明,说明中已经明确会员的“跳广告”权益可能不涉及全部影视,部分影片因版权方限制或其他限制原因,仍可能会呈现不同类型的广告服务。因此,被告并未侵犯原告作为消费者的知情权,请求法院驳回原告诉请。

---

* 本文节选自江苏省高级人民法院2020年1月8日发布的《江苏法院2019年度十大典型案例》,载江苏法院网,http://www.jsfy.gov.cn/art/2020/01/08/66_99404.html。

（二）裁判结果

苏州市姑苏区人民法院一审审理认为，爱奇艺公司提供的会员服务在播放视频时插入部分广告，未违反其与消费者之间的网络服务合同约定，但爱奇艺公司未向消费者充分告知其应有的权利和义务，导致消费者在观影体验等方面受到一定的损害，应承担相应的赔偿责任。爱奇艺公司作为行业内知名企业，宜作出必要合理的改进，采用更为显著、明确的方式对格式条款约定的消费者权利义务进行提示、提醒。据此，苏州市姑苏区人民法院于2019年6月19日作出（2019）苏0508民初2479号民事判决，判令爱奇艺公司赔偿孙某30元并驳回了孙某的其他诉讼请求。孙某、爱奇艺公司均不服，提起上诉。

苏州市中级人民法院二审审理认为，消费者享有知悉其购买、使用的商品或者接受的服务的真实情况的权利。爱奇艺公司作为网络商家，相对于消费者而言具有技术、信息等明显优势，在订立网络服务合同中应遵循诚实信用原则，负有如实告知消费者合同内容的义务。爱奇艺公司“会员跳广告”的宣传语，一般应理解为会员自动跳过所有广告，但实际仅指跳过片头广告，且关于“会员跳广告”的详细说明字体较小、标示不够显著，难以引起消费者注意，应认定爱奇艺公司未尽到订约前充分告知用户的义务，侵犯了孙某作为消费者的知情权，造成了孙某的损失，应当承担赔偿责任。孙某享受会员服务时的用户体验低于预期，相当于服务内容有折减，可酌情以会员价格相应比例金额予以赔偿。综上，苏州市中级人民法院于2019年10月24日作出（2019）苏05民终8042号民事判决：驳回上诉，维持原判。

（三）典型意义

互联网企业的生命在于创新，其在创新产品类型和服务方式的过程中，应充分保障消费者的合法权益。在订立网络服务合同时，为使网络交易更加简便、快捷，互联网企业往往采用格式条款对合同双方的权利义务进行约定，但这通常难以引起小额付费用户的注意。因此，在履行告知义务时，互联网企业应遵循诚实信用原则，充分利用自身的信息和技术优势，根据网络消费者的消费习惯保障其知情的权利；如因告知方式存在瑕疵，造成消费者损失的，互联网企业应承担相应的赔偿责任。本案被《新华日报》、江苏卫视、澎湃新闻等多家媒体关注报道，案件的妥善处理为互联网企业营销方式创新与消费者权益保护之间的冲突提供了解决方案，在规范互联网企业经营模式的同时，也充分保障了网络消费者的合法权益。

二、指导律师心语*

2018年初夏的一个下午,美丽的苏州大学校园里,园林式设计的法学院礼堂中正在举行一场别开生面的课题汇报,这就是苏州大学与上海小城律师事务所联合举办的公益诉讼项目的开题汇报,作为项目指导律师,这是我参加的第三届比赛。我与起诉爱奇艺公司插播广告案的"律师练习生"团队的相识就是在2018年的这次开题汇报上。

苏州大学王健法学院这一届有许多学生都积极参加,然而在众多的项目汇报中,有一组团队汇报时特别吸引我的注意力,那就是起诉爱奇艺公司插播广告案的"律师练习生"团队,该团队由3名女生参加,3名女生在台上充满自信的演讲姿态给我留下了深刻的印象,是的,我承认,我喜欢自信的人,自信是能打动我的品质。再仔细观察3位女生,她们各有特色。孙烨婷扎了一个最流行的丸子头,皮肤白皙,精神抖擞,说起话来铿锵有力。唐睿琪说话细声细语,温婉动人,说话的声音犹如王菲式的浅吟低唱。许艳姿的讲解条理清晰,逻辑缜密,论证有力。三人开题汇报时,分工明确,配合默契。不禁感叹现在长江后浪推前浪,现在的法学院学生可谓观察敏锐、见解独到、思想开阔、敢于质疑!

"律师练习生"团队提出的项目的基本事实源于团队成员孙烨婷在爱奇艺网站购买会员服务的一次体验。原告孙烨婷基于对被告广告宣传语的信任,作出了错误的意思表示,进行了会员充值并购买会员服务。原告认为,被告的行为违反了《互联网视听节目服务管理规定》《消费者权益保护法》等规定。这个案件要顺利走下去,需要的是足够的勇气。一则因为对方是视频行业的大型垄断企业,二则是这个案件本身诉讼的赔偿标的金额仅为58元,是否能够顺利立案,将是一个摆在大家面前的严峻问题。然而本案一旦启动,却具有巨大的公益价值,如果爱奇艺公司能够停止插播广告,广大会员将免受烦不胜烦的广告的打扰。然而对爱奇艺公司来讲,或面临未来广告收益的巨大损失,所以此案或许会遭遇来自整个视频行业的抵制。在听取学生开题汇报的时候,我意识到这个案件或许是促使网络行业规范经营的一个契机,同时我也深知,此案要进行下去,可能会遭遇难以想象的困难与障碍。

公益诉讼大赛项目的指导老师均为法学院教师和成熟的执业律师,要求对学生进行悉心指导,同时热心公益。参加公益诉讼的每一个团队抽签决定指导老师。听完所有汇报,我还是最为欣赏"律师练习生"团队。她们认为爱奇艺公司无视会员权利,在影片播放中间插播广告属于违法行为,要求爱奇艺停止在影片中插播广告的侵权行为。在我为这个团队暗暗加油时,突然听到主持人宣布,"律师练习生"团队

* 本部分由"孙烨婷诉北京某科技有限公司会员插播广告侵权案"的指导律师郑长虹律师撰写。

的指导老师是我，不禁感叹和这3个姑娘真是心有灵犀。开题后，我与3位团队成员进行了简单的沟通，并且建立了一个微信群，群名为“诉爱奇艺”，这个微信群成为日后我们一起战斗的见证者。

庭外较量

一天，接到3个姑娘的电话，低沉的语调、愁肠婉转的样子。她们已经去过法院多次，立案窗口却不接受立案。我仔细询问了原因，立案庭法官告知学生，本案标的较小，法院的案件较多，案多人少，建议通过调解解决。我告诉学生，要学会与法官沟通，不要一味地去强调自己的诉讼请求，而是必须向法官阐明本案的公益价值和社会意义。于是，3个姑娘又重新燃起斗志，坚持不懈，经过与立案庭法官多次沟通，最终立案成功。姑娘们开心得欢呼雀跃！电话里也能听出她们激动兴奋的声音。

过了几天，姑娘们又陷入新一轮的麻烦中，她们接到了爱奇艺公司法务的电话，电话里法务人员说：“我们希望这个案子可以庭前调解，给你们退会员费，或者再赠送半年到一年的会员。如果你们不接受调解，希望你们考虑一下诉讼成本，本案的管辖权应该在北京而不是苏州，我们接下来会提管辖权异议。”这个电话让学生们不知所措，如果管辖权确定为北京，对于学生们来讲，将极大增加诉讼成本。这意味着他们要前往北京打官司，对于毫无收入的学生来讲，这无疑是一笔沉重的负担。所以，有没有办法把法院管辖权确定为苏州是接下来要重点讨论的问题。

当她们把第一次递交的起诉状发给我的时候，我意识到她们的问题在于选错了诉由，这份起诉状上的诉讼请求意味着他们选择的是违约之诉，这导致的后果将是管辖法院会被确定为北京，因为爱奇艺公司与会员的协议关于管辖地法院是有约定的。“10.2　如就本协议的签订、履行等发生任何争议的，双方应尽量友好协商解决；协商不成时，任何一方均可向北京市海淀区人民法院提起诉讼。双方同意，解决争议时，应以您同意的最新《爱奇艺 VIP 会员服务协议》为准。”由此可见，学生们在第一次立案时忽略了案件的管辖权问题。

现在怎么办？姑娘们被这突如其来的电话搅扰得心神不宁。如何改变管辖权这一难题？我要求学生仔细研究违约之诉与侵权之诉的区别，最终大家讨论出的解决办法就是将违约之诉改为侵权之诉。这样做有两个好处：一是按照《民事诉讼法》法律规定第28条关于“因侵权行为提起的诉讼，由侵权行为地或者被告住所地人民法院管辖”的规定，本案侵权行为地便是苏州，因此苏州市姑苏区人民法院具有管辖权。二是能最大限度地实现本案的公益价值，即要求爱奇艺停止插播广告的行为。但是麻烦是要重新立案，重写起诉状并重新确定诉讼请求，再次递交起诉状。这次的波折给了3个姑娘极大的教训，在后来的诉讼过程中，我看到了姑娘们更加努力、更为严谨。经过彻夜战斗，姑娘们终于向法院递交了以侵权为诉由的起诉状，这次姑苏区人民法院很快立案，法院确定的立案案由为知情权侵权纠纷。

决战法庭

2018 年 4 月普通的一天，虽然还没到夏天，苏州却是出奇的热。法庭门口，3 个着装干练的姑娘出现了，我对她们说："大家已经做了充分的准备，不用胆怯，正常发挥即可。"毕竟是人生第一次上法庭，看得出姑娘们尽管极力作出镇定的样子，但多少还有些紧张，因为她们面对的将是经验丰富的专业律师。随着法官敲下法槌宣布开庭，所有人都进入战备状态，这次的庭审还有多家媒体的参与，于是镜头在当事人与法官之间来回切换，记者更是迅速开始写新闻稿，这个案子之所以能够吸引媒体的关注，主要是因为这是一场以个体诉讼实现公益价值的具有公益性质的诉讼。本案的判决结果不仅涉及一个消费者的利益，而且关乎众多网民的利益，这同样是一场面对垄断企业发起的对抗霸王条款的诉讼。而这样的诉讼目前在国内还处于公益诉讼的一种特殊形式，与环境污染等公益诉讼相比，基本处于萌芽状态，其相应的消费公益诉讼法律制度也亟待完善，苏州大学学生诉爱奇艺知情权纠纷案件可以说是消费公益诉讼制度的一次有益实践。

原告的诉讼请求主要为 4 项：(1) 请求判令被告停止插播广告的行为；(2) 请求判令被告在其官方网站首页上进行公开赔礼道歉；(3) 请求判令被告赔偿原告充值的会员费用 58 元；(4) 请求被告承担本案诉讼费用。

法庭辩论阶段尤为激烈，主要围绕几个争议焦点展开：一是原告是不是消费者？二是爱奇艺公司在影片中间插播广告的行为是否侵犯原告的知情权、自主选择权、公平交易权三大权利？三是爱奇艺插播广告的行为是否具有违法性？四是爱奇艺公司在会员协议中关于会员跳广告的说明是否属于不生效的格式条款或者无效的格式条款？

诉讼中，被告提出一个观点，原告根本不是《消费者权益保护法》中所谓的消费者。理由是原告是为了参加学校举行的公益诉讼大赛，其目的根本不是为了消费，而是为了获得比赛奖金。对于这一点，姑娘们在法庭上给予了被告有力还击。我们来看看姑娘们在法庭上的精彩辩论。就这个问题，她们主要发表了如下观点。

1. 原告符合消费者的定义，本案属于《消费者权益保护法》调整的范围

依据《消费者权益保护法》第 2 条的规定，消费者是相对于销售者和生产者的概念。只要在市场交易中购买、使用商品或接受服务是为了个人、家庭生活需要，而不是为了生产经营活动或者以营利为目的而购买、使用商品或接受服务的，就应当认定为"为生活消费需要"的消费者，属于《消费者权益保护法》调整的范围。

消费分为生产资料的消费和生活资料的消费，只有生活资料的消费才是《消费者权益保护法》所保护的消费。因此，判断一个自然人是不是消费者不是以他的主观状态为标准，而应以购买的商品的性质为标准，只要他购买的商品是生活资料，他就是《消费者权益保护法》所指的消费者。《消费者权益保护法》第 2 条规定，"消费

者为生活消费需要购买、使用商品或者接受服务,其权益受本法保护;本法未作规定的,受其他有关法律、法规保护",这不是给消费者下定义,而是明确该法的调整范围。这可以从《消费者权益保护法》第62条得到印证,该条规定"农民购买、使用直接用于农业生产的生产资料,参照本法执行"。本案原告购买的是生活资料,且原告不是为了生产经营活动或者以营利为目的而购买、使用商品或接受服务,因此本案完全适用《消费者权益保护法》。

2. 原告参加学校组织的公益诉讼大赛并不影响其消费者身份的认定

首先,获取奖金与营利行为有明显的区别。原告参加大赛能否会获奖完全是未可知的。原告在参赛时不可能知道自己的项目一定会获得奖项,更不知道会获得几等奖,能获得多少奖金都是无法预料的,原告作为学生更不可能以获取奖金为职业。这与职业打假者的谋利行为有明显的区别,职业打假者对获得多大的利益是完全预知并能明确预估的。

其次,爱奇艺公司在其网站上从未作出过声明:营利性消费者不是消费者,不接受营利性消费者的购买行为。即使作出,这种声明是否有效尚待考察。退一步讲,就算区分生活消费和营利性消费,也不能认为原告进行了生产消费。一方面,原告提起诉讼不仅仅为了个人利益,更是为了公共利益,这个案件牵涉的是数以万计的网民的利益。在原告看来,爱奇艺插播广告所侵犯的是所有会员的权益,不只是原告本人的权益。此外,《消费者权益保护法》的主旨是保护弱者,爱奇艺公司是一个大型上市公司;相对于爱奇艺公司而言,消费者是弱者。法院在解释"消费者"时,应当遵循保护弱者的原则。

最后,退一步讲,即使是职业打假者,是否属于消费者身份在学术界一直存在争议,且支持职业打假者的意见更是主流意见。打假有利于社会,有利于打击制假售假行为。比如,山东省青岛市中级人民法院(2019)鲁02民终263号民事判决书就认为职业打假者同样属于消费者。如果说知假买假者都被认定为"消费者",认定为商家构成了欺诈,消费者的知情权受到了侵犯,可以适用惩罚性赔偿规则,举重以明轻,那么本案原告参加公益诉讼大赛当然不影响其"消费者"资格的认定,其知情权当然受到了侵犯。

本案的另外一个核心争议焦点是爱奇艺插播广告的行为是否具有违法性。原告的主要观点如下:

1. 被告爱奇艺公司插播在节目中间的广告侵犯了上诉人的自主选择权、公平交易权

被告爱奇艺公司主张的手动拖拽进度条的跳过方式不具有合理性和可操作性。首先,被告爱奇艺公司对于中间插播的广告的关闭方式未通过任何有效方式进行提示,更未有一键关闭的设置;其次,用户在未被告知广告时长的情况下,即使手动拖

拽进度条,也很难恰好跳到广告结束、节目内容开始的部分。若进度条拖少了会导致观众被强迫观看部分广告内容,在未提示关闭方法或告知时长的情况下,大多数的消费者实际上都被强迫观看了被告爱奇艺公司提供的广告,因此,严重侵犯了原告的自主选择权;最后,既然是跳广告,被告爱奇艺公司就应保证广告自动跳过,而不是手动拖拽,应保证“跳”而不是“拖”,“跳”与“拖”在文字含义上有明显的区别,被告爱奇艺公司违反平等自愿、公平交易的市场准则,违背消费者的意愿强制交易,从而损害了消费者自主选择服务的权利。

2.“会员跳广告”的宣传语构成了合同要约

被告爱奇艺公司违反了合同法的约定的义务。原告正是基于被告爱奇艺公司的广告宣传语“会员跳广告”的宣传,才购买了会员权益。跳广告是上诉人购买会员权益的主要动机和核心权利。《合同法》第15条第2款规定“商业广告的内容符合要约规定的,视为要约”。首先,“会员跳广告”内容具体确定;其次,该宣传语对会员合同的订立确定有重大影响,购买者之所以进行购买行为,正是基于会员可以跳广告,可以节省时间才愿意购买会员权益;最后,从购买过程来看,正是消费者在看到了该宣传语后,进行点击,即出现付款页面,从该过程看,是一个要约和承诺的过程,“会员跳广告”构成了要约,消费者点击购买构成了承诺,因此“会员跳广告”的宣传语应视为要约。综上所述,被告爱奇艺公司的行为已经是一个违反法律强制性规定及违反合同约定的行为。

法庭上唇枪舌剑,法庭辩论十分激烈,但是,学生们并没有因为对方是一个专业律师而胆怯。他们沉着冷静,按部就班,反应很快,发表的观点极具说服力。坐在旁听席上,看着姑娘们沉着冷静的表现。我悬着的一颗心,终于放下了。是的,努力是不会白费的。在庭前姑娘们已经做了充分的论证和准备,她们经过了无数的争吵、论证、熬夜,才换来了今天的从容应对。法庭就是法律人的舞台,对于她们的庭审表现,我不由得竖起了大拇指。

漫长的等待之后,学生们终于收到了法院的一审判决书。法院确认爱奇艺公司在履行告知义务上存在瑕疵,应承担相应的责任。判决被告北京爱奇艺科技有限公司于本判决生效之日起10日内赔偿原告孙烨婷30元。

可喜的是,法院确认了爱奇艺公司的不当行为。遗憾的是,法院并没有支持原告全部的诉讼请求。这样的结果离姑娘们的期待还有一些距离,她们有些闷闷不乐。而继续上诉,对她们而言,则显得有些艰难,因为此时,一方面,她们即将毕业要寻找工作;另一方面,又要迎接司法考试的来临。如果继续二审,则势必会分散她们的精力。所以我让姑娘们自己来作决定。在一番神情严肃地讨论之后,她们作出了选择。姑娘们靠着一股初生牛犊不怕虎的精神,决定继续提起上诉。

对于一审判决,原被告双方均提起了上诉。二审法庭最终判决驳回上诉,维持原判。虽然这个结果并非最圆满的结果，但是姑娘们表示欣然接受。因为对法律的尊重是一个法律人基本的精神。

她们对我说："因为努力，青春无悔。"我对她们说："人生的美并不在于结果，而在于过程。"这时我们彼此的眼睛里有泪花，却同样闪烁着希望的光芒。"凡心所向，素履所往；生如逆旅，一苇以航。"这是我们都十分喜爱的一句话，它时时给予大家坚持的力量与勇气。

这个案件被江苏省高级人民法院评为江苏法院 2019 年度十大典型案例，这也证明姑娘们的公益目的已初步实现。通过此案促使互联网企业规范经营，正是我们希望实现的诉讼目的。

杠精？

孙烨婷她们状告爱奇艺插播广告案，经媒体报道后，引发全社会广泛关注，更是引发网民的热烈讨论，一度登上了热搜排行榜前三名。有人给 3 个姑娘贴上了"杠精"的标签，甚至有人怀疑 3 个姑娘的诉讼动机是博取眼球。看到这些评论时，涉世不深的姑娘们既委屈又难过，甚至一度卸载了微博。我对她们说："坚持做自己认为正确的事情就好，一个人不可能赢得所有人的理解与支持，做到无愧于心就好，其他的，交给时间即可。"也许姑娘们渐渐理解了我的话，她们不再为那些流言蜚语所烦恼，很快便投入自己的学习与工作之中。

"杠精"，我并不觉得这是个贬义词，恰恰相反，我以为这个时代需要更多的"杠精"，我们这个社会需要的是敢于向不公、敢于向违法挑战的人，中国恰恰需要的是有自由思想、独立精神的年青一代。学生们"勿以善小而不为"坚持正义的精神值得肯定与鼓励！这个案件让我们看到了当代法科学生的非凡勇气和法治精神！面对社会不公，她们没有选择沉默，没有选择逃避，而是选择用法律武器维护自身权益，维护社会公共利益，在她们的身上，我看到的是勇敢、无畏、无私的精神，看到的是以法为剑、仗义执言的法治精神！

苏州大学王健法学院每年举办"小城公益之星"创意诉讼大赛。大赛的初衷是鼓励学生走出象牙塔，将法律理论与实践相结合，通过实践检验学生自己所学的知识，鼓励学生弘扬法治理念，通过具体个案诉讼推动社会的进步。苏州大学女生诉爱奇艺案是这个公益诉讼项目中极具公益价值的一个案件。学生们以自己所学回报社会，以不屈不挠的精神践行着法治，在她们的身上，我们看到的是当代青年的良知与勇气，看到的是深重的社会责任感。

霍姆斯曾在其所著的法律的《普通法》一书中说道，"法律的生命不是逻辑，而是经验"。我也曾在法学院的象牙塔中度过，深知法律的生命在于实践。在法学院度过的 7 年时光里，有一门实务课程，给我留下了深刻的印象，在这门课程中，导师会让我们参与疑难案件的讨论，去接触当事人，去做实务性的法律援助工作，这个课程大大提高了学生的逻辑思维能力和语言表达能力,综合素养得到了显著提升。当一个法学院的学生没有实务经验时,其是很难发现法律现有制度的缺漏,亦很难形成综合运用法律的思维。公益诉讼大赛项目可以说给法学院的学生提供了一个很好的实践平台,对于法科学生综合素养的提高,有着“助推器”的作用。诉讼过程就像解数学应用题。法学生在法学院里所学的种种法学理论和方法相当于公式,而如何把这些公式和具体的案例结合起来,用这些公式去解决个案,则不仅需要深厚的法律理论基础,同样需要有一定的诉讼技巧以及运筹帷幄的能力。公益诉讼项目作为一种法学教育的创新模式,可以说为开拓国内实践教学提供了一种新思路。

当然,这个活动还可以从以下几个方面予以完善。第一,建立稳定的校外指导教师队伍。指导教师对于学生的引导和启蒙非常重要,建立稳定的指导教师队伍,有利于提高指导质量。同时,建议吸纳司法界的其他优秀人士担任指导教师。目前公益诉讼的指导教师主要是律师,可以扩大指导老师的范围。吸纳法官、检察官等法律界人士,有利于帮助学生拓展思维。第二,建立师生双考核机制。对于参赛团队建立一套标准考核机制,对于不能按时完成阶段任务的团队,可以对其发出警告,责令其在一定期限内完成任务,否则,可以终止其参赛资格。除了对学生的考核建立一套标准之外,同时建议对指导老师也进行一定的考核,对于优秀的指导教师给予一定的精神性奖励,这样有利于促进指导教师专心辅导学生,也有利于稳定指导教师队伍。第三,可以考虑将公益诉讼大赛制度与消费公益诉讼法律援助制度结合起来。建议与消费者协会等公益机构建立联系机制。对于符合公益诉讼条件的案件,可以鼓励学生参与法律援助,给涉及社会公共利益的案件的当事人提供法律帮助,这有利于塑造学生的社会责任感,同时能够解决以私益为载体而实为公益案件的当事人的维权困境。

“少年强,则国强;少年智,则国智。”公益诉讼大赛里涌现的法学生只是当今青年努力奋进的一个缩影。但我们从中看到的,却是勇气与睿智、拼搏与担当。我相信,在法律人的共同努力下,中国将迎着时代的曙光在法治之路上阔步向前。

三、本案的社会影响

1. 中国青年网 2019 年 6 月 20 日以《无法跳过广告,大学生告爱奇艺！判赔 30 元》为题对本案进行了报道。随后,《澎湃新闻网》以《苏大法学院学生状告爱奇艺获赔 30 元》为题,《人民日报》微信公众号以《买了会员还要看广告！大学生状告爱奇艺获赔 30 元》为题进行了全文转载。这篇报道指出,本案“并非苏大学生第一次‘出手’了。这两年,苏州大学法学院的学生,连续发起了几起涉嫌不公平交易、知情权纠纷的法律诉讼,成为社会关注的热点”。同时又援引法学专家的观点,认为“虽然(这些案件)涉案金额都不大,但需要依靠这样的个案推动公平正义的实现”。“法律对当事人权益的保护是不分大小的。不能因为需要法律、需要司法救济的权利本身很狭小,就认为这种权利是不值得法律保护的。法律对权利的救济、对纠纷的解决,很多时候不仅仅局限在个案,更多的时候是要发挥示范效应。”同时,这篇文章也引发了网友们很多热议:

@视界科恩:这不是金钱问题了而是要告诉大家学会维权。即使成本很高,也要运用法律来保护自己。

@陈花清:哈哈哈,苏大好刚。

@FantasticSolsitice:删了删了,不然今年分数线要涨了。①

2.《钱江晚报》2019年6月25日以《办了会员,为啥还要看广告只是包月,怎么自动续了费》为题对本案进行了报道,同日,人民网以《办了会员,为啥还要看广告?只是包月,怎么自动续了费?苏州大学法学院学生状告爱奇艺,一审获赔30元》为题,对该报道进行了全文转载。这篇文章援引浙江省消保委消费指导与监督部相关负责人的话,建议“相关部门制定统一的管理规定,规范各视频网站的会员服务。同时,为了防止视频网站经营者利用格式合同和霸王条款侵害会员利益,建议由相关监管部门统一制定会员服务合同模板,以保障消费者合法权益”。②

3.《钱江晚报》2019年6月25日还以《苏州大学学生为何老打这种小官司?》为题对本案发表了评论。同日,人民网全文转载了这篇评论。该评论认为,“钱虽少,但事不小”,并援引郑长虹律师的话认为“学生的这种不以善小而不为,坚持正义的满腔热情是值得鼓励和肯定的。公益无大小,我们每一个人都是消费者,在权益受到侵害时,如果都选择沉默,那不利于推动社会进步。很多时候,我们社会法治的进步是通过个案来实现的。此次诉讼的最大意义就在于它会对视频网站行业起到一个警示作用”,“爱‘刚’的苏大学子们,其意义不在于追回几块钱,而是唤起人们敢于挑战类似的‘霸王条款’,保护自己的权益。从这一点上看,他们的勇气值得我们点赞”,“为较真的苏大学生点赞”。③

4.《工人日报》2020年1月8日以《是什么让付费会员模式屡陷争议?》为题对

---

① 张力友:《买了会员还要看广告!大学生状告爱奇艺获赔30元》,载微信公众号“人民日报”2019年6月22日,https://mp.weixin.qq.com/s/eIC_0wMdBGo0THLwu2G2Tg。

② 马焱:《办了会员,为啥还要看广告?只是包月,怎么自动续了费?苏州大学法学院学生状告爱奇艺一审获赔30元》,载人民网,http://media.people.com.cn/n1/2019/0625/c14677-31177888.html。

③ 李玲玲、俞任飞:《苏州大学学生为何老打这种小官司?》,载人民网,http://edu.people.com.cn/n1/2019/0625/c1006-31177897.html。

本案进行了报道和评论,同日被央广网和法制网分别以《超级会员、自动续费……付费会员模式为何屡陷争议?》和《会员之上有超级会员? 付费会员模式屡陷争议》为题进行了全文转载。①

① 杨召奎:《是什么让付费会员模式屡陷争议?》,载人民网,http://finance.people.com.cn/n1/2020/0108/c1004-31539100.html。

吴佳祺诉苏州市轨道交通集团有限公司运输合同纠纷案

一、本案的司法影响

本案同时入选江苏省高级人民法院 2019 年 3 月发布的“江苏法院 2018 年度消费者权益保护十大典型案例”和苏州市中级人民法院 2018 年发布的“苏州法院年度典型案例”。

江苏法院 2018 年度消费者权益保护十大典型案例*

消费是拉动我国经济发展的“三驾马车”之一。消费市场健康有序发展对推动我国经济持续稳定增长、提高人民生活水平、全面建成小康社会具有重要意义。随着网络技术的飞速发展,线上消费逐渐进入千家万户,成为人们日常生活中不可缺少的一部分。目前,消费市场总体呈现出线上消费与线下消费同步增长的良好态势,反映出我国市场经济巨大的消费潜力。然而,消费市场悄然变化的消费形态和日益丰富的消费选择在给人民群众带来极大便利的同时,也催生了一系列新型消费纠纷。其特点主要表现为:房屋、车辆等大额交易消费数量稳步增长,经营者欺诈现象屡禁不止,“互联网 + ”背景下新型消费纠纷呈现新形态,健身、美容等领域预付卡纠纷频发,涉职业打假人案件层出不穷,公益维权力度明显加强等。总体而言,当前人民群众日益旺盛的消费需求和尚未健全的消费市场之间的矛盾仍然比较突出,消费者的合法权益尚未得到全面有力的保护,既有的法律规范面临新的挑战。

江苏法院高度重视消费者权益保护工作,5 年来,不断加强消费者权益保护的审判与调研,办理了一大批疑难复杂的消费者权益保护案件,出台了一批保护消费者权益方面的审判指导意见。在每年国际消费者权益日前夕,及时发布典型案例,引导人民群众积极维护自身权益,为促进江苏省消费市场健康有序发展提供了有力的

* 本文节选自江苏省高级人民法院 2019 年 3 月 13 日发布的《江苏法院 2018 年度十大典型案例》,载江苏法院网,http://www.jsfy.gov.cn/art/2019/03/13/66_97224.html。

司法保障。一是注重团队建设。江苏省高级人民法院专门成立消费者权益保护审判调研团队,负责收集问题、调查研究和审理案件,统一执法尺度。二是关注新型消费纠纷。调研团队每年选取本年度亟须解决的新类型消费纠纷作为重点调研课题,厘清法律关系,提前预判风险,引导消费者采取防范措施,维护消费市场秩序。三是注重联动化解。江苏省高级人民法院加强与江苏省人民检察院、江苏省消费者权益保护委员会、江苏省市场监督管理局等有关单位的沟通交流,形成合力,构建消费者权益保护联动机制,及时收集和反馈有关消费者权益保护的信息,共同维护消费者合法权益。

在今年国际消费者权益日来临之际,江苏省高级人民法院筛选出2018年度全省法院审理的消费者权益保护十大典型案例,并邀请南京大学李友根教授、南京师范大学眭鸿明教授予以专家点评,现予发布。期望以此引导消费者积极理性维权,维护自身合法权益,也提示广大经营者依法诚信经营,为营造良好放心的消费环境,保障我省高质量发展走在前列作出努力。

典型案例一:

从事公共运输的承运人制定的相应票务规则内容不公平、不合理的,属无效条款

案情:

2017年10月14日上午,吴某至苏州地铁东环路站乘坐一号线至相门站,上述区间地铁票价为2元。吴某持有余额为7.1元的苏州市民卡B卡刷卡进站,但进站闸机显示卡内余额不足,导致吴某无法进站。依据《苏州市轨道交通票务规则》第13条规定,苏州通/市民卡、江苏交通一卡通本地卡余额低于轨道交通线网最高票价的折后金额时将不能进站。吴某经咨询苏州地铁工作人员得知,苏州地铁一号线全程票价为8元,持有苏州市民卡进站可享受9.5折优惠,折后全程票价为7.6元(8元×0.95),吴某卡内余额不足7.6元时不能进站。吴某认为,市轨交公司具有强烈公益性、社会性,《苏州市轨道交通票务规则》第13条规定排除或限制乘客权利的规则不公平、不合理,有违公平原则,侵犯乘客公平交易权,该格式条款当属无效,故吴某诉至法院。法院认为:根据《合同法》第289条规定,从事公共运输的承运人不得拒绝旅客、托运人通常、合理的运输要求。吴某需乘坐的地铁区间仅需2元票价,在其市民卡内余额足以支付其乘坐区间票价的情况下,不存在市轨交公司所述需要透支使用的情形,吴某的运输要求通常、合理,其应当享有公共运输服务的权利;市轨交公司通过涉诉票务规则排除或限制吴某在承担合理运输费用义务基础上享受公共运输服务的权利,有违公平原则,于消费者而言系不公平、不合理的规定。据此,吴某请求确认涉诉票务规则无效,符合上述法律规定,应予支持。经法院组织调解,市轨交公司最终与吴某达成调解协议,于2019年12月31日前按最低票价进站的原则对《苏州市轨道交通票务规则》第13条进行修订并同步施行。

法官点评：

根据《合同法》第289条规定，从事公共运输的承运人不得拒绝旅客、托运人通常、合理的运输要求。《消费者权益保护法》第26条第2款、第3款规定，格式条款含有排除或者限制消费者权利、减轻或者免除经营者责任、加重消费者责任等对消费者不公平、不合理规定的，其内容无效。本案中，吴某需乘坐的地铁区间仅需2元票价，在其市民卡内余额足以支付其乘坐区间票价的情况下，市轨交公司通过制定的涉诉票务规则拒绝吴某的合理运输要求，明显违背了前述法律规定，损害了吴某享受公共运输服务的权利。本案的处理结果，有助于从事公共运输的承运人慎重制定票务规则、提升公共运输服务质量，维护了吴某乃至广大不特定乘客的利益。

专家点评（南京大学法学院　李友根教授）：

本案的处理及其产生的社会影响，无疑是积极与正面的。本案的意义与价值更在于，公共服务部门与相关企业，应当依照我国全面依法治国的理念与要求，特别是依据2013年修订的《消费者权益保护法》，全面梳理与反思既有的相关业务规则，以尊重与保护消费者权益为指导，改变管理者本位的观念与做法，真正提升服务水平与服务质量。对于提起此类诉讼以维护广大公众利益的消费者，全社会应当给予广泛的支持与鼓励。而人民法院的依法、公正裁判，无疑发挥着至关重要的作用。

法官心语：[*]

本案原告吴某系苏州大学在校学生，因其市民卡余额低于轨道交通线网最高票价被拒载而起诉苏州市轨道交通公司，请求法院确认轨道交通票务规则无效，并要求苏州市轨道交通公司在市民卡余额低于最高票价不能进站时就余额履行相应告知义务。该案起诉之初就受到各级媒体跟踪报道，进而引发了社会普通民众、法学家对于案件的关注、讨论，一时间，关于案件程序、实体处理的各种声音、观点纷至沓来。

面对社会的广泛关注，合议庭接手案件后面临的第一道难题是，如何既合理关注民众对司法的期待，又避免"舆情审判"。近年来，舆论和司法的"紧张关系"在一系列社会热点案件中都有显露，而有效处理的关键在于做到案件处理上实现情理法的有机融合。正如有文章指出的那样，司法裁判不能僵化地适用"冷冰冰的法律"，必须高度重视人民群众对司法裁判的"体感公正"，而"体感公正"的来源正是司法裁判中情理法的有机融合。基于上述考量，本案审理过程中合议庭尤其注意防止出现"情绪化司法"和"僵化司法"。

---

* 本部分法官心语由本案审判长沈军芳编写，原载徐清宇主编：《裁判的力量》，人民法院出版社2018年版。

随着案件审理的深入，特别是通过追加第三人程序，在组织各方当事人举证质证充分听取诉辩意见后，合议庭面临的第二道难题是，案涉票务规则适用对象系众多、不特定的消费者，规则虽寥寥数语，但其制定、施行牵涉到众多环节的方方面面，如何厘清个体权益和公共利益之间的关系，使裁判既经得起法律检验，又符合社会公平正义观念。为了多方听取意见，在院长、庭长的关心支持下，我们组织市交通运输局、市经信委、市消协等部门及双方当事人召开协调听证会，充分了解案涉票务规则及其他城市同类规则的施行情况，围绕案涉票务规则完善的可行性、疑难问题及对策等交流意见。经过对诉辩意见及相关问题的梳理，解决上述第二道难题合理途径逐渐明晰，就是坚持问题导向原则，列明重点问题、界定逻辑顺序，不仅需要在法律适用上反复分析、论证，也需要针对法律适用以外的问题开展有的放矢的调研。我们对市民卡种类、预付卡属性及央行出台的《支付机构预付卡业务管理办法》进行了分析研究。同时，在对其他城市同类规则各种形式逐一排查后，考虑地域位置、城市规模、人流量、交通卡种类、地铁运营年数等多种因素后，我们选择了南京地铁运营有限责任公司作为调研对象，全面了解乘客持第三方支付卡进站占总进站人数的比例、因超程出站补值的方式及人数、占比等与本案争议相关的数据样本。

事实证明，合议庭在案件推进中付出的多方面努力正形成一股无形推动力。苏州市轨道交通公司多次向法院表达了其希望调解的意愿。此时合议庭需要解决的第三个难题是，本案系社会关注度较高的热点案件，典型意义不言而喻，案件处理上是刚性裁判还是柔性调解，哪种方式更能实现司法裁判效果兼具公平正义的客观现实和主观感受。通过院长、庭长共同参与的法官会议多次讨论，这个难题最终通过创新运用“裁判式调解”得以化解，调解方案亦在公开庭审结束后的“面对面”调解中得以确定。本案如此处理的主要依据在于：

1. 明确法律依据。“裁判式调解”对应的法律依据是《民事诉讼法》第93条确定的调解原则，系指在查明事实、分清是非的基础上，依法引导当事人自愿达成调解协议，并在调解书中载明调解确认理由，对案件事实认定、法律适用及协议内容进行评判，据以确认调解协议的法律效力。

2. 个案改变规则。案涉票务规则不仅关系小吴的个体权益，还牵涉广大消费者的共同利益，苏州市轨道交通公司以最低票价进站原则修改票务规则并通过调解协议予以确认，不仅使吴某合法合理的诉请得到支持，也使广大消费者的共同利益得到实现，从柔性角度综合释放了裁判的力量。

3. 重视裁判价值。裁判文书中释法析理过程是法官智慧的结晶和产物。通常情况下，民事调解书仅确认调解协议的效力，不具备释法析理过程，因此有学者认为调解本质上是沉默的。司法裁判不同于调解，不仅在于解决纠纷，还在于通过适用法律、解释法律、激活法律。司法裁判本质上是张扬的，是对法律内涵的公开宣示。

本案系全民关注的热点案件,仅确认调解协议效力势必弱化裁判的功能;让释法析理过程在民事调解书中具体呈现,"才能使法律真正丰满而生动,使纸面上法律在现实世界中实在化,使法律真正能够发挥规范行为,成为具有体系化的社会秩序。"

本案审结后,苏州市轨道交通公司修订完善了相应票务规则,同时经中央电视台《东方时空》、人民网、澎湃新闻、法制网等主流媒体的报道,社会反响良好,本案也成功入选江苏法院2018年度消费者权益保护十大典型案例。对我来说,这个案件的审结不是终点,而是一个新的起点。如何实现让人民群众在每一个司法案件中感受到公平正义的目标,如何做到在今后的每个个案审理中实现司法裁判效果兼具公平正义的客观现实和主观感受,是我作为一名人民法官应当不断求索的深远命题。

本案的审理与调解,无论对于程序法问题还是实体法问题,无论对于个案处理还是社会公益,无论对于消费者权益保护还是社会公用事业改革与发展,均有着重要的意义。此外,本案还提出了诸多有待深入研究与探讨的课题,让我们感受到了人民法院解决司法实务问题的智慧与探索。本案有以下3个问题值得重点关注:

一、原告诉讼资格问题

本案中被告提出的第一个争议点即是原告的诉讼资格问题,其认为本案属于公益诉讼,原告不具有公益诉讼的资格。确实,我国2012年修订后的《民事诉讼法》确立的民事公益诉讼制度有关规定为:"对污染环境、侵害众多消费者合法权益等损害社会公共利益的行为,法律规定的机关和有关组织可以向人民法院提起诉讼。"据此,2013年《消费者权益保护法》修订后,其第47条对公益诉讼主体进行了明确规定,指出:"对侵害众多消费者合法权益的行为,中国消费者协会以及在省、自治区、直辖市设立的消费者协会,可以向人民法院提起诉讼。"

虽然本案中原告起诉针对的是被告制定的《苏州市轨道交通票务规则》第13条的规定,但该规定适用于所有乘坐轨道交通的消费者,如果原告胜诉而该条规定因无效而废止,则所有乘客均能获得利益的保障。因此,本案似乎符合上述法律所规定的"侵害众多消费者合法权益"的情形,亦即属于公益诉讼。但是,被告的上述抗辩显然误读了法律的规定与精神。

一方面,我国建立公益诉讼制度的基本动因与立法目的,在于弥补传统司法救济制度的缺陷与不足。此类侵害众多消费者合法权益的行为,往往具有损害分散性、主体不特定、利益微弱性等特征,即所谓的"雪粒式损害",导致受害者个体往往没有足够的动力提起诉讼加以制止,以救济自己的合法利益。但由于这些侵权行为影响面广,实质上构成了对公共利益的损害。因此,我国通过建立公益诉讼制度,赋予特定的机关和组织以原告资格,追究此类违法行为的法律责任,以维护广大公众的合法权益。依据《消费者权益保护法》的规定,只有省级以上的消费者协会享有公益诉讼的主体资格,因此本案的原告不具有这一资格。

另一方面,当具体的消费者以自身合法权益受到损害为由提起诉讼,尽管该诉讼客观上具有公益的效果,但是从法律性质而言,此类诉讼并非《民事诉讼法》第55条、《消费者权益保护法》第47条所规定的诉讼,并不属于公益诉讼,而是纯粹的私益诉讼,完全符合法律所规定的原告资格。本案原告是因为自己乘坐地铁被拒绝而提起诉讼,并基于被告利用格式条款侵犯乘客公平交易权而寻求救济,其维护的是自身的合法权益,正如本案法院所正确指出的,符合原告主体资格要件。至于社会公众、舆论媒体基于该诉讼所产生的实际效果将其赞为公益诉讼、维护公益等,不应当影响法律上对其性质的判断与界定。

……

二、格式条款问题

事实上,本案之所以引发公益诉讼与私益诉讼的性质争议,核心原因在于原告诉讼请求的内容之一是请求法院宣告《苏州市轨道交通票务规则》第13条规定无效,给被告、社会公众甚至法院以一种原告诉求所针对的是抽象的规定的印象,因而已经成为公共利益的目标,远远超越了其本人的利益范围。这一问题确实值得深入探讨。

第一,该票务规则的性质。就其名称而言,该票务规则似乎具有规范性文件的效力。但是,正如法院所正确认定,该票务规则的法律性质实质上只是被告轨道交通公司所制定的合同格式条款,即:“其施行对象为众多、不特定的消费者,符合《合同法》第39条第2款规定的为重复使用、预先拟定及订立合同时未与对方协商的法定特征,应认定为格式条款。”

第二,该票务规则的效力。实体法层面,无论是我国原《合同法》第40条,还是《消费者权益保护法》第26条,均规定了排除或者限制消费者权利的格式条款无效。但问题在于,消费者在个案诉讼中能否主张宣告该条款无效?在一般的消费合同纠纷中(如电信、自来水、供用电、保险、银行等领域),由于特定消费者与经营者所争议的格式条款往往体现在该消费者与经营者签订的特定书面合同之中,即便法院在诉讼中宣告格式条款无效,所针对的也往往只是该特定合同中的格式条款,因此不存在任何障碍。但本案的特殊性在于,原告并未与被告签订书面的合同。换言之,该格式条款并未特定化在原告、被告之间的特殊书面合同之中。若法院宣告该格式条款无效,不可能只是宣告该格式条款适用于本案原告时无效,而只能宣告该票务规则(特指其中的第13条)无效。显然这与一般的格式条款无效宣告具有不同的特点,即其效力扩充至所有非本案原告的消费者。

而苏州法院的处理巧妙地解决了本案所存在的这一难题,即被告与原告进行和解、被告承诺修正该条款:“被告苏州市轨道交通集团有限公司于2019年12月31

日前按最低票价进站的原则对《苏州市轨道交通票务规则》第13条进行修订并同步施行。"这一解决方案,既有效地维护了消费者的合法权益、促进了公用事业改善服务,也很好地避免了可能存在的法律挑战。例如,法院在调解书中将相关分析严格限制在本案原告的情形中,论证道:"市轨交公司通过涉诉票务规则排除或限制原告在承担合理运输费用义务基础上享受公共运输服务的权利,有违公平原则,于消费者而言,系不公平、不合理的规定。"

当然,从理论思考的角度而言,法院亦完全可以合法地宣告此类票务规则无效。主要依据在于:第一,这一做法完全符合原《合同法》《消费者权益保护法》的规定。第二,最高人民法院在有关消费民事公益诉讼的司法解释中已经有了类似的规定。其第13条第2款规定:"经营者利用格式条款或者通知、声明、店堂告示等,排除或者限制消费者权利、减轻或者免除经营者责任、加重消费者责任,原告认为对消费者不公平、不合理主张无效的,人民法院可予支持。"虽然该条针对的是消费者协会提起的消费民事公益诉讼,但其原理亦可类推于本案这种情形。第三,我国《行政诉讼法》的相关规定可以借鉴。我国2017年修订的《行政诉讼法》第53条规定,"公民、法人或者其他组织认为行政行为所依据的国务院部门和地方人民政府及其部门制定的规范性文件不合法,在对行政行为提起诉讼时,可以一并请求对该规范性文件进行审查",第64条规定:"人民法院在审理行政案件中,经审查认为本法第五十三条规定的规范性文件不合法的,不作为认定行政行为合法的依据,并向制定机关提出处理建议。"对于该处理建议的具体内涵,最高人民法院在2018年发布的《行政诉讼法》司法解释第149条规定,"经审查认为规范性文件不合法的,不作为人民法院认定行政行为合法的依据,并在裁判理由中予以阐明。作出生效裁判的人民法院应当向规范性文件的制定机关提出处理建议,并可以抄送制定机关的同级人民政府、上一级行政机关、监察机关以及规范性文件的备案机关。规范性文件不合法的,人民法院可以在裁判生效之日起三个月内,向规范性文件制定机关提出修改或者废止该规范性文件的司法建议"。虽然鉴于规范性文件的性质,我国现行法中尚未赋予人民法院直接宣告无效的权力,而只是在审理中不予适用,但针对合同中的格式条款,即便是超出本案的范围,宣告其无效也应当属于法院的司法权力。

三、本案的社会意义

本案的审理及调解,对于我国法治事业和社会进步而言,具有重要的推动作用,特别是在以下3个方面具有较好的示范意义:

第一,消费者个体有效地利用法律武器维护自身及社会公众的合法权益。在本案中,也许对于原告自己而言,从功利的计算来看可能是得不偿失的,但对于全体社会公众而言却是善莫大焉。正是通过广大的个体消费者及时地与损害消费者权益的行为进行法律的斗争，再辅之经营者自律、消费者协会的公益诉讼、其他社会力量的监督，我国的消费环境才能不断地改善与提高。因此，全社会对于此类维权行为应当予以大力的倡导、鼓励与支持。

第二，公共事业单位及经营者更好地依法经营。本案提醒我们，经营者应当依照我国全面依法治国的理念与要求，特别是依据2013年修订的《消费者权益保护法》，全面梳理与反思既有的相关业务规则，以尊重与保护消费者权益为指导，改变管理者本位的观念与做法，以真正提升服务水平与服务质量。就本案而言，或许被告轨道交通公司的抗辩有一定的理由，也能够理解，但是在以人为本、保护消费者权益的理念下，应通过不断的技术创新、服务提升和管理改善，全面提升经济效益与社会效益。在此过程中，消费者的维权行动、人民法院的公正司法也起到了积极的推动作用。

第三，人民法院通过公正司法有效地保障消费者权益和社会进步。本案的审理和调解，也许只是人民法院日常工作中的一个普通案例。但正是通过这些个案的点滴积累，人民法院的司法事业融入我国法治国家建设的洪流之中，维系、支撑和推动着法治的昌盛与社会的进步。

四、本案的社会影响

自从苏州广电集团《看苏州》频道2018年12月18日率先报道此案。① 此后，全国许多媒体纷纷跟踪报道了此案。

央广网2018年12月19日报道了此案，随后新华社客户端转载了这一报道。该报道援引苏州大学王健法学院副院长程雪阳教授的话，称“苏大法学院倡导的理念就是，面对不合理的规则，不要去抱怨，要做积极的建设者，要做法律解决方案的供给者和提供者，具体通过一个个小事共同来推动法治的进步”。②

《中国青年报》2018年12月19日报道了此案，随后《中国日报》、人民网、人民政协网、法制网等权威媒体进行了全文转载。该报道援引法学专家的话评论说，“这个案件能够在苏州法院系统得到受理，并且一直审下去，这说明苏州的法治水平非

① 苏州广播电视总台“看苏州”App，载网易网，https://dy.163.com/article/E30C2JGP0514CSA3.html，最后访问日期：2018年12月14日。

② 管昕、常亚飞：《地铁卡余额超最低票价无法进站　女大学生打官司促改票务规定》，载央广网，http://china.cnr.cn/xwwgf/20181218/t20181218_524454128.shtml。

常高。对法院来说,案件无论从受理还是到审判,都体现巨大勇气”。①

CCTV 13 - 新闻频道 2018 年 12 月 20 日报道了此案,随后《人民日报》微信公众号、中国消费者报微信公众号、新华网转播或转载了该报道。②

---

① 李超、王康:《苏州大学法学院学生“告赢”轨道交通公司,“社会需要较真儿的人”》,载人民网,http://industry.people.com.cn/n1/2019/0118/c413883-30575720.html;人民政协网,http://www.rmzxb.com.cn/c/2019-01-18/2265695.shtml;法制网,http://www.legaldaily.com.cn/fxjy/content/2019-01/18/content_7749685.htm。

② 参见央视网,http://news.cctv.com/2018/12/20/VIDENTm0SY4ca CYy0RrDA72u181220.shtml。

附　　录

苏州大学王健法学院“小城公益之星”创意诉讼大赛实施办法

（本办法自2016年2月开始实施，2019年3月第一次修正）

“小城公益之星”创意诉讼大赛（以下简称比赛），是由苏州大学王健法学院、上海小城（苏州）律师事务所（以下简称小城所）、吴中区司法局、吴中区律师协会与苏州广播电视台共同主办的一项创意性法律实务比赛活动，旨在通过比赛弘扬法治理念、宣扬法治精神，在法律实践中发现和培养优秀的青年法律人才，在法治的框架内为推进和谐社会的构建贡献力量。为使该比赛有序开展并与人才培养方案有机衔接，特制定本实施办法。

一、比赛组织

1. 成立组委会，负责大赛组织实施。学院与小城所合作成立比赛组委会，成员由小城所领导及领导指定的赛事工作人员、学院负责教学和学生工作的领导、教务秘书和相关辅导员组成，具体组织实施工作由卓越法律人才培养中心负责。

2. 成立导师组，负责参赛队伍指导。卓越法律人才培养中心和小城所共同为立项参赛队伍配备2名指导教师，1名为校内专业指导教师，1名为校外公益律师。校内导师由学生根据项目内容在教师中选择，学院也可协助指定。

二、比赛流程

比赛在每年1月启动，历时一年，各流程及安排如下：

1. 宣传启动阶段

每年1月，组委会就年度比赛情况总结经验，讨论确定新一年度比赛方案并在院内公布和宣传。

2. 立项阶段

有意愿参赛的学生，在1月~2月通过广泛调研，确定立项题目，收集材料填写项目申报书，组队参赛。3月初，组委会审核确定立项项目，召开项目宣讲会和说明会，各队进一步论证项目可行性，并举行导师聘任仪式。

3. 实施与中期检查阶段

立项后，各队在导师指导下开展工作，6月上旬进行中期答辩会，了解各组进展情况，指导后续工作开展。答辩未通过的取消立项。

4. 终期结项与评比

12月上旬，各组递交结项申请书，召开终期展示会，视展示成果决定是否能结项，并评出各奖项。原则上，结项必须走完诉讼或和解等法律流程。

三、比赛奖项设置

立项项目数量与奖项一年一议，由组委会商定后在3月份启动会上公布。

四、学分认定

学院将根据2019年确定的人才培养方案，将该比赛常规化，并列为专业实践选修课，参赛并结项可以获得3学分。

1. 关于选课

参赛学生立项后方可在5月进选课系统选择该课程，本课程在每年秋季学期开设，6月通过中期检查的参赛组同学才为最终选定该课程，如中期检查未通过且已选该课程的，须在9月试听结束后在系统中退课。

2. 关于课程考核

终期答辩后能结项的即为课程考核合格，课程分数由法学院卓越法律人才培养中心组织专家进行打分确定。

苏州大学王健法学院

2019年3月1日